政策法務編 2023年度 検定対応

自治体法務検定公式テキスト

自治体法務検定委員会 編

第一法規

自治体法務検定発足にあたって

地方分権改革が進んできたここ十数年来、自治体職員の法務能力の向上を目指す自治体法務などの必要性は著しく高まってきています。

地方自治体において法務に対するニーズが高まってきたのは、第１に、分権改革によって地方自治体の処理する事務の範囲が圧倒的に拡大し、法政策の形成も含めて法のルールに従った適正で公正・透明な処理が求められていることです。第２に、いま日本では、民間の団体や企業に対しても、厳しい“コンプライアンス”や“コーポレート・ガバナンス”が求められるようになってきていますが、地方自治体に対しても全く同じことが求められていることです。ここでも、マスコミや住民から非難されず、争訟や住民訴訟に堪えうるような事前配慮が必要となります。

これからの地方自治体は、住民に身近なところで、それぞれの地域にふさわしい独自の施策や行政サービスを提供しなければなりません。そのためには、福祉、環境、安心・安全、まちづくり、土地利用、産業振興、内部管理、情報、財務会計・監査等、多岐多彩な専門職員が必要となりますが、これらの各分野に共通した法的問題や地域の独自政策を法的に設計し構築する法務能力を備えた専門職員も不可欠です。

近年のこのような情況を考慮して、この度、十分な法務能力を備えた有能な人材を養成するため「自治体法務検定」という仕組みを設けることにしました。この検定は、「基本法務編」と「政策法務編」と題するそれぞれのテキストを勉強していただいた上で、その中から出題される問題に答えていただき、その採点結果によって評価するというものです。ひと口に地方自治体といっても、都道府県も市町村もそれぞれ多種・多様であり、地域の独自性や自治行政の中での法務に対する比重のおき方も様々であろうと思われますが、各自治体の職員におかれましては、21世紀の新しい時代の地方自治を担い、よりいっそう盛り立てるために、一人でも多く法務検定に参加されることを期待しています。

2009年６月

自治体法務検定委員会

委員長　成田頼明

自治体法務検定とは

地方分権の推進により、自治体は、自らの判断で、知恵をしぼり工夫をこらして、最良の政策を推進していかなければなりません。そのためには、自らが責任をもって法令の解釈を行い、住民福祉の向上に資するための条例・規則を制定することが大切となってまいります。いま、「自治体法務」の重要性が唱えられているのは、まさにこのためなのです。

自治体において法務に対するニーズが高まってきた要因としては、第1に、地方分権改革によって自治体が処理する事務の範囲が拡大したため、各自治体は法のルールに則って適正かつ透明な事務処理を行う責務があることがあげられます。第2に、わが国の民間企業には厳しい"コンプライアンス"や"コーポレート・ガバナンス"が求められるようになってきていますが、自治体に対しても全く同じことが求められているということがあります。自治体には、マスコミや住民から非難を受けず、各種の争訟にも堪えうるような事前配慮が必要となります。

これからの自治体は、住民に身近なところで、それぞれの地域にふさわしい独自の行政サービスを提供しなければなりません。そのためには、教育、福祉、環境、安心・安全、まちづくり、土地利用、産業振興、内部管理、情報、財務会計・監査等、多岐多彩な専門的能力をもった職員が必要となります。その際、自治体職員も、これらの各分野に共通した法的問題や地域独自の政策を法的に設計し構築するための法務能力を備えることが期待されます。

このような要請を受けて、高い法務能力を備えた自治体職員を養成するための1つの手段として設けられたのが「自治体法務検定」という仕組みです。この検定は、「基本法務編」と「政策法務編」というそれぞれのテキストを勉強した上で、主にその中から出題される問題に答えていただき、その採点結果によって、その時点での受検者の法務能力を評価するというものです。ひと口に自治体といっても、都道府県や市町村はそれぞれ多種・多様であり、地域の独自性や自治行政の中での法務に対する比重の置き方もさまざまかと思いますが、これからの新しい時代の地方自治を担い、各自治体を牽引する役割を担う職員になっていただくためにも、一人でも多くの自治体職員の皆様に、「自治体法務検定」に参加していただけることを期待しています。

2013年10月

自治体法務検定委員会

委員長　塩野　宏

「自治体法務検定公式テキスト　政策法務編　2023年度検定対応」刊行にあたって

自治体法務検定も今年で13年目となり、干支で数えて２巡目に入った。

この政策法務編は、編集委員やテキスト執筆者の顔ぶれが、近年少しずつ変わってきている。試験の実施体制も、昨年度からはオンライン型の一般受検も始まり、受検機会の拡充がなされている。さらに、テキスト内容面でも、今年度は、個人情報保護法制の大幅な制度改革に伴う改訂がなされている。

自治体法務検定もシーズン２に入ったように見える。

思えば、自治体における政策法務論は、条例制定権といった同じテーマを論じていても、時期・時代によってトレンドがかなりの程度異なっていたのではないだろうか。たとえば、1990年代（地方分権黎明期）の自治体における政策法務論は、硬直的な国法システム（通達行政やその背景にある中央集権思想を含むもの）の中で自治体が地域住民のために独自の法務システムを継ぎ足すものであったといえるだろう。

第１次分権改革が本格稼働した2000年代は、新地方自治法体制下で、それまで培っていた政策法務論・技法を使って、分権後の白地キャンバスに地域それぞれの個性を出した政策法務システムの姿（絵）を描くものであった。本検定の構想は、この時代の早いころから始まっていた。

第２次分権改革・東日本大震災以降の2010年代は、経済的に低迷し、高齢化と少子化で老化する日本社会に、国法システム的にもそうだが、自治体の政策法務的にも、対応に腐心していた時代ではなかっただろうか。本検定の第１シーズンは、この時代に対応するものであった。

では、本検定シーズン２の背景はどうなっていくのだろうか。2010年代の問題が加速化した人口急減時代に対すべく、省力化を進める様々な取組が、法制度や行政の事務にも、否応なく急速に、かつ、大規模に広がっていくだろう。国法システムの改革が急ピッチである。自治体の政策法務は、旧変革する国法システムを地域にマッチするようにチューニングすることが求められるのではなかろうか。基礎編の法制度に関する知識を常に更新し、それを土台としつつ、地域の現実に即した政策法務の実践を進めていく力を蓄えなければならない。そのステップとして、本検定、そして本テキストの意義はますます高まっていくものと思われる。

2023年３月

自治体法務検定委員会

政策法務編　編集委員

北村　喜宣
山口　道昭
礒崎　初仁
出石　　稔
田中　孝男

監修・執筆者一覧

〔監修〕

北村　喜宣（上智大学法学部教授）
山口　道昭（立正大学法学部教授）
礒崎　初仁（中央大学法学部教授）
出石　　稔（関東学院大学法学部教授）
田中　孝男（九州大学法学研究院教授）

〔執筆〕

第１章　自治体法務とは
　出石　稔（関東学院大学法学部教授）

第２章　立法法務の基礎
　小林　明夫（愛知学院大学法学部教授）

第３章　解釈運用法務の基礎
　北見　宏介（名城大学法学部教授）

第４章　評価・争訟法務
　鈴木　潔（専修大学法学部教授）

第５章　自治体運営の基礎
　川合　敏樹（國學院大學法学部教授）

第６章　住民自治の仕組み
　原島　良成（中央大学法科大学院教授）

第７章　情報公開と個人情報保護
　松村　享（名古屋学院大学法学部教授）

第８章　公共政策と自治体法務
　岩﨑　忠（白鷗大学法学部教授）
　＊（第２節５）……礒崎　初仁（中央大学法学部教授）

凡　例

1　本書の構成と特色

本書は、自治体法務について学ばれる方、「自治体法務検定　政策法務編」を受検される方が、必要な事項を体系立てて学べるよう、以下の全８章で構成しています。

第１章　自治体法務とは
第２章　立法法務の基礎
第３章　解釈運用法務の基礎
第４章　評価・争訟法務
第５章　自治体運営の基礎
第６章　住民自治の仕組み
第７章　情報公開と個人情報保護
第８章　公共政策と自治体法務

各章のはじめには、その章で学ぶ概要を記載しています。また、各章の最後には、各章で学んだ内容を、「学習のポイント」として簡潔にまとめていますので復習にご利用いただけます。

本文において重要な用語は太字で表しています。

本文を補足するものとして、本文の関連する箇所に*印を付し、側注（かこみ）で解説を加えています。

なお、本書の中で取り上げている法令及び制度等は、主に2022年８月１日公布日現在の内容を基に記述しています。

2　法令及び裁判例の略称

(1)　法令の略称

本書では、根拠法令や参考となる裁判例を用いて解説しています。コンパクトにご利用いただけるよう、法令名、日付等の記述を一部省略して使用しています。

■本文中、（　）内で使用する法律名は、以下の略称を使用しました。

法律名	略称
日本国憲法	憲法
地方自治法	自治法
市町村の合併の特例に関する法律	合併特例法
地方公務員法	地公法
地方財政法	地財法
地方公共団体の財政の健全化に関する法律	地財健全化法
地方税法	地税法
地方教育行政の組織及び運営に関する法律	地教行法
住民基本台帳法	住基法
公職選挙法	公選法
行政手続法	行手法
行政不服審査法	行審法
行政事件訴訟法	行訴法

国家賠償法	国賠法
国の利害に関係のある訴訟についての法務大臣の権限等に関する法律	法務大臣権限法
私的独占の禁止及び公正取引の確保に関する法律	独禁法
民事訴訟法	民訴法
一般社団法人及び一般財団法人に関する法律	一般法人法
国家行政組織法	国行組法
風俗営業等の規制及び業務の適正化等に関する法律	風営法
建築基準法	建基法
感染症の予防及び感染症の患者に対する医療に関する法律	感染症予防法

■施行令、施行規則は以下のとおり表しています。

（例）地方自治法施行規則　→　自治則　　　　　地方自治法施行令　→　自治令

■本文中の（　）内で使用する法令の条項数は以下のとおり表しています。

（例）地方自治法第１条第２項　→　自治法１条２項

（2）裁判例等の表記

■裁判例の表記は以下のとおり表しています。

最高裁判所判決　→　最判（大法廷判決の場合は最大判）

最高裁判所決定　→　最決（大法廷決定の場合は最大決）

○○高等裁判所判決　→　○○高判

○○高等裁判所決定　→　○○高決

○○地方裁判所判決　→　○○地判

○○地方裁判所決定　→　○○地決

■裁判例の出典は以下のとおり表しています。

最高裁判所民事判例集　→　民集

最高裁判所刑事判例集　→　刑集

最高裁判所裁判集民事　→　裁判集民

判例時報　→　判時

判例タイムズ　→　判タ

判例地方自治　→　判自

3　索引

事項索引と判例年次索引を巻末に登載しています。

4　参考文献

本書の執筆に当たり参考とした文献を巻末に登載しています。

執筆者は50音順で登載し、同一執筆者の文献がある場合は、刊行年順に登載しています。

書籍名には『　』を付しています。

雑誌及び共同執筆書籍の中の論文には「　」を付しています。

目 次

◆装丁――篠　隆二

第1章

自治体法務とは

自治体が行っている事務の大部分は、法律や条例に根拠を有しています。こうした法令等に基づく事務執行のこと、あるいは自治体の課題の解決を図るために独自に条例等を制定することなどの活動は、すべて「自治体法務」といえます。

本章では、この自治体法務の基本的事項を学びます。さらに、本章は、自治体法務の必要性が高まる要因となった「地方分権改革」や自治体法務において中核的な位置を占める「政策法務」の意義や概要を述べており、第２章以下へ接続する重要な総則部分となります。

本テキストにおいて自治体法務を学ぶに当たって、本章でまずその基礎を確認し、確実に理解したうえで各章に進むことをお勧めします。

第１節では、自治体法務の前提となる「法務」のあり方を確認し、キーワードとして、「日本国憲法」、「地方自治」、「市民参加」について自治体法務との関係を整理します。

第２節では、自治体法務と政策法務の意義や双方の差異を認識し、従来の自治体法務の問題点から、いかに政策法務が必要であるかを学びます。

第３節では、地方分権改革の経緯を把握し、国と対等・協力関係となり自己決定と自己責任が強化された自治体の機能や権限と自治体法務との関係、すなわち自治体法務の源泉を学びます。

第４節では、自治体法務の基本的な原理・原則を理解するとともに、判例を通じて自治体法務の基準のあり方を探ります。

第５節では、自治体に関わる法の形式の全体像を把握し、多様な自治立法の類型を理解します。

第１節　自治体法務の前提

１　自治体の仕事と法治主義

自治体（自治体職員）は、「法」に基づき「仕事」を行っています。

「法」と述べましたが、ここでは国会の議決により制定される厳格な意味での「法律」のみではなく、自治体議会の議決を経て制定される「条例」も当然に含まれます。さらには、自治体における事務事業の執行の根拠になる法的な規範全体も意味しています。また、「仕事」とは事務事業のことです。広く捉えれば「行政」活動全般を指すといえるでしょう。つまり、自治体は、何らかの法的な規範に基づき行政執行をしているのです。

担任する仕事に法的根拠がないとの反論もあるかもしれません。しかし、そのようにみえても、その仕事をするための予算の執行は、地方財政法や予算決算会計規則などに基づき実施され、作成する文書は公文書として位置付けられ、情報公開条例の適用を受けます。さらにいえば、そもそも自治体職員である以上、地方自治法や地方公務員法の前提のもと、その範疇で仕事を行っています。

また、直接的な法律等の規定ではなくとも、規程や要綱などを定めて事務を実施している場合もあります。規程や要綱などは行政内部のみで通用する規範であり、直接市民生活を拘束するなど外部的に影響を及ぼすものではありません[*1]。しかし、規程や要綱が法令や条例を執行するために制定される場合は、広い意味で法律に基づく仕事を行っているといえます。指導要綱は、法律や条例に基づいて実施することが困難な内容を行政指導により実現しようとするものですが、これも行政手続条例という法規範にのっとって制定され、運用されるものです。したがって、規程や要綱は、法令に準ずる自治体のルールにほかなりません（【図表１－１－１】参照）。

ところで、法律や条例の下で、都道府県知事や市町村長といった行政機関に権限が与えられているのはなぜなのでしょうか。法律に基づく建築行政と福祉行政を例にして、考えてみましょう。

まず、建築行政です。憲法29条は、財産権を保障しています。しかし、自分の土地だからといって、どのように利用してもよいわけではありません。その土地がどのような場所にあるのかによって、利用の内容は制約を受けます。その根拠は、法律です。抽象的にいえば、土地所有者同士の権利の調整や土地所有者の権利と地域住民の利益の調整を立法者が行った結果なのです。土地所有者の財産権が100あるとすれば、政治的調整の結果、それを70に押さえ込むのが法律です。建ぺい率、容積率、高さなどの制約は、70になった財産権の具体的内容なのです。土地所有者の立場に立てば、70にされた権利を100％使いたいと考えます。

＊１　行政規則と法規命令

行政立法（国や自治体の行政機関が法条の形式をもって一般的・抽象的な定めをすること）のうち法規（国民の権利義務にかかわる事項を定めるもの）たる性質を有しないものを「行政規則」といい、要綱や訓令、通達などが当たります。これに対し、行政立法のうち法規たる性質を有するものを「法規命令」といい、政省令や自治体の規則などが当たります。なお、申請に対する処分の審査基準や不利益処分の処分基準などは行政規則に整理されますが、申請者や名あて人などへ直接影響を及ぼすことから、現代社会においては、行政規則と法規命令を厳格に区分することは、議論があるところです。

行政には、それを実現する役割が法律によって与えられているのです。許可制が採用されている法律であれば、申請が条件を満たしているならば、許可を与えて、70の権利を100％使わせてあげることになります。

福祉行政はどうでしょうか。憲法25条は、生存権を保障しています。その保障は、主として金銭給付によることになりますが、同条をもとにして給付が請求できるわけではありません。「健康で文化的な最低限度の生活」の内容は、人によって様々です。どのような状況になれば給付が受けられるか。それを具体的に決めるのが法律です。生活に困窮する国民の立場に立てば、生存権を保障してもらいたいと考えます。そこで、給付を申請することになります。行政は、申請者の条件が法律の基準を充たしているならば、所定の給付を決定するのです。

建築行政においても福祉行政においても、法律は、行政機関（都道府県知事や市町村長）に対して、種々の権限を与えています。それは、憲法が国民に保障した権利を具体的に実現する手伝いをするためなのです。許可を与えたり手当を支給したりするのは、国民に対する行政の施しではありません。行政は、与えられた権限を的確に行使することによって、立法者が立法的に保障した国民の人権を行政的に実現する役割を果たすのです。

他方、このことは、国民（住民）の立場に立つと次のように整理できます。つまり、行政法の基本となりますが、**「法律による行政の原理」**＊2の考えの下、行政機関の恣意的な行政執行や行政権力の行使による国民・住民の権利侵害を防止するため、立法機関（国会・地方議会）の議決を経て定められた法律・条例に基づき、行政権の行使を限定しているということです。

いずれにせよ、行政は**法治主義**＊3に従うことが求められることから、自治体においても仕事の根拠は直接・間接に法律等におかれることになります。ただし、法律や条例は憲法に適合するなど内容的にも合理性が必要であり、たんなる形式的なものにとどまりません。この実質的な法治主義を支えるのが、「**法律の優位**」＊4と「**法律の留保**」＊5という原則です（2章1節2「条例で定めなければならない事項」参照）。この2つの原則は、法律による行政の中核をなし、自治体法務は法治主義の下に担っていくことが前提となります。

【図表1-1-1】自治体の事務と法規範

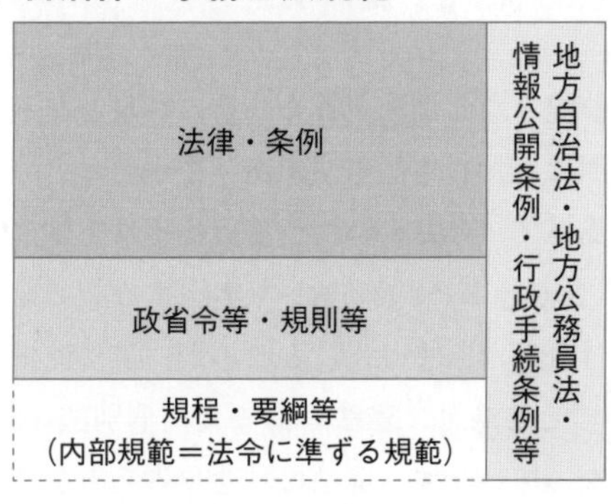

＊2　法律による行政の原理
法治国家における行政法の基本原理です。行政は法律（条例）に基づき、法律にしたがって行われなければならないことを示します。

＊3　法治主義
行政が法律の制限の下に行動するという考え方です。法治主義を採る国を法治国家といいます。

＊4　法律の優位の原則
いかなる行政活動も、法律（条例）の定めに違反してはならないというものです。

＊5　法律の留保の原則
一定の行政活動については、法律（条例）によって一定の要件の下に一定の行為をするように授権されていなければ行いえないというものです。法律の留保には次の4つの学説がありますが、実務や判例も含め、侵害留保説が有力です。
① 侵害留保説：個人の自由や財産を侵害する場合には法律（条例）の根拠が必要
② 全部留保説：国と国民との間に権利を発生させる行為には法律（条例）の根拠が必要
③ 権力留保説：公権力の行使に係る行為には法律（条例）の根拠が必要
④ 本質性（重要事項）留保説：基本的人権に係る重要事項には法律（条例）の根拠が必要

2　自治体の「法務」

自治体法務の「法務」とは、何を指すのでしょう。

法務とは、従来、「法律実務」とか「法制執務」の意味合いで使うことが多かったと思われますが、地方分権時代の自治体における法務は、たんなる実務や執務という範疇にとどまらず、「活用」の側面が強く意識されるようになっています。それが後に述べる「政策法務」へと繋がります。

ところで、地方自治法148条は、「普通地方公共団体の長は、当該普通地方公共団体の事務を管理し及びこれを執行する」と規定しています。つまり、長は自治体の事務の管理執行権をもっています。自治体（地方公共団体）の事務とは、地域における事務（自治法２条２項）であり、法定・法定外を問いません。そして、自治体職員は長の補助機関（自治法172条）として、この管理執行権をそれぞれ分担して担い、法定あるいは法定外の地域における事務を処理します。

以上の前提に立つと、自治体の「法務」は、①**法律（法令）執行**、②**条例（規則等）制定・執行**、が対象となるという基本的スタンスが成り立つといえるでしょう。

まず、法治主義の下、国が定めた法令により与えられた権限を適切に執行することです。この際、留意しなければならないのが、例えば法律が「○○できる」と規定していた場合、この権限を発動するのもしないのも自治体の自由裁量というわけではないことです。法律は国民の利益のために存在し、それを地域で執行することで市民満足度の拡大を図ることにほかならず、そうであるならば「できる」と規定していても執行義務がある場合も十分に想定されます。

一方、法令は一律適用が原則のため、法定権限を適切に行使しても地域によっては市民満足度の拡大に繋がらない場合もあります。その際は、自治体の事務全般（法定事務も含む）を対象に独自に立法する、つまり自治体が条例を制定し、執行する（ときに法律とともに執行する）ことは自治体の「法務」に十分含まれます。

法務＝「法の活用」という考え方が、政策法務のベースとなります。

3　日本国憲法と自治体法務

１で自治体法務の前提となる法治主義や法務の対象となる法令・条例について述べました。その根源には、日本国憲法があります。

憲法は最高法規であって（憲法98条）、公務員はそれを尊重する義務があります（憲法99条）。自治体職員が仕事（事務事業）を実施する上でも、大前提としてなにより憲法を順守しなければなりません。ところが、憲法は抽象的な表現にとどまる規定が少なくないこともあり、憲法を踏まえた個別法（条例も含む）の運用が自治体職員の日常となっています。憲法の理念や考え方を理解しないで個別法を運用するのは、とりわけ分権時代の自治体として妥当とはいえません。

憲法は、基本的人権を保障するとともに、それを実現するための統治の仕組みを明定しています。人権を保障するためには、国家（自治体を含む）権力による不当な人権侵害を防がなくてはなりません。そこで、近代立憲主義の原則として自由権が位置付けられ、権力の行為の抑制を図っています。その反面、国家が一定の行為を行わなければ、人権保障が十分確保できないのもまた事実です。犯罪行為を野放しにしていては、国民は安心して暮らしていくことができず、生命や財産などの権利が保護されているとはいえないでしょう。そのため、国家は刑事罰の制度などを設ける必要があるわけです。一方で、現代の重要な人権である社会権を実現していくためには、国家の関与が不可欠です。裁判制度がなければ人権侵害された際の救済がかなわないことから、裁判制度の仕組みを講じることも国家の重要な任務といえるでしょう。

１でも触れましたが、憲法は、国家権力から国民を擁護するとともに、適切な人権の保障を行うため、国家に一定の権限を付与しているのです。そこで、国家は、公共の福祉のために権力を行使し、**憲法価値の実現**を図ることになります。

しかし、この２つの点は背反することになりかねません。というのも、ある人権や公益を守るために、同時に、別の人権を制約してしまう場合も考えられるからです。例えば、受動喫煙を防止するため条例で一定の集客施設に禁煙を義務付けると、喫煙者や施設営業者の権利を侵害するともいえます。そのとき、国家（自治体）には、それを正当化する理由が必要になります。その理由次第でその権力行為の合憲・違憲が決まるといっても過言ではありません。この理由のことを、後に述べる**立法事実**といいます（２章２節参照）。

国家権力には、自治体も含まれます。「国家＝国＋自治体」です。住民にとっては、自治体は国に比べ身近な存在であり、上記の事例のように、住民に対して権力を行使する場面が少なくありません。そこで、自治体は、自治体法務の基本である①法律（法令）執行、②条例（規則等）制定・執行に当たって、憲法価値の実現を常に念頭において臨まなければなりません。また、実務においてのみならず、争訟にも、この考え方は強く当てはまります。

４　地方自治と市民参加

統治に関する憲法価値の実現も、国や自治体に課せられた重要な憲法上の責務です。統治機構の適正性の確保により、人権保障にも繋がります。憲法が定める統治機構のうち自治体に関するものとして、「地方自治」と「住民参加」が挙げられます。

ところで、なぜ自治体があるのでしょうか。言い換えれば、自治体がなかったらどうなるのでしょうか。国会が法律や予算により決めたことを国の出先機関がすべて処理するとなると、全国標準の下、国の縦系列（本省→地方出先機関）による画一的な執行となるため、地域によっては弱者ががまんしたり、弱者に強いてしまったりすることもあるのではないでしょうか。そこで、都道府県や市区町村が決定権をもつことで、住民が安心して幸せに地域生活を送ることができるのです。そして、その地域での決定に様々なかたちで住民が参与することも重要になります。

憲法92条が規定する**地方自治の本旨**は、自治体の存在を前提とする団体自治と住民が直接政治に参加する住民自治の２大原則から成り立っています（【図表１－１－２】参照）。

【図表１－１－２】地方自治の本旨の２大原則

団体自治の原則	国等の介入を排除し、国と対等に行政を行うこと。（法的意義における自治・自由主義）
住民自治の原則	住民自らが政治に参加することによって、住民の意思を地方政治に反映させようとするもの。（政治的意義における自治・民主主義）

つまり、**団体自治**が対外的自治権（自立権）なのに対し、**住民自治**は対内的自治権（自律権）といえます[*6]。そして、これらを保障するため、憲法は、自治立法権・自治行政権の保障（94条）により団体自治を、議会の設置や長・議会の直接公選（93条）により住民自治を確保しています。

なお、地方自治が憲法で明確に保障されたこと[*7]は、戦前の法律に基づく地方自治の保障が現実には地方自治をないがしろにした反省に基づくものとして意義があるといえましょう。また、憲法による制度的保障により、地方自治には２つの重要な機能が認められます。すなわち、個別法の授権を必要としない**権限付与機能**と法律によっても侵されない**防御的機能**です。

さて、団体自治の発露のひとつが、このテキストで学ぶ政策法務にほかなりません。この団体自治を動かし、自治体が独自の地域に即した自治立法権や自治行政権を発揮するためには、できる限り住民が政治に参加できる住民自治の仕組みを整える必要があります。現在認められている住民参加制度としては、**住民投票**や**住民発案**などが挙げられます。

住民投票については、憲法95条に基づき１つの自治体に適用される特別法の制定の際に実施する住民投票、地方自治法に基づく議会の解散請求・長および議員の解職請求に関する住民投票などの法定制度のほか、各自治体が制定した条例に基づく住民投票があります。なお、条例に基づく住民投票は、地方自治法の定める長や議会の権限を侵害するおそれがあることから、法定住民投票と異なり、投票結果に拘束力をもたせない諮問型にとどまっています。住民発案としては、地方自治法74条１項に基づき、有権者総数の50分の１以上の者の連署によって条例の制定や改廃を要求できる制度があります。そのほか、近年、住民による政策提案を条例や要綱により制度化する自治体も現れています。

また、地方分権以降、積極的に市民参加を図るために、**意見公募手続（パブ**

＊６　**自治権をめぐる訴訟**

自治体の自治権（まちづくり権）が争点となった訴訟として、自転車競技法４条１項に基づき、別府競輪の場外車券売場「サテライト日田」に関して通商産業大臣がした設置許可処分につき、同車券売場が設置される日田市が提起した無効確認及び取消を求める訴訟（行政処分無効確認、同取消請求事件・大分地判平15・1・28判タ1139号83頁）があります。

＊７

地方自治の由来については、次の３つの考え方があります。

① 固有権説：自治体には、国家から与えられたものではなく、固有の自治権がある。
② 伝来説：自治権は国家から与えられたものであり、自治体の統治権は常に法律に基づく伝来的なものである。
③ 制度的保障説（広義の伝来説）：歴史的伝統的に形成されてきた自治制度の本質は法律をもってしても改廃することはできない。日本における通説。

リックコメント制度）に関する条例や、さらに進んで、多様な市民参加や市民協働の手続ルールを定める**市民参加条例**を制定する自治体が増加しています。

累次の地方分権改革においては、団体自治の拡充に重きがおかれ、住民自治制度の推進は自治体の取組みに委ねられてきました。こうした市民参加や市民協働の取組みは、この社会的要請に自治体自らが応えたものといえます。このように、住民自治を進めるのが、政策法務の重要な役割のひとつとなるわけです。

学習のポイント

1　自治体の仕事と法治主義

■自治体の行政活動は、基本的に法に基づいており、法治主義に従って行われます。これを「法律による行政の原理」といい、自治体法務は法治主義の下に担っていくことが原則となります。

■法治主義を支え、法律による行政の中核をなすのが、「法律の優位」と「法律の留保」の原則です。

2　自治体の「法務」

■自治体の「法務」は、①法律（法令）執行、②条例（規則等）制定・執行が対象となるという基本的スタンスが成り立ち、こうした「法の活用」が政策法務のベースになります。

3　日本国憲法と自治体法務

■国家（自治体）は人権を制約するためには、それを正当化する理由が必要になります。その理由次第でその権力行為の合憲・違憲が決まるといっても過言ではありません。この理由のことを「立法事実」といいます。

■自治体法務の基本である①法律（法令）執行、②条例（規則等）制定・執行に当たって、憲法価値の実現を常に念頭において臨まなければならず、争訟においても同様です。

4　地方自治と市民参加

■憲法が定める統治機構のうち自治体に関するものとして、「地方自治」と「住民参加」が挙げられます。憲法92条が唱える「地方自治の本旨」は、自治体の存在を前提とする団体自治と住民が直接政治に参加する住民自治の２大原則から成り立っています。

■憲法による制度的保障により、地方自治には、個別法の授権を必要としない「権限付与機能」と法律によっても侵されない「防御的機能」が認められます。

■地方分権改革においては、団体自治の拡充が中心で、住民自治制度の推進は自治体の取組みいかんによることから、住民自治を進めるのが政策法務の重要な役割のひとつとなります。

第2節　自治体法務と政策法務

1　自治体法務とは

近年、地方分権改革の進展のもと、「自治体法務」や「政策法務」の重要性が強く主張されています。

この自治体法務と政策法務という言葉は、どちらも自治体における法務（法令実務）について表したものです。両者は一見類似しており、同義的に使われることもありますが、正確には意味が異なります。両者の違いを整理しておきましょう。

「自治体法務」とは、前節で述べたように自治体が法に基づき行政を行う主体であることから、その法務（法令実務）のあり方、執行方法などから、具体的な法の解釈・運用にいたるまでの全般を指し示します。つまり、自治体法務とは、「自治体における一切の法的活動（プロセス）とこれを支える法理論」と定義できるでしょう。具体的には、【図表１－２－１】に挙げる法的活動のすべてが該当します。

【図表1-2-1】自治体の法的活動の種類

①立法法務	条例等を制定するための活動
②解釈運用法務	法律や条例等を個別の事例に当てはめ、解釈・運用することによる法執行活動（要綱等の制定・運用も含まれる）
③争訟法務	自治体の法的活動に対して提起された争訟に対応する活動
④評価法務	①から③の活動を評価し、フィードバックする活動
⑤審査法務	①や③の活動を定式化して法的安定性を確保する活動（法制執務）
⑥基礎法務	窓口指導や現場検査など個々の事案ごとに対応する活動
⑦危機管理法務	コンプライアンス（法令順守）などリスクマネジメントに関する法的活動

①から④までは、後述する政策法務に該当する活動ですが、それだけではなく、法制執務ともいわれる⑤、日常の法的活動である⑥や⑦も自治体法務に含まれます。いずれも、自治体における法的安定性、形式性の確保など法治主義を担保する役割を担うものです。なお、⑦は、不安定かつ変動の激しい現代社会において、自治体をめぐる法環境も複雑多様化していることから、自治体の法的活動として重視されつつあります。

ただし、地方分権以前の自治体現場の法務は、次項に挙げるとおり、⑤の審査法務や⑥の基礎法務にとどまり、①から③の活動は活発ではありませんでした。つまり、政策法務の発揮があまりなされていなかったことが指摘できます。

一方、これらの法的活動は、平常時の活動にほかならず、非常時には必ずしも効果を発揮するとはいえません。東日本大震災の際の国・自治体の混乱振りをみれば明らかです。近い将来において、首都圏直下型地震や東海・東南海地震の発生が予測され、さらに火山の噴火、竜巻、集中豪雨などの自然災害も頻発しています。また国際情勢の不確実性などからも、**非常時の法務活動の体制**を確立することが今後の重要な課題として挙げられます。

2　従来の自治体法務の問題点

自治体法務とは、まさに自治体行政全般にわたる法的視点からの活動ということができますが、地方分権前の**機関委任事務**体制の下では、消極的な捉え方がされていました。

法をつくるのは国であり、自治体は法令や各省庁が示す通達等に従い、忠実に法を執行する機関であるという考えの下、自治体法務は、事実上、【図表１－２－１】に掲げた⑤**審査法務**や⑥**基礎法務**に限られていました。

とりわけ問題だったのが、自治体における「法務」とは、文書課や行政課などにおかれる法規担当が専ら担うものと伝統的に強く理解されてきたことです。法規担当が担う法務の中心は、⑤の審査法務です。実際には、「てにをは法務」と揶揄されるなど、用字・用語の使い方や改正文の書き方といった法制執務に特化され、肝心の制定しようとする条例の中身の検討はあまりなされませんでした。そればかりか、原課が抱える課題の解決のために条例の制定を目指したり積極的な法解釈をしたりしようとしても、法規担当が原課の考えに否定的な行政実例や過去の判例を持ち出し、原課の取組みを潰すことも少なくありませんでした。

このような状況では、【図表１－２－１】の①で挙げた**立法法務**の働きは委任条例の場合などに限定され、それも国等の示す条例準則に無批判に従って法制執務のルールに沿って条例制定がなされるのが通例でした。②に挙げた**解釈運用法務**も原課や法規担当が連携して自主解釈するのではなく、法執行に関する通達集や逐条解説などを検索し、他の自治体と横並びの解釈運用をもって執行するというものでした。

3　政策法務とは

2000年の**地方分権改革**実現後は、自治体法務の正しい理解を図るとともに、自治体の自己責任と自己決定のもと、地域特性に応じた、より積極的な法務を打ち出すための**政策法務**という考え方に注目が集まるようになりました。

政策法務には、「**自治体法務のプロセス自体を政策化すること**」と、「**自治体法**

務を政策的に活用すること」という２面性があります。具体的に定義付ければ、「立法法務（Plan）、解釈運用法務（Do）、評価・争訟法務（Check－Action）の各段階を有機的に用いて、自治体の課題解決に導き、政策を実現する実践的取組み」といえるでしょう。

したがって、自治体法務の目的を「自治体の自律的・効率的運営の基礎を固めるもの」とすれば、政策法務の目的は、端的に「自治体政策の実現を図るもの」といえ、自治体法務の重要な地位を占める存在となります。つまり、政策法務は政策指向性や創造性を育むもので、分権時代の自治体政策の実効性を法的に担保するものです。

他方、国は、国政上の課題を解決し、国民生活を豊かにしていくために、絶えず法律の制定を行ってきました。そういう意味では、政策法務は国がそもそも実践してきた取組みでもありますが、**自己決定権**が拡充され、国と並ぶ政策主体となった分権時代の自治体においては、標準装備となるものです。

なお、本テキストでは、この政策法務のDoの段階を「解釈運用法務」とし、類似の「執行法務」という表現は用いていません＊1。その理由は次のとおりです。

どちらの表現も「国法の」に続くものと理解され、法律に基づく事務（特に規制行政など）をどのように処理するかを法的視点で捉えるものという前提に立ちます。一方、法律の解釈の結果、その法律を執行するための条例（**法執行条例**）を制定するのは、当然に立法法務（Plan）に位置付けられますが、この場合、法律を執行するための法務でもあります。他方、**自主条例**の制定は、法の解釈から導き出されますが、制定して条例を執行する段階では法執行からは切り離されます。このようなことから、「執行法務」と表した場合、法執行条例が取り込まれる余地があり、純然たる法の解釈、当てはめ、法の執行のみを切り出すとすれば、（国法の）「解釈運用法務」の方がより適切であると判断できることから、第３章においても用語を統一しているものです。政策法務としても重要な整理と考えられます。

以上、自治体法務と政策法務の整理を試みましたが、これをイメージにすると【図表１－２－２】のようになります。自治体法務全体をプリンにたとえたもので、カラメルの部分が政策法務に当たり、自主条例の制定や法令の自主解釈（それをもとに条例制定）を導き出します。そして、プリンの底辺を支えるのが基礎法務や審査法務となります。政策法務領域は政策志向性や創造性が高く、自治体法務領域を支える基礎法務等は安定性・形式性が高く法治主義を確保するものです。

＊１
「執行」という表現は、「政策の執行」（第８章参照）など、自治体がまさに事務事業を実施する意味として用いられますので、法律のみならず自治体が自ら制定した条例を執行するという意味も含まれることから、「執行法務」という表現が用いられることも妥当といえます。本テキストでは自治体の法令解釈運用権（地方自治法２条12項）を重視した用語の意義としています。

【図表１-２-２】自治体法務と政策法務の関係（自治体法務のプリン）

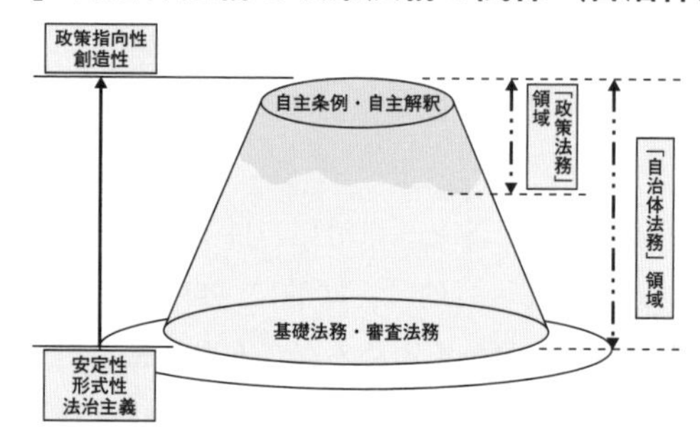

なお、自治体法務と政策法務は、二律背反の関係ではありません。政策法務は自治体法務全体の中核を担いますが、その前提に**基礎法務**（【図表１－２－１の⑥】）があります。また、立法法務を駆使した条例を過不足なく、あるいは適法·妥当に条文化するための**審査法務**（法制執務）（【図表１－２－１】の⑤）は不可欠です。

法務活動全体が補完し、支えあうことで、さらに効果を発揮することができます。まさに【図表１－２－２】に表した「自治体法務のプリン」が形成されることが望まれます。

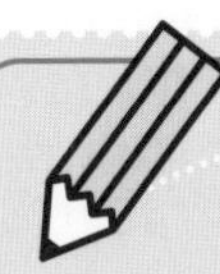

学習のポイント

1　自治体法務とは

■自治体法務とは、「自治体における一切の法的活動（プロセス）とこれを支える法理論」と定義されます。

■自治体法務は、自治体における法的安定性、形式性の確保など法治主義を担保する役割を担うもので、窓口における基礎的法務や法制執務から戦略的な条例制定まで含むものです。

2　従来の自治体法務の問題点

■分権以前の自治体法務は、事実上、「審査法務」や「基礎法務」に限られていました。

■「立法法務」の働きは委任条例の場合などに限定され、国等の示す条例準則に無批判に従って法制執務のルールに沿って条例制定がなされるのが通例で、「解釈運用法務」も法執行に関する通達集や逐条解説などを検索し、他の自治体と横並びの解釈運用をもって執行するというものでした。

3　政策法務とは

■「政策法務」とは、「自治体法務のプロセス自体を政策化すること」と、「自治体法務を政策的に活用すること」という2面性を有するもので、立法法務（Plan)、解釈運用法務（Do)、評価・争訟法務（Check－Action）の法務の各段階を有機的に用いて、自治体の課題解決に導き、政策を実現する実践的な取組みと定義されます。

■政策法務は、政策指向性や創造性を育むもので、分権時代の自治体政策の実効性を法的に確保するものです。

■自治体法務と政策法務は二律背反の関係ではなく、政策法務は自治体法務全体の中核を担うものです。そして、両者は相互に補完しあうことで、さらに効果を発揮することができます。

第3節　地方分権改革と自治体法務

1　戦後の中央集権体制の功罪

日本では、戦前・戦中の国策失敗の反省に基づき、戦後改革が断行され、様々な民主化・自由化が進められました。その一環として、日本国憲法第8章において、地方自治が保障されました。同章は、わずか4か条の規定にとどまりますが、そこには**地方自治の本旨**（92条）の下、**住民自治**の根拠（93条）、**団体自治**の根拠（94条）が明らかにされました。

しかし、実際に、憲法が施行されたからといって、全国の自治体において、直ちに地方自治を実践することは、実際上困難でした。自治を担おうとしても、自治体の財政力は極めて乏しく、また、自治体行政を担う組織体制や職員の資質も不十分でした。戦後混乱期において、憲法上地方自治を保障したからといって、日本全体を復興させていくためには、行財政ともにパターナリズム的ともいえる強力な国の自治体指導体制が必要でした。

そうした背景から、戦後も半世紀以上にわたり、事実上、国と地方を上下・主従関係におく**中央集権体制**が構築されてきました。具体的には、自治体の事務権限を統制する**機関委任事務制度**や財政的に自治体を支援・誘導する**補助負担金制度**が中心的な役割を果たしてきました。

（1）機関委任事務制度

戦後の地方自治においても、自治体の事務の多くは法定化されていました。この法定事務を国の事務として自治体に処理させるようにした仕組みが「機関委任事務制度」です。この制度は、住民代表たる長が国の地方出先機関化され、住民意思決定機関たる議会が関与できないことから、地方自治の本旨に反するとの指摘もなされてきました[*1]が、増殖を続け、都道府県の法定事務の7～8割、市町村の法定事務の3～4割を占めるまでになっていました。

確かに、機関委任事務は自治体を国の下請的に使う、まさしく中央統制体制の象徴といえますが、戦後復興・高度成長期には不可欠な制度とも考えられました。例えば、人口急増期に土地開発を進め住宅団地を造成する必要がありましたし、鉱工業化を強力に進めるために、工場の立地展開も急務でした。そうした状況下で、地域の特性を踏まえ宅地造成や工場立地の是非を唱えている暇はなく、国主導で全国的にこうした取組みを一丸となって進めていくためには、国の一律基準に基づき自治体に事務を執行させる機関委任事務制度が適当であったともい

＊1
1991年に地方自治法が改正されるまでは、機関委任事務の執行の違法、怠慢があったときは、職務執行命令訴訟を経て、主務大臣による代執行に加え、内閣総理大臣（知事）による知事（市町村長）の罷免権が認められていました（旧地方自治法146条）。

えます。生活保護など国が本来果たすべき役割について自治体が事務処理をする場合も、国の役割を自治体に果させるためには国の定めた基準や手続を自治体が順守することが求められたことから、やはり同制度は当時必要だったということでしょう。こうした体制が奏功し、日本は急速に発展を遂げ、世界に誇れる経済大国に上り詰めていったわけです。

ところが、全国一律の機関委任事務の執行が効果を上げる一方で、地域偏在の問題を生み出すようになってきました。例えば公害問題です。工業の発展に伴い公害問題が顕在化してきたことから、国は、1958年に水質２法（水質保全法・工場排水規制法）を制定しました。この法は、日本初の公害法の誕生としてエポックでもありましたが、他方で、工業発展を損なわない範囲で漁業を保全するという調和条項が定められました。そして、盛り込まれた指定水域制は、深刻な環境汚染に限定的に対応するものにとどまるとともに、指定までに長期間を有し、なおかつ、従来の排出濃度を追認するなどの緩やかな水質基準は、既得権を過剰に配慮するあまり、公害の防止には繋がりませんでした。1967年に制定された公害対策基本法も同様に、人の生命・健康は絶対的に保護するが、生活環境の保全は経済発展と調和する範囲で定めるという経済優先の政策判断がなされたものでした。これら初期の公害法は、都道府県知事の機関委任事務として処理されたことから、全国統一基準で運用されましたが、４大公害病に代表されるように、公害は地域固有の課題として深刻化していきました。この事例は、まさに機関委任事務の弊害が現われたものとして象徴的といえます＊2。

他にも、宅地開発を促進させた都市計画法や建築基準法も機関委任事務であったことから、知事等が地域環境を考慮せず開発許可や建築確認を行ったため、乱開発や高層マンションの乱立を招き、都市環境の劣悪化、日照問題など住環境の悪化、緑地の激減が大きな課題となったことなども挙げられます＊3。

（2）補助負担金制度

特定の事務事業の財源として、一定の条件を付けて国から自治体に交付する資金を**国庫支出金**といいます。

このうち、国がその施策を行うため特別の必要があると認めるとき、または自治体の財政上特別の必要があると認めるときに交付するものが**国庫補助金**です（前者を「**奨励的補助金**」、後者を「**財政援助的補助金**」といいます）。自治体が公共事業などを行うに際して、自治体の税収を上回る規模の事業についても、国庫補助金の交付を受けることでより少ない経費で実施でき、自治体のインフラ整備が進むことにより地域経済の復興・発展に寄与するなどのプラスの面も少なからずありました。

また、**国庫負担金**は、国・自治体双方に密接な関係があり、両者が共同責任をもつべき事務を自治体が実施する場合に、義務的に経費の全部または一部を負担するもので、国と地方が「割り勘」的に経費を負担し合う事業に対する国の支出

＊2　東京都公害防止条例と公害国会

国の対策の遅れを危惧した東京都が1969年に公害防止条例を制定し、公害対策に乗り出しました。この条例は法を上回る条例（上乗せ条例）であり、自治体政策法務のはしりといえます。国も生活環境の保全を犠牲にしてまで経済発展を求めないという姿勢に転換し、翌1970年に14本の環境法を整備しました。水質２法に代わって制定された水質汚濁防止法は全国の水域に適用され、対象工場の拡大、排水基準の大幅強化がなされました。

＊3　指導要綱の誕生

宅地開発や中高層住宅建設が引き起こす地域の課題に対応するため、自治体では指導要綱の制定が進みました。この嚆矢は、川崎市団地造成事業施行基準（1965年制定）、川西市宅地開発指導要綱（1967年制定）といわれています。指導要綱の効果は行政指導にとどまりますが、有効な手立てとして活用されました。こうした取組みも自治体政策法務の蓄積となったことは間違いないでしょう。

金という位置付けです。義務教育費や生活保護費の国庫負担などが代表例で、これにより国民の教育を受ける権利や最低限の生活を営む権利が守られるなど、現在でも自治体が法定事務を執行する上での財政運営を確保する制度といえます。

他方で、国庫補助負担金による国の自治体統制は、機関委任事務制度と並んで、自治体の自立を阻んできた元凶といっても過言ではありませんでした。国庫補助負担金は、建設事業費、義務教育費、生活保護費がベスト3を占めます。建設事業を例にして、その問題点をみてみましょう。

まず、国の補助負担は、建設事業に要する全額ではなく、一定率の交付となります。したがって、自治体の持ち出しが相当額あることから、地方の超過負担を生むとともに、同一事業に対して国と自治体が二重に経費を支弁するため、行政責任が不明確になる点が挙げられます。次に、国庫補助負担金を所管する各省の縦割体制が地方に持ち込まれ、自治体の総合的な政策の展開が妨げられるとともに、補助負担金の交付条件を通じて行われる国の過度の干渉が、自治体の自主性や地域の特性を生かした事業の執行を阻害することになります。さらに、社会経済環境等の変化により不要となった補助事業や、必要のない事業などが各省の権益を護るために継続し続けるといった、無駄遣いの温床となっているものが少なくありません。学校の補修には補助金が出ないため、補修で済むところをわざわざ補助の対象となる建替えを事業化するなどの例もみられました。また、国庫補助負担金に係る事務手続が煩雑で、無駄な労力と経費の負担が強制されました。国と地方の上下関係は、ここでも顕在化してきました＊4。

＊4
佐賀県には、国に対する補助金申請事務や会計検査のために、県庁職員が従事する時間は年間延べ11.3万時間に及び、人件費、旅費などのコストは年間約2.5億円もかかったとするデータが残っています（2003年10月16日記者発表資料「プロポジション10・16〜佐賀からの提案」）。

2　中央集権体制から地方分権体制へ

上記のとおり、これらの制度が日本の戦後復興・高度成長に大きく機能し、貢献したことは事実です。一方で、中央集権体制が半世紀以上続いてきた中、社会経済情勢の変化とあいまって、とりわけ機関委任事務制度が制度疲労を起こしてきたこともまた事実で、その深刻さは徐々に増していったのです。

自治体政策法務の視点から特に注視すべきなのは、国民の価値観の変化です。【図表1－3－1】は、人は何に対して価値観を求めるのかを表す指標として、「**ものの豊かさ**」と「**心の豊かさ**」という物差しから統計調査したものです。これをみると、戦後からもの志向がこころ志向を上回り続けてきました。復興を遂げ経済成長に向かう過程では、人々はものに対して豊かさを実感してきたことがわかります。昭和30年代に「３種の神器」（冷蔵庫・洗濯機・白黒テレビ）が、昭和40年代に入り「３C」（カー・クーラー・カラーテレビ）がもてはやされたように、一家に１台こうした豊かさの象徴を得たいという国民の価値観は、皆同じベクトルを向いていました。ところが、日本が高度経済成長を遂げ「もの」が充足するにつれ、国民の価値観が大きく変遷をしていき、1979年を境にもの志向とこころ志向は逆転し、現在に至ります。人々の価値観は多様化し、都会の高層マンションでの便利な暮らしを求める者もいれば、逆にスローライフという言葉に象徴されるように農村回帰などの動きもあります。

【図表1-3-1】国民の豊かさ志向

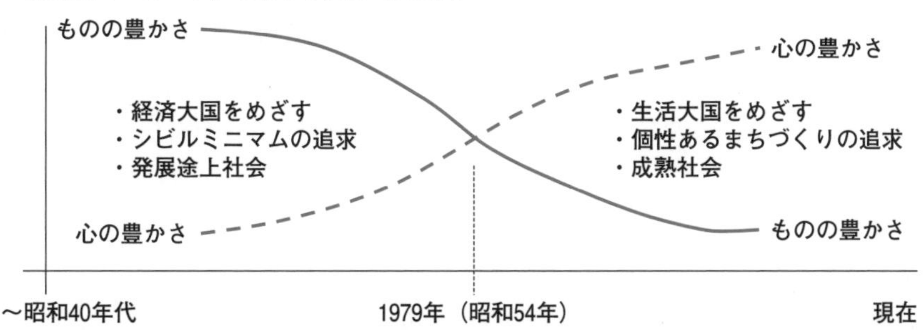

（内閣府「国民生活に関する世論調査」から加工）

経済大国をめざし国民一丸となって努力していた時代にマッチしていた中央集権体制が転換期を迎えたことは、国民の価値観の変化からも明らかです。経済成長の鈍化、少子高齢化・人口減少時代の到来、セーフティネットへの不安など閉塞感・不透明感が漂う今日に、生活大国をめざすには、地域ごとにその特性を踏まえた魅力あるまちづくりを進めることが必要です。バブル経済が崩壊し戦後成長モデルが終焉した1990年代に入り、中央集権体制を打破し、地方自治の充実を図ることが求められるようになりました。

また、地方自治の充実は、住民自治の視点からも求められるようになりました。【図表1－3－1】でもわかる通り、1980年代に入りこころ志向が強まる中、自治体では、市民の参加意欲が高まっていきました。市民が行政活動を監視する**市民オンブズマン**の活動が活発化したのもこの頃からです[＊5]。こうした市民の政治参加の動きに呼応するように、自治体では**情報公開制度の整備**（公文書公開条例の制定）が続きました[＊6]。行政の持つ情報は市民共有財産という認識に立ち、原則公開の立場にかじを切る大きな転換といえるでしょう。市民・自治体行政の双方の取組みにより、住民自治の意識は徐々に広がり、内なる地方自治の推進を誘発する動きともみることができます。

＊5
1980年に大阪で結成された「市民オンブズマン」がその活動の起源といわれます。現在は全国66団体（2022年11月29日現在）により「全国市民オンブズマン連絡会議」が設置され、組織的に活動をしています。

＊6
日本で初めての公文書公開条例は、1982年に、山形県金山町、神奈川県が制定しました。

3　地方分権改革の理念と戦略

中央集権体制の制度疲労から脱却し、本来の地方自治の姿を実現するための取組みが、20年以上にわたり進められている累次の**地方分権改革**です。ここでは、地方分権改革がどのような戦略で行われてきたかを政策法務の視点を踏まえながらみてみます。

(1) 地方分権改革の理念

なぜ、地方分権改革が求められたのでしょうか。

そもそも地方分権改革の目標は、「国民がゆとりと豊かさを実感できる社会の実現」（旧地方分権推進法1条）です。つまり、国や地方の問題ということではなく、経済社会が抱える課題を打破し、国民皆が心の豊かさを実感できる社会を構築することが前提にあるのです。この目標を実現するためには、金太郎飴のような画一社会ではなく、「個性豊かで活力に満ちた地域社会の実現」（旧地方分権推進法2条）が必要で、これが地方分権改革の目的にほかなりません。そして、この目的を達成するためには、中央集権による全国一律の行政を廃し、「国と地方の関係を「上下・主従」から「対等・協力」へ改める」ことが必要で、これが実現できれば、地域の実情を踏まえたまちづくりが推進できるという論理です。

したがって、これまで進められてきた一連の地方分権改革は、あくまでも手段なのです。整理すれば、地方分権改革により、①行政を変え（手段）、②行政が変わると地域を変えることができ（目的）、③地域が変われば国民生活が変わる（目標）というストーリーといえます。

（2）地方分権改革の戦略

ところで、真の地方分権型自治の姿とはどのようなものでしょうか。本来の地方分権は「地方自治の本旨」を実質化することですが、おそらく究極の姿は、自治体に関わる法律がなくなることでしょう。自治体は条例などを定めることにより自己責任と自己決定を完結する高度の自治ができれば、国から独立した真の自治体が形成できます。しかし、憲法92条や94条の規定があり、それは許されません。

では、次善の地方分権型自治の姿を考えてみると、それは、法律が枠組み化されることではないでしょうか。法律に基づき自治体の事務が構成されたとしても、その事務の執行基準や手続は自治体が条例などで定めることとすれば、自治体の自由度が大幅に高まります。この措置と併せ、財源とともに自治体への権限移譲を進めることで、分権自治体が機能を発揮することができると考えられます。しかし、この対応が実現するとなれば、権限と財源を有し、これまで自治体をコントロールしてきた国の指導・支配の立場が失われることから、国（省庁）の強い抵抗が容易に想像されました。

そこで、地方分権改革の取組みにおいては、国に受け入れられることと、自治体の工夫により地域に適合した対応をすることができる一定の自由度を与えることを中心に据え、その後、段階的に地歩を進めるという戦略が採用されました。そうした方針から、当初の地方分権改革は、族議員や省庁が折り合えるところからスタートしたのです。

4　地方分権改革の段階的実施

次に、2000年に実現したいわゆる「第1次地方分権改革」と2011年以降に具現化しつつある、いわゆる「第２次地方分権改革」と政策法務との関連について述べます。

(１) 第１次地方分権改革

第１次地方分権改革は、1993年の衆参両院による「地方分権の推進」決議を受け、1995年４月に施行された５年間の時限立法（後に１年延長）である**地方分権推進法**に基づいて、推進されました。同法に基づき設置された**地方分権推進委員会**による勧告（１～５次）と、それを受けた政府の**地方分権推進計画**（１次・２次）の閣議決定が行われ、このうち第１次地方分権推進計画を実現するため、1999年に「**地方分権の推進を図るための関係法律の整備等に関する法律**」（**地方分権一括法**）が制定されました。同法は、地方自治法の大改正をはじめとする475法律を同時改正するもので、2000年４月に施行され、第１次地方分権改革が成就しました。

この改革は、明治維新・戦後改革に次ぐ第三の自治制度の改革と称されました。一方で、分権のベースキャンプを築いたに過ぎない**未完の分権改革**[*7]とも評価される結果となりました。

＊７　未完の分権改革
2001年６月14日に出された地方分権推進委員会最終報告の第１章Ⅳは、「未完の分権改革」と題し、次のように述べています。「今次の分権改革の成果は、これを登山にたとえれば、まだようやくベース・キャンプを設置した段階に到達したにすぎないのである。委員会が中間報告以来掲げ続けてきた「分権型社会の創造」という究極目標に照らしてみれば、改革の前途の道筋は遼遠である。言い換えれば、今次の分権改革は第１次分権改革と呼ぶべきものであって、分権改革を完遂するためには、これに続いて第２次、第３次の分権改革を断行しなければならない。」

なぜそうした評価がもたらされたかというと、**３（２）**で述べた戦略に基づく分権型社会を指向した結果、第１次地方分権改革は、国と自治体とを従来の「上下・主従関係」から「対等・協力関係」に改めるため、国と自治体との役割分担を明確にすることを主眼に進められたからです。そのための具体的成果として、**機関委任事務制度の廃止**、**自治体の事務化**と**法定事務への国等の関与の縮減**が挙げられます。これにより、自治体を国の出先機関のように位置付けることを排しましたが、自治体の日常事務としては、従来の法律がなくなったわけではなく、分権前後を通じて事務処理は継続しています。つまり、法定事務を処理する自治体の性格を変えたに過ぎず、抜本的な権限や財源の移譲、あるいは条例制定権の実質的な拡大が行われていないことから、上記の評価となったのです。

しかし、この改革は、政策法務的な発想を生む大きなエポックとなったともいえます。なぜなら、国と自治体が対等・協力関係になることによって、自治体行政の構造的変化をもたらすからです。

第１に、機関委任事務時代の自治体は、国の政策を執行管理する**事業自治体**でしたが、分権改革は、自治体が自ら地域に合った政策を立て執行する**政策自治体**へ変貌する余地が生まれました。これに伴い、ハード重視のナショナル（シビル）ミニマムの追求からソフト重視の個性あるまちづくりの追求へと自治体に対するニーズの変化に対応できます。

第２に、法定事務の執行に際して、**公定解釈**や**有権解釈**などといわれ国（所管省庁）の専権と考えられてきた法解釈権に関して、法律に基づき自治体が実施するのが自治体の事務である以上、自治体にも地域のニーズに適合した**自主法解釈権（第１次解釈権）**があることが明確にされました（地方自治法２条11項～13項）。

第3に、国から自治体に発せられていた**通達**が効力を失う（通達の根拠である国家行政組織法14条2項は自治体の機関や職員には適用されない）ことにより、**通達（行政実例）行政**が打破され、自治体の自己責任・自己決定行政へと法執行体制が改まりました。とりわけ、法定事務を含め自治体の事務すべてに条例を制定する余地が生まれ（地方自治法2条2項・14条1項）、**要綱行政**から**条例行政**への機運が高まりました。

では、結論として、自治体は変わったのかというと、まだら模様といわざるをえません。この改革は、法定事務を処理する自治体の性格を変えたのであり、上記の構造的変化を生かすも殺すも自治体次第ということです。いわば第1次地方分権改革は、可能性の拡大であり、その成果は、自治体の取組みにかかっているということができます。

この可能性を追求し、自治体の取組みを進める有効な手立てとして、政策法務が注目されてきました。第1次地方分権改革と政策法務の推進が軌を一にするのは、こうした所以からにほかなりません。

（2）地方税財源の三位一体の改革

既述のとおり、第1次地方分権改革は、真の分権型社会を創造するための第1ステージであり、第2、第3のステージ展開が不可欠です。

国は、第2ステージとして地方税財源の強化をめざしました。自己責任・自己決定の下、自治を進めていくためは、自治体の権限強化等の一方で、自治体の自主財源を拡充することが必要です。すなわち自己負担による行政を行えるようにすることで、自治体の自由度が高まることになります。そこで、2004年から2006年までの3年間をかけ、自治体固有の自主財源である地方税を充実させるための税源移譲、自治体の自由度を縛り画一的な行政運営を元凶となっている国庫補助負担金の削減、自治体のモラルハザードを招くとともに複雑な仕組みとなっている地方交付税の見直しを同時に行う「**地方税財源の三位一体の改革**」を実施しました。しかし、この改革は、財源を握る各省の思惑が交錯し、かえって自治体の財政運営を厳しくする結果を招きました。さらなる改革が求められるところです。

（3）第2次地方分権改革

第1次地方分権改革や地方税財源の三位一体の改革、あるいは、この間に進んだ**市町村合併**により自治体の政治・行政体制が大きく変革しましたが、積み残した課題は少なくありませんでした。そこで、第3ステージとしてさらに地方分権改革の時計の針を進めるため、2006年に3年の時限立法として**地方分権改革推進法**が制定され（2007年4月1日施行）、**第2次地方分権改革**の取組みがスタートしました。そして、第1次地方分権改革の際と同様、同法の下、政府におかれた**地方分権改革推進委員会**の4次にわたる勧告に沿って**地方分権改革推進計画**が閣議決定され、その途上で**地域主権改革**[*8]と呼称されるなどの曲折を経て、2011年から2022年にかけて12次にわたり、「**地域の自主性及び自立性を高めるための改革の推進を図るための関係法律の整備に関する法律**」（第1次～第12次地方分権一括法）の制定をみました。一括法では、地方分権推進委員会最終報告第4章「分権改革の更なる飛躍を展望して」のⅡ「地方公共団体に対する法令による義務付け・枠付け等の緩和」への対応に力点がおかれ、**義務付け・枠付け**[*9]**の見直し**や条例制定権の拡大等が実現されました。他にも、広域自治体から基礎自治体へ、都道府県から政令指定都市への権限移譲も図られました。

義務付けの見直しでは、「協議、同意、許可・認可・承認」について、同意を要する協議が同意を要しない協議に緩和されるなど一定の成果をみました。しかし、こうした国等の関与の見直しは、実際の運用いかんによるところが少なくないので、義務付けの緩和の趣旨に沿った適切な対応を自治体現場で実践することが肝要です。また、「計画等の策定及びその手続」について、「策定義務」から「策定権限」に改めるなど自治体の任意性を高めており、地域の実情を踏まえた判断ができるとともに、関係者や市民の参加手続も可能ととなり、一定の進展があったものといえます。ただし、この改革の果実も計画策定側の自治体の今後の対応によるところが大です。一括法対応とは異なりますが、2011年の地方自治法の改正による総合計画の策定義務の廃止を受けた市町村の取組み（議決事件化、自治基本条例への位置付け、総合計画条例の制定、総合計画自体の廃止などの取組みがある一方、何らの措置を講じていない自治体も多い）が、その代表的な例として挙げられます。

枠付けの見直しについては、自治体の「**施設・公物設置管理の基準**」の根拠について、従来の個別法を受けた政省令による設定から、自治体の条例による設定へと転換し、自治体の条例制定権の強化が図られました。これに呼応し、自治体は必要な条例を制定し、自治体独自の基準による運用がなされています。ただし、一括法による法改正では、施設・公物の設置管理基準を自治体が定めるに当たって、**3つの基準（従うべき基準・標準・参酌すべき基準）**が設けられ、その範疇での条例化が求められました。とりわけ、「従うべき基準」は自治事務であるにもかかわらず、自治体の裁量を大幅に制限するものといわざるをえません。自治体は、法定受託事務並み（あるいはそれ以上）に厳格な基準に基づき設置管理基準の条例化が義務付けられました。「標準」とすべき基準については、当初想定されておらず、地方分権改革推進委員会第3次勧告で従うべき基準と参酌すべき基準の中間の類型として位置付けられましたが、従うべき基準により近い整理・運用がなされています。「参酌すべき基準」については、十分参照した結果としてであれば、地域の実情に応じて異なる内容を定めることは許容される性格ではあるものの、参酌基準をベースとした委任条例の域を出ず、当初標榜された「**条例による上書き権**」（地方分権改革推進委員会第3次勧告。同勧告では、「条例による上書きの許容」と表現が改められた。）とは異なる制度設計といっても過言ではありませ

＊8　地域主権改革
第2次地方分権改革は、自公政権でスタートした後、2009年の政権交代により「地域主権改革」を掲げた民主党を中心とする政権へと引き継がれました。地域主権改革という言葉は、政治対立により姿を消しましたが、その意味は『日本国憲法の国民主権の理念の下に、住民に身近な行政は、地方公共団体が自主的かつ総合的に広く担うようにするとともに、地域住民が自らの判断と責任において地域の諸課題に取り組むことができるようにするための改革』（与野党合意のもと2011年に修正した改正内閣府設置法の4条1項3号の2）であり、地方自治の本旨の具現化にほかなりません。

＊9　「義務付け」と「枠付け」
「義務付け」とは，一定の課題に対処すべく、自治体に一定種類の活動を義務付けること（一定種類の活動に係る計画策定の義務付けを含む）をいい、「枠付け」とは、自治体の活動について組織・手続・判断基準等の枠付けを行うことをいうとされました（地方分権改革推進委員会『中間的な取りまとめ』(2007)）。

ん。なお、より根源的問題として、上記3つの基準は地方分権改革推進委員会の勧告で示されたものの、その概念や定義が法定化されたものではないことも挙げておきます。

第2次地方分権改革は一定の成果を挙げましたが、その対象となった分野は限定的となっています。当初検討の俎上にあがったのは、法定自治事務に設けられた義務付け・枠付けの規定である10,057条項に及び、見直しされなかった条項がまだまだ多数を占めます。条例化対象が施設・公物の基準に限られ、広範な法定許認可事務の基準まで踏み込めなかったことも今後の検討課題といえるでしょう。こうした事項にも自治体の裁量を縛るものが少なくないと思われますが、見直しの対象とならなかったことで、あたかも条例が制定できないとの消極的な解釈が導き出されるおそれもあります。

とはいえ、義務付け・枠付けの見直しは国から自治体にボールが投げられた段階にあることは事実です。この与えられた権限を十分に活用できなければ、さらなる地方自治の進展は望むべくもありません。とりわけ、施設・公物の設置管理基準の条例化は、従来、政省令で定められていた法律の執行内容（基準）が緩和され、自治体自ら条例等で内容（基準）を定められるようになったこと、つまり**3（2）**で述べた「次善の地方分権型自治としての法律の枠組み化」の端緒にほかならず、まさしく自治体の条例制定権が強化された一面です。この条例も一度制定したら終わりではなく、地域の環境の変化に合わせ適宜見直しをすることも肝要です。自治体は、実践において政策法務能力を発揮して、地域の実情を踏まえた自治を推進できることを証明することが、次のステージの足掛かりになるといえるでしょう。

なお、2015年に制定された第5次一括法以降、国は、「提案募集方式」を導入し、自治体の発意による分権改革にシフトしました。この方式にもさまざまな議論がありますが、自治体は発想を枯渇させることなく、真に住民のために必要と考えられる権限の移譲や義務付け・枠付けの見直しを主張し続けることが求められます。

一連の分権改革ステージの進展により、自治体は、自らの事務についての法解釈運用権（自治行政権）と条例制定権（自治立法権）が強化されたことを、政策法務の取組みの前提として認識するのが肝心です。

学習のポイント

1　戦後の中央集権体制の功罪

■戦前・戦中の国策の反省に基づき、民主化・自由化の一環として地方自治が憲法で保障されましたが、実際には中央集権体制として、「機関委任事務制度」や「補助負担金制度」が構築されてきました。

■機関委任事務制度は、全国一丸となって取り組む原動力として戦後一定の効果を上げ、日本は急速に発展を遂げましたが、その後、公害問題に象徴的に現れているように地域偏在の問題を生み、制度疲労を起こしてきました。

■補助負担金制度は、自治体のインフラ整備や法定事務執行に際して、財政運営を確保する重要な制度として機能してきましたが、交付条件を通じて行われる国の過度の干渉などが、自治体の自主性や地域の特性を生かした事業の執行を阻害してきました。

2　中央集権体制から地方分権体制へ

■国民の価値観が変化し「心の豊かさ」を志向するようになる中で、市民オンブズマンの台頭、情報公開制度の整備など市民・自治体行政双方の取組みにより、1990年代に入り、中央集権体制を打破し、地方自治の充実を図ることが求められるようになりました。

3　地方分権改革の理念と戦略

■地方分権改革の理念は、「国民がゆとりと豊かさを実感できる社会の実現」が目標であり、これを実現するために「個性豊かで活力に満ちた地域社会の実現」を目的とし、その手段として国と地方の関係を「上下・主従」から「対等・協力」へ改めることが必要であるというものです。

■実際の地方分権改革の取組みは、国に受け入れられることと、自治体の工夫により地域に適合した対応ができる一定の自由度を与えることを中心に据え、その後段階的に地歩を進めるという戦略が採用されました。

4　地方分権改革の段階的実施

■第１次地方分権改革は、機関委任事務制度と法定事務への国等の関与の縮減が中心となるもので、未完の分権改革と評価されましたが、自治体自らが地域に合った政策を立て執行する「政策自治体」へ変貌させる余地を与え、自主法解釈権の発揮や条例行政への機運が高まるなど、政策法務的発想を生むエポックとなりました。

■第２次地方分権改革では、義務付け・枠付けの見直しが実現され、特に施設・公物設置管理基準の条例設置により自治体の条例制定権の強化が図られましたが、条例化に当たっての３つの基準（従うべき基準・標準・参酌すべき基準）が設けられ、特に自治体の裁量を大幅に制限する従うべき基準などの課題が残りました。

第4節　自治体法務の基本原理

1　自治体法務と地方自治の本旨

「地方公共団体の組織及び運営に関する事項は、地方自治の本旨に基いて、法律でこれを定める」（憲法92条）とされています。**地方自治の本旨**には、「**団体自治**」（地方自治が国から独立した団体に委ねられ、団体自らの意思と責任の下でなされるという自由主義的・地方分権的要素）と「**住民自治**」（地方自治が住民の意思に基づいて行われるという民主主義的要素）の2つの要素があります（本章1節4参照）。

この地方自治の本旨を体現するために、国と自治体の役割を明確にする規定が地方自治法に設けられています。地方公共団体は、地域における行政を自主的かつ総合的に実施する役割を広く担いますが（自治法1条の2第1項）、国は、①国が本来果たすべき役割を重点的に担い、住民に身近な行政はできる限り地方公共団体に委ねることを基本とし、②地方公共団体との間で適切に役割を分担し、③地方公共団体に関する制度の策定及び施策の実施に当たって、地方公共団体の自主性及び自立性が十分に発揮されるようにしなければなりません（自治法1条の2第2項）（本章3節3参照）。

そして、自治体に関する法令を解釈する際は、これらの原則に従い、国と自治体が対等・協力関係であることを示した【図表1－4－1】に掲げる各規定を意識しなければなりません。

【図表1-4-1】地方自治の本旨に基づく立法原則と解釈・運用原則

自治法2条11項	地方公共団体に関する法令の規定は、地方自治の本旨に基づき、かつ、国と地方公共団体との適切な役割分担を踏まえたものでなければならない。
自治法2条12項	地方公共団体に関する法令の規定は、地方自治の本旨に基づいて、かつ、国と地方公共団体との適切な役割分担を踏まえて、これを解釈し、及び運用するようにしなければならない。（後段：略）
自治法2条13項	法律又はこれに基づく政令により地方公共団体が処理することとされる事務が自治事務である場合においては、国は、地方公共団体が地域の特性に応じて当該事務を処理することができるよう特に配慮しなければならない。

以上の地方自治法の規定は、第1次地方分権改革の際に新たに規定され、自治体の団体自治を強化したものです。この原則に反する立法や解釈・運用は違憲問題にもなりえますので、自治体の職員は、国の示す見解のみによることなく、地域の実情に一層の関心を寄せなければなりません。

一方、住民自治の視点から、各自治体においては、行政活動の様々な局面における「**住民への説明（責任）**」と住民の意見を行政活動に取り入れていくための「**住民参加・参画**」が求められます。

2　自治体法務に必要な諸原則

自治体職員には、日々の仕事において、常に法律を意識することが求められます（本章1節1参照）が、ここでは法律に明文の規定が存在していなくても広く適用されるべき諸原則を説明します。これらの諸原則は、条例立案や法令解釈の際はもちろん、行政運営一般に通じて踏まえるべき原則です。

代表的な原則を概観すると、【図表１－４－２】のとおりとなります。

【図表1-4-2】自治体法務に必要な諸原則の概観

信義誠実の原則	裏切ってはならない
権限濫用の禁止の原則	道理に合わない（理不尽な）ことをしてはならない
比例原則	厳しすぎてはならない
平等原則	ひいきしてはならない
市民参加の原則	主権者（市民）の意見を取り入れるべきである
説明責任の原則	主権者（市民）に納得のいく説明をするべきである
透明性の原則	隠してはならない（むしろ積極的に公表すべき）
補完性の原則	現場に遠い者がでしゃばらないようにするべきである
効率性の原則	無駄を少なくするべきである

(1) 信義誠実の原則

「**信義誠実の原則**」とは、行政活動に対して寄せられた市民の信頼は尊重されるべきであるという原則です（「**信義則**」・「**信頼保護の原則**」とも呼ばれています）。

【具体例】

村の工場誘致政策の下で工場建設を進めていたところ、村長選挙で誘致反対派の村長が当選して建設が断念された事件で、最高裁が損害賠償を認めた事例（損害賠償請求事件・最三小判昭56・１・27判時994号26頁）

(2) 権限濫用の禁止の原則

「**権限濫用の禁止の原則**」とは、行政権限をみだりに行使することを禁止する原則です。

【具体例】

ある個室付浴場の営業阻止を狙って、県と町が申し合わせて、個室付浴場の営業が禁止されることになる一定距離内の児童福祉施設の設置認可を異例の早さで行ったことが行政権の著しい濫用によるものとして違法であると判断された事例（風俗営業等取締法違反被告事件・最二小判昭53・６・16刑集32巻４号605頁）

(3) 比例原則

「**比例原則**」とは、規制目的に対して行政の用いる規制手段が均衡のとれたものであることを要請する原則です（「**過剰規制禁止原則**」とも呼ばれています）。

【具体例】

生活保護受給者の自動車運転禁止の指示違反に対して、生活保護廃止処分を課すのは、用いられた制裁手段が不当に重すぎる点で違法と判断された事例（保護廃止決定処分取消請求事件・福岡地判平10・５・26判時1678号72頁）

（４）平等原則

「**平等原則**」とは、合理的理由なしに、行政は市民を差別してはならないとする原則です。ただし、例えば「（違法である）他の類似案件が不利益処分を受けていないことを楯にとって、（違法である）自分の行為に対しても、平等原則によって不利益処分をすべきでない」との主張は、違法を助長することになりますので基本的に認めるべきでありません。

【具体例（立法例）】

普通地方公共団体は、住民が公の施設を利用することについて、不当な差別的取扱いをしてはならない（自治法244条３項）。

（５）その他分権自治体にとって重要な原則

上記原則のほか、分権時代における自治体法務には、地方自治の本旨を実現するため、次のような重要な原則があります。

〈１〉市民参加の原則

議会制のみではなく、行政運営の各段階で市民の意思をできる限り取り入れるべきであるとする原則です。

〈２〉説明責任の原則

行政が様々な行政活動の局面において、市民に対して納得のいく説明をすべきであるとする原則です。

〈３〉透明性の原則

行政上の意思決定について、その内容・過程が市民にとって明らかであるようにすべきであるとする原則です。

〈４〉補完性の原則

一般的には、行政による民間への規制を必要最小限の範囲にとどめるべきであるとする原則です。なお、同様の視点で、国に対しては、自治体でできることは自治体に、さらに、都道府県に対しては、地域に密着している市町村でできることは市町村に委ねることが要請されているとするものです。

〈５〉効率性の原則

自治体の事務の処理は、最少の経費で最大の効果を上げるようにしなければならないとする原則です（自治法２条14項）。

3　国の法務と異なる自治体法務のマネジメント

（1）自治体の法務マネジメント改革の必要性

自治体は長い間、国の事務である**機関委任事務**を執行し、国からの**通達**に従ってきました。しかし、地方分権改革により、これらは廃止され、自治体の自己決定権が拡充するとともに、国との対等協力関係が形成されました（本章3節参照）。したがって、市民の付託に応えるための責任を直接負うことになった自治体は、国の見解を絶対視することは許されない環境になりました。自治体職員は、意識的に機関委任事務の呪縛から脱却しなければなりません。

また、国の省庁は、それぞれの専門化が進み、組織も大きいため、基本的に縦割行政になる傾向があります。一方、自治体の各部局は、努力により横断的・総合的な行政運営を展開することが可能です。

さらに、国は、住民及び行政課題が発生する現場から遠い存在です。一方、自治体は、住民・現場に身近な存在です。日常的に住民の関心事及び行政課題を認識できるというメリットを生かし、機動的な行政運営に取り組むことが求められます。

自治体は、このような国のおかれた環境との違いを踏まえ、**地方分権改革**により拡充された**条例制定権**や**法解釈権**を行政運営の中で生かすための法務マネジメントの改革を進めていくことが肝要です。

（2）自治体ならではの法務マネジメント

自治体の法務マネジメントの改革を進めるに当たっては、以下のとおり**組織管理**、**時間管理**、**例規管理**の３つの視点から考える必要があります。

〈1〉組織を支える自治体職員の法務能力の向上

分権時代の法務マネジメントは、個別法や条例を主管する縦割りの「原課」と、条例制定や法解釈などの自治体全体の法務を統括する「法務部門」が、それぞれ法務に関する適切な認識と役割分担をし、相互の連携・調整を図ることにより、実現できます。

近年、地方分権改革に伴う自治体の自主立法権や自主法解釈権の高まりを受け、法務部門の改革が進み、政策法務課などの**政策法務組織**が誕生しています。この「原課」が行う課題解決を法的に支援する「政策法務組織」をもつ千葉県・神奈川県・静岡市・浜松市・市川市・豊田市・流山市などの取組みが参考になります。これらの組織の連携・調整も重要ですが、分権時代に求められる自治体法務（本節1参照）を推進していくためには、とりわけ様々な課題を日常的に認識できる「原課」（出先機関を含みます）の役割が重要であり、組織を構成する自治体職員の法務能力や課題解決志向の向上が必須事項となります。このため、これらを向上させるための**自治体法務に関する研**

修制度の導入が極めて重要となり、自治体職員も積極的にこうした制度を活用することが求められます。

〈2〉マネジメント・サイクルによる自治体法務管理

自治体政策は、従来の「企画立案（Plan）」と「実施（Do）」に、「評価（Check）－見直し（Action）」の視点が加わり、マネジメント・サイクルとして行政評価システムが構築されつつあります。法務についてもこの時間管理の視点が重要となり、「**立法法務**（Plan）」、「**解釈運用法務**（Do）」、「**評価・争訟法務**（Check－Action）」の段階に分類され、PDCAサイクルでの法務管理が求められます。

従来の自治体法務では、条例のつくりっぱなしや無思考な条例の執行が、ままみられました。制定した条例が適正・円滑に運用されているか、地域にとって適切であるかどうかを検討することが、法務管理に繋がります。そのために、自治体職員は、制定後相当期間が経過した条例等の例規自体の時間管理の視点をもつとともに、争訟を契機として条例等の法制度を見直す視点ももたなければなりません（【図表1－4－3】）。

ところで、自治体は国が定めた法律も執行していますので、法律との関係でどのように自治体法務管理が行われているかについても、理解しておく必要があります。

まず、国においては、法律の、①企画立案、②実施・運用、③評価・見直しを国自らが一貫して行います（【図表1－4－4〔A〕】）。

これに対して、自治体においては、法律の、①実施・運用から始まり、②評価を行い、見直しが必要な場合は、③－1国に対して法律改正の要望を行い（【図表1－4－4〔B〕】）、この要望が受け入れられなかったときや十分でなかったときは、③－2法律と融合・連携した条例の企画立案を行い（【図表1－4－4〔C〕】）、又は③－3法律とは分離した自主的な条例の企画立案を行うこととなります（【図表1－4－4〔D〕】）。

③－2の条例あるいは③－3の条例を企画立案した後のマネジメント・サイクルは、条例を中心とした自治体法務マネジメント・サイクルによりますが（【図表1－4－3】）、この場合でも評価を行い、見直しが必要なときは国に対する法律改正の要望の選択肢があります。

【図表1-4-3】条例等を中心とした自治体法務マネジメント・サイクル

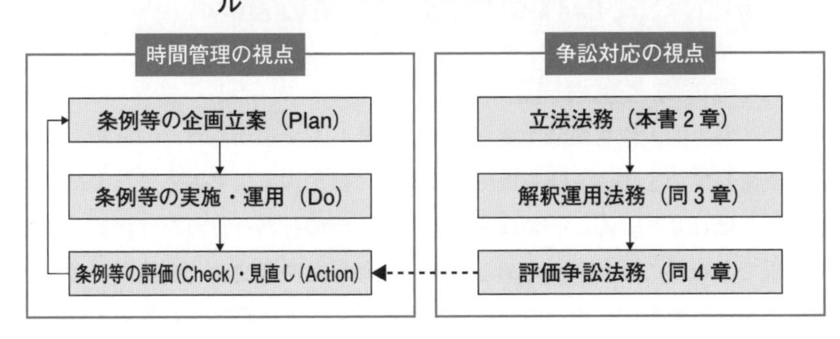

【図表1-4-4】法律の執行・運用を起点とする自治体法務マネジメント・サイクル

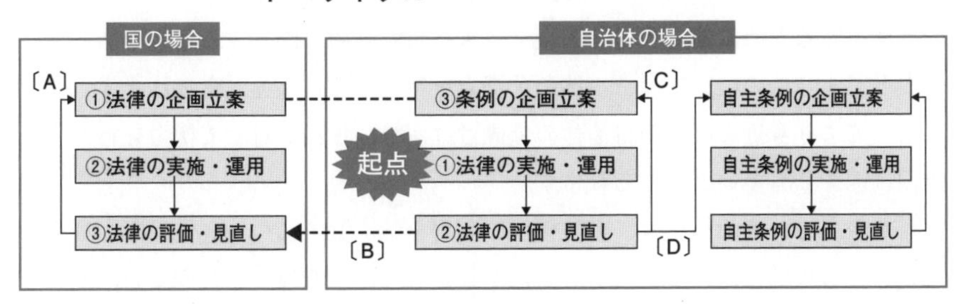

〈3〉条例制定権を生かした取組み等の例規管理

自治体の活動の根拠としては、法令のほか、条例を筆頭に、規則・規程（訓令）・要綱など幅広い形式が存在します。これらの運用状況をみると、地方分権改革前は個別の法律及びその法律を補完するための要綱が行政運営の実質的な中心でした。そもそも行政は法律の留保原則に服さなければならず、条例制定権が拡大した地方分権改革以後においては、団体自治に加え住民自治を実現することが一層求められるため（本章1節1・本節1参照）、条例制定権を生かした取組みが必要となります。

そのような視点から、例規の枠組みの見直し、すなわち、例規の棚卸し、評価、再構築が必要となります。例えば、要綱では、市民に義務を課したり市民の権利を制限することはできませんので、要綱の運用や書き振りの見直しにとどまらず、廃止あるいは条例化を検討する必要があります（横須賀市や千葉県では、条例等の整備・要綱等の見直しに関する方針・指針を策定しています）。また、現行の条例についても、目的や内容などが課題解決・政策実現に適合しているかを評価し、必要があれば改正・廃止するべきです。（本項全体において、8章3節参照）。

4　訴訟で問われる自治体法務の基準

（1）　人権保障と統治構造

憲法は、基本的人権を保障するとともに、それを実現するための統治システムを明らかにしています。人権を保障するためには、国家による不当な人権侵害を防がなければなりません。その反面、国家が一定の行為を行わなければ、人権保障を実現できないことも事実であり、そのために立法機関や行政機関が必要となります。司法機関も国民の生命や財産を守ったり、人権侵害から救済するために必須であり、統治システムの重要な要素といえます。

国家は**公共の福祉**の実現のため、憲法で与えられた権限を行使し、**憲法価値**の実現を図ることになります。その際に留意しなければならないのは、一定の公益や人権を守るために他の公益や人権を侵害したり制約したりする場合もあるということです。この国家には、当然に公権力を行使する自治体も含まれます。住民にとってより身近な存在の自治体の位置付けから、住民に対して権力を行使する場面は国よりも多いと考えられます。

したがって、自治体には、憲法価値の実現を強く意識しつつ、住民間の利害も想定される地域において、適切な条例を制定し、法解釈運用を行うという困難な対応が求められるのです。そして、争訟の際は、これらの正当性の理由を提示しなければならないといえるでしょう。

（2）裁判所における自治体法務の評価

裁判所は、どのような視点で自治体の規制等の権限行使について、合憲・違憲の判断をしているのでしょうか。自治体には、裁判において規制等の目的の正当性や重要性のほか、手段の必要性や合理性を説明することが求められます。それが不十分だと違憲と評価されます。自治体の説明の程度は事案により異なり、当該事案にふさわしい審査基準に基づいて審査されますが、一般的・普遍的な物差しとなるような違憲審査基準は存在しません。しかし、裁判所がケースバイケースで基準を設定しては、予測可能性や法的安定性に欠け、社会に支障が生じるおそれがあります。そこで、判例法理が築きあげた判断枠組みを学説が整理することで、一定のメルクマールが形成されるに至っています。

その代表例が、アメリカの判例法理を基に構築された**二重の基準**です。これは、人権カタログ（憲法第３章）のうち、精神的自由に対する規制立法に対して適用される違憲審査は、経済的自由に対する規制立法に対する審査より「**厳格な基準**」によって審査されなければならないという考え方です。厳格な基準とは、極めて重大な政府利益に関わり、その目的を達成する上で必要最小限の手段であることが要求されます。一方、経済的自由の規制に当てはまる審査基準を「**合理性の基準**」と呼び、目的が正当で、手段が目的を達成するうえで合理的関連性があるか否かが審査されます。二重の基準を採用した判例として、小売市場事件(最大判昭47・11・22判時687号23頁)があります[*1]。

ただし、経済的自由は必ずしも精神的自由に劣らないのではないか、あるいは両者は重なる場合が多いのではないか等の批判に加え、最高裁は精神的自由が問題となるケースでほとんど二重の基準に言及していないため[*2]、二重の基準は通説的地位を有しているとはいうものの、どこまで現実に通用するかについては、なお議論のあるところです。

近年、ドイツの三段階審査を用いた方が日本の判例理論をより的確に説明できるのではないかという考え方も示されています。三段階審査というのは、①問題となっている行為(自由)が憲法の保障する権利の保護範囲にあるかどうか、②国家がそれを制約しているかどうか、③その制約は正当化されるかどうかという順に判断するものです。③の正当化の段階では、形式的要件として法律留保の有無や規範の明確性がチェックされ、さらに実質的要件として比例原則を満たしているかどうかが審査されることになります。

自治体政策法務論として、あらかじめ訴訟となった場合の正当性の主張を想定して規制条例の内容を検討するときに、違憲審査基準を当てはめてみるのが有用です。現状の判例の状況や自治体の実務を踏まえると、三段階審査の流れに沿った政策法務の評価には意義があると考えられます。

(3)　判例法理と違憲審査基準

〈1〉表現の自由

代表的な精神的自由権である表現の自由(憲法21条)について、判例法理を概観しましょう。人はコミュニケーションを通じて自ら政治参加したり、人格発展させたりするため、表現の自由は**自己実現**と**自己統治**の価値をもっています。加えて、真理の追求や社会的安全弁の価値も有します。そのため、表現が世に出る前に規制する検閲行為は絶対的に禁止されます。ただし、検閲の概念に抵触しなければ[*3]、例外的に表現の事前抑制が認められることもあり、裁判所による出版物の差止命令などが当たります。北方ジャーナル事件判決(最大判昭61・6・11判時1194号3頁)では、真実性や公益性がなく、重大な損害をこうむるおそれがあるときには例外的に差止が認められるとしています。

また、表現規制においては、**内容規制**(内容に着目した規制)のほうが、**内容中立規制**(内容に関係ない、時・場所・方法に関する規制)より表現の自由を侵害する度合いが高いため、より厳しい審査が要求されるべきとの指摘がなされています。ただし、わいせつ表現は表現の自由の保護の対象外とされており、わいせつとは何かを定義することによって規制の合憲性が認められています[*4]。名誉棄損的表現については、民事・刑事双方において違法性が問われることになりますが、公共性、公益目的性、真実性の要件を満たした

＊1　小売市場事件判決
最高裁は、「憲法は、国の責務として積極的な社会経済政策の実施を予定しているものということができ、個人の経済活動の自由に関する限り、個人の精神的自由等に関する場合と異なって、右社会経済政策の実施の一手段として、これに一定の合理的規制措置を講ずることは、もともと憲法が予定し、かつ、許容するところと解するのが妥当」と判示しています。

＊2
精神的自由の領域では、泉佐野市市民会館事件判決(最三小判平7・3・7判時1525号34頁)で部分的に受け入れられたことがある程度にとどまっています。

＊3　税関検査事件判決(最大判昭59・12・12判時1139号12頁)
最高裁は、「行政権が主体となって、思想内容等の表現物を対象とし、その全部又は一部の発表の禁止を目的として、対象とされる一定の表現物につき網羅的一般的に、発表前にその内容を審査した上、不適当と認めるものの発表を禁止すること」が検閲にあたると判示しています。

＊4　チャタレー夫人の恋人事件判決(最大判昭32・3・13判時105号76頁)
最高裁は、わいせつを「徒らに性欲を興奮又は刺戟せしめ、且つ普通人の正常な性的羞恥心を害し、善良な性的道徳観念に反するものをいう」と定義しています。

場合には免責されることになります[*5]。

一方、表現内容中立規制については、公共の福祉のための制限として、規制が正当化されやすい傾向にあります。美観のために屋外広告物を規制すること（屋外広告物事件（最大判昭43・12・18判時540号81頁））や、他人の敷地内に入ってビラを配る行為に対して住居侵入罪を適用すること（立川ビラ事件（最二小判平20・4・11判時2033号142頁）、葛飾マンションビラ事件（最二小判平21・11・30判時2090号149頁））は、公共の福祉のための必要かつ合理的な制限であるとして、合憲性が認められた判例があります。

〈2〉経済的自由

次に、経済的自由権（憲法22条）について概観します。経済的自由には、職業選択の自由のみではなく、営業の自由も含まれます。これらの権利には、届出、許可、資格、特許、国家独占などの規制が設けられています。

当初、判例は公共の福祉に合致するとだけ述べて経済規制の合憲性を広く認める傾向にありました（医療類似行為禁止事件（最大判昭35・1・27判時212号4頁）、タクシー免許制事件（最三小判昭39・12・22判時397号57頁）など）。その後、最高裁は規制目的に応じて判断基準を変える**規制目的二分論**を採用するようになります。規制目的二分論とは、規制目的を社会経済政策的見地から行う積極目的規制と、安全・秩序・公衆衛生の維持のために行う消極目的規制とに区分し、審査のレベルを変えるという方法です。経済的自由の規制に対しては基本的に合理性の基準が用いられますが、規制目的二分論に基づくと、積極目的規制に対しては規制が著しく不合理であることが明白である場合に限って違憲とし、消極目的規制に対しては規制の必要性及び合理性をチェックすることになります[*6]。もっとも、経済規制は規制目的二分論がいうほど簡単に区分できるわけではないのではないかとの批判もあり、実際の裁判においても同じような規制について異なる目的と認定するような判断が出てきています[*7]。

自治体は、個別具体の事案ごとに規制の目的、必要性、内容、これによって制限される職業の自由の性質、内容及び制限の程度を比較衡量して、政策法務的判断をしていくことが肝要です。

(4)　行政に対する憲法的裁量統制

以上の違憲審査基準は、立法（法令・条例）に対するものでしたが、違憲審査の対象は個々の行政行為も対象となります。ある行政行為が憲法上の権利を侵害する場合、その行政行為自体も違憲とされる可能性があるわけです。そのため、自治体が政策を実行する場合でも、ただ法律（条例）に基づいていればいいという姿勢ではなく、憲法も意識していかなければなりません。

裁判所が**行政裁量**を統制する場合、通常、行政行為は法律（条例）に基づいて行われるので、その行為の違法性を明らかにすることが焦点となります。あるい

＊5　夕刊和歌山時事事件判決（最大判昭44・6・25判時559号25頁）

最高裁は、「真実であることの証明がない場合でも、行為者がその事実を事実であると誤信し、その誤信したことについて、確実な資料、根拠に照らし相当の理由があるときは、犯罪の故意がなく、名誉棄損の罪は成立しない」と判示しています。

＊6　積極目的規制と消極目的規制

積極目的規制の例として、小売市場事件（最大判昭47・11・22判時687号23頁）が、消極目的規制の例として、薬事法距離制限事件（最大判昭50・4・30判時777号8頁）が挙げられます。

＊7

たとえば、公衆浴場の距離制限が争われた事案において、最高裁は、公衆浴場距離制限事件（最大判昭30・1・26刑集9巻1号89頁）で消極目的規制としたものの、公衆浴場距離制限事件（最二小判平元・1・20判時1302号159頁）では積極目的規制としています。

は、行政行為に憲法違反が存在する場合は、その行為のみならず法律（条例）自体が違憲と判断される可能性がありますから、行政行為の違憲性よりも法律（条例）の違憲性に焦点が移ってきます。

しかし、憲法問題が絡む事案において行政行為の違法性を問う場合に、裁判所は憲法を無視して判断しているわけではありません。例えば、体育の実技の授業（剣道）を宗教上の理由から受けなかったことから最終的に退学せざるをえなくなったため、代替措置を設けなかった校長の裁量の違法性が問われた剣道受講拒否事件（最二小判平8・3・8民集50巻3号469頁）で、最高裁は信教の自由に言及しながら校長の裁量判断を違法と断じました。つまり、裁判所は、憲法問題が関わる場合には裁量統制の密度を上げて審査することがあるといえます。具体的には、**比例原則**、**平等原則**、**他事考慮**などの諸要素を厳しくチェックするということです（本節**2**参照）。

（5）人権と条例

分権時代の自治体は、政策法務を駆使して地域の課題を解決するために条例を積極的に制定するようになってきました。地域に根差した政策を実現するためには、法律よりも条例を制定したほうが適切な対応を行える場合も少なくなく、条例によって住民ニーズに的確に応えることも可能になります。ただし、そこでも人権に配慮しなければならないことはいうまでもありません。自治体は条例の制定の場面においても、上述の裁判所の違憲判断基準を十分に認識して取り組む必要があります。

条例制定に当たっては、必要性や公益性などの実質的内容のチェック以外にも、条例の文言や配列に細心の注意を払い、他の法令との整合性などを慎重に検討することが求められます。特に、実効性確保手法として罰則を設ける規制条例は、その対象が明確であることに留意すべきです。この点について、世田谷区リサイクル条例事件（最決平20・7・17判時2050号156頁）では、「一般廃棄物処理計画で定める場所」の明確性が争われ、広島市暴走族追放条例事件（最三小判平19・9・18判時1987号150頁）では暴走族の定義や禁止行為の対象の不明確性が争われました。最高裁はいずれも合憲としましたが、条例の制定には形式的な点についても十分な注意が必要であることを物語っています。

また、特定の区画についてその使用用途を規制する**ゾーニング条例**の制定も増加しつつあります。従来はラブホテル等の規制が主でしたが、最近では町並みの保存のために条例を制定する自治体も現れています（神奈川県真鶴町まちづくり条例など）。ゾーニング条例は、経済的自由権や財産権を制約する場合が多いことから、過度の制約に陥らないよう慎重な検討が必要です。飯盛町ラブホテル訴訟（福岡高判昭48・3・7判時1083号58頁）では、旅館建築に際して条例に基づき町長の同意が求められていたが、広範に禁止区域を設定して、経済的自由権を強く制約しているために、比例原則に反するとの判断が示されています。

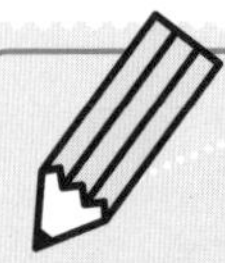

学習のポイント

1　自治体法務と地方自治の本旨

■地方分権改革による地方自治法の改正により、自治体の団体自治を強化する「立法原則」と「解釈・運用原則」（自治法２条11～13項）が明示されたので、自治体職員は国の示す見解のみによることなく、地域の実情に一層の関心を寄せなければなりません。

■住民自治の視点から、各自治体は行政活動の様々な局面において、「住民への説明（責任）」と「住民参加・参画」が求められます。

2　自治体法務に必要な諸原則

■行政運営一般を通じて踏まえるべき代表的な原則として、「信義誠実の原則」、「権限濫用の禁止の原則」、「比例原則」、「平等原則」があります。

■分権時代において地方自治の本旨を実現するための重要な原則として、「市民参加の原則」、「説明責任の原則」、「透明性の原則」、「補完性の原則」、「効率性の原則」があります。

3　国の法務と異なる自治体法務のマネジメント

■自治体の法務マネジメントの改革を進めるに当たっては、「組織管理」、「時間管理」、「例規管理」の３つの視点から考える必要があります。

■自治体法務は、「立法法務（Plan）」、「解釈運用法務（Do）」「評価・争訟法務（Check - Action）」の各段階に分類され、ＰＤＣＡサイクルでの法務管理が求められます。

■法務マネジメントは、「原課」と「法務部門」の連携・調整を図ることで実現できますが、近年、法務部門の改革が進み、「政策法務組織」が誕生しています。また、自治体職員の法務能力等を向上させるための自治体法務に関する研修制度の導入が極めて重要です。

■法律を運用している場合、自治体は、法律の評価を行い見直しが必要な場合は、国に対して法律改正の要望を行い、これが十分に叶わないときは、法律と融合・連携した条例の企画立案を行い、又は法律とは分離した自主的な条例の企画立案を行うこととなります。

■分権時代の自治体は、条例制定権を生かした取組みが求められ、例規の枠組みの見直し（例規の棚卸・評価・再構築）が必要となります。

4　訴訟で問われる自治体法務の基準

■自治体は憲法価値の実現を強く意識しつつ、住民間の利害も想定される地域において、適切な条例を制定し、法解釈運用を行うという困難な対応が求められます。

■一般に、裁判所は人権が問題になった場合に、精神的自由に対する違憲審査基準を経済的自由に対する違憲審査基準よりも厳格な基準で判断する傾向にあります（二重の基準）。ただし、実際には個別の事案ごとに様々な要素を総合考慮しているのが実情です。

■代表的な精神的自由権である表現の自由の規制は、内容規制と内容中立規制があり、前者のほうが後者よりも厳しくチェックされます。

■従来、裁判所は経済的自由の規制に対して規制目的二分論で対応してきましたが、この方法になじまないケースもあることから、この審査方法を用いない判決も出てきています。

■行政行為についても、憲法問題が絡む場合には、憲法的要素を加味して裁量統制の密度を上げることがあります。

■自治体は、条例制定の場面においても、裁判所の違憲判断基準を十分に認識して取り組む必要があります。

第5節　自治体にかかわる「法」の形式

本章で述べてきたように、自治体には、自治立法権、自治行政権が憲法上保障されています（94条）。しかし、従来、法令の解釈は国に専属していると解され、その結果、条例制定権の発揮も委縮せざるをえませんでした。

しかし、第1次地方分権改革により改正された地方自治法では、明確に自治体の法解釈権を明示し（1条の2、2条11～13項）、条例制定権もすべての事務に及ぶことが明らかになっています（2条2項、14条1項）。本節では、これらを踏まえつつ、自治体に関わる「法」形式について俯瞰します。

1　自治体に適用される法令とその解釈

（1）法律と自治体

〈1〉法解釈の主体と自治体の解釈権

法解釈は、誰でも行うことができます。国民の諸活動を法が規制している場合には、国民はそれを意識して行動しますが、その過程において自己の行動に適用される法の解釈を行うことになります。法の執行に当たる行政機関もまた、法を適用する過程において、当然に法を解釈します。そして、国民による法の解釈と行政機関の法の解釈が異なる場合に、いずれかが妥当な解釈であるかは、最終的に裁判所が決定します。

もっとも、個々の事案について、裁判所の判断を待つことも現実的ではありませんから、特に国民の権利義務に直接関わるような法律については、いわゆる**公定解釈**あるいは**有権解釈**が法律を所管する国の機関によって行われています。

しかし、これらの解釈は必ずしも地域の実情を反映したものではなく、不十分であったり過剰に拘束する場合がありました。そこで、自治体が法そのものの目的を踏まえ、地域の実情に即した形で**第1次解釈権**を行使すべきとの見解が示されています。そして、その法的根拠は、地方自治法2条11項から13項に求めることができます。

〈2〉地方自治法の規定内容とその適用

地方自治法2条11項は、国が自治体に適用される法律を制定する際の原則を定め、「地方自治の本旨に基づき、かつ、国と地方公共団体との適切な役割分担を踏まえた」ものであるべきとしています。ただし、現実的にそのようになっているかは疑問です。

そこで、地方自治法2条12項は、「地方公共団体に関する法令の規定は、地方自治の本旨に基づいて、かつ、国と地方公共団体との適切な役割分担を踏まえて、これを解釈し、及び運用するようにしなければならない」ことを求めています。この規定は、国のみならず自治体にも適用されるものですから、「公定解釈」あるいは「有権解釈」とは異なる自治体の法令解釈権を認めたものと理解できます＊1。

加えて、同条13項は、法律により自治体が処理することとなる事務が自治事務である場合においては、国に対し、自治体が地域特性に応じた事務の処理ができるように配慮を求めています。

これらは、いずれも地方自治法１条の２第２項で定められている「住民に身近な行政はできる限り地方公共団体にゆだねることを基本として、地方公共団体との間で適切に役割を分担するとともに、地方公共団体に関する制度の策定及び施策の実施に当たつて、地方公共団体の自主性及び自立性が十分に発揮されるようにしなければならない」という規定が、法の解釈・運用の場面において反映された結果であるといえます。そして、こうした考え方は、憲法に由来するものです。つまり、地方自治法１条の２、２条11項から13項は、憲法92条で保障される地方自治の本旨を具現化するものといえます。

＊1　条例による法令の上書権

解釈論として条例による法令の上書権が議論されています。

ここでいう上書きとは、独自の条例で法令の規制を厳しくするいわゆる上乗せ（条例）と異なり、法令に書かれている領域に踏み込んで法令の要件や効果を具体化したり、書き換えたりすることが中心になります。

社会経済情勢の変化や地域事情等により、国の法令が適合性を失った場合には、自治体はまず自主解釈で対応することになりますが、それでも対応ができない場合には、条例により法令の要件や効果の上書きを認めるべきとの主張がされています。しかし、条例が法律の範囲で制定できることとの関係で消極的な意見もあります。

大気汚染防止法や水質汚濁防止法などが条例による上乗せを認めていることもあり、それ以外の場合における上書きの可能性やその範囲について、議論が深まることが期待されています。

（2）　政省令と自治体

〈1〉政省令と自主解釈権

政省令は、それぞれ法律の委任を受けて制定されるものであり、その意味では法律と一体となって法秩序を形成するものですから、自治体もこれを順守しなければなりません。また、政省令は法律の具体化という役割を有するものですから、自治体が法律に基づく事務を執行する際に、政省令に準拠することにもなる以上、自治体の**自主解釈権**もまた法律のみならず政省令にも当然及びます。自治体が政省令に従って事務処理を行った場合でも、それが社会通念に照らして適当でないと判断され違法とされる例もあります（戸籍法施行規則60条に定める文字以外の文字を使用して子の名前を記載した出生届出を市町村長が受理を拒否した事件・最決平15・12・25判時1846号11頁）。つまり、自治体は政省令に従ったことで必ずしも免責されるわけではありません。

〈2〉政省令と条例との関係

地方自治法14条１項の規定では、条例は法律のみならず、政省令にも違反してはならないとされています。このことは、政省令が法律を執行するために定められるものであることから、政省令と整合をとることで条例が法律に適合するという考え方が導き出されます。

しかし、法律から授権され政省令には、全国一律に適用される詳細な基準や手続が定められるのに対し、条例は地域固有の事情を踏まえて制定されることから、両者の関係は個々に慎重に解釈すべきです。

政省令は行政立法であり、とりわけ各省大臣が制定する省令と、議会立法である条例との関係は、分権時代の現在では上下の関係におかれるべきものではないといえるのではないでしょうか。

2　法令以外の形式と自治体法務との関係

（1）行政計画と自治体法務

〈1〉行政計画の種類

行政計画とは、行政が行政活動を計画的に行うために目標を設定し、それを達成するために必要な手段を総合的に示すものです。自治体において策定される計画としては、法に根拠のある法定計画と根拠のない自治体独自の自主計画とがあります[＊2]。

〈2〉法定計画と条例

法律で自治体に対して、計画の策定を求める場合があります。こうした**法定計画**は、計画事項等のほか、策定手続についても、当該法律で定められている場合も少なくありません。しかし、その過程において市民参加を図ることが望ましい場合は、その法律に特に定めがない限り、自治体は広範な市民の参加を求めることにより、当該法定計画に多様な意見を反映させることができます。とりわけ、**市民参加条例**や**パブリックコメント条例**を制定している場合には、原則としてこの手続に従うこととなります。

このほか、法定計画において掲げられた施策の実効性を担保するために、当該法定計画を作成する過程で自主条例の制定に言及されることもあるでしょう（たとえば、障害者基本計画の中で「障害者条例」の制定が宣言される場合などがこれに該当します）。

＊2　条例・行政計画の体系化
　自治基本条例を制定している自治体にあっては、当該条例を政策の方向性を決定する最上位の「法」として位置付けている場合が少なくありません。そしてその下に自治体運営のルールとしての条例群と自治体運営のプログラムとしての行政計画群を有し、条例群にあっては分野別の基本条例ないし個別の政策条例を体系的に定め、行政計画群にあっては総合計画とその下に分野別基本計画と各種個別行政計画を立案し、両群を相互に連携して、条例と行政計画の総合的統一的な運用を図ることも検討されています。

〈3〉自主計画と条例

法定計画のほか、自治体が地域の実情に応じて一定の施策を構築する場合に、これを総合的・計画的に実施するために計画を策定することがあります。こうした**自主計画**の策定は、長の権限と責任において行うことができるものですが、例えば、企業立地促進条例において企業誘致促進計画の策定を行政に義務付けるなどのように、自治体の行政運営ないし政策の方向性を示すものとして条例が制定され、当該条例に明定された施策の実効性を確保するものとして行政計画が立案される場合があります。これは、行政計画に条例による根拠を付与することで、自治体の意思として当該施策を実施するという法的な位置付けを行い、併せて当該行政計画に議会による一定の統制を行う意味も付加されることとなります。

〈4〉行政計画と争訟

行政計画と争訟については、判例上、事業を伴うものでも行政計画の策定自体は住民の具体的な権利義務に直接影響を与えるものではないという理由で、これまで行政処分性が認められていませんでしたが、公共事業の実施に違法な点がある場合には、早期にこれを是正することが適当ですから、下級審段階では取消訴訟を認める例も増えつつあります。こうした傾向を踏まえて、土地区画整理事業計画について、最高裁は判例を変更し、事業計画段階での訴訟提起を認める判断をしました（行政処分取消請求事件・最大判平20・9・10判時2020号18頁、原審に差戻し）。今後は、住民の権利利益の救済を容易にする立場から、事業に係る行政計画の処分性の有無については見直される範囲が拡大する可能性があります。

（2）旧通達と自治体法務

〈1〉通達とは何か

通達とは、各省大臣、各庁長官等がその所掌事務に関し所管の諸機関や職員に対して命令又は示達するもの（国行組法14条2項）で、多くは法令の解釈・運用や事務の執行方針に関するものです。自治体にとっては、従前の機関委任事務に関し所管省庁から示された事務執行のあり方を規律するもので、事実上法令と同等の重要な意味をもつものでした。

〈2〉通達の変容

地方分権改革によって機関委任事務が廃止されると、通達もその役割を終えて自治体に対する拘束力を失いましたが、その一部は、地方自治法245条の4に規定する**技術的な助言**に衣替えをしたり、あるいは地方自治法245条の9に規定する法定受託事務の**処理基準**としての位置付けがされたものもあります。

ただ、技術的助言は法的拘束力を有せず、処理基準に従わなかった場合も、是正の指示や代執行にも繋がる可能性はありますが、基準自体には法的拘束力はないと考えられています。

したがって、自治体としては旧通達から技術的助言ないし処理基準に再整理されたものについても、その内容を精査し、これに準拠すべきかどうかを自主的に判断すべきことになります。

（3）行政実例と自治体法務

〈1〉行政実例とは何か

行政実例とは、法令の解釈・運用について、所管省庁がその見解を示したもので、多くの場合、自治体からの照会に対して回答するという形をとります。その内容は、行政庁の有権解釈として受け止められ、本来は特定の事案に対する見解ですが、実際には同種の事案に対する解決のために使われることになります。

〈2〉行政実例の法的拘束力

行政実例は、ある事案に対して適用されることのある法令の解釈運用に関する国の見解に過ぎず、当然に自治体を拘束するものではありません。しかし、自治体は、ほとんどの場合、行政実例を踏まえて法を執行し事務を行いますので、事実上行政実例が自治体のみならず住民をも「拘束」することとなります。

〈3〉行政実例の限界

行政実例として示された国の省庁の解釈が裁判所を当然に拘束するものではありませんし、行政実例が法の解釈を誤っていると判断される場合には、自治体がそれに従って事務処理をしても、違法と判断されてしまいます。実際に、督促異議の申立てによって訴えの提起があるとみなされる場合において、当該訴えの提起は地方自治法96条に定める訴えの提起には当たらないという行政実例が否定され、議会の議決を得ていなかった自治体が敗訴した例があります（最一小判昭59・5・31民集38巻7号1021頁）＊3。

自治体は、行政実例に従っただけで違法ではないという言い訳をすることは許されませんから、自治体としては自分で行政実例の当否を判断すべきことになります。

＊3　差押債権支払請求事件
この事件で、最高裁は次のように判決理由を述べています。「普通地方公共団体の申立に基づいて発せられた支払命令に対し債務者から適法な異議の申立があり、民訴法442条1項の規定により右支払命令申立の時に訴えの提起があつたものとみなされる場合においても、地方自治法96条1項11号（※当時・現在は12号）の規定により訴えの提起に必要とされる議会の議決を経なければならないものと解するのが相当である。右と同趣旨の見解のもとに、本件訴えは上告人市の議会の議決を欠き不適法であるとした原審の判断は正当であり、原判決に所論の違法はない。」

3　自治立法の類型

（1）条例の類型

自治立法の代表格は、住民代表機関である議会の議決を経て制定される条例であることは論を待ちません。この条例も視点によって様々な類型化が可能ですが、まずは法律に囲まれた自治体の法環境を踏まえ、法律との関係からのタイプ分類をします。

自治体の制定する条例には、法律とは切り離した自治体独自の条例と、法律を執行するための条例が存在します。前者を**自主条例**、後者を**法令事務条例**と呼ぶこととしましょう（【図表１－５－１】参照）。

〈1〉自主条例

自主条例には、まったく法律の存在しない分野に定める**独自事務条例**と、法律の存在する分野ですが法律とは直接リンクせず法律とは別個の事務を形成する**並行条例**が存在します。並行条例は、法律と同一事項について一定の（法律上の）要件と効果を定めた法律とは独立して、独自の（条例上の）要件と効果を条例で定めるため、法律上の制度と条例上の制度の競合・重複が生じ、法律とパラレルに運用されることからそのように称されます。独自事務条例は関連する法律がないため、もっぱら合憲性が問われますが、自主条例（並行条例）は、合憲性とともに当該法律との関係において適法性も視野に入ります。

独自事務条例の事例としては、路上禁煙条例、ペット霊園規制条例、市民参加条例などが挙げられ、自主条例（並行条例）の事例としては、まちづくり条例、産業廃棄物処理施設規制条例、風俗施設規制条例などが挙げられます。

〈2〉法令事務条例

法令事務条例には、法律の委任を受けて制定する**委任条例**と、法律の委任を受けていないものの自治体がその法律を執行するために制定する**法執行条例**が存在します。前者は法律に規定があるので、「法律規定条例」ともいわれ、後者は効果が法律に接続することから「法律リンク条例」とも称されます。法令事務条例は、さらに、法律によって定められた法律上の効果を発生させるための要件を条例によって変更（追加）する**書き換え（書き加え）条例**と法律によって定められた要件の具体的内容を条例によって定める**具体化条例**に区分ができます。

このタイプの条例は、条例によって法律の効果に変動をもたらす可能性があることから、従来、委任条例に限られてきました。なお、委任条例にも、法律運用のために必ず条例を制定しなければならない「必置委任型」と、条例を定めて初めて法律の委任規定の効果を発生させることのできる「任意委任型」があり、さらに任意委任型には、条例を制定して初めて法律全体の適用ができる「包括委任型」と、原則は法律の適用を受けたうえで委任規定に基づき条例を定めるとその部分だけ条例の規定が法律に溶け込む「個別委任型」があります[＊4]。

法執行（法律リンク）条例のうち、書き換え条例は委任を受けずに法律の基準を変更（上乗せ）することになるため、違法性が高く、ほとんど事例はみられませんでした。これに対し、書き加え条例は法律の基準に条例の基準を加える（横出し）することから、地域の実情を踏まえれば書き換えよりは制定の余地が広がると思われます[＊5]。一方、具体化条例は、「墓地、埋葬等に関する法律」の墓地経営許可の基準等を具体的に定める条例や、2006年改正前の住民基本台帳法に基づく住民基本台帳の写しの閲覧を制限する条例などの事例が少なからずあります。

【図表1-5-1】自主条例と法令事務条例の類型

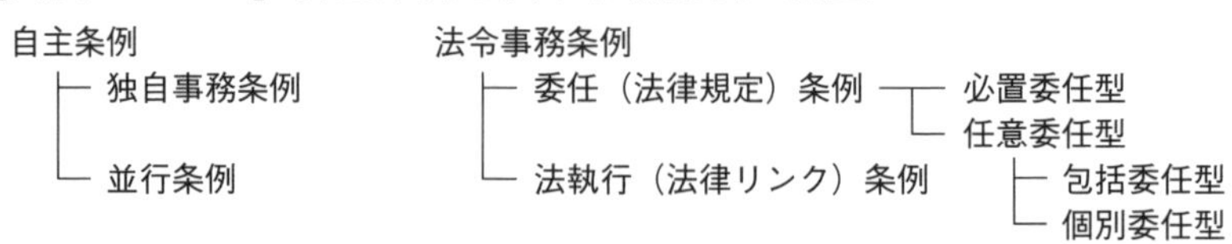

〈3〉並行条例と法執行（法律リンク）条例

前述した並行条例と法執行（法律リンク）条例は、いずれも法律との抵触のおそれをもつ条例です。なぜなら、並行条例は、法律や政省令の基準より厳しい内容を求め、それをクリアしないと法律上認められても条例上は認めないという趣旨であり、法執行（法律リンク）条例は、そもそも条例の基準を満たさないと法律上も認めないという趣旨だからです。つまり、これらの条例は、上乗せ・横出し条例にほかなりません。

ただ、従来の上乗せ・横出し条例は、争訟に発展しているものを含め、並行条例でした。一方、法執行（法律リンク）条例は、前述のように徐々に事

＊4　委任条例のタイプ
必置委任型の例として介護保険法146条に基づく介護保険料徴収条例などがあります。任意委任型×包括委任型の例として屋外広告物法3条に基づく屋外広告物規制条例などが、任意委任型×個別委任型の例として、都市計画法33条3項に基づく開発許可の技術的細目の条例による強化・緩和、水質汚濁防止法3条3項に基づく排水基準の条例による強化等の公害関連法の基準の条例化などが挙げられます。

＊5　書き加え条例の事例
2006年に横須賀市で制定された「宅地造成に関する工事の許可の基準及び手続きに関する条例」は、同市の地形的特質を踏まえた対応として、宅地造成等規制法の宅地造成工事許可の基準にはない、①造成主の資力信用、②工事施行者の能力、③施工計画書の提出、④設計者の資格、⑤土質調査の実施などの基準や手続きを付加し、これを満たさないと同法の許可を与えないこととしています。

例が出てきていますが、書き換え条例は上乗せ条例であり、具体化条例は、法律の趣旨に照らしつつ地域の実情を踏まえた基準等の追加（書き加え）も含まれると考えるならば、横出し条例といえます（【図表1－5－2】）。

【図表1-5-2】並行条例と法執行（法律リンク）条例のイメージ

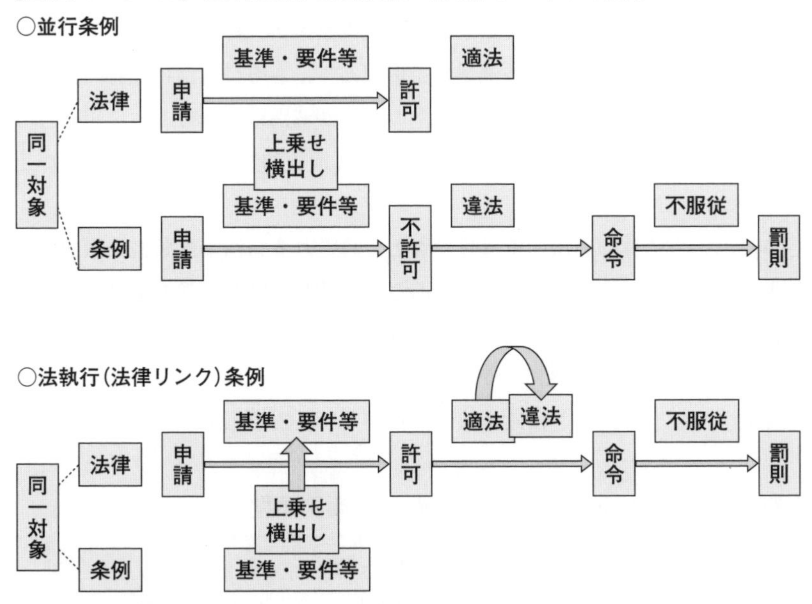

(2)　政策法務の視点からの条例類型

条例を制定する自治体側の認識に着目した政策法務の視点からも、条例類型を分類することができます。

条例には、一定の場合必ず条例の制定が必要となる**「必要的事項」条例**があります。地方自治法14条2項に規定された、義務を課し、権利を制限する場合、すなわち、侵害留保の原則の下、制定されるもので、規制型条例といえます。分権改革により拡大された条例制定権を活用し、地域の課題解決を図る条例を作ることは意義があります。

これに対し、従来は行政内部ルールである要綱やマニュアル、計画などで対応してきたようなものでも、分権時代の自治体においては、当該自治体が重要と考える事項について、自治体のルールとしての条例により規範化することも当然に考えられるでしょう。もとより、地方自治法14条1項は、「地域における事務」に関し条例を制定することが「できる」としています。ただし、それは自治体の立法政策によるところであり、市民参加条例に顕著のように、必要的条例と異なり条例化する自治体としない自治体が出てきます。したがって、このタイプは、重要事項留保の原則に立つ**「任意的事項」条例**に整理できます（任意的事項条例でも、ひとたび制定されれば、その自治体では当該条例に基づく事務は必須となります。）。自治体は、規制以外の様々な施策についても条例を定めて、自治経営を積極的に進めていくことも意義深いと考えられます。

前者の必要的事項条例には、地域特性に応じた規制条例として、まちづくり条例、産業廃棄物処理施設規制条例、ラブホテル規制条例、パチンコ店規制条例、ペット霊園規制条例、路上禁煙条例、公共的施設受動喫煙防止条例、空き家管理条例、ゴミ屋敷条例など、多種多様な条例が制定されています。後者の任意的事項条例には、市民参加条例のほか、古くは情報公開条例、個人情報保護条例など、近年になっては市民協働推進条例、住民投票条例、財政健全化条例、行政改革推進条例、行政評価条例、多選禁止条例などや、さらに自治体独特のユニークな条例などもみられます。前者の規制型の条例が個別政策分野ごとに定められるのに対して、後者の自治経営推進型の条例は、横断的制度･政策条例として定められるのが一般的です。

さらには、自治体の憲法的位置付けなどと称される自治基本条例や議会の最高規範として制定される議会基本条例、あるいは政策分野別の基本条例といった当該自治体の自治の枠組みや行政運営の根本原理・原則を定めるような分権型条例の開発も進みつつあります。こうした様々なタイプの条例を総合的に制定して自治を推進することが、まさに政策法務の神髄といえるでしょう。

【図表１-５-３】政策法務の視点からの条例類型

タイプ	根拠	条例の効果
「必要的事項」条例	自治法14条２項（侵害留保）	規制型
「任意的事項」条例	憲法94条・自治法14条１項（重要事項留保）	自治経営推進型

（３）規則の類型

〈１〉自治立法としての規則

自治立法には、議会を経由する条例のほかに、長及び行政委員会が制定する**規則**とがあります。規則は、条例とは別個の法形式であり、自治体の条例と規則は、国の法律とその委任に基づく政省令と同様の関係にあるものではありません。ただし、規則は条例に違反することはできません。

〈２〉長の定める規則と行政委員会の定める規則等の関係

長は、その権限に属する事項について、広範な規則制定権を有しています。すなわち、条例で定めなければならない事項又は議会の議決を要する事項を除き、長限りで処理しうる事務について必要な事務処理上の基準等に関し、規則を制定できるものです。

一方、行政委員会の規則は、「法律の定めるところ」によらなければなりません（自治法138条の４第２項）。したがって、例えば、教育委員会であれば「地方教育行政の組織及び運営に関する法律」15条、人事委員会であれば地方公務員法８条５項のような規定が必要となります。

長の定める規則は、「**地方公共団体の規則**」として位置付けられ、当該自治体全体を対象とするものであって、行政委員会の規則に優先します。例えば、長の定める財務規則は、自治体全体の財務を守備範囲とするものですが、一方、教育委員会は、その権限に属する学校校舎その他教育財産の管理等の事務に関して規則を制定することができますので、教育委員会規則と長が定めた財務規則とに競合ないし矛盾抵触が生ずる余地があることから、長の制定した規則について教育委員会の規則に優越する効力が付与されています。他の行政委員会規則についても同様です（自治法138条の4第2項）。

〈3〉規則の類型・内容

① 独立規則

法令により規則で定めなければならないとされている事項や長がその権限に属する事務について定めるものが**独立規則**です。具体的には、前者に該当するものとして、職務代理者を定める規則（自治法152条3項）、財務規則（自治令173条の3）などがあり、後者に該当するものとして、行政組織規則（直近下位の内部組織以外の行政組織について規定するもの）や庁舎管理規則、事務委任規則、補助金等交付規則などがあります。

② 条例委任規則

条例の個別の委任を受けて制定されるのが**条例委任規則**です。条例において個別的、限定的に委任した場合には、本来条例により規定されるべき事項についても、規則でも規定することができます。ただし、規制型の条例において、住民の権利自由を制限したり、義務を課したりする場合の要件などを委任する場合には、条例で規定すべき事項を全面的、包括的に委任することは許されず、具体的、個別的に内容を明らかにし、限定して行うようにしなければなりません。

③ 条例施行規則

条例施行規則は、条例を執行するために必要とされる事項を定めるものです。届出書の様式や必要的記載事項などがその内容となります。

④ 法令施行細則その他の法令委任規則

従来の機関委任事務が自治体の事務の相当部分を占めていた時代には、法令施行のために規則を定めることが多くあり、○○法施行細則などという名称が使われました。しかし、機関委任事務が廃止された後は、法律に定めのない権利義務事項については条例をもって制定されることとなり、法令施行細則等は、法を執行する際に必要とされる書式・様式や手続などを定めるものとして制定されます。

(4) 自治立法に準ずる自治体の法形式

住民に対して法的拘束力を有する自治立法とは、条例と規則です。このほかにも広義の自治立法という観点から、要綱、協定、行政計画、訓令などが含まれるという考え方もあります。これらは直ちに住民の権利義務に関わるものではありませんが、自治体の法形式に準ずる重要な手立てといえます。

〈1〉要綱

「宅地開発指導要綱」に代表されるように、**要綱**は自治体の行政手法として重要な機能を担ってきました。法令が地方の行政需要に必ずしも十分に対応することができず、しかも、条例は法令の範囲内でしか制定できないという制約の中で、自治体はそれぞれ創意工夫を発揮して要綱を定め、住民の期待に応えてきたのです*6。

要綱は、住民に関係する内容を定めたものであっても、法的には行政の内規であり、行政職員による事務の執行のための基準を定めたものに過ぎませんが、将来にわたって反復継続的に行う行政事務を制度的に担保するものでもあります。

要綱は、**非権力的な行政作用**を担うものであり、幅広い行政分野にわたっていますが、一方でいくつかの法的問題も指摘されてきました。特に、住民や事業者の権利自由の制限や法定外の義務を盛り込んだ規制的な要綱については、自治体にとっては法の不備を補うものとしてやむをえない側面があったものの、法治行政の視点からは疑問視する考え方もありました。

現在では、行政手続条例において、規制的な内容を有する要綱に基づく行政指導に関し一定のルールを設けており、その運用の透明性・任意性を求めていますが、要綱による行政指導の内容が社会的に相当であり、その運用が強制に当たらなければ、依然として要綱の有用性は広く認められるものです。

要綱は、おおむね次の4種に分類することができます。

① **指導要綱**：行政指導の根拠・基準・内容を定めるもの
② **助成要綱**：具体的な補助金等の交付の要件・手続を定めるもの
③ **事業実施要綱**：行政が行う事業の趣旨目的・根拠・活動内容等を定めたもの
④ **組織要綱**：住民参加のための組織や臨時的・一時的な第三者機関等の設置・組織・運営方針等を定めたもの

〈2〉協定

協定には、自治体が当事者となるものと、住民同士が当事者となり、そこに行政が何らかの関与をするものとがあります。

まず、自治体が当事者となるものについてです。自治体は、生活環境や自然環境の保全のために、法令や条例に基づき様々な規制や取締りを行っていますが、一律的・画一的な執行で対応できない場合や、より効果的な取締りを行うために、取締りの相手方と規制の具体的な内容について協議し、順守すべき事項を合意により取り決めるという手法をとることがあります。この合意を協定といい、**公害防止協定**が典型的な事例です。

協定の法的性格については、学説が分かれていますが、おおむね次のように分類することが可能です。

＊6　要綱の条例化

要綱は、執行機関限りで制定できるものですから、その改廃も容易であり、きわめて便利なものです。しかし、元来、要綱は法令の不備欠陥を補い機動的に新たな行政需要に対応するために制定されたものですから、自治体が恒久的な対策を組織的・継続的に展開していこうとする場合には、正式に条例化し、住民の権利義務を明確にすることが望ましい姿といえます。要綱の条例化が政策法務的観点から意識されるべきと主張される所以です。

なお、現在でも、多くの自治体は要綱を定めていますが、透明性を高め公正な業務執行を進めるために、要綱をホームページなどに掲載し、公表しています。

① **紳士協定説**：相互の道義的責任を宣言したものに過ぎず、法的拘束力はないと解する説

② **行政指導説**：相互の協力・同意により行政目的を達成しようとするもので、従うかどうかは相互の任意であるとする説

③ **契約説**：当事者間の合意により具体的な権利義務を取り決めたものであって法的効力を有すると解する説。私法上の契約とする考え方と公法上の契約とする考え方があります*7。

協定による行政は、当事者双方の任意の意思の合致によって権利義務を明らかにし、政策目的を達成しようとするもので、**非権力的な作用**です。いったん協定が締結された場合には、両当事者は信義に従い誠実に協定内容の履行に努めるべき責務を負いますが、協定内容に違背した場合に、その履行を確保するための強制的手段は、必ずしも整備されているとはいえません。

上記の①及び②についてはともかく、③の契約説に立脚するのであれば、民事訴訟ないし公法上の当事者訴訟により契約内容の履行を求めることは可能です。*8ただし、法令上の根拠がない以上その義務違反について行政代執行を行うことはできません。

次に、住民同士が当事者となるものについてですが、自治体が住民同士の締結する協定に認定等の関与を行い、当該協定に公的な位置付けを行い、一定の法的効果を付与する手法を採用している例があります。例えば、「千葉県里山の保全、整備及び活用の促進に関する条例」では、里山活動団体とその活動を行おうとする里山の土地所有者とが、里山の保全、整備及び活用に関する協定を締結し、その申請に基づいて知事が認証する制度を採用しています。また、「山武市残土の埋立てによる地下水の水質の汚濁の防止に関する条例」では、相当規模の一団の土地所有者等が地下水の水質を保全するために必要な事項や、協定に違反した場合の措置等を協定として締結し、これを市長が認可することで、締結した土地所有者等のみならず、対象となった土地の取得者に対しても効力を有する旨の制度を構築しています。このほかに多くの自治体で設けている条例協定として、まちづくり条例に基づく「まちづくり協定」や「土地利用協定」などがあります。法定協定制度としては、建築基準法に基づく建築協定や都市緑地法に基づく緑地協定などがこのタイプに当たります。

〈3〉訓令（規程等）

訓令は、上級機関が下級機関に対して発する命令です。個別具体的事項について発せられる場合もありますが、一般的事項について指針を示す場合の訓令は規程形式をとることがあります。その対象となる事務内容は、決裁、服務、文書管理、職員研修などであり、行政の内部管理事項に当たるとされていました。

訓令は、住民に対して発せられるものではありませんから、直接に住民を

＊7　協定契約説の考え方

協定に関する契約説の理解の中には、公法・私法の区別にこだわることなく、行政がその目的実現の手段として締結する多種多様な契約を広く「行政契約」という概念で捕えようとする「行政契約説」や、公法・私法の区別を超えた特殊法上の特殊契約としての性質を持つ「特殊契約説」もあるようです。

＊8　産業廃棄物最終処分場使用差止請求事件（最二小判平21・7・10判時2058号53頁）

本件は、福岡県旧福間町と産業廃棄物処理施設設置処分業者が締結した公害防止協定に基づき、協定上の処分場の使用期限が経過したことをもって施設を廃止することを求めた町の主張が認められた事例で、協定の効果を示した判例として注目できます。

拘束するものではなく、したがって、従来はその制定改廃に住民の利害を視野に入れることは考えられませんでした。

しかし、これまで訓令事項とされていた事項についても、住民の権利に関係があるととらえ、規則化を図る必要のある事務分野が出ています。

典型的には、文書管理規程が挙げられます。情報公開法の影響を受けて、情報公開条例が公文書を住民の権利利益に関わる「公共用文書」と位置付けたことにより、行政規則（訓令）としての文書管理規程から法規命令（規則）としての文書管理規則へ「昇格」させる自治体が増えています。さらに進んで、熊本県宇土市、北海道ニセコ町、大阪市では、自治体の保有する情報は当該自治体の住民の財産であるとの認識に立脚し、情報公開制度と行政機関の政策形成能力の向上のためには、文書の適正管理が必要であるとの趣旨から、先んじて文書管理条例を制定しました。その後、国の公文書管理法の制定[*9]を契機に、17都県・６指定都市・29市区町村で公文書管理条例が制定され（2023年３月14日現在（未施行を含む）。（一財）地方自治研究機構ホームページ参照）、今後この傾向が進むものと思われます。

＊９　国における公文書の法的取扱い

一方、国においては、2009年７月に公文書管理法を公布し、2011年４月から施行されました。この法律は、国及び独立行政法人等における公文書等（行政文書、法人文書及び特定歴史的文書等をいいます。）の作成、管理、保存、国立公文書館への移管、公表等について統一的なルールを定めるものであり、公文書等を「健全な民主主義の根幹を支える国民共有の知的資源」と位置づけ、「主権者である国民が主体的に利用し得るもの」としています。

学習のポイント

1　自治体に適用される法令とその解釈

■特に国民の権利義務に直接関わるような法律については、公定解釈や有権解釈が法律を所管する国の機関によって行われますが、自治体が法そのものの目的を踏まえ、地域の実情に即した形で第１次解釈権を行使すべきとの見解が示されています。その法的根拠は地方自治法２条11項から13項に求めることができます。

■政省令には全国一律の詳細な基準や手続が定められるのに対し、条例は地域固有の事情を踏まえて制定されることから、両者の関係は個々に慎重に解釈すべきであり、行政立法である政省令と議会立法である条例は、上下の関係におかれるべきではありません。

2　法令以外の形式と自治体法務との関係

■行政計画は、行政が行政活動を計画的に行うために目標を設定し、それを達成するために必要な手段を総合的に示すもので、自治体計画には、法定計画と自主計画があります。

■地方分権改革により機関委任事務が廃止されたことから、各省大臣等から自治体に発する通達は効力を失い、技術的助言や法定受託事務の処理基準に位置付けられています。自治体は、事務執行の際、これらに準拠するかどうかを自主的に判断することになります。

■法令の解釈・運用について、所管省庁がその見解を自治体からの照会への回答の形で示す行政実例は、裁判所を拘束するものではなく、自治体は、行政実例に従っただけで違法ではないという言い訳は許されず、自ら行政実例の当否を判断すべきことになります。

3　自治立法の類型

■条例を法律との関係から分類すると、法律とは切り離した自治体独自の「自主条例」と、法律を執行するための「法令事務条例」があります。

■自主条例には、まったく法律の存在しない分野に定める「独自事務条例」と、法律の存在する分野ですが法律とは別個の事務を形成する「並行条例」が存在します。

■法令事務条例には、法律の委任を受けて制定する「委任条例」（法律規定条例）と、法律の委任を受けていないものの自治体がその法律を執行するために制定する「法執行条例」（法律リンク条例）があります。さらに法律によって定められた法律上の効果を発生させるための要件を条例によって変更（追加）する「書き換え（書き加え）条例」と、法律によって定められた要件の具体的内容を条例によって定める「具体化条例」に区分できます。

■条例を政策法務の視点から分類すると、「「必要的事項」条例」と「「任意的事項」条例」があります。

■「必要的事項」条例は、地方自治法14条２項を踏まえた侵害留保としての規制型の条例が位置付けられます。「任意的事項」条例は、地方自治法14条１項を踏まえた重要事項留保としての自治経営推進型の条例が位置付けられます。

■規則は自治立法の１つであり、条例とは別個の法形式です。条例と規則は、法律と政省令との関係と同様の関係ではありません。

■自治立法に準ずる自治体の法形式として、「要綱」、「協定」、「訓令（規程等）」などが挙げられます。

第2章

立法法務の基礎

この章では、立法法務の基礎を学ぶに当たって、具体的な事例を紹介しながら、その基本的な事項・内容・考え方について学びます。

地方分権改革により自治体の自治立法権と法令解釈権が拡大したことから、条例は、自治体が行政課題を解決するためのツールとして、ますますその重要性を増しています。

第１節では、自治体の有する条例制定権について、憲法・法令との関係、条例制定権の範囲、条例で定めなければならない事項について説明します。

第２節では、条例化の必要性と正当性を裏付ける社会的・経済的・文化的事実である立法事実について説明します。

第３節では、条例の基本設計の構成要素となる「行政手法」について説明します。この行政手法は、行政課題を解決・処理するために自治体が行う活動の手段・方法を指しますが、その種類とそれぞれの特徴について説明します。

第４節では、実際の条例立案に当たっての行政手法の使い方について、規制条例を例にして、条例作成のポイントについて説明します。

第５節では、都道府県条例と市町村条例との関係・違いについて説明します。現在、都道府県と市町村は対等協力の関係になり、都道府県は、広域的な事務や規模・性質において市町村による対応が難しい事務等について条例を制定することとされています。

第６節では、条例の立案及び審査に関する事務であるとされる法制執務の基本的な知識について説明します。

第７節では、具体的な条例の立法例として特徴的な自主条例を紹介します。

第1節　条例制定権と条例で定めなければならない事項

1　条例制定権の範囲（憲法94条が規定する「法律の範囲内」の解釈）

憲法94条は、自治体が「その財産を管理し、事務を処理し、及び行政を執行する権能を有し、法律の範囲内で条例を制定することができる」と規定しています。すなわち、自治体の**条例制定権**は、憲法によって直接保障されているのです。

しかしながら、それには、「法律の範囲内」でという制約が伴います。地方自治法14条1項においても、「法令に違反しない限りにおいて」条例を制定することができると確認的に規定されています。この「法律の範囲内」の解釈について、旧来は、法律が対象としている先占領域（事項）については、法律の明示的な委任がない限り、条例は制定できないとする法律先占論が有力でした。今日では、法律の趣旨・目的・内容及び効果を比較検討した上で、条例が法律の範囲内かどうかを判断するという基準が、判例・学説において主流となっています。

条例の適法性判断基準を示した判例として、徳島市公安条例事件最高裁判決（最大判昭50・9・10刑集29巻8号489頁）があります。**法律との関係**で条例制定権の範囲等について示した判例です。判決は、**条例と法令との関係**について、「条例が国の法令に違反するかどうかは、両者の対象事項と規定文言を対比するのみでなく、それぞれの趣旨、目的、内容及び効果を比較し、両者の間に矛盾牴触があるかどうかによつてこれを決しなければならない。」と述べた上で、次のような基準を示しています。

■ある事項について国の法令中にこれを規律する明文の規定がない場合でも、当該法令全体からみて、右規定の欠如が特に当該事項についていかなる規制をも施すことなく放置すべきものとする趣旨であると解されるときは、これについて規律を設ける条例の規定は国の法令に違反することとなりうる。

■逆に、特定事項についてこれを規律する国の法令と条例とが併存する場合でも、次の場合には、国の法令と条例との間にはなんらの矛盾牴触はなく、条例が国の法令に違反する問題は生じえない。

（ア）条例が法令とは別の目的に基づく規律を意図するものであり、その適用によつて法令の規定の意図する目的と効果をなんら阻害することがないとき。

（イ）両者が同一の目的に出たものであつても、国の法令が必ずしもその規定によつて全国的に一律に同一内容の規制を施す趣旨ではなく、それぞれの普通地方公共団体において、その地方の実情に応じて、別段の規制を施すことを容認する趣旨であると解されるとき。

ところで、法令と条例の関係については、

① 法令が規制するのと同一の事項について、法令とは異なる目的で条例を制定する

② 法令と同一の目的の下に、法令が規制対象としていない事項について条例を制定する（**横出し条例**）

③ 法令と同一の目的の下に、同一の対象について、法令よりも強度の規制をする条例を制定する（**上乗せ条例**）

というパターンがあります[*1]（最高裁判所の基本的な考え方については【図表2－1－1】参照）。

徳島市公安条例事件判決によると、①の場合は、条例が法令の目的・効果を阻害しない限り、法令と条例は抵触しないと解されます。②の場合は、法令がその規制対象以外の規制の「横出し」を許容する趣旨かどうかの解釈によって、結論が分かれます（許容していると解釈されれば、条例は適法）。③の場合は、法令が自治体による「上乗せ」規制を容認する趣旨と解釈できるかどうかによります[*2]。

＊1　スソ出し条例
このほか、法令が、一定規模・一定基準未満を規制対象外としている場合に、この領域を規制対象にするスソ出し条例があります。法令が一定規模未満の領域について規制を許容しない趣旨の場合はこのような条例は違法となります。反対に、全国的規制からは外してはいるものの、地域の実情に応じて規制することを許容する趣旨と解釈できる場合には、このような条例は適法とされます。

＊2
櫻井敬子・橋本博之『行政法〔第6版〕』（弘文堂、2019年）55～56頁。

【図表2-1-1】　条例の法律適合性の判断基準

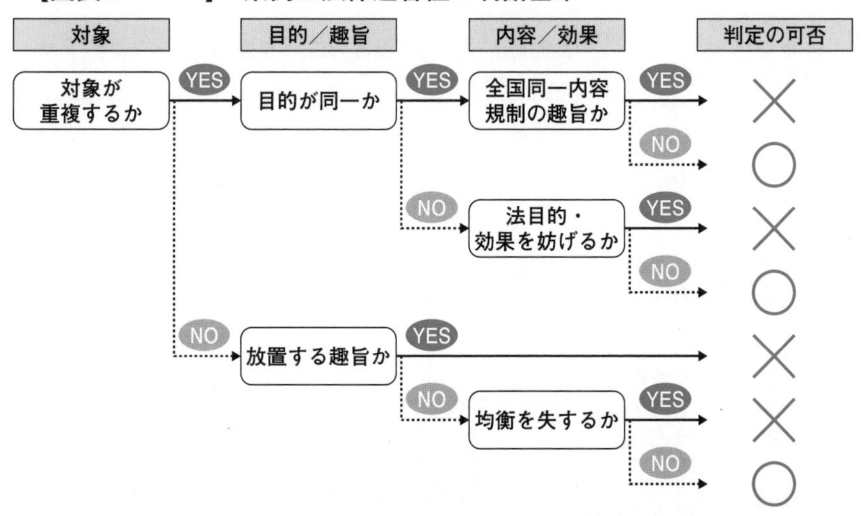

（北村喜宣・礒崎初仁・山口道昭編『政策法務研修テキスト〈第2版〉』（第一法規、2005年）15頁）

1999年制定の「地方分権の推進を図るための関係法律の整備等に関する法律」（地方分権一括法）の施行により、これまでの機関委任事務が廃止され、自治体の行う事務は法定受託事務と自治事務とに再編されました。従来、国の事務である機関委任事務には自治体の条例制定権が及ばなかったのに対し、自治事務だけでなく法定受託事務であっても、自治体の事務であることから、法令に違反しない限りにおいて条例を制定することが可能となりました。

これにより、条例制定権が形式的に拡大したといえますが、このことによって直ちに、個別の行政課題を解決するための条例が制定できるかという点については、慎重に検討する必要があります。地方分権改革後も国の個別法の改正は遅々として進まず、**規律密度**（法令に基づいて自治体の事務処理の基準・方法・手続などを規定している度合い）が依然として高く、個別具体的に事例を検討しないと、条例制定権の範囲は決まらないのです。

条例の法律適合性に関する主な判例とそこで示された判断を一覧で整理すると【図表２－１－２】のとおりです。

【図表２－１－２】条例の法律適合性に関する主な判例に示された判断一覧

判　決	裁判年月日	関係の法律	①対象	②目的／趣旨	③内容／効果	結論
①徳島市公安条例事件判決	最大判昭50・9・10	道路交通法	YES：重複	YES：重複	NO：最低限	○適法
②伊丹市教育環境保全条例事件判決	神戸地判平5・1・25	風営法	YES：重複	NO：違う	NO：阻害なし	○適法
③東郷町ホテル等建築適正化条例事件判決	名古屋地判平17・5・26	風営法	YES：重複	YES：重複	NO：最低限	○適法
		旅館業法	YES：重複	NO：違う	NO：阻害なし	○適法
④飯盛町旅館建築規制条例事件判決	福岡高判昭58・3・7	旅館業法	YES：重複	YES：重複	NO：比例違反	×違法
⑤宝塚市パチンコ店等建築規制条例事件判決	大阪高判平10・6・2	風営法	YES：重複	YES：重複	YES：一律	×違法
		建築基準法	YES：重複	YES：重複	YES：一律	×違法
⑥紀伊長島町水道水源保護条例事件判決	名古屋高判平12・2・29	廃棄物処理法	YES：重複	NO：違う	NO：阻害なし	○適法
⑦三重県生活環境保全条例事件判決	名古屋高判平15・4・16	廃棄物処理法	YES：重複	YES：重複	NO：最低限	○適法
⑧宗像市環境保全条例事件判決	福岡地判平6・3・18	自然環境保全法	YES：重複	YES：重複	NO：最低限	○適法
		廃棄物処理法	YES：重複	NO：違う	YES：阻害あり	×違法
⑨阿南市水道水源保護条例事件判決	徳島地判平14・9・13	廃棄物処理法	YES：重複	YES：重複	YES：阻害あり	×違法
⑩神奈川県臨時特例企業税条例事件判決	最一小判平25・3・21	地方税法	YES：重複	NO：違う	YES：阻害あり	×違法

⑪高知市普通河川等管理条例事件判決	最一小判昭53・12・21	河川法	NO：なし	NO：放置なし	YES：均衡失す	×違法

（注）「目的／趣旨」は目的が同一か／放置する趣旨か、「内容／効果」は一律の規制か／効果を妨げるか／均衡を失するか、をそれぞれ指す。なお、この判断基準については【図表２－１－１】参照。

（礒崎初仁『自治体政策法務講義　改訂版』（第一法規、2018年）209頁を一部変更）

2　条例で定めなければならない事項

自治体は、その事務について法律の範囲内で広く条例を制定することが可能です。条例で何を規定すべきか、必ず条例で定めなければならない事項は何かについては、基本的には、国の法律の場合と同様に考えられます。

国の内閣提出法律案（閣法）の場合は、「内閣提出法律案の整理について（昭和38年９月13日閣議決定）」により、「法律の規定によることを要する事項をその内容に含まない法律案は、提出しないこと」とされています。ただ、この原則には例外が認められています＊3。1998年に成立した中央省庁改革等基本法は、その例です。

他方、自治体においても、地方自治法14条２項で、「義務を課し、又は権利を制限するには、法令に特別の定めがある場合を除くほか、条例によらなければならない」と規定されているように、権利制限義務賦課行為に当たる規制（以下「権利義務規制」といいます）に関する事項は必ず条例で定めなければなりません（「必要的事項」条例）。それ以外の事項は、基本的に条例で定める必要はないことになりますが、そのことは必ずしも条例で定めてはいけないということを意味するものではありません。自治体が、国の閣法の立法化ルールをどこまで参考とするかは、その自治体の立法政策の問題です。現状では、権利義務規制を伴わず政策の方向性を示した理念型の条例など、「必要的事項」条例に該当しない条例が数多く存在します（「任意的事項」条例）＊4。

＊3　法律規定事項

同閣議決定には、この原則によることができない「特別の事情があるときは、各省庁は、その法律案の提出につき、理由を具してあらかじめ内閣官房長官に説明し、閣議の事前了承を経るものとすること」とあります。

＊4

「必要的事項」条例と「任意的事項」条例　「1章5節3　自治立法の類型」参照。

（1）委任事項（法律規定事項）

自治体が処理する事務の中には、法律に根拠を有するものがかなり見受けられます。その法律の条文中に「条例の定めるところにより」などと規定され、条例制定が必要となるものが少なくありません。

自治体が法律に基づき、当該法律事項を執行するために、法律によって委任された事項を具体的に条例で定める必要があります。こうして定められた条例を**委任条例（法律規定条例）**といいます。委任条例は、委任元の法律の趣旨に違反することはできません。

委任条例には、その事務を執行するに当たり、必ず条例で定めなければならない**必置事項**と、条例を定めるかどうかは自治体の判断に任される**任意的事項**とがあります。必置事項の例としては、介護保険法146条の規定に基づく保険料の賦課及び徴収等に関する事項[*5]などがあります。

また、「地域の自主性及び自立性を高めるための改革の推進を図るための関係法律の整備に関する法律」（いわゆる第1次以降10数次にわたる地方分権一括法[*6]。以下「一括法」といいます）の制定を通じて、義務付け（一定の課題に対処するために自治体に一定種類の活動を義務付けること）・枠付け（自治体の活動について、組織・手続・判断基準等の枠をはめること）の見直しがなされています。見直しにより改正された法律については、自治体は地域の実情を考慮して、独自に基準を設ける条例を制定する必要があります[*7]。

任意的事項については、条例を定めるかどうかは自治体の判断に任されます。屋外広告物法がその例です。都道府県、指定都市及び中核市が、同法に基づき屋外広告物条例を定めた場合には、それに基づいて必要な規制を行うことができます。また、景観行政団体である市町村及び地域における歴史的風致の維持及び向上に関する法律（歴史まちづくり法）に基づく認定市町村等も、都道府県と協議の上、屋外広告物条例を定めれば、必要な規制を行うことができます（屋外広告業の登録に関することを除く）。

これに対して、条例を設けない場合には、その事務を執行しないこととなったり法令等に基づく基準等がそのまま適用されたりします。大気汚染防止法4条1項[*8]、水質汚濁防止法3条3項、騒音規制法4条2項に基づく条例による規制基準の設定などが挙げられます。

このほか、地方自治法において条例で定めることが規定されている主な事項として

① 自治体の事務所の位置（4条1項）
② 義務を課し、又は権利を制限する行為（14条2項）
③ 議員定数（90条1項及び91条1項）
④ 附属機関の設置（138条の4第3項）
⑤ 職員定数（172条3項）
⑥ 分担金、使用料、加入金及び手数料の徴収に関すること（224条から228条まで）
⑦ 公の施設の設置・管理に関する事項（244条の2）

などがあります。

（2）権利義務規制

行政法の大原則として、行政活動は、法律に基づき、法律に従って行わなくてはならないという「**法律による行政の原理（法治主義）**」が挙げられます。その中でもとりわけ、国民や住民に義務を課したり、権利を制限したりする侵害的な行政作用については、法律や条例といった議会制定法の根拠が必要であるとされています（**侵害留保の原則**）。

＊5　条例必置事項
介護保険法146条には、「保険料の賦課及び徴収等に関する事項（特別徴収に関するものを除く。）は政令で定める基準に従って条例で、特別徴収に関して必要な事項は政令又は政令で定める基準に従って条例で定める」と規定されています。

＊6　第1次以降の地方分権一括法
詳細については内閣府ホームページ参照。

＊7　独自基準を定めた条例
各自治体の取組み状況は、内閣府ホームページ参照。
（http://www.cao.go.jp/bunken-suishin/gimuwaku/gimuwaku-index.html）

＊8　条例による基準設定の例
大気汚染防止法4条1項には、「条例で、同条第一項の排出基準にかえて適用すべき同項の排出基準で定める許容限度よりきびしい許容限度を定める排出基準を定めることができる」と規定されています。

前述のとおり、地方自治法14条2項には、「義務を課し、又は権利を制限するには、……条例によらなければならない」と規定されています。また、同条3項には、「法令に特別の定めがあるものを除くほか、その条例中に、条例に違反した者に対し、2年以下の懲役若しくは禁錮、100万円以下の罰金、拘留、科料若しくは没収の刑又は5万円以下の過料を科する旨の規定を設けることができる」と規定されています。

他方、そうでないもの、例えば、単純に補助金の交付を目的とするような給付行政は、法律や条例の根拠なしで行えることになるので、規則や要綱等により、行政需要等に応じて、臨機応変に対応することが可能です。

権利義務規制には一定の行為の義務付けや禁止、各種許認可制度のように、実体的に一定の要件を定め、違反者に対しては不利益処分や罰則を設けるものもあります。また、届出制、協議制、登録制などのように、一定の手続を義務付けるものも該当します。

このほか、地方自治法228条には、分担金、使用料、加入金及び手数料に関する事項及びそれらに関する罰則（過料）についても条例で定めなければならない旨規定されています。これらは住民にとって身近で非常に重要な事柄であり、議会の審議を経て定められるべきものです。このため、例えば、具体的な手数料の金額等をすべて規則に委任するようなことは好ましくありません。

(3) 自治体における重要事項（政策的事項）

地方分権改革の下で、自治体は1つの地方政府として、自治体独自の事務を処理します。近年、自治体の憲法といわれる**自治基本条例**や**議会基本条例**の制定の取組みなど、それぞれの自治体の自治のあり方や行政運営の基本方針等を条例という形式で、法制度として保障しようとする傾向がみられます。まちづくりにおける各種市民参加制度や**住民投票制度、オンブズマン、行政評価制度**など、自治体の政策決定等にかかわる住民の権利を保障する制度を、条例で定めるということも重要になっています。

3　規則等で定める事項

(1) 規則制定権

地方自治法15条は、「普通地方公共団体の長は、法令に違反しない限りにおいて、その権限に属する事務に関し、規則を制定することができる」（1項）、また、長は「法令に特別の定めがあるものを除くほか、普通地方公共団体の規則中に、規則に違反した者に対し、5万円以下の過料を科する旨の規定を設けることができる」（2項）と規定しています。

規則の制定・改廃は、条例と異なり、議会の議決を必要とせず、行政内部（長）の決裁だけで可能であるので、行政需要に応じた迅速な対応が可能です。

また、行政委員会等についても、法律の定めるところにより、法令又は普通地方公共団体の条例若しくは規則（長の制定する規則のこと）に違反しない限りにおいて、その権限に属する事務について「規則その他の規程」を制定する権能が認められています（自治法138条の4第2項）。

以下、主として長の定める規則について説明します。

（2）規則の種類

規則には、法令や条例の中で「規則の定めるところにより」など、規則での規定が明示されている事項を定めるものと長の専権事項に基づくものがあります。

〈1〉条例施行規則

条例の委任に基づくものや条例の規定を具体的に執行するに当たって必要な事項、住民に義務を課し、又は権利を制限するようなものではない事項、具体的な手続等を規定するものです。例えば、許認可等の制度を定める条例の手続の詳細（許認可等の申請書の様式など）については規則で定めます。

〈2〉法律施行規則

法律の規定を執行するに当たり、必要となる事項を規則で規定するものです。機関委任事務の時代には、同事務について議会の条例制定権が及ばないことから、このタイプの規則が多く存在しました。

「○○法施行規則」という題名にすると、国の大臣が定める省令と混同しやすいため、「○○法施行細則」という題名にする自治体もあります。例えば、「建築基準法施行細則」という規則を設けている自治体が多くあります。

〈3〉単独規則

長の権限に係る事項について、長の規則制定権に基づき規定するものです。現在の長の専権事項として、規則で定めるものには、

①　組織に関するもの（事務分掌規則、副市長事務分担規則など）

②　人事に関するもの（勤務時間、休暇等に関する規則、職員の定年等に関する規則など）

③　財務に関するもの（財務規則、補助金交付規則など）

④　財産の管理に関するもの（公有財産管理規則、庁舎管理規則など）

⑤　業務執行に関するもの（システムの運用など）

などがあります。

〈4〉要綱等との関係

規則より詳細なものを要綱として規定している自治体が数多くあります。補助金を交付する際の細かな要件や手続を規定している補助金交付要綱、職員のプロジェクトチーム等の設置要綱、福祉関係の各種事業実施要綱などがその例です。

要綱は、「職員が事務処理を進めていく上での行政運営の指針や行政活動の取扱いの基準を定める内部的規範」であり、対外的には何ら法的拘束力の

ないものです。それにもかかわらず、なかには、権利義務事項であり、本来条例で定めるべき事項が要綱で規定されている自治体が少なくありません。その例としては、附属機関を要綱で設置している事例（自治法138条の４第３項の規定により法律又は条例による設置が必要）や規制を伴う事項を規定する開発指導要綱などがあります。

これらの要綱は、要綱行政の適正化を図る上でも、条例や規則と同じように法務担当課がチェックし、条例で定めなければならない事項かどうかの検討が必要です。また、告示をしたり、公表したり、自治体のホームページで公開するなどして、要綱の透明性を確保することが求められています。

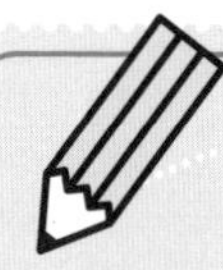

学習のポイント

1　条例制定権の範囲（憲法94条が規定する「法律の範囲内」の解釈）

■自治体が条例を制定できる法的根拠は、憲法94条にあります。しかしながら、それには、「法律の範囲内」でという制約が伴います。

■条例が、法律の範囲内であるかどうかは、旧来の法律先占論から、今日では両者の対象事項と規定文言を対比するのみでなく、それぞれの趣旨、目的、内容及び効果を比較し、両者の間に矛盾抵触があるかどうかによって判断しなければならないとされています。

2　条例で定めなければならない事項

■自治体が処理する事務の中には、法律に根拠を有するものがかなり見受けられますが、その法律の条文中に「条例の定めるところにより」などと規定され、条例制定が必要となるものや、地方自治法14条２項の規定に代表されるように、必ず条例で定めなければならないものがあります。

■委任条例：法律の中に「条例の定めるところにより」などと規定され、条例制定が必要です。

■権利義務規制：義務を課し、又は権利を制限するには条例で規定しなければなりません（自治法14条２項）。

■自治体の施政の基本方針やまちづくりにおける市民参加等重要な事項については、住民の権利保障の観点からも条例にすることが好ましいとされています。

3　規則等で定める事項

■規則の制定・改廃は条例と異なり、議会の議決を必要とせず、長の決裁だけで行えますので、行政需要に応じた迅速な対応が可能です。

■規則には、次のようなものがあります。

・条例施行規則：条例で定めた事項について、さらに詳細な事項を規定するものです。

・法律施行規則：法律を執行するに当たり必要となる事項を規定するものです。

・単独規則：長の権限に属する事項（組織・人事・財務等）について規定するものです。

■要綱についても、条例や規則と同じく適正な審査を行うことや透明性の確保を図ることが求められます。

第2節　立法事実
―なぜ条例が必要なのか

1　立法事実とは何か

立法事実とは、「法律の基礎にあってその合理性を支える社会的・経済的・文化的な一般的事実」であるとされており[*1]、憲法訴訟において、法律の合憲性審査を行う際の判断基準の1つとなっています。しかし、この立法事実は、法律の合憲性審査の判断基準にとどまるものではなく、条例の合憲性審査、さらには、条例の法律適合性審査に当たっても応用が可能であるとされています[*2]。

条例の法律適合性審査に当たっては、形式的な法令解釈論だけでなく、趣旨解釈や比較衡量など実質的な法令解釈を行い、条例の必要性や正当性を根拠付ける立法事実の存在を明らかにし、地域の実情に即した条例を制定することが求められています。このため、条例案の立案に際しては、この立法事実を的確に整理したペーパーを作成しておく必要があります[*3]。

また、「公文書等の管理に関する法律」4条1号は、「法令の制定又は改廃及びその経緯」に関する事項について、国の行政機関の職員に対して文書の作成を義務付けています。自治体においても同法34条で、この法律の趣旨に則った文書管理を行うよう努力義務が規定されています。

＊1　立法事実
芦部信喜『憲法学Ⅱ人権総論』（有斐閣、1994年）202頁。田中孝男『ケースで学ぶ立法事実』（第一法規、2018年）は立法事実について分かりやすく説明しています。

＊2　条例の合憲性、法律適合性
礒崎初仁『自治体改革第4巻　政策法務の新展開―ローカル・ルールが見えてきた』（ぎょうせい、2004年）60～61頁。立法事実は、条例の必要性や正当性を根拠付けるものであり、立法法務の重要な要素となります。

＊3　立法事実の説明資料
この文書は「立法事実の説明資料」と呼ばれることがあります。（山本博史『行政手法ガイドブック』（第一法規、2008年）136頁）

2　条例を制定する際の基礎を形成し、その合理性・必要性を支える事実とは

条例化の必要性・正当性を裏付ける社会的・経済的・文化的事実であり、当該条例の合憲性・適法性を裏付ける事実のことです。

例えば、「神奈川県公共的施設における受動喫煙防止条例」（受動喫煙防止条例）の立法事実は、次のとおりです[*4]。

「①　健康増進法（平成14年8月2日法律第103号）の立法以降においても、受動喫煙の健康影響に関する科学的知見の集積が図られたことによって、受動喫煙による健康への悪影響（以下「受動喫煙の健康リスク」という。）が、より明確に認識されるようになったため、これを未然に防止することが急務となっていること。

②　受動喫煙の健康リスクに対する社会的な理解が進み、これまで、喫煙に対して寛容であった社会認識が、受動喫煙にさらされることを容認しない方向にシフトしていること。

＊4
神奈川県ホームページ内「神奈川県公共的施設における受動喫煙防止条例の解説」（神奈川県、2020年8月）1頁。

③　健康増進法制定当初、第25条の「多数の者が利用する施設を管理する者は、これらを利用する者について、受動喫煙を防止するために必要な措置を講ずるように努めなければならない」という努力義務の規定は、実効のある規制内容となっておらず、現に、神奈川県において、受動喫煙を避けることができる環境は整備されていないこと。また、受動喫煙防止対策を強化する方向での新たな立法措置がなされ、又は健康増進法が改正される見込みがなかったこと[＊5]。」

受動喫煙による県民の健康への悪影響は明らかで、各方面での医学的・疫学的研究の成果でも、受動喫煙による慢性的な呼吸器疾患、肺がん等々の影響が報告されています。

このように、神奈川県は、科学的根拠に基づいた政策課題を解決するための手段として、公共的施設の室内又はこれに準ずる環境における原則禁煙を目指す条例の制定を企図し、平成19年度から検討委員会を設置して検討を続けてきた結果を踏まえて条例化しました。

＊５
その後、健康増進法が平成30年法律78号により一部改正され、2020年４月１日から多数の者が利用する施設における受動喫煙防止対策が強化されましたが、神奈川県条例がなお法を上回る規制を一部有していることから、同条例には引き続き存在意義があるとされています（神奈川県ホームページ内「神奈川県公共的施設における受動喫煙防止条例の解説」（神奈川県、2020年８月）１頁）。

３　条例化の合憲性・適法性を裏付ける事実とは

規制条例の場合、憲法上の人権を制約することが多くなりますので、規制目的とその実効性を確保するための手法の合理性を裏付ける資料やデータが必要です。また、訴訟を提起された場合の訴訟リスクに耐えるだけの合憲性・適法性についての論理的で説得力のある説明が求められます。

受動喫煙防止条例では、１条に、「この条例は、受動喫煙による県民の健康への悪影響が明らかであることにかんがみ、県民、保護者、事業者及び県の責務を明らかにするとともに、禁煙環境の整備及び県民が自らの意思で受動喫煙を避けることができる環境の整備を促進し、並びに未成年者を受動喫煙による健康への悪影響から保護するための措置を講ずることにより、受動喫煙による県民の健康への悪影響を未然に防止することを目的とする」と規定し、３条以下で、県民、保護者、事業者及び県の責務を明らかにし、禁煙環境の整備及び県民が自らの意思で受動喫煙を避けることができる環境の整備を促進しています。

この条例は、不特定又は多数の人が出入りすることができる空間（公共的空間）を有する施設（公共的施設）において、受動喫煙を防止するためのルールを定めたものです[＊6]。

公共的空間を有する施設は、「第１種施設」と「第２種施設」に区分され、第１種施設は禁煙、第２種施設は禁煙又は分煙とされました。条例では、施設管理者が立入調査等を拒否した場合や、禁煙等の措置を講じないことにより知事の勧告を受け、その後、知事の命令に違反した場合は５万円以下の過料が、また、喫煙禁止区域において喫煙をした者は２万円以下の過料が、罰則として定められました（24条）。

＊６
前掲注５の健康増進法改正法の施行（2020年４月１日）によって公共的施設がすべて原則屋内禁煙となったことに伴い、神奈川県条例も改正されましたが（改正法と同日施行）、ここでは、改正前の神奈川県条例の内容に沿って説明します（各番号も改正前条例による）。

2009年１月、神奈川県知事が「公共的施設における受動喫煙防止条例（仮称）」の素案をまとめて発表した際、禁煙又は分煙の措置が義務付けられる飲食店・風営法適用施設の経営者らが反発したため、これに応じて、３年間の猶予期間を定め、禁煙又は分煙の措置を義務付けられた小規模の飲食店と風営法適用施設については、禁煙又は分煙の措置を「努力義務」にするなどの変更が行われました。

また、未成年者を受動喫煙による健康への悪影響から保護するための措置を講じています。これは、受動喫煙の健康リスクは、喫煙（能動喫煙）の健康リスクと同様に、既に科学的な証明がなされていますが、それにもかかわらず、当時の法令においては、未成年者を受動喫煙の健康リスクから保護する規定がおかれていませんでした＊7。このため、この条例で、未成年者を受動喫煙の健康リスクから保護することも目的の１つとして掲げています。ここにいう「保護するための措置」とは、具体的には、施設管理者及び保護者の義務として、喫煙区域及び喫煙所への未成年者の立入りを制限するものです（13条）。

実はこのような規制手法は、法律にも例があります。

①　「風俗営業等の規制及び業務の適正化等に関する法律」（風営法）（1948年制定）22条では、風俗営業を営む者は、18歳未満の者を営業所に客として立ち入らせてはならない旨を、

②　児童福祉法（1947年制定）34条では、何人も、満15歳に満たない児童を、物品販売や役務の提供を行うために、風営法に規定する接待飲食等営業、店舗型性風俗特殊営業及び店舗型電話異性紹介営業に該当する営業を営む場所に立ち入らせてはならない旨を、

規定しています。

なお、風営法が18歳未満としているのは、前記規定が追加された1964年当時において、「風俗営業やいわゆる深夜喫茶等が、少年の非行を誘発し、非行少年のたまり場となっているような事例が増加の傾向」にあったからです（1964年３月19日の衆議院地方行政委員会における江口警察庁長官の提案趣旨説明）。また、児童福祉法が15歳未満としているのは、「年少者の深夜の労働というものを保護しよう、深夜の勤めから救っていきたいというのが第一点であり、第二点は風俗営業のようなところに年少者を出入りさせることは青少年の教育上非常に面白くない」（1952年６月３日の参議院厚生委員会における吉武厚生大臣兼労働大臣の答弁）からであると説明されています。このようにいずれも、本条例とは、その保護の目的を異にするものです＊8。

このように、科学的な知見に基づき、行政目的を達成するため、関係団体との合意形成等の調整を行い、関係法令との整合性を図りながら、規制方法等のバランスを図り条例化を行う必要があります。

＊7
その後、改正健康増進法（2020年４月１日施行）により、施設の管理権原者は20歳未満の者を喫煙区域に立ち入らせてはならない旨規定されましたが（同法33条５項）、神奈川県条例のように最終的に罰則で担保されてはいません。

＊8　法令との抵触
神奈川県ホームページ内「神奈川県公共的施設における受動喫煙防止条例の解説」（神奈川県、2020年８月）３頁。

4　立法事実と訴訟対応

規制目的及び採用しようとする**行政手法**の合理性の裏付けを明確にしておくことが必要です。特に訴訟が提起された場合においては、合憲性・適法性についての合理的な説明が求められます。

旧福岡県北野町（現久留米市）は、1992年に施行された「北野町の環境を良くする条例」で、ごみのポイ捨てに対し、日本で初めて罰則（3万円以下の罰金）を科すと規定して注目されました。この条例が制定された当時は、一部の団体から、モラルやマナーの問題を法的に規制するのは問題だと指摘を受けたことがありました[*9]。現在は、ごみのポイ捨てが社会問題化し、もはやモラルやマナーの問題という次元では解決できなくなっているという事実がありますので、法的に規制することについて問題を指摘する声もほとんどなくなりました。このように、条例制定に至る社会的な背景や事情により、モラルやマナーの問題からルールの問題へと局面が展開していくことがあります。

＊9　条例による罰則規定
福岡県弁護士会『空き缶ポイ捨て禁止条例を考える』（福岡県弁護士協同組合、1993年）には、当時の状況が詳細に記載されています。

伊丹市教育環境保全条例事件（神戸地判平5・1・25判タ817号177頁）では、憲法及び風営法との関係で訴訟が提起されました。「伊丹市教育環境保全のための建築等の規制条例」による財産権に対する規制は合憲であり、条例と法律が別の目的であり、その適用により法律の目的と効果を阻害しないから、条例は法律に違反しない、また条例と法律がその目的に共通する面があったとしても、法律が地方の実情に応じた規制を容認する趣旨であるから、条例は法律に違反しないと判示しました。

このケースの場合は、青少年の健全育成のために、パチンコ店等の建築物の建築に市長の同意を必要とし、教育文化施設等から一定の距離にある場合に同意しないこと等を定める伊丹市条例による規制が風営法に違反しないかどうかが問題となりました。要するに、風営法上は設置できる地域に建てられるパチンコ店について、伊丹市が独自に厳しい規制を加えて、設置できないようにしたことが風営法に違反するのかという問題です。風営法の営業許可は、都道府県公安委員会が許可権をもっています。風営法上の問題がなければ、公安委員会が許可します。しかし、伊丹市は、例えば、都市計画上の用途地域としては準工業地域であり、風俗営業が許可できる地域であったとしても、そこが現状ではほとんど住宅地になっているという実態に鑑みればパチンコ店などの設置を許すべきではない地域であるため、地元の市で規制ができないかと考えたのです。

しかし他方で、宝塚市パチンコ店等建築規制条例事件（大阪高判平10・6・2民集56巻6号1193頁）では、風営法及び建築基準法との関係で、「宝塚市パチンコ店等、ゲームセンター及びラブホテルの建築等の規制に関する条例」が独自の規制を行うことは違法と判示されました。このケースは、良好な環境の確保を目的として、パチンコ店等の建築に市長の同意を必要とし、その位置が商業地域以外の用途地域や市街化調整区域であるときは同意しないことを定める同条例が、風営法及び建築基準法に抵触しないかが問題となったものです。

神戸地裁は、伊丹市のケースと異なり、宝塚市の条例に関しては違法であるとし、大阪高裁もその結論を支持しました。風俗営業について、1984年の風営法改正により、従来は都道府県条例によりまちまちに定められていた風俗営業の場所的規制が、政令に基準を設けることにより全国的に統一されたこと等から、風営法による場所的規制は全国的に一律に施行されるべき最高限度規制であると解釈するということです。風俗営業をしたい人の営業の自由を守るために、これ以上厳しい規制はしないということで風営法はつくられているという解釈です。

また、建築基準法は基本的に都市計画における用途地域変更を通じてまちづくりを行うという仕組みを採用していること、また、地域の実情に応じた土地利用の推進、環境の保護等を図るため特別用途地区の設定を認めて同地区内の建築制限を自治体の条例で定めることができるとしていることから、建築基準法は、それ以外に条例で独自の規制を行うことを予定していないと解釈されました。

なお、この上告審では、①国又は地方公共団体が専ら行政権の主体として国民に対して行政上の義務の履行を求める訴訟は不適法である、②宝塚市が「宝塚市パチンコ店等、ゲームセンター及びラブホテルの建築等の規制に関する条例」8条に基づき同市長が発した建築工事の中止命令の名あて人に対して同工事を続行してはならない旨の裁判を求める訴えは不適法であるとして、条例の違法性については判断せず、訴えそのものを却下しました（最三小判平14・7・9民集56巻6号1134頁）。

学習のポイント

1　立法事実とは何か

■立法事実とは、条例を必要とする社会的事実をいいます。条例を制定する場合の基礎を形成し、かつその合理性を支える一般的事実、すなわち社会的・経済的・文化的事実です。

2　条例を制定する際の基礎を形成し、その合理性・必要性を支える事実とは

■条例化の必要性・正当性を裏付ける社会的・経済的・文化的事実であり、当該条例の合憲性・適法性を裏付ける事実のことです。

3　条例化の合憲性・適法性を裏付ける事実とは

■条例制定の目的とその実効性を確保するための手法の合理性を裏付ける資料やデータが必要です。

4　立法事実と訴訟対応

■訴訟を提起された場合の訴訟リスクに耐えるだけの合憲性・適法性についての論理的で説得力のある説明が求められます。

第３節　行政手法 ―地域の公共的な課題を解決するためには

1　行政手法とは何か

（１）行政手法とは何か

「行政手法」とは、地域の公共的な課題（行政課題）を解決・処理するために国や自治体が行う活動の手段・方法をいいます＊1。

行政手法の選択に当たっては、①行政課題を具体的に解決・処理するために、どのような行政手法があるのか、②それぞれの行政手法には、どのような特徴があり、どのような課題・限界があるのか、③採用すべき最も有効な行政手法は何か等について、自治体の実情に応じた個別具体的な検討が求められます（8章1節5参照）。そして何よりも、法令に違反していないかなど、訴訟リスクを踏まえた対応が必要となります。

ここでは、行政手法の主な類型・区分について提示し、それぞれの行政手法のメリット・デメリットについて解説します＊2。

（２）行政手法はどのように類型・区分されるのか

行政手法の類型は、おおむね次のように分類されます。

① **規制的手法**
② **誘導的手法**
③ **調整的手法**
④ **実効性確保手法**

ここでは、基本的な行政手法の内容・特徴と使い方、メリット・デメリット等について解説します。

＊1　政策手法
礒崎初仁『自治体政策法務講義　改訂版』（第一法規、2018年）133頁では、政策論との結び付きを重視して、「政策手法」と呼んでいます。政策とは、行政課題を解決するための公的機関等の活動の方針であって、目的と手段のセットをなすものであり、政策手法とは、政策に定められた「手段」の側面を指すものとされています。同書143・144頁の「条例で活用できる政策手法一覧」にもあるように、行政（政策）手法の類型・分類については、研究者により、また行政手法の作用する場面・当事者の立場により、種々の見方があり、一義的に捉えることはできません。

＊2　行政手法
山本博史『行政手法ガイドブック―政策法務のツールを学ぼう―』（第一法規、2008年）に、行政手法の詳細な分類と説明がなされています。

2　基本的な行政手法の内容と特徴

（１）規制的手法

規制的手法とは、対象となる住民、事業者等の意思に反しても、一定の行為を行うよう（作為）、又は行わないよう（不作為）働きかける（義務付ける）権力的な手法です。

このように、規制的手法は、住民の権利を制限し、義務を課すものですから、侵害留保の原則や地方自治法14条２項の規定により、条例という法形式で定める必要があります。条例で規定される行政手法の多くは、規制的なものです。

この手法のメリットは、あまりコストをかけずに、一定の行為を広く制限でき、しかも他の手法に比してより大きな効果を上げることができます。

一方、デメリットは、権力的な手法なので、規制の仕方によって、規制を受ける側に過度の負担をかけるおそれがあります。場合によっては、人権を侵害する可能性や関係法令との抵触の可能性もあります。

規制的手法を採用するに当たっては、その立法事実の検証、規制対象等の明確化、規制の必要性と比例原則、代替性等についての検討が必要とされます。

この類型に属する具体的な例は、以下のとおりです。

〈1〉禁止制

一定の行為を禁じる制度です。言い換えれば、一定の不作為を義務付ける制度ともいえます。具体例としては、タバコのポイ捨て禁止、路上喫煙の禁止などが挙げられます。

〈2〉命令制

一定の行為を義務付ける制度です。具体例としては、飼い犬の係留や糞の回収の義務付けなどが挙げられます。

〈3〉許可制

一定の行為を一般的に禁止した上で、この禁止を特定の場合に限って解除する制度です。具体例としては、地下水採取の許可、残土処理施設設置の許可などが挙げられます。

〈4〉届出制

一定の行為を行う際に、その旨を事前又は事後に届け出ることを義務付ける制度です。具体例としては、森林の土地の所有権移転等の事前届出制度、動物の多頭飼育の届出などが挙げられます。

(2) 誘導的手法

誘導的手法とは、住民、事業者等に対して、行政の意図する方向へ、助成やインセンティブ（誘因）・情報等を与えることによって、一定の行為を行うよう（作為）、又は行わないよう（不作為）働きかける非権力的な手法です。

この手法のメリットは、強制的な手法をとらずに、市民自らの行動をインセンティブにより適正な方向へ誘導することが期待できることです。権利を制限することもなく、監視等のコストも必要としません。

一方、デメリットは、強制力を伴わない市民の自主的な判断に委ねられるため、効果の見通しが不明確で、費用対効果の検討が必要なこと、行政の裁量の幅が広いことから、不公平な結果を招くおそれもあります。

〈1〉補助金制

行政が意図する一定の行動を行うように、活動資金の一部を補助したり、行為の助成を行うなどして誘導する制度です。企業（工場）誘致条例などはその例です。

補助金制を採用する場合には、その公益性、平等性、効率性、財源等について、十分な検討を行うとともに、補助対象・補助基準等について、明確にする必要があります。

〈2〉情報提供制

情報の公表、提供、表示等をすることによって、行政目的に沿った一定の方向へと誘導しようとする制度です。行政目的に照らして望ましい方向へと誘導するものと望ましくない行為を避けるよう誘導する手法があります。神奈川県子ども・子育て支援推進条例に基づく子育て支援に取り組む事業者の認証制度（同条例16条）は前者の例であり、東京都消費生活条例に基づく消費者の安全を確保するための安全性・危害に関する調査結果等の情報提供（同条例11条）は後者の例です。

情報提供に当たっては、内容の正確性・信頼性はもちろんのこと、社会的な影響も踏まえた上での公表のあり方についても検討が必要です[＊3]。

〈3〉行政指導制

一定の行政目的を実現するために、特定の者に一定の作為、不作為を求める助言・指導、勧告等を行う制度です。東京都消費生活条例に基づく危険な商品・サービスの製造・販売・提供の中止等の勧告（同条例12条）やいわゆる宅地開発指導要綱による行政指導などがその例です。

行政指導については、行政手続法、行政手続条例に規定されているように、所掌事務の範囲を逸脱してはならないし、行政指導の内容は相手方の任意の協力によってのみ実現されるもので、その相手方が行政指導に従わなかったことを理由として、不利益な取扱いをしてはなりません[＊4]。

（3）調整的手法

調整的手法とは、建築主と付近住民との間の建築紛争などについて、対象者や利害関係者の間での協議を求めたり、斡旋、調停、苦情処理など、私人間の紛争の解決等のための手法として用いられるものです。

この手法のメリットは、行政が中立的な立場から、当事者間の合意形成を行うため、双方の利害調整を図りながら柔軟できめ細やかな対応が可能になることです。住民の意見を反映させることもできる点で、民主主義的な意味もあります。

一方、デメリットは、法的な効果や拘束力がなく、問題解決の点で限界があることです。したがって、その有効性について過度に期待はできません。

しかしながら、今日において紛争が多様化・複雑化し、増加傾向を示す中で、問題解決を図る手法としては、１つの選択肢として検討に値する手法です。

＊３　損害賠償請求

1996年に堺市で発生した病原性大腸菌Ｏ－157による集団食中毒に関し、原因食材の可能性を指摘されたカイワレ大根生産農家等が、「根拠のない公表により売上げが激減した」として、国に賠償を求め、東京と大阪で２つの訴訟を提起し（東京の原告は風評被害を受けたとする日本かいわれ協会など、大阪の原告は原因者の可能性を指摘された生産農家です）、いずれも国の賠償責任が認められています。（大阪Ｏ－157食中毒損害賠償訴訟控訴審判決（東京高判平15・5・21判時1835号77頁）、大阪Ｏ－157集団食中毒事件名誉毀損訴訟控訴審判決（大阪高判平16・2・19裁判所ウェブサイト）

＊４　行政指導の中止等の求め

行政手続法の一部を改正する法律が2014年に公布、翌年４月１日から施行され、法令に違反する事実の是正のための処分又は行政指導を求めることができる「処分等の求め」や、法律の要件に適合しない行政指導の中止等を求めることができる「行政指導の中止等の求め」の手続が新設されました。これを受けて、各自治体の行政手続条例にも同様の手続が設けられています。

（4）実効性確保手法

規制的手法など他の行政手法の実効性を確保するための手法です。義務を履行しない者に対して、制裁等を与えることにより、行政目的を確実に実現するため、他の行政手法と併用して採用される手法です。

〈1〉罰則制

義務違反の行為を行った場合に行政罰の制裁を科す制度です。自治体は、その条例中に、条例に違反した者に対し、2年以下の懲役若しくは禁錮（こ）、100万円以下の罰金、拘留、科料若しくは没収の刑又は5万円以下の過料を科する旨の規定を設けることができます（自治法14条3項）。

〈2〉是正命令制

義務違反の行為を行った者に対して、行為の停止、原状回復等の是正措置を命じ、義務付ける制度です。

〈3〉処分取消制

許可等を受けた者が、偽りその他の不正な手段により許可等を受けた場合や義務違反の行為を行った場合に、当該許可等の処分を取り消す制度です。

〈4〉氏名等公表制

義務の不履行等があった場合に、氏名や当該事実を公表する制度です。

〈5〉即時強制

義務の存在が前提とされている行政上の強制執行（代執行、執行罰、直接強制、強制徴収）とは異なり、義務を命じる暇のない緊急事態などの場合に、相手方の義務の存在を前提とせずに行政機関が直接に身体又は財産に実力を行使して行政上の目的を達成する制度です。義務の存在を前提としていない点で厳密には実効性確保手法とは異なりますが、強制的に行政目的を実現することからここに分類しています。

（5）その他の行政手法

〈1〉計画的手法

計画的手法とは、規制的手法や誘導的手法の目指すべき目標等を行政計画等として定める手法です。計画的手法のメリットは、目指すべき方向・目標を明確にし、個々の行政手法や事業を総合的・計画的に進める機能を有することです。他方、デメリットは、計画の内容をあまり具体的にしすぎると住民や関係者の間で意見の対立が生まれやすく計画策定のコストが高くなり、逆にあまり抽象的な内容にしてしまうと計画の意味がなくなり成果を期待できないことです。

現在、多くの自治体では、種々の行政計画が策定されています。とりわけ、総合計画については、1969年の地方自治法改正により、市町村に、議会の議決を経て行政運営の基本構想の策定が義務付けられ、以来、多くの自治体では、長期的なまちづくりの基本方針を示す「基本構想」、基本構想を進めるための中期的な行政計画を示す「基本計画」、３年間程度の具体的な実施施策を示す「実施計画」を策定しています。

しかしながら、地方分権改革の影響もあり、2011年５月２日に「地方自治法の一部を改正する法律」が公布され、市町村における基本構想策定義務がなくなりました。このため、総合計画を策定するかどうか、また総合計画について議会の議決を経るかどうかは各市町村の独自の判断に委ねられることとなりました。

一方で、選挙に際してマニフェストを掲げて当選する長が増加し、これまでの総合計画とマニフェストのどちらを優先するのかなど、総合計画の変更や調整等が課題となっています。このため、一部の自治体では、長の任期に合わせて、実施計画を４年間に変更するなどの取組みが行われています。

このように計画的手法には、長のマニフェストと総合計画等との整合や調整の必要性、総合計画について議会の議決を得るかどうか等に関連しても種々の検討を行う必要があります。

〈2〉契約的手法

契約的手法とは、関係者の合意により、契約を交わし、当該契約の履行により、一定の行政目的を達成しようとするものです。古くは公害防止協定、最近では原子力安全協定などもこれに含まれます。

契約的手法のメリットは、契約締結者の個々の事情に応じて、自主的かつ積極的な取組みが期待できるとともに、既存の仕組みを活用し、事業者の取組みを促すことができ、当事者間にとって、最善の効果が期待できることです。

一方、デメリットとしては、契約締結後の事情の変化等により、契約に規定のない事項等が生じた場合に迅速に対応することが難しいことや契約の相手方以外には効果が出にくい点があります。

〈3〉民間活力活用手法

民間活力活用手法とは、住民や企業等民間の活力を生かして、行政目的の実現や効率化を図る手法です。具体的には、ＰＦＩ制度、指定管理者制度、ＮＰＯ等の連携・協働などが挙げられます。

民間活力活用手法のメリットとしては、経済性、効率性、サービスの向上等が期待できることです。一方、デメリットは、経済性を重視するあまり、サービスの偏りや低下、安定性への懸念が挙げられます。

〈4〉協働促進手法

協働促進手法とは、市民、市民活動団体、事業者、ＮＰＯなど、様々な主体との協力・連携を進める手法です。住民の参加や住民との協働等により、自治体の施策や事業を進める手法で、住民参加条例やまちづくり条例等の中で、多く取り入れられています。

以上、様々な行政手法を挙げましたが、これらの分類は、必ずしも相互に排他的なものではありません。例えば、中高層建築物の建築に伴って生ずる建築紛争は、土地を有効に利用する建築主の権利と、快適な生活環境を守る近隣住民の権利との衝突といえます。ここでとられる協議や斡旋、調停などは、関係者全体からすると調整的手法になるといえますが、建築主にとっては規制的手法としての側面を有します。

3　行政手法の組合せ

実際に自治体が行政課題を解決しようとする場合には、いろいろな行政手法を組み合わせて制度設計をするのが通例です。その際、それぞれの行政手法の特長を最大限生かしながら効果的に組み合わせ、政策（行政）目的達成にとって効率的で最善の手法を選択します。

具体的な政策課題を例にして、どういった手法が取り入れられるか検討してみましょう。

(1) 事例研究「家庭用ごみの排出減量化と再資源化対策」

ある市では、ごみ焼却処理場の処理能力が限界に達しようとしており、増え続けるごみの減量化と再資源化が急務の課題となりました。この課題に対処するために実現すべき内容は、ごみの排出量を減らし、これまでごみとして排出されていたもので資源として活用できるものは極力資源として再利用を図ることです。

そのための手法として、以下のものが考えられます。

〈1〉ごみ（ごみ袋）の有料化（規制的手法、誘導的手法等の組合せ）

従来、家庭から排出されるごみについては、ほとんどの自治体では、行政サービスとして無料で収集等が行われてきました。しかし、財政事情の悪化と各種行政需要の高まり、ごみの排出減量化と再資源化対策のために、ごみの排出者にも一定の負担を課す必要性が生じています。

これまで、環境対策・エコ対策等で、極力ごみを出さないように積極的に協力してきた市民もあれば、そんなことを考えずになりふりかまわずごみを排出してきた市民もいます。そこで、ごみの排出量に応じて、市民に一定の負担をしてもらうと同時に環境意識を醸成し、協力をお願いするというものです。誰しも今まで無料だったものが、ごみの排出量に応じて有料化になれば、出すごみの量をできるだけ少なくしようとする、あるいは資源として再利用できるものはごみとして捨てるのではなく、再資源化を行おうとするインセンティブが働きます。これにより、これまでのごみの排出量を抑制することが可能となります。

〈2〉生ごみの資源化（誘導的手法、協働促進手法等の組合せ）

従来、ごみとして出されていた生ごみは、堆肥として利用することが可能です。このため、生ごみを減らし、堆肥として利用できるように、希望する市民に無償でコンポスト（生ごみ堆肥化処理容器）やＥＭ生ごみ処理容器（生ごみ発酵堆肥化処理容器）等を貸与するシステムを導入するのです。最近では、家庭菜園やガーデニングが広がりをみせており、多くの利用者があります。

〈３〉分別収集の取組みと奨励金の交付、再資源化（誘導的手法（補助金制）、協働促進手法等の組合せ）

空き瓶や空き缶の回収、廃プラスチック等の分別収集を市内全域で実施するとともに、市内の団体（主に町会・自治会、子ども会等）に、有価物（主に、新聞、古雑誌等）を回収した量に応じて奨励金を交付し、その活動資金に役立ててもらうようにするなどして、有価物の分別収集と回収を図り、廃棄物の減量化と再資源化を促進する手法です。

〈４〉環境啓発活動（誘導的手法、協働促進手法等の組合せ）

町内会、業界団体等関係団体の協力を得て協議会等を立ち上げ、啓発活動を行うとともに、各地域に廃棄物減量推進委員などをおき、いろいろな会合等でＰＲを行ってもらいごみの減量化と再資源化を図る手法です。

〈５〉その他の手法

上記以外にも、スーパー等の協力を得てレジ袋の廃止、不用品交換のための掲示板の設置、フリーマーケットの開催など、これまでごみとして捨てられていたものをできるだけ少なくし、その再利用、資源化等を図るために種々の方法が考えられます。

（２）行政手法の採用とその対応策

〈１〉条例による対応

これらの手法のうち、ごみの有料化は、規制的手法に該当し、地方自治法14条２項、228条１項の規定により、条例事項になります。

一方、環境啓発活動は、市民や事業者に廃棄物の減量を推進し、あるいは協議会を立ち上げ、推進委員を設置するというもので、必ず条例で規定しなければならないものではありません。しかし、政策的課題を解決するための仕組みとして、ある程度長期にわたり継続することが必要となる制度は、条例化することが好ましいといえるでしょう。

また、協議会を審議会として立ち上げるとなると附属機関に該当しますので、条例で設置する必要があります（自治法138条の４第３項）。

〈２〉要綱等による対応

これに対して、コンポスト等の無償貸出しは、権利義務にかかわらないものであり、単純に貸出しの手続を定めればよく、分別収集も定められた方法により排出すれば、無料で回収を行うというものですから、いずれも誘導的手法に該当し、要綱で対応が可能です。しかし、強制的に義務付け、違反者には罰則を科すような手法を採用する場合には、規制的手法となり条例化する必要があります（【図表２－３－１】参照）。

町会等の団体に対する有価物回収に対する奨励金の交付も、誘導的手法です。公金を用いることから、財政的な制約があり、臨機応変に対応しなければなりません。このため要綱で対応することが適切な場合もあります。

【図表２-３-１】　条例と要綱の違い

	条　　例	要　　綱
法的規範性	○（有）	×（無）
即応（時）性	低い	高い
実効性の担保	○（可） ２年以下の懲役若しくは禁錮、100万円以下の罰金、拘留、科料若しくは没収の刑又は５万円以下の過料（自治法14条３項）	×（無） 行政指導
議会の関与（議決）	○（有）	×（無）
公告式	公布手続	×（一部告示）

〈３〉その他関係者との合意形成による対応

現在、一部の大学の生活協同組合等では、自主的に空き缶や空き瓶等のデポジット制度が導入されています。1980年、京都市において、全国初の空き缶等のデポジット制度導入条例の制定に向けての検討が行われたことがあります。この問題は、１つの自治体だけの問題でなく、産業界を巻き込んだ大きな問題提起となりました。

京都市には、毎年多くの観光客が訪れます。このため、ポイ捨てされる空き缶等も膨大な量になり、古都の景観を損ない、多額の費用を使って市が処理してきました。

そこで観光地としての景観を守るために、デポジット制度の導入を検討したのですが、法的な問題を含めクリアしなければならない問題が多くあり、条例制定には至りませんでした。しかし、1981年に「京都市美化の推進及び飲料容器に係る資源の有効利用の促進に関する条例」を制定し、その後、飲料メーカーと京都市が共同出資してつくる第三セクターが空き缶を回収する方式を採用して対応しています。

このように、政策課題を解決するために、関係者・関係団体・関係業界等の合意形成を図りながら、合法的で有効な行政手法を採用することが求められているのです。

学習のポイント

1　行政手法とは何か

■行政手法とは、地域の公共的な課題（行政課題）を解決・処理するために国や自治体が行う活動の手段・方法をいいます。

■行政手法の代表的なものとして、規制的手法、誘導的手法、調整的手法、実効性確保手法が挙げられます。

2　基本的な行政手法の内容と特徴

■規制的手法とは、行政の相手方たる住民・事業者等の活動を規制する目的で行われる権力的な手法です。

■規制的手法には、禁止制、命令制、許可制、届出制などがあります。

■誘導的手法とは、補助金等の金銭的給付や各種の情報を提供したり、助言指導を行うことによって、住民・事業者等の活動を一定の方向へ導こうとする手法です。

■誘導的手法には、補助金制、情報提供制、行政指導制などがあります。

■調整的手法とは、建築主と付近住民との間の建築紛争など、対象者や利害関係者の間での協議を求めたり、斡旋、調停、苦情処理など、私人間の紛争の解決等のために用いられる手法です。

■実効性確保手法とは、規制的手法などの実効性を確保するための手法です。

■実効性を確保する手法には、罰則制、是正命令制、処分取消制、氏名等公表制などがあります。

■その他の手法として、計画的手法、契約的手法、民間活力活用手法、協働促進手法などがあります。

3　行政手法の組合せ

■実際に自治体が行政課題を解決しようとする場合には、いろいろな行政手法を組み合わせて制度設計をするのが通例です。その際、それぞれの行政手法の特長を最大限生かしながら効果的に組み合わせ、政策（行政）目的達成にとって効率的で最善の手法を選択します。

第4節　立法の典型的パターン

1　立法パターンの応用

(1) 立法パターンの組合せ

実際の条例立案に当たっては、自治体の規模や財政、地域の実情・行政課題に応じて、多くの行政手法の中から、効率的で最善の行政手法を選択する必要があります。また、時には複数の行政手法を組み合わせて採用することも必要となってきます。

そのため、多くの行政手法のメリット、デメリットを十分理解した上で、それぞれの行政手法の特長を生かした条例の立案が求められます。

(2) ベンチマーキング手法について

条例のベンチマーキングとは、「他の自治体の最も優れた条例などのシステムを、自己の自治体の現状と継続的に比較分析して、自己の条例の制度設計・運用に活かすこと」と定義されます*1。

＊1
田中孝男『条例づくりのための政策法務』（第一法規、2010年）31頁以下参照。

条例の立案に当たっては、多くの場合、先に制定されている他の自治体の条例を参考にします。特に全国の自治体に共通するような行政課題に対応した条例が制定されると、その先行した自治体の条例ときわめて類似した条例が後続の自治体によって制定されることが珍しくありません。しかしながら、たとえ条例制定の目的である行政課題が同じであっても、その自治体の規模や財政状況、自治体の現状という点では、大きな違いがあるはずで、同じような条例が制定されるということは、本来不思議なことなのです。

職員研修等では、よく与えられた行政課題に対処するための条例の立案に当たって、制定済みの先進的な各地の自治体の条例に規定する主要な項目を一覧表（条例論点比較表）にして作成します。その後、その一覧表の条例に規定する行政手法を比較検討し、各地の自治体の「いいとこ取り」をして、条例案を作成している場合が多く見受けられます。

ベンチマーキング手法は、単なる条例のコピーではありません。おかれている自治体の現状を分析し、課題が何であるのか、その課題を解決するために当該自治体にとって最も優れた対応をしている条例を探し出し、先行する自治体がない場合には、時には外国の法制度等もベンチマーキングの相手として、比較検討することが求められているのです。

後続の自治体は、先行する自治体の条例を参考にする場合には、最低限先行する自治体の到達点と課題の検討、今後の対応策を踏まえて、自己の自治体での条例の立案に生かす工夫、少なくとも自己の自治体仕様にカスタマイズすることが必要です。

ベンチマーキング手法は、法務組織・法務体制が不十分な自治体にとっては、使い方さえ間違えなければ、非常に効率的で有効な手法となります。単なるコピーではなく、当該自治体の立法事実を正確に分析して、先行する自治体の条例を乗り越え、自己の自治体にとって最適な条例を立案することが求められています。

2　規制条例における組合せの選択

(1) 規制的手法である許可制と届出制*2

許可制とは、本来誰でも享受できる個人の自由を公共の福祉の観点から予め一般的に禁止しておき、個別の申請に基づいてその禁止を特定の場合に解除する行政行為をいいます。例えば、法律上のものとしては、風俗営業の許可、医師の免許、自動車運転の免許などがこれに当たります。なお、医師の免許や自動車運転の免許という場合に用いられる「免許」の法的性質は、「許可」です。

許可制は、許可の対象となる行為の禁止が前提となっています。そのため、規制としては強力です。行政は、許可のない行為は違法として取り扱うことができ、違反者にはペナルティを科す規定を条例に定めておくなどして、その実効性を確保することもできます。

それだけに、許可制によって守ろうとする権利利益と制度のバランスが問われます。許可制をとるだけの立法事実の証明と許可制に匹敵する権利利益の侵害が現にあるという立法事実が集められない場合は、より規制の程度の低い届出制を採用することも検討する必要があります。

届出制とは、ある者が特定の行為を行うに当たって、予め行政庁に対して一定の事項を通知する行為であって、かつ、そのことが法で義務付けられている場合をいいます。例えば、国の法律では、「農地法4条1項8号に規定する市街化区域内農地を転用する場合の届出」などがこれに当たります。

届出は、許可とは異なり、それが行政庁に到達することをもって足り、行政庁側の諾否の判断を得る必要がないという点に特徴があります。行政側は、届出によって事実を把握し、行政指導を行ったり、様々な施策の対象としたりすることになります。

届出制の下では、形式的な書類審査と添付書類の具備等の確認のみがされることがほとんどです。届出の内容の真偽を把握できませんし、その実効性を確保することは単独では困難です。このため、届出制に加えて、勧告制*3や命令制*4あるいは罰則制を併用するのが一般的です。

(2) 事例研究「神奈川県土砂の適正処理に関する条例」

具体的な事例として、ここでは、「神奈川県土砂の適正処理に関する条例」(以

＊2
山本博史『行政手法ガイドブック―政策法務のツールを学ぼう―』(第一法規、2008年) 53頁以下には、具体的な規定の仕方も含めて詳細な解説がなされています。

＊3　勧告制
勧告とは、ある事柄を申し出て、その申出に沿う行動をとるよう勧め又は促す行為。それ自体は事実上の行為であり、法的拘束力をもつものではありません(法令用語研究会編『有斐閣法律用語辞典第5版』(有斐閣、2020年)参照)。

＊4　命令制
命令とは、行政庁が特定の者に対し、一定の作為又は不作為の義務を課す具体的処分をいいます(法令用語研究会編・前掲注(3)参照)。

下「神奈川県条例」といいます。）を例にして解説します。

神奈川県では、土砂の不適正な処理が多発していました。本来、建設工事から発生する土砂を処分するときは、その処分場所により森林法や農地法、市町村条例等の適用がありますが、法令の許可を受けずに、又は、基準に違反して土砂の埋立てを行うなどの不適正な処理は、同県内でも1992年度から1998年度までの間に69件、面積にして約55ヘクタールに至っていました。

無秩序な埋立てが多いこれらの場所では、土砂の崩壊、流出等による災害発生のおそれがあり、県民生活への不安が生じていたことから、神奈川県では、土砂の不適正な埋立て等を行っている者に対する指導や命令を行ってきました。

しかし、既存法令は、適用範囲や条件が限られており、また、土砂の搬入を中止させる規定がないなど、対応できない部分があることから、土砂の不適正な処理と埋立てに伴う災害の発生防止を図ることを目的として、1999年３月に本条例が制定されました。その後、2012年７月に改正され、同年10月１日から現行条例は施行されています。

神奈川県条例は、県土の秩序ある利用と県民の生活の安全の確保という２つの目的を達成するために、土砂の発生から処分に至るまでの各段階、すなわち、土砂の搬出、搬入、埋立て・盛土等の堆積行為の各段階において、土砂の適正な処理を推進させることとしたものです（【図表２－４－１】参照）。

【図表２-４-１】　条例の目的

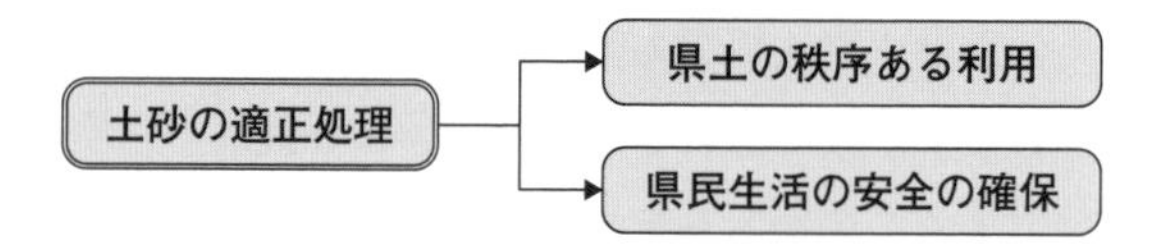

〈１〉規制的手法である届出制と許可制の組合せ

この条例の特徴として、届出制と許可制に関する規制を挙げることができます。

①　処理計画の作成と届出（４条関係）

建設工事又はストックヤードの区域から500㎥以上の土砂を搬出する場合は、予め土砂の搬出に係る計画を作成し、知事に届け出ることを義務付けています（【図表２－４－２】参照）。

【図表２－４－２】　土砂の搬出に関する届出等

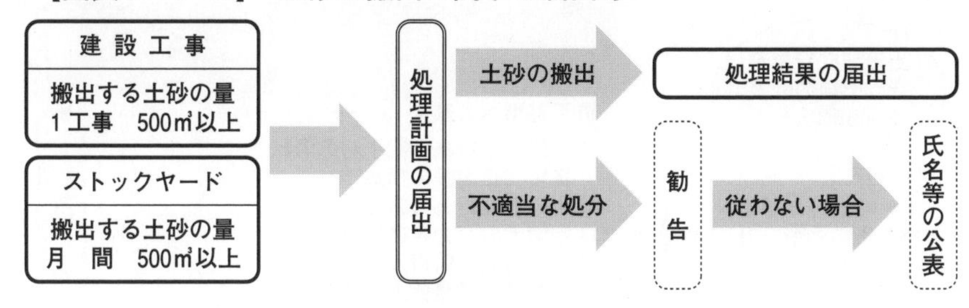

※無届出・虚偽届出⇒50万円以下の罰金

（処理計画の作成等）
第４条　元請負人は、建設工事に伴って生ずる土砂を当該建設工事の区域以外の区域に搬出するときは、当該建設工事の区域ごとに土砂の搬出に係る計画（以下「処理計画」という。）を定め、規則で定める図書を添えて、当該土砂の搬出を開始する日から起算して20日前までに、知事に届け出なければならない。ただし、次に掲げる土砂の搬出については、この限りでない。
（１）　搬出する土砂の数量の合計が500立方メートル未満の土砂の搬出
（２）　採石法（昭和25年法律第291号）又は砂利採取法（昭和43年法律第74号）の認可に係る土地の区域において採取された土砂（岩石又は砂利の採取のために除去した土砂を除く。第９条第１項第４号において同じ。）の搬出
（３）　災害復旧のために必要な応急措置として行う土砂の搬出
（４）　その他規則で定める土砂の搬出
※　県内21市町の条例のうち、13市町で500立方メートル以上の土砂搬入を行う場合を許可の対象としていること等を考慮して、500立方メートル以上の土砂を搬出する場合には処理計画の届出を要することとしたものです。
〔２項以下略〕

②　土砂埋立工事の許可（９条関係）

2,000㎡以上の土砂埋立工事（埋立、盛土その他土地への土砂の堆積）を行う場合は、知事の許可が必要です。

条例で土砂の埋立行為を許可制にしたのは、土砂埋立行為を条例で定める基準等に適合させ、土砂の崩壊、流出等の災害の発生を防止することにより、この条例の目的である県土の秩序ある利用、県民の生活の安全の確保を図るためです。このため、2,000㎡以上の災害発生のおそれが高いものについて規制することとしたのです。

また、２号から９号については、土砂の適正な処理ができることや法令が防災の目的から規制しており、土砂埋立行為の安全性が確保されることから、本条の適用を除外としたものです（【図表２－４－３】参照）。

【図表2－4－3】　土砂埋立行為の許可等

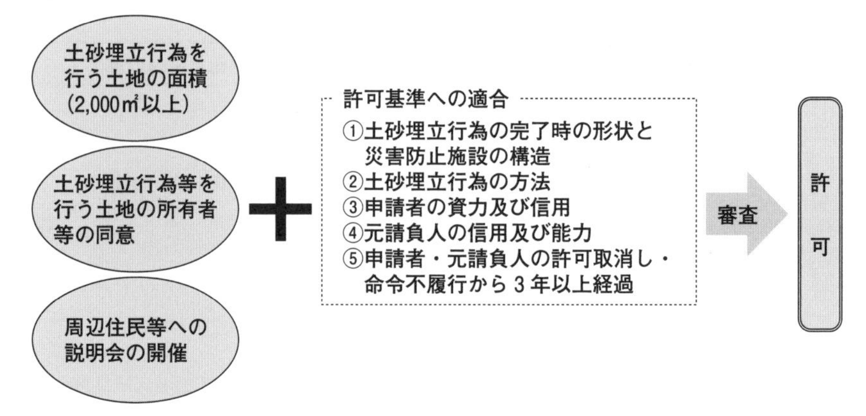

（土砂埋立行為の許可）

第9条　土砂埋立行為を行おうとする者は、土砂埋立区域ごとに知事の許可を受けなければならない。ただし、次に掲げる土砂埋立行為については、この限りでない。

（1）　土砂埋立行為を行う土地の区域（土砂埋立行為が一団の区域において行われる場合は、当該一団の区域）の面積が2,000平方メートル未満の土砂埋立行為

（2）　土地の造成その他事業の区域において行う土砂埋立行為で当該事業の区域において採取された土砂のみを用いて行うもの

（3）　港湾法（昭和25年法律第218号）第2条第4項に規定する臨港地区若しくは同法第37条第1項に規定する港湾隣接地域、漁港漁場整備法（昭和25年法律第137号）第2条に規定する漁港の区域（水域を除く。）又は港湾の設置及び管理等に関する条例（昭和39年神奈川県条例第93号）第2条に規定する港湾の区域において行う土砂埋立行為

（4）　採石法又は砂利採取法の認可に係る土地の区域において採取された土砂のみを用いて行う土砂埋立行為

（5）　道路法（昭和27年法律第180号）第32条第1項の規定による許可を受けて行う土砂埋立行為

（6）　災害復旧のために必要な応急措置として行う土砂埋立行為

（7）　国等が行う土砂埋立行為

（8）　法令等の許可、認可その他これらに相当する行為で規則で定めるものを受けて行う土砂埋立行為であって、あらかじめ知事に届け出た土砂埋立行為

（9）　その他規則で定める土砂埋立行為

〈2〉規制的手法と他の手法の組合せ

神奈川県条例では、規制的手法として、届出制と許可制だけでなく、土砂埋立行為等を行う土地の所有者に対する同意の義務付け（8条2項）や土砂搬入禁止区域の指定（20条）、報告の徴収（23条）、立入検査（24条）、命令（25条）等も取り入れています。

また、このほかの手法の組合せとして、次のような手法も取り入れています。

①　調整的手法

周辺の住民等にとっては、土砂埋立行為により様々な影響があることから、土砂埋立行為の許可を申請しようとする者に対して、地元の理解を得られるよう、周辺住民に対して、土砂埋立行為等に係る工事の概要について、当該許可の申請をする日の前日までに説明会の開催を義務付け（8条の2）しています。説明会が開催されれば、住民が関心の高い事項についても説明を求めることができますので、これらについても、住民が事業者に対し、一定の配慮を促すことが可能となります。

② **実効性確保手法**

条例に規定する義務を履行させるため、条例の規定等に違反した場合に、許可等の取消し、氏名等の公表、命令、行政刑罰などの規定を設けています。

ア　許可の取消し等（13条関係）

（ア）不正手段による許可の取得、（イ）許可後3年以上未着手、（ウ）1年以上の工事中断、（エ）許可条件違反、（オ）無許可変更等を行った場合は、許可の取消しや土砂の除却等の措置命令の対象となります（13条）。（【図表2－4－4】参照）。

【図表2-4-4】　許可の取消し

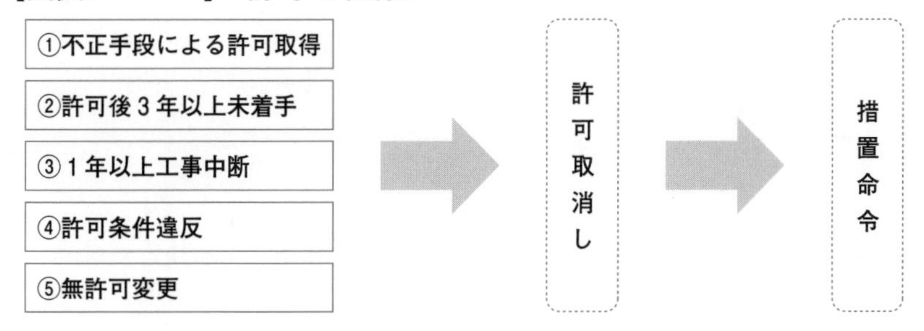

イ　公表（27条関係）

（ア）土砂を適正に処理するための必要な措置を講ずる勧告に従わなかった者、（イ）無許可で土砂埋立行為を行った者、（ウ）命令を受けた者は、その氏名、違反の事実等について公表の対象となります。

ウ　罰則（第6章関係）

（ア）無許可埋立、（イ）命令違反、（ウ）土砂搬入禁止区域への土砂搬入、土砂の除却その他必要な措置を講ずる命令に対する違反、（エ）許可標識の未設置、（オ）無届出・虚偽報告等、（カ）立入検査の拒否等に対して懲役刑又は罰金刑が定められています（【図表2－4－5】参照）。

【図表2-4-5】　罰則

①無許可埋立	②命令違反	③土砂搬入禁止区域への土砂搬入・土地所有者の命令違反	④許可標識の未設置	⑤無届出・虚偽報告 等	⑥立入検査の拒否等
↓	↓	↓	↓	↓	↓
2年以下の懲役・100万円以下の罰金	1年以下の懲役・100万円以下の罰金	6月以下の懲役・50万円以下の罰金	50万円以下の罰金		

このように、「神奈川県土砂の適正処理に関する条例」では、「県土の秩序ある利用」と「県民の生活の安全の確保」という2つの目的を達成するために、土砂の発生から処分に至るまでの各段階、すなわち、土砂の搬出、搬入、埋立て・盛土等の堆積行為の各段階において、土砂の適正な処理を推進するため、①処理計画の作成・届出、②土砂埋立行為の許可、③土砂搬入禁止区域の指定等について規定し、これらの手法の実効性を確保するため、罰則についても規定しています。

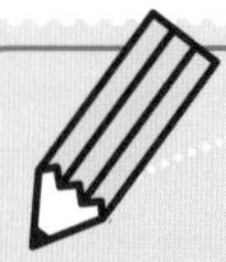

学習のポイント

1　立法パターンの応用

■立法のパターンは、1つの行政手法だけで構成されるのではなく、通常、自治体の規模や財政、地域の実情・行政課題に応じて、多くの行政手法の中から、効果的で最善の行政手法を組み合わせることによって構成されています。

2　規制条例における組合せの選択

■規制条例におけるパターンの組合せとしては、規制的手法に加えて実効性確保手法、計画的手法、誘導的手法、調整的手法などを組み合わせることが考えられます。

第５節　都道府県条例と市町村条例の関係

１　都道府県条例と市町村条例の違い

（１）都道府県と市町村の関係

都道府県は、市町村を包括する広域自治体です（自治法２条５項）。市町村の区域内に住所を有する者は、当該市町村及びこれを包括する都道府県の住民になります（自治法10条１項）。

現行法では、市町村は、基礎的な自治体として、都道府県が処理するものとされているものを除き、一般的に、地方自治法２条２項の事務を処理することとされています（自治法２条３項）。したがって、市町村の処理する事務の範囲を理解するためには、都道府県の処理する事務を明らかにする必要があります。

都道府県は、市町村を包括する広域の自治体として、自治体の事務のうち、広域にわたるもの（広域事務）、市町村に関する連絡調整に関するもの（連絡調整事務）及びその規模又は性質において一般の市町村が処理することが適当でないと認められるもの（補完事務）を処理するとされています（自治法２条５項）。

2000年の地方分権改革により、国と自治体を上下関係においていた機関委任事務が廃止され、自治体の事務が自治事務と法定受託事務に再編され、都道府県と市町村の関係は、国との関係と同様、「対等・協力」の関係へと移行しました。

（２）都道府県条例と市町村条例の役割分担

2000年４月施行の地方分権一括法による改正前の地方自治法（旧自治法）においては、都道府県の事務として、広域事務（１号）、統一事務（２号）、連絡調整事務（３号）、補完事務（４号）の４区分が定められていました（旧自治法２条６項）。このうち統一事務（義務教育の水準維持等）は各地域の特性を尊重する地方分権の理念に合致しないため、都道府県の事務に含めないこととし、補完事務については市町村の規模及び能力に応じて、市町村が処理することができるようになりました（自治法２条４項）。

また、都道府県及び市町村は、その事務を処理するに当たっては、相互に競合しないようにしなければならないとされています（自治法２条６項）。

旧自治法の規定では、都道府県が市町村の行政事務について条例で必要な規定を設けることが認められており（これを「統制条例」といいます。旧自治法14条３項）、市町村の条例が統制条例に違反するときは無効とされていましたが（旧自治法14条４項）、この統制条例に係る規定は廃止されました。

しかしながら、統制条例が廃止されても、都道府県と市町村の条例が抵触する可能性はあります。このため、現行地方自治法でも、「市町村及び特別区は、当該都道府県の条例に違反してその事務を処理してはならない」（2条16項）、「前項の規定に違反して行つた地方公共団体の行為は、これを無効とする」（2条17項）という規定は、廃止されずに残っています。

2　都道府県条例と市町村条例が競合する場合の取扱い

都道府県は、市町村を包括する広域自治体として、広域事務、連絡調整事務、補完事務を処理すること、そして地域における事務でそれら以外の事務は市町村が処理することは既に述べたとおりです。

都道府県条例は都道府県の事務について、市町村条例は市町村の事務について制定するものなので、理論的にはきちんと棲み分けがなされているのですが、実際には、何をもって広域事務と捉えるかなど不明確な部分があり、そのため都道府県と市町村が相互に担当可能な共管領域が多々あります。

このため都道府県条例と市町村条例が重複する場合が問題となります。

（1）併存しても支障のない場合

理念型・給付型といわれるようなタイプの条例の場合には、同一事務領域・同一事項について都道府県条例と市町村条例が併存した場合でも、両条例に矛盾抵触の関係は生じません。例えば、企業誘致条例のような場合、仮に都道府県条例と市町村条例があり、それぞれの条例の趣旨目的・政策に差があったとしても、それぞれの自治体が独自に政策を展開・実施すればよいのであって、一方が他方を排除するという関係にはなりません。誘致企業に対する補助金や税の優遇措置などを条例に基づいて実施しようとすれば、都道府県と市町村それぞれの自治体の権限内で措置を講じればよいのです。

（2）「規制条例」における立法的解決

一方、権利義務に関する事項で都道府県と市町村の条例が併存競合する場合が考えられます。特に規制に関する条例の場合には、都道府県と市町村条例との関係を整理する必要があります。

この点に関しては、地方分権一括法の制定をはじめとする地方分権改革の趣旨から判断して、次のように整理できます。

① 地域における事務は原則として市町村の事務であり、都道府県の事務は広域・連絡調整・補完の3つの事務領域に限定されます。つまり、市町村優先の原則の下、都道府県条例の制定の対象となる事務の範囲には一定の限界があると解されます。

② 都道府県条例と市町村条例が同一対象に対して異なる規制等を定めている場合は、それぞれの自治体は独立・対等との立場から、基本的に双方の条例は両立して適用されると解されます。つまり、両条例の規制が重複して適用されます。

③ 双方の条例が両立しえない内容を定めている場合、都道府県の広域的な役割によるものであるときは、都道府県条例が優先します。他方、補完事務に関する都道府県条例については、本来、市町村が処理するのが理想的な事務領域であるため、市町村が条例を制定した場合は、原則として市町村条例が優先すると解されます。

しかしながら、例えば、土地利用や環境などの分野では、広域的視点と当該市町村のまちづくりの視点が交錯し、都道府県、市町村ともに条例を制定することが少なくありません。

こうした条例間の競合関係を解消するために、都道府県条例に次に述べるような調整規定をおき、都道府県が広域の視点から定めた条例と同一対象について、市町村が地域の特性を踏まえて条例を制定した場合には、市町村条例が一元的に適用できるようにする例がみられます*1。

〈1〉都道府県条例に適用除外規定をおく方法

同一事務領域、同一事項について、都道府県と市町村の条例が存在している場合に、当該市町村の区域に限って、都道府県条例の適用を除外する方法です。

「横須賀市土地利用基本条例」、「適正な土地利用の調整に関する条例」及び「特定建築等行為に係る手続き及び紛争の調整に関する条例」は、神奈川県土地利用調整条例の趣旨に則したものであり、かつ、県条例と同等以上の効果が期待できるものと認められることから、神奈川県は、横須賀市の区域における県条例の適用を除外しています。

例：○神奈川県土地利用調整条例
（市町村条例との関係）
第19条　市町村が開発行為等に関して制定する条例の内容が、この条例の趣旨に則したものであり、かつ、この条例と同等以上の効果が期待できるものと知事が認めるときは、この条例は、当該市町村の区域における開発行為等については、適用しない。……

〈2〉市町村条例による都道府県条例の上乗せ・横出し・緩和を認める方法

都道府県条例と同一の事務領域に属する市町村条例を適用するとともに、当該都道府県条例の同一事項について市町村条例による上乗せ・横出しなどを認めるものです。

＊1　条例間の競合
礒崎初仁『自治体政策法務講義　改訂版』（第一法規、2018年）234頁。都道府県が担当する事務であっても、市町村条例が同等以上の効果をもつと知事が認めた場合に適用を除外とする「条件・承認型」や、知事と関係市町村長が協議して適用除外を認める「協議型」が考えられます。また、補完事務に関しては、本来市町村が担当する事務であるため、格別の条件を付することなく、適用除外とすることが望ましいとされています。

例：○千葉県土砂等の埋立て等による土壌の汚染及び災害の発生の防止に関する条例
（市町村との関係）
第30条　市町村がその地域の実情に応じて独自に土砂等の埋立て等に対する施策を講じ、又は講じようとする場合にあっては、当該市町村の長は、規則で定めるところにより、この条例の規定……の適用の除外を求める旨の申出をすることができる。
2　知事は、前項の申出があったときは、この条例の規定の適用を除外する市町村の名称及び当該市町村についてこの条例の規定の適用を除外する日を告示するものとする。
3　前項の告示があったときは、この条例の規定は、同項に規定する日から当該市町村の区域においては、適用しない。
4　略

銚子市は、自然環境及び生活環境を保全するとともに災害の発生を未然に防止するため「銚子市土地の埋立て等及び土砂等の規制に関する条例」を定め、500㎡以上の埋立てや盛土等を行う事業について、市長の許可制を採用しています。もともと3,000㎡以上の場合は千葉県条例が適用され知事の許可が必要ですが、銚子市条例では、500㎡以上の事業を対象として規定しています。千葉県は、市町村からの申出による県条例適用除外を、銚子市に対して行っています。

〈3〉都道府県と市町村との協議による方法

都道府県、市町村ともに、それぞれに関係すると思われる条例を制定しようとする場合、予め条例制定の段階で互いに協議を行い、調整を図る方法です。

例：○広島県環境影響評価に関する条例
（市町条例との関係）
第47条　市町が対象事業に関し環境の保全の見地から環境影響評価に関する条例を制定した場合において、当該市町の区域内における対象事業に関するこの条例の規定の適用については、当該市町の長と知事とが協議して定めるものとする。

例：○三原市が設置する一般廃棄物処理施設に係る生活環境影響調査結果の縦覧等の手続に関する条例
（環境影響評価との関係）
第７条　施設の設置又は変更に関し、環境影響評価法（平成９年法律第81号）又広島県環境影響評価に関する条例（平成10年広島県条例第21号）に基づく環境影響評価（生活環境影響調査に相当する内容を有するものに限る。）に係る告示、縦覧等の手続を経たものは、第３条から前条までに定める手続を経たものとみなす。

このように実務上は、都道府県又は市町村が新たに条例を制定しようとする場合には、その条例の内容が市町村又は都道府県の条例と矛盾抵触しないように、両者の間で必要な協議や調整が行われるのが通例です。

（3）規制条例以外の条例における事例

規制的内容を有する条例以外に、広域的な対応や市町村の施策との調整等の観点から、県と市町村との連携を視野に入れた環境保全や振興等についての役割や支援措置を規定する「高知県四万十川の保全及び流域の振興に関する基本条例」などがあります。

例：○高知県四万十川の保全及び流域の振興に関する基本条例

（県の役割）

第5条　県は、第3条各号に掲げる事項（以下「基本原則」という。）にのっとり、四万十川の保全及び流域の振興に関する基本的かつ総合的方策を策定し、並びにこれを実施するとともに、流域市町が実施する四万十川の保全及び流域の振興に関する方策を支援し、並びに当該方策の総合調整を図るものとする。

（流域市町の役割）

第6条　流域市町は、基本原則にのっとり、当該市町の区域の特性に応じた四万十川の保全及び流域の振興に関する方策を策定するように努めるとともに、並びにこれを実施するように努めるものとする。

（流域振興ビジョン）

第33条　知事は、国及び流域市町と連携し、流域の振興のための方針及び具体的計画（以下この条において「流域振興ビジョン」という。）を策定するものとする。

（国及び他の地方公共団体との協力）

第44条　県は、四万十川の保全及び流域の振興に関する方策について、国及び他の地方公共団体と協力して推進するものとする。

（流域市町への支援）

第45条　県は、流域市町が実施する四万十川の保全及び流域の振興に関する方策への助成、助言その他の支援措置を講ずるものとする。

学習のポイント

1　都道府県条例と市町村条例の違い

■地方分権一括法施行前は、統制条例に違反する市町村の条例は無効とされるなど都道府県が市町村に対して優越的な立場にありましたが、現在は、都道府県と市町村は対等協力の関係になりました。

■都道府県は、市町村を包括する広域自治体として、広域事務、連絡調整事務、補完事務を処理します。そして地域における事務でそれら以外の事務は市町村が処理します。

■都道府県条例は都道府県の事務について、市町村条例は市町村の事務について制定するものなので、理論的にはきちんと棲み分けがなされているのですが、実際には、何をもって広域事務と捉えるかなど不明確な部分があり、そのため都道府県と市町村が相互に担当可能な共管領域が多々あります。このことから、都道府県条例と市町村条例が重複する場合が問題となります。

■現行地方自治法でも、市町村は都道府県の条例に違反して事務を行うことはできませんが、都道府県条例は、複数の市町村にまたがる広域的な事務であって、市町村による対応が困難な事務について、条例を制定することを基本とするべきです。

■都道府県が補完的に行っている事務（補完事務）に係る都道府県条例は、本来は市町村が処理するのが理想的な事務領域であることから、市町村が自ら条例を制定した場合には、その適用が除外されます。

2　都道府県条例と市町村条例が競合する場合の取扱い

■同一事項について都道府県条例と市町村条例が併存する場合でも、理念型・給付型といわれるような類の条例の場合には、原則として矛盾抵触の関係は生じません。

■同一事務領域・同一事項について、都道府県と市町村が規制条例を制定する場合、矛盾抵触が生じる可能性がありますので、その場合は双方の条例の関係を整理する必要があります。

■立法的な解決方法としては、市町村優先の原則の下

①　都道府県条例に適用除外規定をおく方法

②　市町村条例による都道府県条例の上乗せ・横出しなどを認める方法

などがあります。

第6節　法制執務の知識

1　法制執務とは何か

広義の「法制執務」とは、法制度に関する立案、審査、解釈及び調査を行う事務であるとされています。法制執務は、法令の制定から執行、さらにはこれに関する争訟に至るまで、法の全過程に関する事務、つまり、その立法権と行政権の行使に対して補佐の機能を果たす事務を指します。これに対して、狭義の「**法制執務**」とは、成文法の立案及び審査に関する事務をいいます。単に「法制執務」といった場合、通常は、ここでいう狭義の法制執務のことを指します。この節では、主にこの狭義の法制執務を取り扱います。

しかしながら、成文法案を立案するにしても、立案された成文法案を審査するにしても、その過程は成文法の解釈と無縁ではありません。成立した法令は解釈されて運用されるものであり、立案や審査は、その法令がどのように解釈され、運用されるかを予測し、検討しながら進められるからです。つまり、狭義の意味においても、広義の意味においても、「法制執務」は、法の解釈という基本において通底しています。いずれにしても、自治体の事務を処理し、執行するには、法制執務は不可欠なものであるといえます[*1]。

法令を立案・制定する場合、一般市民が条文を読み、解釈する場面を想定し、できる限り一義的かつ明確で、その意味を理解できるような条文とするよう心がける必要があります。行為の予測可能性を確保でき、市民が予期せぬ不意打ちを受けることのないように配慮しておくためです。

こうした要請に応えるため、法令の制定・改正に際し、そのような用語や用法をチェックしたり、改め文をつくったりする業務については、一定の決まり・ルールがあり、解釈学とは別の世界がつくり上げられています。法制執務のルールは一見専門的でとりつきにくいですが、条文の意味の正確性を保つための一種の約束事（作法）であり、慣れるとパズルを組み立てるようなおもしろさもあることから、法制執務の教科書[*2]を参考にして、実際に条文を書いてみるとよいと思います。

第1次地方分権改革後、「政策法務」の概念が全国の自治体に普及し始めたころ、このような法制執務（立法技術）上のルールに目くじらを立てて否定的見解を述べる自治体職員が多く見受けられました。しかしながら、このような立法技術上のルールは、基本的には国の法令と共通のルールであることが必要です。なぜなら、そこには国・自治体を通じた法体系全体の整合性や国民にとっての分かりやすさからの要請があるからです。このような、条文の書き下しにおける「お作法」は、いたずらに強調も軽視もせず、淡々とこなせるように慣れていくこと

＊1
大島稔彦監修『法制執務の基礎知識　第3次改訂版』（第一法規、2011年）7頁参照。

＊2
代表的な教科書として、法制執務研究会『新訂ワークブック法制執務 第2版』（ぎょうせい、2018年）や石毛正純『法制執務詳解 新版Ⅲ』（ぎょうせい、2020年）があります。

が大切です。そうすれば、あとは条例の中身に集中してしっかりと考えればよいからです。

2　条例の構造

条例は、法令と同じく、大きく分けると、本則と附則から構成されます。本則には、総則的規定、実体的規定（本体的規定）、雑則的規定、罰則規定等が設けられているのが一般的なパターンです。

なかには、条例の最初に（目次の次、本則の前に）、その条例の制定の背景、理念、決意等を述べる文章がおかれることがあります。これを「前文」[*3]といい、条例の一部をなします。このような前文は、自治の基本理念や各分野における基本方針を定める条例におかれることが多くあります。

＊3　前文とは
石毛正純『法制執務詳解新版Ⅲ』（ぎょうせい、2020年）42～43頁参照。

条例の基本的な構造として、まず、目的規定、定義規定など条例全体に関する事項を規定した総則的規定を、それ以降にその条例の具体的な内容を示した実体的規定をおき、続いて実体的規定を受けて全体的な規定をしている雑則的な事項が規定され、最後の章に刑罰等について規定した罰則規定をおくことが多くみられます。

例えば、「東京都個人情報の保護に関する条例」を例にとると、第１章（１条から３条まで）が総則で、１条が目的規定、２条は定義規定、３条には実施機関等の責務が規定されています。２章から８章（４条から29条の５）までが実体的規定で、実施機関における個人情報の収集及び届出、個人情報の管理、利用及び提供、個人情報の開示、訂正及び利用停止の請求等、救済の手続、審議会等、この条例の中心的な規定がおかれています。９章（30条から33条まで）は雑則として、他の制度との調整等や適用除外、運用状況の公表等について規定し、10章（34条から38条まで）には、罰則規定が設けられています。

例：○東京都個人情報の保護に関する条例（平成２年東京都条例第113号）
目次
第１章　総則（第１条―第３条）
第２章　実施機関における個人情報の収集及び届出（第４条―第６条）
第３章　実施機関における個人情報の管理（第７条―第９条）
第４章　保有個人情報の利用及び提供（第10条・第11条）
第５章　保有個人情報の開示、訂正及び利用停止の請求等（第12条―第22条の２）
第６章　救済の手続（第23条―第25条の９）
第７章　東京都情報公開・個人情報保護審議会（第26条）
第８章　民間部門の個人情報の保護（第27条―第29条の５）
第９章　雑則（第30条―第33条）
第10章　罰則（第34条―第38条）
附則

以下には、総則的規定以下の条例の構成要素について説明をしていきますが、法制執務のルールは、長年、国の法律や政省令の立案・審査の中で形成されてきたもので、条例の条文の立案・審査に必要な法制執務の知識も基本的にこれと共通のものと捉える必要があります。

したがって、以下の説明の中では、「法律」、「政令」など国の法令を直接念頭においた表現を用いて説明をしますが、読者の皆さんは、おおむね「法律」を「条例」に、「政令」を長の「規則」等に読み替えて理解していただくようお願いします。

3　総則的規定

法令全体に共通するきまりと枠組みを形づくる規定であり、一般的に、目的規定・趣旨規定、定義規定、解釈規定等からなります。

(1) 目的規定・趣旨規定

目的規定は、なぜこの法律をつくる必要があるのか、その法律の制定目的を規定したものです。趣旨規定は、どのような事項を規定しているのか、法律の内容を要約したものです。趣旨規定は、制定の目的よりも、その法律で定める内容そのものの方に重点があるといえます。これらの規定は、それ自体は具体的な権利や義務を定めるものではありませんが、裁判や行政において、他の規定の解釈運用の指針となります。

目的規定には、上記のほか、立法を行うに至った動機を述べたり、直接の目的だけでなく究極目的として公益に資する旨を明記したりします。これにより、その法律の必要性や意義を強調する手段となることも少なくありません＊4。

＊4　目的規定
坂本光「目的規定と趣旨規定」立法と調査282号（2008年）69頁参照。

(2) 定義規定

法令においてある用語を使用しようとする場合に、その用語について、社会通念からすれば、その意義に広狭があり、あるいはいろいろに解釈される余地があるのであれば、その法令で用いる特定の用法を確定し、明らかにしておかなければなりません。これは、法令を分かりやすくし、また解釈上の疑義を少なくするために必要な作業です。

これに対して、社会通念上、一定の意味を有する用語を法令上そのまま使用しても特に紛らわしくないと考えられる場合は、その用語を定義する必要はありません。

一般的には、目的規定・趣旨規定の次に、定義規定がおかれる場合が多いですが、法令の規定の中で、括弧を用いて定義する場合もあります。条文中に「(以下「○○」という。)」や「(○○をいう。以下同じ。)」というように規定されます。

同じ表示方式で、条文中で長い表現が繰り返し用いられるのを避けて、条文を簡潔にするために設けられる略称規定となる場合もあります＊5。

＊5　略称規定
法制執務研究会『新訂ワークブック法制執務 第2版』（ぎょうせい、2018年）98頁以下参照。

(3) 解釈規定

その法律の解釈に当たって特に留意すべき点や解釈の指針等について定めた規定です。

例えば、「この法律のいかなる規定も、文部科学大臣、都道府県知事及び裁判所に対し、宗教団体における信仰、規律、慣習等宗教上の事項についていかなる形においても調停し、若しくは干渉する権限を与え、又は宗教上の役職員の任免その他の進退を勧告し、誘導し、若しくはこれに干渉する権限を与えるものと解釈してはならない」(宗教法人法85条)といった規定があります。また、法令中のある規定についての解釈方針を示す規定の例として、職員の立入検査の権限を定めたあとに「前項の規定による立入検査の権限は、犯罪捜査のために認められたものと解釈してはならない。」といった規定がおかれることがよくあります[*6]。

このように、総則的規定には、その法律全体の基本原則や基本事項を定め、その法律の中身の理解を助ける役割があります。

＊6
空家等対策の推進に関する特別措置法9条5項、食品表示法8条5項など。

4　実体的規定

(1) 実体的規定とは何か

総則的規定の次におかれ、法令の中心となるのが実体的規定です。基本的には、法令の制定目的の中心をなす内容を定める規定群であるといえます[*7]。法令の目的を達成するために、具体的な制度設計や仕組みが定められます。そして、それに基づき事務が執行される際に、その目的を達成するための実効性を確保する法的な枠組みが組み込まれていることも必要です。

＊7
大島稔彦監修『法制執務の基礎知識　第3次改訂版』(第一法規、2011年) 119頁参照。

実体的規定は、本体的規定ともいわれます。これには手続的な規定が多い場合もあり、法令の種類により、種々のパターンがあります。

例えば、ある政策目的を実現するため、あるいは公共の福祉を増進するために、法令で特定の行為や事業を規制しようとする場合、許可、認可、認証、登録、届出等の制度のうちどれを採用するか、その対象事業・行為の態様、規制の基準、その手続、監督処分などを定めることになります。詳しくは、本章3節において解説しています。

5　雑則的規定

(1) 雑則的規定とは何か

その法令の実体的規定を前提とし、その全般にわたって適用されるような技術的、手続的、付随的なものについて定めた規定です。具体的なものとして、手数料、報告の徴収、立入検査、特定の審議会等の設置及びその審議会等への付議、参考人等の意見聴取、条件その他の附款、適用除外など他法令との関係、関係行政機関の間の権限の調整、権限の委任、実施細目の命令への委任に関する規定等多肢にわたります。実体的規定は総則的規定がないと存在せず、雑則的規定は実体的規定がないと存在しないといえます。

以下では、雑則的規定の代表的なものについて説明します＊8。

＊8　雑則に置かれる規定
法制執務研究会『新訂ワークブック法制執務 第2版』（ぎょうせい、2018年）109頁以下参照。

（2）報告徴収に関する規定

ある事務を執行するに当たって、その事務に関係する住民や事業者に報告を求めることを規定するものです。住民等に報告の義務を課すために条例で規定する必要があります（自治法14条2項）。

報告を求める事項は、その法令が目的としている事項に限定し、しかもその目的を達成するための必要最小限度のものにするべきです。

また、報告を怠った者に対して、罰金、過料等の罰則を設ける場合には、報告義務違反の既遂時期を明確にするため、報告期限をはっきりさせる必要があります。

（3）立入検査に関する規定

法令の執行を確保し、法令に規定する義務に違反していないかどうかを確認するため、当該行政機関の職員が、帳簿書類その他の物件の検査又は質問のために、法令の対象となる事業所等に立ち入ることができる旨を規定するものです。

立入検査は、行政法令の円滑な執行を目的とするものであって、犯罪捜査等の刑事手続と異なることはもちろんです。なお、これを受ける事業者等からすれば、権利又は自由に対する相当大きな制限になる場合がありますので、公益上必要がある場合に限り、しかも必要最小限度のものでなければなりません。報告徴収義務と同様その根拠規定は、条例で定める必要があります。

また、行政職員がこの立入検査等を行う場合には、その権限を行使する者が正当な者であることを証するため、その身分を示す証明書を携帯し、関係人にこれを提示することなどを合わせて規定します。

（4）下位法令等への委任に関する規定

法令の規定を執行するに当たり、その施行に関し必要なことを下位の法令に委任する旨を規定するものです。ただ、法令の専属的所管事項とされているものを、包括的、全面的に下位の法令等に委任することは許されません。

自治体では、例えば、「条例の施行に関し必要な事項は長が別に定める」という規定をおくことが多くあります。これは、権利義務にかかわる以外の条例の施行に必要な手続等の事務処理上の細目については、議会の承認を必要とせずに、執行機関に委ねるためのものです。

このほか、手数料、適用除外その他の法令との関係、権限の委任等が挙げられます。

6　罰則規定

(1) 罰則規定とは何か

法令に規定する義務に違反した場合に、その違反者に対して刑罰や秩序罰（過料）を科すことを予告し、法令の実効性を確保するための規定です。

地方自治法14条3項の規定により、条例には、2年以下の懲役若しくは禁錮、100万円以下の罰金、拘留、科料若しくは没収の刑又は5万円以下の過料を科する旨の規定を設けることができます。

(2) 罰則の規定の仕方

罰則（特に刑罰）を定める場合には、どのような行為が犯罪となり処罰されるのかなど、犯罪の構成要件を明確に規定する必要があります。

犯罪の構成要件の表示に関連して、犯罪の既遂時期を明確にする必要があります。例えば、一定の事実が発生した場合に、行政庁に対して届出又は報告の義務を課すような場合に、届出又は報告の時期を「速やかに届け出なければならない」とか「遅滞なく報告しなければならない」といったその時期が判然としない表現は避け、「……のときから○日以内に届け出なければならない」のように明確に規定する必要があります。

(3) 罰則を規定する上での注意事項

〈1〉罰則を設ける必要があるかどうか

罰則を設けることが法制上許される場合でも、公共の福祉等の観点から罰則が必要であるかどうか、また、義務違反があったら、すぐに罰を科する「直罰規定」にするのか、その前にまず、指示や命令を行い、これに違反した場合に刑罰を科す「間接罰」にするのかなどの検討が必要です。

〈2〉比例原則・平等原則

義務違反の態様が、一般社会の法益を侵害する程度に応じた刑罰でなければなりません。同様の違反行為に対する罰則に比して重過ぎる刑罰を定めることは比例原則違反となりますし、条例により地域間で取扱いに著しい差異を生じさせることは、平等原則に反しないかが問われることになりますから、他の法令や条例等の規定と均衡を図った上で、規定する必要があります。

(4) 検察庁との協議

さらに、罰則（刑罰）付きの条例案の場合、公訴権を有する検察庁との協議が、通常行われます[*9]。検察庁との間においては、構成要件の明確性、条例が達成しようとする目的に比して法定刑が比例原則に適っているか、他の罪に対す

＊9
検察庁協議は、1973年1月25日に開催された全国都道府県総務部長会議において、法務省刑事局長から示された要望を根拠としています。その意味で、検察庁協議は自治体にとって義務ではありません。しかし、自治体が、条例の実効性確保のために罰則規定を定めて課題解決を図ろうとするならば、その規定は構成要件の明確性等の点から検察の立件の根拠規定として耐えうるだけのものでなければなりません。検察庁協議はこのことを事前にチェックする作業でもあり、事実上自治体に要求されるものなのです。（兼子仁ほか編『政策法務事典』（ぎょうせい、2008年）234頁［大石貴司］参照。）

る法定刑との均衡といった観点から協議がなされます。

7　附則規定

法令の解釈・運用には欠かせない規定です。附則規定には、次のような内容が規定されます。

(1) 法令の施行期日に関する規定

〈1〉施行期日の規定

法令には、少なくとも当該法令の施行期日に関する規定を定める必要があります。なお、条例の場合、施行期日の規定が定められていないときには、公布の日から起算して10日を経過した日から施行されることになります（自治法16条3項）。

ただ、法律の委任に基づき、当該法律の施行期日を定める政令については、当該政令そのものの施行期日に関する規定をおかないこととされています。

一般に住民に周知する期間をおく必要がない場合や施行が急がれる場合には、「この条例は、公布の日から施行する。」と規定しますが、通常は、「この条例は、令和○年○月○日から施行する。」と規定するのが、一般的です。

〈2〉施行期日の他法令への委任

これに対して、不確定要素があるために施行期日を具体的に規定できない場合には、「この条例は、公布の日から起算して○月を超えない範囲内において、規則で定める日から施行する。」と規定されます。これは、当該法令の施行の準備等に要する期間が明らかでない等の理由から、その施行期日を確定的に定めておくことが困難である場合等にとられる方式です。

ただ、白紙委任することは適当ではないので、定めるべき最終期限を明示しておくことが通例です。

〈3〉施行期日を一部異ならせる場合

通常は、法令のすべての規定を同時に施行するのが普通ですが、法令の一部の規定について、その施行期日を異ならせる必要がある場合があります。この場合には、「この条例は、令和○年○月○日から施行する。ただし、第○条の規定は、同年△月△日から施行する。」などと規定します。

〈4〉遡及適用

法令は、施行されると同時にその効力を発揮することになりますが、その効力は、施行時点以後の事象に対して生じることになります。しかし、なかには、その施行時点よりも遡って適用する必要がある場合があります。例えば、職員の給与について、過去の時点（当該年度の4月1日）まで遡って適用する場合などです。このように、法令が過去の時点まで遡り、過去の事象に対して適用されることを「遡及適用」といいます。

遡及適用は、既に発生、成立している状態に対して、法令を後から適用することによって、その法律関係を変更するものであることから、法的安定性の面からみて、みだりに行うべきものではありません。遡及適用が認められるのは、それが適用対象となる者の権利義務に悪影響を与えず、むしろ利益になるような場合に限定されるべきです。したがって、住民の権利や利益を侵害するような遡及適用は、原則として行うべきではありませんし、刑罰法規についての遡及適用は絶対に許されません（憲法39条）。

（2）既存の他法令の廃止に関する規定

法令の制定や改正等に伴って、他の法令等を廃止する必要が生じる場合があります。このような場合には、個別に関係法令の改廃手続をとらずに、改廃の原因となった法令の附則で規定します。

（3）法令の施行に伴う経過措置に関する規定

法令の制定や改正等により、従来の法秩序が新しい法秩序に円滑に移行することができるように、従来の法秩序をある程度容認したり、暫定的な特例を設けるなど経過的な措置を定める規定をおきます。

主なものとして、

① 新旧法令の適用関係に関する規定
② 従来の法令による行為の効力に関する規定
③ 従来の法令による文書、物件等の取扱いに関する規定
④ 従来における一定の状態を新規制定の法令が容認する場合の規定
⑤ 罰則の適用に関する経過的な取扱いに関する規定

などがあります。

経過措置については、まず一般原則を規定し、次いで個別的なものを規定します。また、おおむね関係する条文の本則の条文の順序に従って規定されるのが通例です。

（4）他法令の改正に関する規定

法令の規定の改正に伴い、当該法令の条項等の規定を引用している他法令の改正を行う必要がある場合があります。このような他法令の改正は、附則で規定します。

（5）当該法令の有効期限に関する規定

ある法令の終期を予め定めておきたい場合には、当該法令の附則に次のような規定をおきます。

「この条例は、令和○年○月○日限り、その効力を失う。」

「この条例は、この条例の施行の日から起算して○年を経過した日に、その効力を失う。」

時限立法と呼ばれるもので、この場合、当該期日の翌日の午前零時にその効力を自動的に失い、廃止されたことになります。

（6）その他の規定

最近では、自治基本条例等の附則に、施行後の一定の時期に条例を見直す規定を定める例が増えています*10。

8　条例改正の方式

法令等を一部改正する場合には、これまで「第○条中「△△△」を「×××」に改める。」というように、「**改め文**」と呼ばれる方式によって改正が行われてきました。「改め文」による一部改正方式は、「**溶け込み方式**」とも呼ばれ、一部改正法の規定が元の法律の規定に溶け込むことによって初めて新しい規範としての意味をもつことになるので、元の法律と対照して読まない限り改正の内容を正確に理解することはできません。

国民にとって法令を親しみやすいものとするためには、文体、用字、用語等のほか、「改め文」（カイメブンと読まれることも多い。）と呼ばれる一部改正方式を改善する必要があるとの指摘が以前からありました。最近、「改め文」については、電子政府の実現を背景とした事務の簡素・合理化という観点からも議論が出ています*11。

一部改正方式については、2002年12月の衆議院総務委員会において質疑があり、内閣法制局は、「いわゆる改め文と言われる逐語的改正方式は、改正点が明確であり、かつ簡素に表現できるというメリットがあることから、それなりの改善、工夫の努力を経て、我が国における法改正の方法として定着しているものと考えております。一方、新旧対照表は、現在、改正内容の理解を助けるための参考資料として作成しているものでございますが、逐語的改正方式をやめて、これを改正法案の本体とすることにつきましては、まず、一般的に新旧対照表は改め文よりも相当に大部となるということが避けられず、その全体について正確性を期すための事務にこれまで以上に多大の時間と労力を要すると考えられるということが一つございます。また、条項の移動など、新旧対照表ではその改正の内容が十分に表現できないということもあると考えられます。」と答弁をしています*12。

分かりやすさと正確さとの調和を追求するとともに、これに事務の簡素・合理化という新たな要素を加えたとき、どのような改正方式が適当なのか、今後の検討の結果が待たれるところです。

地方分権改革の進展に伴い、複雑化、困難化する行政課題を適法かつ効果的に解決していくため、自治立法である条例等の役割がこれまで以上に高まっていま

*10　見直し規定
ニセコ町では、ニセコ町まちづくり基本条例57条（この条例の場合は本則）の規定により、第４次の条例の見直しが行われ、平成31年３月１日に答申が出されています。ニセコ町ホームページ参照。
https://www.town.niseko.lg.jp/chosei/keikaku/machizukuri_jorei/minaoshi/h29/

*11
参議院法制局ホームページ内「『改め文』―法令の一部改正方式（法律の［窓］）」（参議院法制局、2020年４月）

*12
第155回国会・衆議院総務委員会（2002年12月３日）における、谷本龍哉衆議院議員の質疑に対する横畠裕介政府参考人（内閣法制局総務主幹）の答弁。

す。こうした状況を受け、条例等の改正内容を市民や議会に分かりやすいものとするため、2000年に鳥取県が従来の改め文方式から新旧対照表方式に変更して以降、この**新旧対照表方式**を導入する自治体が増えています。

9　用語の知識等

法令における用字・用語の表記は、これまで内閣法制局が決定した「法令における漢字使用等について」（1981年10月）及び「法令用語改善の実施要領」（1954年11月）を基準とし、条例・規則についても、法令に準じた扱いがなされてきました。しかし、漢字使用の目安である「常用漢字表」が2010年11月30日（平成22年内閣告示第2号）に改定され、公用文の漢字使用等のルールも新しくなったことに伴い、内閣法制局が新しい「法令における漢字使用等について」（平成22年11月30日付内閣法制局長官決定）を定めて、2011年から新しい基準に沿って法令がつくられていくようになりました。このため、既存の法律の一部を改正する場合には、改正に関係する部分だけが新しい基準に従うことになり、同じ法律の中に古い表記と新しい表記が混在するということが生じています。

文体は、口語の「である体」を用います。ただし、文語体・片仮名で書かれている古い条例・規則の一部改正については、溶け込むこととなる部分に限り、文語体・片仮名で表記します。

これと関連して、近年、相次いで法典の現代語化・口語化が行われています。刑法（1907年）は1995年に口語体が採用され、民法（1896年）は2004年に現代語化され、商法は2005年会社法の制定に併せて口語化を含めた全部改正が行われました。

これにより、文字が片仮名から平仮名となり、文語体を廃して口語体を採用し、現在の公用文に準じた表記が用いられることとなったため、送り仮名などの表記にも変更がなされました（例：取消→取消し、取消す→取り消す）。

条例についても、条文の用語をもっと平易なものにし、なじみやすいものにするため、最近では「ですます」を使用している例も見受けられるようになりました。一例を挙げますと、世田谷区子ども条例は、平仮名を多用し、難しいことばには振り仮名も振ってあります。これは全国の自治体でも珍しい条例ですが、子どもの側に立った視点と市民に親しまれる条例にという考えによるものです。

しかしながら、法令文は、何よりも正確であり一義的で、その解釈に疑問の余地が極力ないようにすることが要求されます。そのため、法令において使用される用語の中には、厳密な使い分けがなされているものがあります。

ここでは、その代表的な用語について解説します。

(1)「以上」、「以下」、「超える」、「未満」、「満たない」

いずれも、数量的限定をする場合に用いられます。「以上」、「以下」は基準となる数量を含めていう場合に用います。例えば、「5万円以上」といえば5万円を含んでそれより多い金額を表します。5万円を含まない場合は、「超える」を用います。逆に5万円を含んでそれより少ない金額を表す場合には「5万円以下」、5万円を含まない場合には「5万円未満」又は「5万円に満たない」と表記します。

これと関連して、「以前」は基準点を含んでそれよりも前の時間的広がりを表すのに対して「前」だけの表記のときは、基準点を含みません。

(2)「又は」と「若しくは」

いずれも、選択的接続詞で、同じ種類、同じ段階の語句を並列する場合に、必ず「又は」を使います。並べる語句が2つのときは「又は」で結び、3つ以上のときは読点「、」で結び、最後の2つだけを「又は」で結びます。

これに対して、違う種類の語句、段階の違う語句がある場合には、その数がいくつあっても、一番大きい連結に1回だけ「又は」を使い、その他の小さな語句はすべて「若しくは」を使用します。このため、「又は」という用語が使用されていない条文中に「A若しくはB」という表現だけが使用されることはありません。

例えば、憲法38条2項には、「強制、拷問若しくは脅迫による自白又は不当に長く抑留若しくは拘禁された後の自白は、これを証拠とすることができない。」と規定されています。

(3)「及び」と「並びに」

ともに、2つ又は2以上の語句をつなぐための併合的接続詞で、同じ種類、同じ段階の語句を列挙する場合に、必ず「及び」を使います。列挙する語句が2つのときは「及び」で結び、3つ以上のときは読点「、」で結び、最後の2つだけを「及び」で結びます。

これに対して、違う種類の語句、段階の違う語句がある場合には、同じ種類、同じ段階の語句をつなぐときに、その数がいくつあっても、一番小さい連結だけに「及び」を使い、その他の語句はすべて「並びに」を使用します。

例えば、地方自治法202条の2第1項には、「人事委員会は、別に法律の定めるところにより、人事行政に関する調査、研究、企画、立案、勧告等を行い、職員の競争試験及び選考を実施し、並びに職員の勤務条件に関する措置の要求及び職員に対する不利益処分を審査し、並びにこれについて必要な措置を講ずる。」と規定されています。

【図表2-6-1】

（図解）

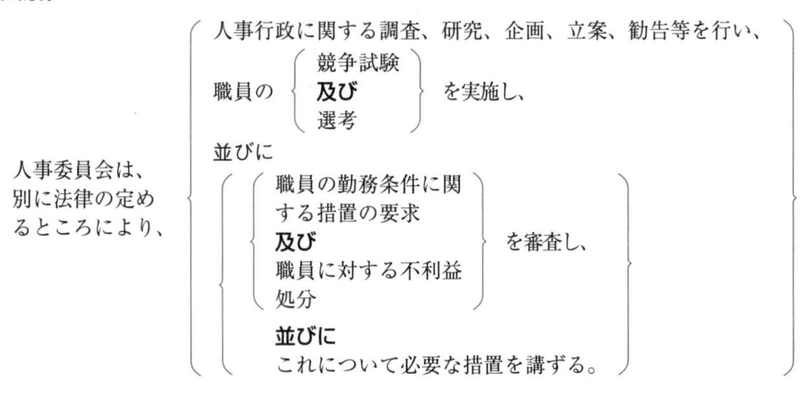

（4）「その他」と「その他の」

「の」があるかないかで、その意味は大きく異なるので要注意の用語です[*13]。

両者の違いについて具体的な例を挙げますと

① 内閣総理大臣その他の国務大臣は、文民でなければならない。

② 一般職の職員に対しては、扶養手当、通勤手当、勤務手当その他政令で定める手当を支給する。

①のように「その他の」が使われる場合には、その例示的な役割を果す趣旨で使われていますので、「内閣総理大臣」も「国務大臣」の1人であるという法律（憲法）上の概念を前提に、「国務大臣」の例示として「内閣総理大臣」が挙げられています。

②のように「その他」が使われる場合には、「その他」の前にあることばと後のことばとは、並列の関係になっていて、②についていえば、「扶養手当」と「通勤手当」と「勤務手当」と「政令で定める手当」とは一応別の観念として並列の関係になっています。したがって、一般職の職員には、明示された上記4つの手当が支給されることになり、「政令で定める手当」については、政令で定められるが、その中では、「扶養手当」や「通勤手当」や「勤務手当」について定められることはない、と解釈されます。

*13 「その他」と「その他の」
法制執務研究会『新訂ワークブック法制執務 第2版』（ぎょうせい、2018年）766頁以下参照。

（5）「者」、「物」、「もの」

「者」は、自然人、法人など法律上の人格を有するものを指します。これに対して、「物」は人格者以外の有体物で権利の客体たる外界の一部（一般的にいうところの物体）を指します。

これらに対して「もの」は、以下に述べるような場合に用います。

① 「者」若しくは「物」には当たらない抽象的なものを指す場合、又はこれらのものと「物」とを含めて指す場合

② 法人格をもたない社団若しくは財団を指す場合、又はこれらと自然人、法

人とを含めて指す場合

③　例えば「○○した者であって、××と認められるもの」というように、あるものにさらに要件を重ねて限定する場合

なお、これらの用語は、紛らわしいので、条文を読む際には、「者（シャ）」、「物（ブツ）」、「もの」と区別して発音されることがあります。

（6）「適用」と「準用」

「適用」は、その規定の本来の目的とする対象に対して規定を当てはめることをいうのに対して、「準用」とは、ある事象に関する規定をそれと類似する他の事象について、必要な変更を加えて働かせることをいいます。したがって、本来の目的とする事象と本質の異なる事象に対して当てはめる場合でも、それについて本来の規定に何ら変更を加えず、そのまま当てはめることができる場合には、「準用する」ではなく「適用する」の語が用いられます。

（7）「直ちに」と「速やかに」と「遅滞なく」

日常用語では、いずれも「すぐに」という意味で用いられますが、法令用語としては区別して用いられます。法令上要求される時間的即時性の強い順に並べると、「直ちに」、「速やかに」、「遅滞なく」の順になります。

「直ちに」は、時間的即時性が一番強く、理由はどうあれ、いっさいの遅れを許さない場合に用いられます。このため、この規定に違反して遅れた場合には、違法となる場合が多いとされています。

これに対して「遅滞なく」は、時間的即時性は要求されますが、その場合でも正当な又は合理的な理由に基づく遅延は許されると解されています。

「速やかに」は、「直ちに」と「遅滞なく」の中間的なもので、できるだけ早くという意味で、訓示的に用いられ、これに対する違反が義務を怠ったものとして直ちに違法ということにはなりません。

学習のポイント

1　法制執務とは何か

■法制執務とは、広義では法制度に関する立案、審査、解釈及び調査を行う事務、狭義では成文法の立案及び審査に関する事務をいいます。単に「法制執務」といった場合には後者の意味を指します。

2　条例の構造

■条例は法令と同じく、本則と附則からなり、本則には、総則的規定、実体的規定、雑則的規定、罰則規定等が設けられるのが一般的なパターンです。

3　総則的規定

■総則的規定とは、法令の枠組みを形づくる規定であり、一般的に、目的規定・趣旨規定、定義規定、解釈規定等からなります。

4　実体的規定

■実体的規定とは、法令の中心となる部分で、法令の目的を達成するための具体的な制度設計や仕組みが定められます。そして、それに基づき事務が執行される際に、その目的を達成するための実効性を確保する法的な枠組みが組み込まれていることも必要です。

5　雑則的規定

■雑則的規定とは、実体的規定を補足するもので、報告徴収に関する規定、立入検査に関する規定、下位法令等への委任に関する規定等があります。

6　罰則規定

■罰則規定とは、法令に違反した場合に、その違反者に対して刑罰や秩序罰（過料）を科すことを予告し、法令の実効性を確保するためのものです。

7　附則規定

■附則規定は、法令の解釈・運用には欠かせない規定で、当該法令の施行期日に関する規定、他法令の廃止に関する規定、当該法令の施行に伴う経過措置に関する規定、他法令の改正に関する規定、当該法令の有効期限に関する規定などがあります。

8　条例改正の方式

■これまで法令等を一部改正する場合には、「改め文」と呼ばれる方式（溶け込み方式）で行われてきましたが、分かりやすく親しみやすいものにするため、一部の自治体で新旧対照表方式が導入されています。

9　用語の知識等

■法令の用語をもっと平易なものにし、なじみやすいものにするため、最近では「ですます」を使用している例も見受けられるようになりましたが、法令文は、何よりも正確であり一義的で、その解釈に疑問の余地が極力ないようにすることが要求されます。そのため、法令において使用される用語の中には、厳密な使い分けがなされているものがあります。

第７節　広がる条例の世界

第１次地方分権改革から20年以上が経過し、その間、さまざまな政策的条例が実際に制定されてきました。ここでは、実際の立法例として特徴的な自主条例をいくつか紹介します。

１　箕面市ふれあい安心名簿条例（平成22年箕面市条例１号）

2005年４月に「個人情報の保護に関する法律」（平成15年法律57号。以下「個人情報保護法」といいます。）が全面施行された直後から、例えば、事故の際、負傷者等を収容した医療機関が個人情報保護を理由に親族からの安否確認に応じなかった[＊1]、自治会・町内会や同窓会等の名簿が作成できなくなったなどの現象が発生しました。個人情報保護法の施行を契機とした、いわゆる「過剰反応」の問題です。これらの現象は、同法の本来の趣旨とは異なった形で、法の定め以上に個人情報の提供が控えられた結果生じた現象です。

自治体は、自らの議会が制定した条例だけでなく、国の法律も執行します。また、許認可や報告徴収など法律上の監督権限を自治体が有さない場合であっても、法律の施行により地域に混乱等が生じていれば、自治体はそれに無関心でいることはできません。そのような問題に対処するのは「地域における事務」（自治法２条２項）の一環でもあるからです。個人情報保護法の施行を契機とする過剰反応の問題は、自治体からみるとまさにこれに該当します。

注目すべき取組みとして挙げられるのは、大阪府箕面市が、「箕面市ふれあい安心名簿条例」（平成22年箕面市条例１号。以下「名簿条例」といいます。）を制定して、地域における過剰反応問題に対処した事例です。個人情報保護法の施行以来、同市においても自治会等の名簿が作成できなくなった等の問題が発生していましたが、これは、「個人情報は何でも保護し、取り扱わない」、「名簿はつくってはならない」などといった、個人情報保護法に対する誤った理解によるものでした。個人情報保護法は名簿の作成を禁じてはいません。自治会や同窓会などの団体が名簿を作成しようとする場合、個人情報保護法の規定[＊2]を守れば作成することができます。具体的には、その団体が個人情報取扱事業者[＊3]に該当するのであれば、利用目的の特定（同法15条）、利用目的達成に必要な範囲を超えての個人情報の取扱いの禁止などの利用目的による制限（同法16条）、偽りその他不正の手段による個人情報取得の禁止（同法17条）、データ内容の正確性の確保（同法19条）、安全管理措置（同法20条）、第三者提供の制限（同法23条）、開示・訂正・利用停止等（同法28条・29条・30条）などの規定[＊4]を順守すれば問題なく名簿を作成することができるのです。また、当該団体が個人情報取扱事業者に該当しないの

＊１　個人情報保護法の全面施行直後の2005年４月25日に発生したJR福知山線脱線事故では、負傷者らが運び込まれた医療機関の一部で家族など外部からの問い合わせに対し、安否確認を拒否するなどの支障も出ました（朝日新聞2006年３月１日朝刊（大阪本社版）38頁）。

＊２　個人情報保護法は、令和３年法律37号により改正されましたが、以下の記述は、その改正前の個人情報保護法の条文によるものです。

＊３　「個人情報取扱事業者」とは、個人情報データベース等（特定の個人情報を電子計算機を用いて検索することができるように、又は電子計算機を用いなくとも特定の個人情報を容易に検索することができるように、体系的に構成した「個人情報を含む情報の集合物」）を事業の用に供している者を指します（個人情報保護法２条４項・５項）。

＊４　個人情報保護法４章１節参照。

であれば上記の諸規定は適用されず、「適正な取扱い」という個人情報についての基本理念を定めた規定（同法3条）等が適用されるのみです。いずれにしても、これらは“常識”に従えば順守できるものばかりです。

国は、過剰反応を防ぐために各種パンフレット・リーフレット等を作成して広報啓発活動を展開していましたが、「個人情報保護法ができたから」という表層的な法認識の先行に対して十分には奏効せず、その結果、「名簿はつくってはならない」という誤った規範認識が人々に広まることになりました。

名簿条例の詳細な内容は割愛しますが[＊5]、その中核は認証制度にあります。すなわち、地域団体等に対し、安心して名簿を作成できるルールを提示し、そのルールに則って作成・管理される名簿を市が認証し、認証記号を交付するという仕組みです。具体的には、名簿の有効期限（原則3年以内）を定めること（6条2項）、名簿情報を収集するときは、名簿の利用目的・記載する項目・配付先を名簿登載される者に、予め知らせること（7条2項）、本人の同意を得て名簿情報を収集すること（同条3項）、利用目的に必要な名簿情報以外の情報を収集しないこと（同条4項）、名簿管理者をおき、その者の氏名・連絡先を名簿に記載すること（8条1項、3項）、名簿登載者から申出があったときは名簿情報の訂正等を行うこと（11条）、名簿の利用目的を超えた配付の禁止と配付先の記録（12条1項、3項）、目的外の利用等の禁止（13条）、不要になった名簿は回収して処分するか、全員に不要になった通知をして各自が確実に処分すること（14条）といった基準が示されており、また、名簿をこの基準に基づき作成・利用するための規約を作成すること（6条1項）、市長が規約の参考例を示すこと（同条3項）としています。名簿条例の定める上記基準は、個人情報保護法4章1節の個人情報取扱事業者の義務に対応した内容となっています。また、市長が名簿条例に基づいて示した規約の参考例は、同条例の定める上記基準が反映された内容となっています。すなわち、市内の団体が、規約の参考例に則って規約を作成し、名簿の認証（名簿条例9条2項）を受ければ、同条例の定める基準を順守することができるとともに、ひいては、それが個人情報保護法上適法な名簿の作成と同義になるという仕掛けです[＊6]。そして、同条例に基づく「認証記号」（同条例9条3項）が表示された名簿は、そのような適法な名簿であることが市民からみて一目瞭然であるということが、市民の安心感を生み、過剰反応を中和する効果を発揮するのです。ただし、市の認証を受けた名簿の作成や名簿条例に基づく作成手続は強制ではありません。市の認証を受けて認証記号を表示した名簿を作成するか、認証を受けずに独自の方法で（もちろん個人情報保護法を順守して）名簿を作成するかは、各団体の任意です。

市民の法的リテラシーは人により様々です。したがって、法律の内容を正しく理解してください、と市民に啓発するだけでは、おのずと限界があるといわざるをえません。そこで、国の法律の施行に伴う混乱が地域に発生している場合には、法律と市民との間に自治体が入って媒介となることが有効な解決策となりう

＊5　詳細は、箕面市総務部総務課「箕面市ふれあい安心名簿条例」（自治体法務研究通巻23号（2010年）52頁以下）、藤島光雄「箕面市ふれあい安心名簿条例－名簿がない！名簿がつくれない？」（自治体法務NAVI通巻60号（2014年）28頁以下）参照。

＊6　当該団体が個人情報取扱事業者に該当しない場合であっても、「適正な取扱い」という個人情報についての基本理念（個人情報保護法3条）に適合することができ、当該団体や名簿の信頼性を高めることに繋がります。

るのです。箕面市の名簿条例は、法律の内容を自治体が解釈し、その解釈を自治体が制度化（条例化）して分かりやすく市民に提供する、いわば「法解釈媒介型条例」[*7]というべきものと考えられます。この法解釈媒介型条例の制定という手法は、国の法律に関する自治体の広報啓発活動を考える上で、その有力な手段たりうるものであるといえるでしょう。

＊7
小林明夫「『法広報論』の視点－国と自治体の事例を題材として」愛知学院大学論叢法学研究56巻3・4号（2015年）55頁以下参照。

2　群馬県食品安全基本条例（平成16年群馬県条例7号）

2000年前後から大規模な食中毒事故等や食品偽装表示事件が相次いで発生し[*8]、食の安全への消費者の関心が全国的に高まっていました。特に、群馬県に関しては、2001年12月に同県産の牛から全国3頭目のＢＳＥ（牛海綿状脳症）の感染牛が発見され、精肉や牛肉由来の加工食品が売れなくなるなど、食の安全に対する危機が訪れました。

＊8
例えば、2000年6月には大手乳業メーカーによる低脂肪乳等の黄色ブドウ球菌毒素による食中毒が近畿地方で発生し、1万5千人弱の患者が発生しました。また、2002年には大手食肉業者による原産地表示の偽装事案が発覚しました。

このような状況を受け、群馬県は、2002年4月、県知事直轄の食品安全担当組織を設置して、自治体としての総合行政の強みを十分に発揮しながら、食品の生産から消費に至る一連の行程を一体のものとして考える「フードチェーン思考」に基づいた食品安全行政を展開しました[*9]。

＊9
具体的には、以下のとおりです。（1）食品安全に関する情報の一元的な提供等を行うため、県ホームページ上に食品安全情報のポータルサイトを開設。（2）リスク管理施策の総合調整を行うための場として、知事を議長とする関係課長の会議体を設置。（3）生産・流通・消費などの県民各界各層からなるリスクコミュニケーションの場として「食品安全県民会議」を設置。（4）無登録農薬使用事案の発覚を受け、当時の法律で禁止されていなかった無登録農薬の使用行為に対する禁止規定等を盛り込んだ、通称「農薬適正使用条例」を制定・施行。（5）群馬県が発起人となって、47都道府県からなる「全国食品安全自治ネットワーク」を設立。（6）当時、関係法ごとに別々に定められていた食品表示を、一体的に解説した「食品表示ハンドブック」を発行。（7）残留農薬、食品添加物等の食品検査を集約化して専門に実施する「食品安全検査センター」を設置。

このような取組みの中から、「食品の安全性の確保は最も基本的な行政課題の一つである」との認識が、県行政の中に形成されることとなり、それまで進めてきた食品安全行政に継続性・安定性をもたせるにはどうしたらよいかという行政上の命題への対応が、担当部局に求められることとなりました。この命題に対応するため、

①　群馬県の展開する食品安全行政に法的根拠を与えて体系化を図ること
②　今後の食品安全行政や関係制度が行政側の独りよがりにならないための担保として、施策に県民の意見を反映しやすい環境をつくるとともに県民に対する説明責任を果たすための仕組みを整備すること

が必要と考えられるに至りました。

このようなことから、食品の安全性に関する施策の総合的推進を図るための基本的な法的枠組みを構築するため、食品安全基本条例の制定に向けた検討がなされ、2004年3月に制定されました（施行は同年4月）。

同条例の構成は、おおむね以下に列挙するとおりです。

（1）食品等の安全性の確保に関する基本理念の規定（3条）
（2）県、事業者（生産者を含む）、県民の責務の規定（4条～6条）
（3）食品安全行政推進のための体制の整備（相互に施策の調整を図るための体制、緊急の事態への対処等の体制、検査等の体制など）（8条2項、9条2項、10条など）
（4）リスクコミュニケーションの仕組みの整備（9条1項）

（５）食品表示に係る諸制度の総合的な運用など適正な食品表示の確保のための施策の推進（11条）

（６）他の都道府県等との連携協力（13条）

（７）いわゆる「食育」の推進（15条）

（８）基本計画策定の義務化（16条）

（９）県民からの施策の申出制度の導入（17条）

（10）施策に関する諮問機関（食品安全審議会）の設置（18条）

この中でも特に注目される仕組みは、条例で新たに新設された「施策の申出制度」です。この制度は、県民（個人又は法人その他の団体）が、実施機関（知事・教育委員会）に対して、食品等の安全性の確保又は適正な食品表示の確保に係る当該実施機関の施策について、制度の新設若しくは改廃又は制度運用の改善の措置を講ずるよう申出をすることができるとする制度です（条例17条１項）。県民から申出の趣旨・理由など所定の事項を記載した施策申出書が提出された場合、実施機関は、速やかに必要な調査を行った上で、当該申出の趣旨に沿った措置を講ずるか否か等の政策判断を行い、申出者に書面で通知しなければなりません（条例17条２項、３項）。なお、実施機関がこの判断を行うに当たっては、原則として、予め群馬県食品安全審議会の意見を聴くことが義務付けられています（条例17条４項、５項）。また、実施機関は、申出者への通知の後、速やかに当該施策の申出の趣旨及びその処理の内容等を公表することとされています（条例17条６項）。なお、翌年度以降に制定された食の安全に関する多くの県の条例にも、この施策の申出制度（県により名称は多少異なる場合があります）は、伝播しています。

この施策の申出制度は、申出という意見に対して実施機関が回答するという一種の意見交換の手続を制度化したものであるという点で、リスクコミュニケーションとしての機能・側面を有しますが、それのみにとどまらず、「県政に関し県民に説明する責務を全うする」（群馬県情報公開条例（平成12年群馬県条例第83号）１条）という考え方にも立脚するものです。

そもそも一般に分野別基本条例というものは、ある一定の行政分野について、個々の条例や施策を適切に作動するよう誘導していくという役割を担うものです。従来の基本条例では、基本理念など精神的支柱を示すことや行政計画の策定を義務付けることのみによって、この役割を果たすという制度設計が多く採用されてきました。しかし、そのような従来型の基本条例は、ややもすると実効性を伴わない理念的な内容に終始してしまいがちです。このことから、この基本条例においては、県民による申出を端緒として、基本条例に規定された基本理念や基本的施策の考え方を、（１）個別条例の制定・改廃に結びつけることにより、基本条例を頂点とする当該行政分野の法体系をより完全なものに近づける、（２）制度運用の改善といった具体的な行政作用に結びつける、という制度設計を採用しています。その意味で、施策の申出制度はこの基本条例の根幹をなす仕組みであるといえるでしょう[*10]。

＊10
詳しくは、小林明夫「群馬県食品安全基本条例－施策の申出制度を中心として（第１回～第３回・完）」自治実務セミナー45巻３号、４号、５号（2006年）参照。

学習のポイント

第１次地方分権改革から20年以上が経過し、その間、様々な政策的条例が実際に制定されてきました。ここでは、立法例として以下の２つの条例を紹介しましたが、他にも特徴的な条例はたくさん存在します。身近な自治体の条例をホームページなどで探して丹念に読み込んで研究してみると、立法法務への理解が深まるでしょう。

1　箕面市ふれあい安心名簿条例（平成22年箕面市条例１号）

■自治体は、自らの議会が制定した条例だけでなく、国の法律も執行します。また、法律上の監督権限を自治体が有さない場合でも、法律の施行に伴う混乱が地域に発生している場合には、それに対応する必要があります。

■本条例は、個人情報保護法の施行に伴い、いわゆる過剰反応問題が生じた際に、法律と市民との間に自治体が入って法律の解釈を行い、その解釈を制度化してわかりやすく市民に提供することで問題の解決を図った政策的な立法例です。

2　群馬県食品安全基本条例（平成16年群馬県条例７号）

■本条例は、規定された基本理念や基本的施策の考え方を、①個別条例の制定・改廃に結び付けることにより、基本条例を頂点とする当該行政分野の法体系を完全なものに近づける、②制度運用の改善といった具体的な行政作用に結び付ける、という制度設計を採用しています。

第3章

解釈運用法務の基礎

この章では、法令の解釈運用法務について学びます。

法令の解釈は、法令が具体的な事柄を詳細には定めていなかったり、社会の変化に対応した改正が行われていなかったり、適用すべき規定がなかったりすることなどから必要となるものです。

また、自治体の事務の多くは、国の法令（法律、政省令等）に根拠があったり、法令による制限を受けたりしていますので、自治体にとっては、立法法務以上に、法の解釈運用が必要になります。

自治体は、自らの判断と責任において、法治主義の下で適正な法の解釈を行い、その解釈に基づいて法を運用していかなければなりません。

第１節では、法の解釈運用の基礎的事項として、法の解釈の意義、事実の認定、法の解釈方法と解釈基準について学びます。とりわけ、解釈の態度として、憲法の価値実現に留意することが重要です。

第２節では、国等による自治体の解釈運用法務に対する統制である関与及び、その留意事項と自治体における対応方法について学びます。

第３節では、法の解釈運用に関して行政に認められる裁量について、その意義を確認した上で、特に裁量の基準を策定することを通じた、自治体自身による裁量統制、すなわち裁量権を最適に行使するようにしていくことの基本を学びます。

第４節では、私人が法令を守らず違法状態になっている場合の是正に関し、いくつかの義務の類型に応じつつ、違反事実の認定から具体的な是正措置の発動までの活動に係る実体的・手続的要件について学びます。また、行政罰や公表という手法についても、ここで少し詳しくみていきます。

これら解釈運用法務の場面では、それぞれの事実にかかわる記録が大切であることに留意してください。

第1節　法の解釈運用の基礎

1　法の解釈運用の意義と必要性・重要性

(1) 法の解釈運用の必要性と法治主義

第2章では、立法法務の基礎について学びましたが、当然のことながら、法はつくられただけでその内容が実現するわけではありません。ある行為について「許可制」を用いてコントロールすることにして、それを適切に条例の形にすることができても、それだけでは目指された課題の解決が果たされることにはならず、その許可制を条例の下で実際に運用しなければなりません。この運用が適切に果たされて初めて、行政課題への対処がなされたといえます。

また、自治体の事務には、条例で創設されるものに加え、国の法令（法律、政府省令等）に根拠のあるものが多数あります。ここでは、国の法令の意味を適切に理解した上で、その内容実現を図るべく事務を執行しなければなりません。

条例も法令も、自治体の事務に制約を課しています。この制約を無視したり、誤解をしたままで事務を執行してしまうことは許されません。

法治主義（1章1節1参照）は、自治体の活動が「法」に基づいてなされることを要求しますが、この「法」の内容が適切に理解されないで活動が行われてしまえば、違法な行為を行い、住民に多大な不利益をもたらしかねません。法治主義の下におかれる自治体にとって、法の意味を適切に解釈し、運用することは、法治国家の実現を左右する非常に重要な作用として位置付けられます。

なお、法の解釈運用は、法の執行のときにだけ問題となるものではなく、立法法務（条例案の立案等）でも必要です。例えば、いわゆる自主条例の立案時には、当該条例案が関係法律と目的が重複していないか、あるいは、その関係法律が地方の実情に応じて地域独自の規制を許容する趣旨かどうかといった国の法令の解釈が行われていなければなりません。

(2) 法の運用と解釈

組織の基礎や、理念的な内容のみを定めるような法を除けば、一般に、行政上の法規[*1]に基づく諸制度の多くでは、「**条件プログラム**」の形式の規定をとっています。これは、「ある要件を充足したときに、ある法的な効果が発生する」という「要件－効果」の関係です。法が実際に起こる事象に対応するためにつくられるものだとすると、「もしも、ある条件に当てはまる事態が生じた場合には、どのように対応するか」ということを規定することになります。これが条文では、「要件－効果」という形で示されるわけです。一方、「地方公共団体は、法人とする」（自治法2条1項）といったような、条件によらない事項については、条

＊1　「法規」の意義
ここで「法規」というのは、国民の権利義務を定める一般的・抽象的な定めのことをいいます（『テキスト・基本法務編』第2章第3節1（1）も参照）。

件プログラムの形式にはなりません。

この条件プログラムについて、「○○の許可」制度を【図表3－1－1】のようにして考えてみましょう。この許可制度は、次のような内容で構成されているものとします。

【図表3-1-1】条件プログラムとしての法

① ○○をしようとする者は、市長の許可を受けなければならない。 ② △△の手続により申請者の行った申請内容が、［1］［2］という要件を充足したとき（ⅰ）は、市長は許可を与えなければならない（ⅱ）。 ③ 市長は、②の許可に、条件を付することができる（ⅲ）。

下線部の［1］［2］（ⅰ）が要件で、（ⅱ）が効果となります。

法の解釈運用という作用は、まず、対象の事実（例：申請の内容）を正しく認定し、その事実が、問題となっている（検認された）法の条項の「要件」規定を充足するものなのかという、法の「当てはめ」を行うことを意味します。実際の条文では、「次の各号のいずれかに該当するとき」といった文言で、要件が列挙される規定ぶりもよくみられます。

ここで、法の解釈運用の**事実認定**と、**法の当てはめ**の間には、**法の検認**という大事な作業があります。これは、その事実に関して法的な効果を定める法を発見することをいいます。例えば、【図表3－1－1】での許可要件（ⅰ）に、法改正で新たに要件［3］が加わった場合、改正法の下では、要件［1］～［3］のすべてを充足することが許可のために必要となります。もっとも、改正法の附則には経過措置がおかれ、一定の対象者について、一定期間は要件［3］を適用しない（従前の例による）と規定されることも、しばしばあります。この附則の経過措置を見落とすと、本当は許可されるはずなのに不許可にするといった形で、住民に多大な不利益をもたらすおそれがあります。法の運用では、まず適用される法（の条項）が何かを適切に把握しなければなりません。

法（法規）の文言は、多くの場合抽象的です。具体的な事実の当てはめのためには、その文言の意味内容を具体的に解釈する必要があります（**解釈の必要性**）。この必要は、法律や条例で用語の定義付けがなされている場合でも生じます。例えば、廃棄物の処理及び清掃に関する法律2条1項では、「廃棄物」を「ごみ、粗大ごみ、燃え殻、汚泥、ふん尿、廃油、廃酸、廃アルカリ、動物の死体その他の汚物又は不要物であつて、固形状又は液状のもの……をいう」と定義付けていますが、「汚物」、「不要物」という語も抽象的であり、具体的にどのようなものが含まれるのかは、これだけで明快というわけではありません。法の運用においては、この「汚物」、「不要物」という抽象的な語を解釈した上で、事案に当てはめることが不可欠です＊2。

さらに、要件が充足されたときに生じる効果（権利義務の発生・変更・消滅等）

＊2 「おから」事件
この「不要物」の解釈をめぐって、最決平11・3・10刑集53巻3号339頁は、「おから」を産業廃棄物としました。

が、法の条文上一義的に決まっている場合と、行政（執行機関）に選択の幅があるものがあります。【図表３－１－１】の例では、（iii）で、市長は、「条件を付することができる」とされ、付すこともできる一方、付さなくても構いません。どのような内容の条件を付すかについても（限界はあるのですが）、市長に一定の選択の幅があります。こうした、法の執行に当たってその責任者に委ねられる選択の幅ないし自由度については、第３節で、「裁量」の問題として検討します。

なお、【図表３－１－１】の説明は、申請がなされた局面での自治体による法の解釈運用に関するものですが、申請がない局面でも同様に「要件－効果」の形の条文の下で、法の当てはめを行います。例えば、騒音規制法12条では、指定された地域内の一定の工場からの「騒音が規制基準に適合しないことにより……周辺の生活環境が損なわれると認められる」ことを要件に、市町村長が改善勧告をすることができる旨が規定されています。

（３）法の解釈運用に関する自治体の責任

国の法令であれ、自治体の条例であれ、法の解釈は、裁判所が最終的な判断権者です（憲法81条）。しかし、裁判所が法の解釈をするのは、訴えが提起された事件があった場合だけです。自治体の行政実務にあって裁判になる事例は、ごく限られるので、行政実務の大半では、自治体自身による法の解釈運用が非常に大切になります。

自治体の事務には、自治体が独自に条例を策定して行うものと、国の法令が根拠となり、法令で定めがおかれているものがありますが、いずれについても自治体自身が責任をもって果たすべき事務です。国の法令に基づいて行われる事務に関しては、所管省庁から、その法令の解釈運用に関する通知等が出されることがありますが、自治体が、その通知等の内容につき法的に拘束されるのは、きわめて限定的です[＊3]。こうした通知等にのっとるとしても、それは、自治体の判断と責任の下でなされることになります。その結果が違法不当なものであれば、基本的には、自治体のみが責任を負います。

＊3
「本章2節　自治体の事務と国等の関与」も参照ください。

このように、自治体行政実務における法の解釈運用が、第１次的には自治体の権限と責任の下でなされることを、本書ではスローガン的に、「**自治体の自主法令解釈権**」と表記します。解釈権とありますが、これは自治体がどのようにでも解釈できるということではありません。むしろ、「適切妥当に法の解釈を行うべき自治体の権限と責任」を意味するものです。自治体をめぐる法の解釈が裁判になるものには、この自主法令解釈権の下での自治体による法の解釈に対して、住民側が異議を申し立てているというものが多く含まれます。この局面で自治体は、自身の法の解釈を適切に説明できなければなりません。

2　事実の認定

(1) 事実認定の必要性

法の解釈運用にあっては、その法の運用にかかわる諸事実の（行政庁又は自治体当局による）認定がなされていることが前提となります。事実がどのようなものかが不明であれば、法の要件が充足するかどうかという、法の当てはめの作業の結果を正しく導き出せません。したがって、例えば、【図表３－１－１】の許可事務であれば、申請者の申請内容が真実であることの事実確認が必要です。また、騒音規制法12条での改善勧告を行う場合にも、発生している騒音が何デシベルであるのかという事実が明らかにならなければ、規制基準に適合しているかどうかという要件に係る判断もできません。

事実は、正確に把握しなければなりません。そうでなければ、例えば、許可の要件を充足していないのに許可をしてしまったり、行ってはならない不利益処分を行ってしまうなど、違法行為に繋がるおそれがあるのです。

(2) 事実認定のための情報収集・調査

許認可等の場合、許認可等の要件を充足することを示す事実に関する情報は、申請書の記載や添付される書類などとして申請者から提出されます。しかし、不利益処分などの制約や行政罰による制裁を受けそうな場合に、関係者が自己に不利な事実を積極的に行政に提供することは、期待しにくいものです。したがって、法の解釈運用では、行政（自治体）の側から主体的かつ積極的に、事実を認定するための情報収集・調査を行う必要が生じることもあります。

こうした自治体による情報収集・調査に関しては、一般的な行政指導による情報提供の求めのほか、個別の法律や条例に基づく報告徴取・立入調査等の方法があります（「本章４節２」も参照）。そして、これらの情報収集・調査作用についても、法の定める場合において、法の定める手続に沿って行われなければなりません。つまり、行政指導ならば情報提供が相手方の任意によることなど行政手続条例の適用があることになりますし＊4、調査であれば、例えば、立入検査をする職員に身分を示す証明書を携帯させる（騒音規制法20条２項）など、個別法の規定によることになります。

また、収集した情報に関しては、文書（電磁的媒体を含む）により内容を正確に記録して、適切に管理（保管）しなければなりません。国の行政機関については、公文書等の管理に関する法律４条による文書作成義務が定められています。自治体には、公文書管理法が直接は適用されないので、同様の条例を定めない限り、同様の文書作成義務は直ちには生じません。しかし、事実の精確な記録がなければ、その後の事情の変化を受けた対応をする際に支障が生じることもありえますし、自治体が行った法の解釈運用の適切さを担保する証拠も存在しないこと

＊4
申請者に対して、法令や条例で求められている書類等に加えてさらに、何らかの書類の追加を求める作用は、相手方の任意の対応に期待する行政指導といえます。

になります。仮に訴訟になった場合にも、事実がどのようなものであったかが自治体の主張の大前提となり、いかにすぐれた法解釈論が展開されても、証拠が存在しないものであれば、事件における自治体の法の運用の適切さは結論的には示せません。事実に関する記録がないというのは、訴訟における自治体側の立証活動に、致命的な支障をもたらします。

(3) 事実認定手続に関する適正化の要請

自治体における事実の認定手続は、執行機関やその補助機関（職員）の便宜や恣意に委ねられているものではありません。憲法31条に定める法定手続の保障は、刑事手続だけではなく、一定の内容で行政の諸手続にも及びます（成田新法に基づく工作物等使用禁止命令取消等請求事件上告審判決・最大判平4・7・1民集46巻5号437頁）。

特に、自由の制約などの効果をもつ不利益処分を行おうとする場合に講じるべき意見陳述の手続（行手法13条参照）が重要です。**聴聞**や、**弁明の機会の付与**（以下「弁明」という）は、処分の原因となる事実について、自治体当局の事実認定が正しいかどうか、処分の相手方（名あて人）として考えている人々が防御権を行使する場・機会として設けられています。自治体当局（行政）に対する寛大な措置を請わせる儀式の場ではありません。

聴聞や弁明の手続における事前の通知には、不利益処分の原因となる事実を記載しなければなりません（行手法15条1項2号、30条2号参照）。聴聞や弁明の手続の趣旨を考えれば、名あて人が自治体当局の事実認定に対して適切に反論できるよう、これら事前の通知に記載される事実は具体的なものとしなければなりません。

聴聞や弁明ほどではないとしても、自治体が行う法の解釈運用における事実認定にあっては、あらゆるものに、その手続の適正さが求められます。

3　法の解釈の方法

(1) 法の解釈の種類

法の解釈方法（解釈の種類）には、次の【図表3－1－2】のようにいろいろなものがあります（代表的な解釈方法に限ります）。

各解釈方法については、『テキスト・基本法務編』序章第2節4や、他の法学入門書などを参考にしてください。

【図表3-1-2】法の解釈の種類（代表的なもの）

- 法規的解釈
- 学理的解釈
  - 文理解釈
  - 論理解釈
    - 拡張解釈
    - 縮小解釈
    - 変更解釈
    - 反対解釈
    - 類推解釈

（2）法の解釈の方法と解釈の態度

具体的な法の解釈のときに、【図表3－1－2】に示した諸方法をどのように採用するべきかについて、特に、次の事項に心がけつつ、解釈の結果の説得力を高めるようにする必要があります。

〈1〉憲法上の価値実現を重視する

憲法の下にあるすべての法は、憲法に違反することはできません。したがって、その法の解釈の結果も憲法に適合的なものであることが必然的に求められます。憲法99条に規定されている自治体職員の憲法尊重擁護の義務は、法の解釈の場面においても重要です。

自治体は、住民の人権の確保と充実及び住民福祉の向上のために存在するものです。複数の解釈がありうる場合には、住民の権利利益と住民福祉をより重視することが求められます。

〈2〉法規的解釈及び文理解釈を基本とする

定義規定がある法令用語の意味については、その定義規定によります（**法規的解釈**[*5]の優先）。ただし、法律や条例で規定する用語・概念をその下位規範（法律の委任を受けた政府省令や、条例の委任を受けた規則）を参考にして解釈する場合は、注意が必要です。その下位規範の解釈が、上位の法律の趣旨に反しない、委任の範囲内のものであることが前提となります。

また、法文がことばで記されるものであることからは、その解釈も文言で枠付けられることになるでしょう。**文理解釈**[*6]が可能な条文については、まずは文理解釈をすることが必要です（文理解釈の優先）。

ただし、法規的解釈や文理解釈から導き出される結果が、憲法が理想とする自治体行政の姿に照らして必ずしも適切ではなく、住民の権利利益に対して重大な侵害をもたらすことが、観念的にはありえます。そうした法条文（の解釈）は、違憲・違法の疑いがあることになります。自治体は、この種の法条文について、法規定の文言どおりの事務処理をしないといった選択肢がないではありません。ただ、この反制定法的行動は、外形的には自治体が違法な行為（不作為）をしていることになります。こうした行動は、国の行政機関等による是正要求など関与（「本章2節」参照）を受ける対象となります。執行機関の責任者（長等）の個別的な判断がない限り、補助機関（職員）のレベルでこうした行動を勝手にとることは、緊急性がなければ、避けるべ

＊5　法規的解釈
ある法令の規定の意味を明らかにするために、別の法令又は別の規定がつくられ、これによって前の法令の規定を解釈することを、法規的解釈といいます（佐藤達夫編『法制執務提要（第2次改訂新版）』（学陽書房、1974年））。

＊6　文理解釈
法令のことば、すなわち文字に主眼をおき、文字に即して解釈することを、文理解釈といいます（佐藤編前掲＊5）。

きでしょう。また仮にこうした行動をとる場合には、法規的解釈や文理解釈によらない解釈をする理由が、憲法等を根拠にして堅固に存在していなければならないでしょう。

〈3〉論理解釈にあっては最高裁の解釈による

実際に法の解釈が問題になるのは、当該文言が抽象的なもので、法規的解釈や文理解釈だけでは事実を当てはめて事務処理ができないような場合です。この場合に、当該条項について最高裁判所の判例があれば、最高裁判例における解釈によることになります。

最高裁判例は、それが下された事件を超えて拘束力をもつ法を生み出すもの（**法源**）ではありません。しかし、後の事件で最高裁判所や下級裁判所は、最高裁の先例を強く尊重し、実際上、下級裁判所が最高裁判例と異なる解釈を行うことは考えにくいところです。最高裁判所の判断は、法の解釈を通じて、事実上、法の内容を形成していると考えて事務処理をするのが適切です。

もっとも、膨大な数の法令や条例の条項の中で、最高裁判所が法解釈を示しているのは、ごく一部です。問題となっている条項について直接判断を下した最高裁判例があればいいのですが、存在しない場合が大多数でしょう。しかし、こうした場合にも最高裁判例は参照する意味が大いにあります。最高裁の法解釈が、事件で問題となった条項だけでなく、類似する法制度に関連する条項でも同様のものと扱える場合があるからです（「判例の射程」と呼ばれることがあります）。

この判例の射程を検討するには、単に最高裁判例の結論だけをみるのではなく、最高裁判例における理由付け、根拠付け等の最高裁判所がとった考え方やそこでの論理展開、事件で扱われた条項がかかわる法制度はどのようなものであるか、などを検討する必要があります。

また、最高裁が判断しないまま確定した場合のような、下級裁判所（高等裁判所、地方裁判所等）の判決における法の解釈は、どう考えたらよいでしょうか。裁判官は、その事件で弁論の全趣旨や場合によっては職権の証拠調べに基づいて、事実を認定し、その事件に妥当な判断をしようと法を解釈します。後の事件における裁判官も、下級裁判所の判決であっても、そこにおける法の解釈を参照し、相当の尊重をすることになるでしょう。自治体においても理由が十分に示されている解釈については、下級裁判所の判決も尊重するのが望ましいと考えられます。また、最高裁判所の法解釈が示されていなくとも、下級裁判所で同一の判断が繰り返されることで、それが広い意味での「判例」として扱われることもあります（『テキスト・基本法務編』序章第1節2の判例の解説を参照）。

〈4〉一定事項における類推解釈の禁止

刑事法の解釈では、類推解釈は禁止されています。類推解釈は、用語の本来の意味に含まれないものを、類似することを理由に含むものとして解釈するものですが、これを刑事法解釈で許してしまうと、裁判所による事後立法・事後処罰を認めることになり、罪刑法定主義（憲法31条参照）や事後処罰禁止原則（憲法39条参照）に反するためです。この**類推解釈禁止原則**は、厳密さは刑事法よりも緩むかもしれませんが、行政上の秩序罰規定の解釈にあっても採用されるべきものでしょう。また、規制的事項についても、住民の権利利益に制約を課すような内容を類推解釈で創設することは、**法治主義**の原則に照らして、妥当なものではありません。

〈5〉法又は当該規定の趣旨目的を考える

定義規定がなかったり、最高裁判例がなかったりする場合での法の解釈では、当該法や該当条文の趣旨目的に適合した解釈が必要です。その手掛かりには、①目的規定（これに続く基本理念等の規定を含む）、②法令制定当時の国会・議会での質疑応答の議事録等の立法関係資料、③当該法令に基づく計画又は当該法令に基づく施策の上位計画などがあります。法律施行時の主務大臣等名で発せられる、いわゆる法施行通知や、予想質問集などから編まれた質疑応答集・逐条解説も、当該法（規定）の趣旨目的を探究する際の材料となります＊7。

＊7
上位の法規範の解釈に際して、下位の法規範を参考にするまでならばともかく、下位の法規範に依拠して行うことは、法規範相互の関係からは適切ではありません。

これらの趣旨目的の探究の作業は手間がかかるものでもあり、問題となる文言の国語的な意味だけで解釈を済ませてしまう欲求にかられることがあるかもしれません。しかし、法の趣旨目的に反する解釈の内容は、仮に国語的な意味においては問題がないとしても、その解釈によって法の実現は妨げられることになってしまいます。法の解釈としては強い説得力をもったものとはいえないでしょう。

そして、趣旨目的を探究しても、複数の解釈が成立する場合は、

① （住民に課す制約による不利益を凌駕する水準で）住民の人権を充実させ、その福利を向上させる
② 住民との関係で、平等原則（公平原則）・比例原則に照らして合理性を有する
③ 行政実務における能率性又は効率性の向上に資する

といった基準で、望ましい解釈を導くことになります。ただし、③行政当局の便宜は、他の要素①、②に優先するものではありません。

（3）解釈基準

複数の解釈があるときに、同一の事実について、案件ごとに解釈が異なるというのは、平等（取扱い）の原則に照らして、問題があります。これはそれぞれの案件の当事者となる住民にとって問題であるだけではありません。画一的・大量な事務を処理する場合の電算プログラム開発を考えれば想像がつくように、自治体当局にとっても不都合です。そこで、当該法の解釈に関する基準を、法の解釈

運用に携わる行政機関が定めることがよく行われます。こうした行政機関（自治体の執行機関）が定める法令解釈の基準を、**解釈基準**と呼びます。解釈基準は、後述の**裁量基準**と渾然一体（こんぜんいったい）となって定められることがよくあります（本章3節2（3）参照）。

また、解釈基準に関しては、行政実務の処理にとっては、事実上、法規と同じように意識されることが多々あります。しかし、その本質的な性格は、行政上の内規的なもの（行政規則）であり、特に住民との間では法的な拘束力をもつものではありません（『テキスト・基本法務編』第2章第3節2（1）も参考にしてください）。

なお、法律の解釈基準等については、これを所管する府省庁から通知等の形式により自治体に提示されることがあります。その法的意義については、次節の「関与」として言及します。

学習のポイント

1　法の解釈運用の意義と必要性・重要性

■法律や条例などの内容が実現されるには、法（法律・条例など）の解釈とその運用が必要になります。解釈運用は、法治主義の下、法に基づいて適切に行わなければなりません。

■法の解釈運用とは、対象の事実を正しく認定し、検認された法規定の「要件」規定をその事実が充足するものなのかという「当てはめ」を行うことを意味します。

■法の解釈は、裁判所が最終的な判断権者です。しかし、裁判になる案件はごく一部ですから、自治体における法の解釈運用は、第１次的には自治体の権限と責任の下でなされることになります。

2　事実の認定

■法の解釈運用にあっては、まず、その法の運用にかかわる諸事実の認定が重要になります。

■そのためには、情報の収集が必要になります。また、収集した情報に基づく認定事実は文書化し、適切に管理（保管）しなければなりません。

■特に、不利益処分における聴聞や弁明の手続は、事実認定に正確を期すため、名あて人として考える者が防御権を行使する場・機会として設けられています。

3　法の解釈の方法

■法の解釈は、①憲法上の価値実現を重視する、②法規的解釈及び文理解釈を基本とする、③論理解釈にあっては最高裁の解釈による、④刑法の解釈などでは類推解釈は禁止される、⑤最高裁判例のないものは法又は当該規定の趣旨目的を考える、⑥住民の人権を充実させその福利を向上させること、平等原則（公平原則）・比例原則に照らして合理性を有すること、能率性又は効率性の向上に資することを基本とします。

■自治体の執行機関など行政機関が定める法令解釈の基準（解釈基準）は、住民との間では法的な拘束力をもつものではありません。

第２節　自治体の事務と国等の関与

１　自治事務と法定受託事務

法律に基づいて自治体の担う仕事（事務）は、**法定受託事務**と**自治事務**に区分されます。法律や法律に基づく命令（本節ではこれらを「国の法令」といいます）で自治体が処理することとされる法定受託事務だけでなく、自治事務においても、多くは、国の法令に根拠のあるものです。独自条例に基づく事務だけではなく、国の法令に根拠のある事務についても、自治体が処理することとされている自治体の事務であることは再確認しておきましょう。

かつて、第１次地方分権改革前の機関委任事務については、一般的には、下級行政庁となる自治体の機関は、国の主務官庁等からの通達などに従う義務がありました。自治体の長の指揮監督に、その補助機関となる職員が服することと同様の関係の下に、下級行政庁である自治体の機関は、上級行政機関である国の主務官庁の大臣等の包括的な指揮監督に服するものとされていたからです＊1。そこで、国の主務官庁等の通達に従って行った事務の結果に対する責任は、自治体だけではなく主務官庁等も負う場合があると考えられていました。

＊1
上級行政機関の下級行政機関への指揮監督については、『テキスト・基本法務編』の「第２章第２節５（3）」も参考にしてください。

しかし、第１次地方分権改革により、機関委任事務は廃止され、自治体の機関が国の指揮監督に服する形で処理する事務は存在しなくなりました。現在の自治体が処理する事務は、「国が本来果たすべき役割に係るもの」である第１号法定受託事務であっても、また国の法令に根拠のある自治事務でも、自治体自身が処理する事務と位置付けられます。いずれの事務についても、前節１の「自治体の自主法令解釈権」に基づく法の解釈運用が行われなければなりません。

もっとも、国の法令制定者の考え方と大きく異なった自治体による法の解釈や運用は、国の望むことではありません。自治体の事務にかかわる国の法令は、特に自治事務の場合は、地域の特性（自治法２条13項参照）を踏まえて解釈されるべきことが予定されていますが、それでもなお、自治体の法の解釈運用について、国が統制を図ることが必要となることも考えられます。地方自治法などに規定する自治体に対する**関与**の仕組みは、こうした国の法令の解釈に関する統制手法ということもできます。

ただし、この関与は、自治体の「自主性及び自立性が十分に発揮される」ことへの配慮（自治法１条の２第２項）の下に創設された仕組みであり、かつ、この配慮原則の下で実施されるものです（自治法245条の３第１項）。実際の国による関与が自治体の自主性を損なわせることを積極的に許容するものではありません。もちろん自治体にとっても、自主法令解釈権の下で適切に法の解釈を行うべき責任からの逃避を期待できるものではありません。

関与制度の詳細な内容は、『テキスト・基本法務編』第3章第13節を参照してください。ここでは、関与制度の仕組みを細かく扱うことは避け、自治体の解釈運用法務にとっての、国（行政）の関与に関する重要事項の要点を確認し、関与に際して求められる自治体の姿勢について触れることにします。

2　処理基準等と個別的関与

(1) 解釈基準・裁量基準を提示する国の関与での留意事項

〈1〉通知の法的意義

国の法令については、その所管府省庁から、施行に当たっての各条項の**解釈基準**や**裁量基準**を内容とする通知が、自治体の機関に対しても、しばしば発せられています。

こうした解釈基準等を記す通知の法的な性格を考えると、その法令に基づく事務が自治事務（自治法2条8項）であればその通知は**技術的助言**（自治法245条の4）であると考えられます。また、それが第1号法定受託事務（自治法2条9項1号）に当たるときは、技術的助言（自治法245条の4）か、又は処理基準（自治法245条の9）に当たると考えられます。今日、自治体に発するこれらの通知は、冒頭に、関与のいずれに該当するのかを明示することが多くなっています。

なお、国の法令を所管する各府省庁の関係者が編者や執筆者となっている各法令の解説書が発行されることがあります。これらは、各法令の案を立案した国の行政当局の考え方を知ったり、自治体の行政事務を処理したりするには便宜です。しかし、これらは、地方自治法上の関与ではありません。

〈2〉法的拘束力

国の法令の解釈基準等を記した通知で技術的助言に当たるものは、**法的拘束力**をもちません。処理基準についても、多くの見解はその法的拘束力を認めません[*2]。

法的拘束力のない解釈基準については、自治体はこれに従う義務はありませんが、当該通知を無視せよというものではありません。通知の内容は、少なくとも当該国の法令の所管大臣等が正しい内容だと考えて発しているものです。合理的な内容を含むものも多いでしょう。

自治体が、こうした通知等と異なる解釈をとろうとするならば、その異なる解釈をとる必要性・理由・その異なる解釈が合理的であることを、国の法令の所管庁にも、通知等にかかわる自治体の活動の相手方私人や住民にも説得できるようにしなければなりません。漫然と通知等と異なる事務処理を続け、各府省庁がその内容が違法であるなどと考える場合には、国等の側から

＊2
もっとも、下級審判決で処理基準の法的拘束力を認めるように読めるものがあります（宗教法人の財務情報の公開に係る公文書開示決定取消請求控訴事件・広島高松江支判平18・10・11判時1983号68頁）。

法的拘束力のある関与（是正要求、是正指示等）手続が講じられることがありえます。

〈3〉国の通知（関与）に従った場合の法的責任

一方、各府省庁からの通知の内容をまったく吟味せず機械的にそれに従っていたり、関与である同意（自治法245条1号ニ）を所管大臣から得たからといって安心していたりすることもできません。自主法解釈権の下、自治体が担う事務の法解釈の責任は、法の執行者である自治体が負うものです。

例えば、いわゆる原爆被爆者援護法等の健康管理手当の支給認定*3について、厚生省（現厚生労働省）からの通達（発出当時）*4に従って、手当の支給を打ち切ったところ、裁判では通達に従った事務処理が違法とされ、広島県がその支給打切りの責任を問われました（在ブラジル被爆者健康管理手当等請求訴訟上告審判決・最三小判平19・2・6民集61巻1号122頁）。

＊3
第1次地方分権改革前は機関委任事務でしたが、現在は、第1号法定受託事務です。

＊4　第1次地方分権改革後の本件通達の法的性格
第1次地方分権改革後に、厚生省（厚生労働省）は、本件通達について法定受託事務の処理基準であるとの通知を発していませんので、この通達の法的性格は、現時点では、法定受託事務に関する技術的助言（自治法245条の4）に当たるものと考えられます。

また、神奈川県の臨時特例企業税は、法定外税として総務大臣の同意を得て課税されたものですが、裁判では違法無効とされ（神奈川県臨時特例企業税条例事件上告審判決・最一小判平25・3・21民集67巻3号438頁）、神奈川県は、関係者に利息と合わせ数百億円の支払いをしなければならなくなりました。

結局のところ、各大臣等の通知等によるかどうかも、自治体自身で検討して、自らの判断と責任の下で、法の解釈運用を行わなければならないのです。

（2）個別事案の法解釈にかかわる関与での留意事項

〈1〉関係府省庁との質疑応答

自治体では、行政の実務で不明な点があれば、所管の府省庁や都道府県の担当部局に対して、口頭であるいは文書で、照会を行うことがよくあります。こうした照会回答（質疑応答）は、理論的には、関与としての、自治体からの求めに応じた技術的助言・情報提供（自治法245条の4第3項）に該当することがありえます。しかし、現実には、照会側の自治体も国等の機関の側も、担当の職員がその職名の下、職責の範囲で必要なやりとりをするにとどまることが多いと考えられます。自治体の執行機関と大臣等の間でなされたものとは考えられないので、そうした形態のやりとりは、法的な助言・情報提供とは考えられません。仮に、法的な助言・情報提供に当たるものであっても、こうした質疑応答そのものには、法的拘束力はありません。

もっとも、国の法令の解釈に当たって裁判所が、解釈基準にとどまらず、こうした質疑応答を参照することもあります。その点で、質疑応答に係る文書等をまとめた出版物（いわゆる実例集や『自治六法』の注釈欄）等は、他自治体の事例にかかわるものであっても、国の法令の解釈における1つの参考例といえます。こうした質疑応答を無批判に受容して漫然と事務処理をすることは許されませんが、これをどのように参考にしたのかを、自治体の法解釈にかかわる意思決定にあって記録しておく必要があります。

〈2〉個別的関与

自治体が法定受託事務の処理基準に反して事務を処理したり、法令に明白に違反した事務処理をしたりすると、国の各大臣（場合によっては都道府県知事等）は、是正の要求や是正の指示を、その事務処理に係る個々の自治体の関係執行機関に対して発することがありえます（自治法245条の5、245条の7）。

この是正の要求と是正の指示には法的拘束力があり（自治法245条の5第5項参照）、次項でみる係争処理制度の対象になります。

（3）関与の主体としての自治体の留意事項

また、自治体のうち都道府県は、国からの地方自治法上の関与を受けることがある一方で、市町村に対して地方自治法上の関与を行うこともありえます。例えば、自治事務については、都道府県の機関は国の大臣等の指示があった場合に、市町村の機関に対して是正の要求をすることになる（自治法245条の5第2項・3項）ほか、独自の判断で是正の勧告を行うことも可能とされています（自治法245条の6）。また、第2号法定受託事務について、市町村の機関に対して是正の指示を行うこともありえます（自治法245条の7第2項）。

都道府県が独自の判断で地方自治法上の関与を行う局面では、市町村による法の解釈運用を十分に吟味しつつ、関与の基本原則（自治法245条の3）から逸脱することのないようにしなければなりません。

その一方で、市町村の自主法令解釈権を過度に強調し、都道府県として市町村による法の解釈運用には一切目を向けなくていいということにもならないでしょう。条例による事務処理特例制度が用いられた局面におけるものですが、是正の要求を行う権限（自治法252条の17の4）の不行使が、国家賠償法1条上違法であると判断された裁判例もあります（広島地判平24・9・26判時2170号76頁）。この裁判例には慎重な検討が必要でしょうが、こうした関与を行う権限の不行使について国家賠償請求訴訟が提起されること自体は、特に禁じられているわけでもなく、どの都道府県でもありうることです。

3　係争処理の制度と法の解釈運用における位置付け

（1）係争処理制度の概要

国等による自治体への関与のうち、是正の要求や是正の指示などの自治体に対する法的拘束力があるものについては、地方自治法が用意する係争処理制度の対象となります。

国からの関与についての係争処理制度の概要は、以下のようなものです。

是正の指示をはじめとした対象とされる関与等を受けた自治体の長等の執行機

関は、これに不服があるときは、関与があった日（要求等を受けた日）から原則30日以内に、関与に対する審査の申出を行い、さらに場合によっては当該審査を経た上で関与の取消しなどの訴えを提起することができます＊5＊6。

＊5
その具体的な手続は、『テキスト・基本法務編』第３章第13節を参照ください。

＊6　ふるさと納税寄附控除対象団体不指定事件
2019年、ふるさと納税の寄附控除制度の対象となる団体に指定されなかった泉佐野市が、不指定処分の取消しを求めて総務大臣を訴え、泉佐野市が勝訴をしました（最三小判 令２・６・30民 集74巻４号800頁）。

一方、自治体が、関与に関する審査等の申出も行わず、要求事項・指示事項に対して必要な措置も講じないときは、関与を行った各大臣等は、訴訟を経て代執行（指示事項に限る。自治法245条の８）を行い、又は違法確認訴訟（自治法251条の７、252条）＊7を提起することができます。この場合も、自治体が審査の申出を経た上で提訴したときと同じく、裁判所において、関与と自治体による法の解釈運用が争われることとなります。

＊7　辺野古埋立承認取消事件
沖縄県知事がした公有水面埋立承認の取消しについて違法である旨の確認を、国土交通大臣が求めた訴えにおいて最高裁は国側の訴えを認めました（最二小判平28・12・20民集70巻９号2281頁）。

関与を受けた自治体側は、審査等の申出をせず、こうした代執行や違法確認訴訟によって、その法解釈を争うという手法をとること自体は実際上可能です。とはいえ、審査等の申出を行える場合にこれを放置していることについて、裁判所に対して合理的な説明ができなければ、関与を受けた自治体側の言い分は裁判所には通らないでしょう。

もっとも、国の関与では、そもそも法的拘束力のある是正の要求や是正の指示などの係争処理制度の対象になるものが行われる例が少なく、そのため、審査の申出の件数も、関与をめぐる裁判例の数も多くはありません。

（２）自治体による法の解釈運用における係争処理制度の位置付け

国等が行う関与では、国等による法の趣旨目的に関する情報が示されたり、自治体による法の解釈運用に対する国の評価が示されるといった点で、自治体にとってそれ自体は重要な意義をもつものともいえるでしょう。自治体にとって自身の法の解釈運用を見直すきっかけになることもあるかもしれません。この点では、住民からの訴えの提起を見直し・改善の契機とする、「広義の評価法務」の機能とも重なりあう面も有しているともいえます（第４章第１節１参照）。

しかし、地域の実情等に照らした自治体の法の解釈運用が、国等による関与の内容を踏まえてもなお適切だと考える場合には、審査の申出等を行うことに消極的であることは、この係争処理の仕組みが国自治体間の法治主義を担保する意義を有することからも、必ずしも適切な態度とはいえないでしょう。自治体は自らの権限と責任で行った法の解釈運用を、住民から訴えが提起された場面と同じように、係争処理制度の局面においても、適切に示すことが求められます。

ただ、自治体が国等の措置に対して審査の申出等をする例はこれまで多くはなかったことから、異例な事態と評価されることにもなりそうです。そこで、こうした事態への拒否反応を和らげる必要性なども考えれば、審査の申出を行うこと自体への議会の議決は、地方自治法上明文では要求されてはいませんが、当該関与に至るまでの過程や関与に対する考え方などをまとめた上で、議会、さらには住民に情報を提供することが望まれます。

また、関与をめぐる係争処理や訴訟の事案自体は非常に少ないとはいえ、そこで判断される内容は、自治体による解釈運用法務をめぐる環境に幅広くかかわる可能性があります。自治体職員としては、その担当事務や取り扱う法令を問わずに、注目を向けるべきものといえます。

学習のポイント

1　自治事務と法定受託事務

■自治体に自主法令解釈権があるとしても、その法の解釈運用について、国の機関が統制を図ることが必要となることが、考えられます。

2　処理基準等と個別的関与

■法令の所管府省庁から、各条項の解釈基準や裁量基準を内容とする通知が、自治体の機関に対しても発せられています。その法的な性格は、技術的助言又は法定受託事務の処理基準に当たると考えられます。

■技術的助言には法的拘束力はありませんし、法定受託事務の処理基準についても法的拘束力を認めないのが一般的です。しかし、自治体が、通知等と異なる解釈をとろうとするならば、その異なる解釈をとる必要性・理由・その異なる解釈が合理的であることを、国の法令の所管府省庁にも、通知等にかかわる相手方私人や住民にも説得できるようにしなければなりません。

■一方、各府省庁からの技術的助言・処理基準に従ったことが、自治体の法解釈の責任を免れるものにするわけではありません。自治体自身で検討して、自らの判断と責任の下で、法の解釈運用を行わなければなりません。

■自治体が法定受託事務の処理基準に反して事務を処理したり、法令に明白に違反した事務処理をしたりすると、国の各大臣等は、法的拘束力のある是正の要求や是正の指示を、その事務処理に係る個々の自治体の関係執行機関に対して発することがありえます。

3　係争処理の制度と法の解釈運用における位置付け

■国等による自治体への関与のうち、是正の要求や是正の指示などの自治体に対する法的拘束力があるものについては、地方自治法が用意する係争処理制度の対象となり、さらに場合によっては当該審査を経た上で関与の取消しなどの訴えを提起することができます。

■自治体が、関与に対する審査の申出もなさず、要求事項・指示事項に対して必要な措置も講じないときは、関与を行った各大臣等は、指示事項に関しては代執行を行い、又は両事項に関しては違法確認訴訟を提起することができます。

第3節　行政の裁量とその統制の必要性

1　行政における裁量の意義

＊1
ここで説明する行政裁量のほか、憲法の下で立法者の制度創設等に認められる「立法裁量」、裁判所の刑事事件における量刑や、最高裁判所の民事事件での上告受理などで認められる「司法裁量」もあります。

（1）裁量とは何か

ある事実が法律・条例上の要件をすべて備えた場合の効力について、行政（執行機関）に、一定の範囲で又はいくつかの選択・判断の余地がある場合、その選択・判断の余地を裁量（行政裁量）といいます[＊1]。

地方公務員法29条が規定する自治体職員に対する懲戒処分の例で考えます。懲戒処分の事由（要件）は、法律や条例等に違反した場合、職務上の義務に違反したり職務を怠った場合、全体の奉仕者たるにふさわしくない非行のあった場合です（地公法29条1項1～3号）。そこで、仮に、ある職員が倫理規程（要綱など内規の形式）に反してその自治体と取引きがある事業者の旧友と無断で私的会食をしたとしましょう。法律の懲戒事由には、「倫理規程に反して……会食したこと」といった条文はありません。その会食行為が、懲戒事由の例えば「全体の奉仕者たるにふさわしくない非行」に該当するかどうか、まず、任命権者において、判断をする必要があります。そして、懲戒事由に該当する事実があったということだけ認めても事務処理は完結しません。懲戒処分を行うかどうか、仮に処分を行うとして、戒告、減給、停職、免職のいずれの処分をするのか。任命権者には、これらについて選択の余地があります。これが**裁量**（**行政裁量**）です。

法の執行というと、要件を充足すれば機械的に一律の法的効果が生じることが望ましいように思えるかもしれません。単純な証明書の交付のような、機械的対応が望ましいものもあるでしょう。しかし、様々な社会経済情勢の変化を事前にすべて予想して制度を構築することには無理がありますし、不都合のある制度をその都度改廃することも、法律の制定を考えれば、それほど容易ではありません。そこで、各法令は、その目的達成のために、多くの場合、行政（執行機関）に何らかの裁量を認めています。

（2）裁量のある領域・活動形式の広汎性

行政裁量は、許認可など行政庁の処分を中心に考えられてきましたが、自治体の活動のあらゆる領域（行政分野）の、あらゆる活動形式（計画の策定、契約の締結、強制的行為の執行など）に認められます。ただし、各分野の事務の性質や活動形式等によって、法令や条例が与える裁量の範囲（幅）には、程度の差があります。

(3) 裁量権行使の限界

行政の裁量判断が不適切ということはありえます。この不適切であることは「不当」と呼ばれます。しかし、その不当な活動も、行政が法によって与えられた裁量の範囲内で行われたものであれば、違法ではありません。

とはいえ、裁量の範囲内であれば（違法でなければ）行政は自由に何をしてもよいというものではありません。法令が行政に裁量権を与えているのは、個々の事案において法の目的達成にとって最適・最良の判断や選択をさせるためです。自治体（執行機関）は、裁量権を最適に行使するという職務上の義務を負っているのです。その点で、裁量権の行使には、おのずと限界があります。

法を基準とした審査判断を行う裁判所は、裁量の範囲内の行政活動が適切であったか否か（当不当）を審査することはできません。しかし、法で与えられている裁量権の範囲を超えた判断を行ったり、法によって与えられた裁量権を濫用しているときは、裁判所はこれを「違法」であると判断することができます（行訴法30条を参照）。もっとも、不当性と違法性についても、厳然と区別できるわけではありません。

裁判所は、裁量権の範囲の逸脱や濫用について、比例原則、平等原則といった行政法上の一般原則を用いてきました。

(4) 裁量統制の意義とその統制主体の多元性

自治体における裁量権行使が適正になされるように図っていくことは、**裁量統制**と呼ばれます。裁量統制をめぐる議論の中心は、法による行政への裁量権の付与と、その行使の審査という点から、立法との関係と司法との関係におかれてきました。もっとも、裁量権の最適な行使が求められていることからは、まずは、その裁量権を与えられた機関ないし組織自身がしっかりと行うべきものであります（**自己統制の重要性**）。そのために、適切な裁量権の行使内容の基準（**裁量基準**）を自ら定めたり、利害関係者に適切な意見陳述の機会を設定するといった形で、その裁量権にかかわる行政活動の手続を法的に統制したりしています（裁量の手続的統制）。

ただ、裁量権を有する機関・組織自らの自己統制は、望ましい裁量統制の水準からみて、不十分なことがありえます。そこで、自己統制のほか、議会、監査委員、裁判所、住民、国の行政機関など、様々な人や機関が、裁量統制を行うことになります（**裁量統制主体の多元性**）。

裁量統制主体が果たす役割等はそれぞれ異なりますし、各裁量統制主体が行使しうる裁量統制の手段は、法令が、各統制主体に認めた権能と方法の範囲によることになります。例えば、議会による行政機関の活動への統制には、条例によって規律する内容を詳細にして裁量の範囲を狭めるという、いわゆる立法統制のほか、調査権の行使（自治法100条等）といった方法などがあります。一方、裁判所による裁量権の審査は、先に挙げたように、裁量権の逸脱濫用にわたる部分（違法となる部分）に限られますし、住民監査請求・住民訴訟（自治法242条～242条の３）の審理判断の対象は「財務会計行為」に限られます。

2　執行管理（行政基準）

（1）法の解釈運用と行政基準

自治体の行政活動は、法律や条例という議会が制定した法規の下で行われなければなりません。そもそも法律や条例は、規定が十分ではなく、それだけでは実際に運用することが困難、場合によっては不可能な場合もあります。そこで、自治体が活動を行う際に必要な詳細な事項を、ルールや一種のマニュアルといった別の形で定めることが一般的に行われています。こうしたものは「**行政基準**」といわれることがあります。こうした行政基準を用いつつ、条例や法律の解釈運用は行われます。

法律や条例で不確定な概念が用いられたり、選択肢が複数示されるといった形で判断の余地が与えられるのが行政裁量ですが、行政基準は、この裁量判断を適切に行う上でも有用です。裁量基準として、裁量権行使に関する基準を自ら定めておくことで、不合理な裁量判断のばらつきを防止することができ、行政自らによる裁量統制の機能を果たすことになります。さらに、その基準が示されれば、私人の側も行政の行動を相当程度に予測できます。

ここでは、行政基準を通じた法の解釈運用について、特に裁量基準による裁量統制に主眼をおいて説明します。

行政が策定するルールは、伝統的に、その内容に応じて「**法規命令**」と「**行政規則**」に区分されてきました。私人の権利義務について直接規律するという法規性を有するものが法規命令であり、私人の権利義務にかかわることはありつつも行政にとっての内部的なルールにとどまるものが行政規則です。「行政基準」という用語は、法規命令と行政規則の両者を示す意味で用いられることもあれば、行政規則のみを示す意味で用いられることもあります。裁量基準は、法令や条例で裁量を認められている者自らが自身の判断のために設定する基準となるので、特別な取扱いをする法規定がない限りは、行政規則として位置付けられます。

以下では、規則といった地方自治法で規定がおかれる形式による行政基準と、この形式によらない行政基準との区分によりつつ、策定時、策定内容、裁量統制での用いられ方について説明を行います。

なお、予め注意点を述べておくと、自治体の活動はあくまでも法律や条例に基づくものです。行政基準が違法であったり、不適当な内容である場合には、無自覚にそれに従うことは不適切です。「**法律による行政の原理**」が「行政基準による行政の原理」として意識されてはならないことに注意が必要です。

（2）規則、委員会規則等の制定裁量に関する統制

〈1〉規則、委員会規則等の意義、法的性格とその制定裁量

地方自治法では、長の規則（自治法15条）、その他の執行機関が制定する規則その他の規程（自治法138条の4第2項。以下「委員会規則等」といいます）という形式の定めを策定することを規定しています。これらの多くは、法令や条例の施行のために制定されています。

こうした規則、委員会規則等の中には、**裁量基準**を定めるものがあります。この裁量基準は、裁量権者自らが、自身の判断のために設定する基準と位置付けられます。したがって、どのような内容の裁量基準とし、どのような手続で策定するか、という点についても、制定裁量とも呼べる一定の自由度が存在します。

〈2〉規則、委員会規則等制定裁量の実体的統制

法令・条例のうち、裁量基準というわけではない純粋な執行にかかわる事項については、規則等を制定するかどうかも、その法令・条例の執行権限のある者の裁量に委ねられています。ただし、法令や条例の中で、その施行について「規則で定める」と形式を指定していることがあります。そのときは、執行事項について、まずは規則でこれを定めることが要求されます。こうした法令・条例の委任を受けて、又はその執行のために制定される規則、委員会規則等は、当然、その委任の範囲内又は執行に必要な限度*2でのみ定められるものです。

国に関してみると、行政手続法では政省令等の制定に関して、次の2つの内容に関する原則を定めています。まず第1は、策定される政省令等が根拠法令等の趣旨に適合するものとなるようにしなければならないことです（行手法38条1項参照。**趣旨適合原則**）。第2のものは、いったん政省令等を定めた後も、その実施状況、社会経済情勢の変化などを勘案し、必要に応じ、その内容について検討を加え、その適正を確保するよう努めなければならないことです（行手法38条2項参照。**適正確保原則**）。

行政手続法の規定は、自治体の規則、委員会規則等への適用はありません。しかし、自治体は、行政手続法の趣旨にのっとった措置を講じる努力義務がある（行手法46条）ため、一部の行政手続条例では行政手続法のこれらの規定と同様の規定をおいています。また、この原則は一般的な考え方ですので、行政手続条例での規定がなくても、規則、委員会規則等の制定で当然に及ぶ原則といえ、この原則を通じて、制定裁量には内容的・実体的な統制が加えられることになります。

〈3〉規則、委員会規則等制定裁量の手続的統制

行政手続法では、政省令等を制定する際は、その案などを事前に公表し国民から意見を求める手続を講じることを義務付けています。この手続を**意見公募手続**といいます（行手法39条）。**パブリックコメント**（6章3節1も参照）

＊2　規則等の必要性と効率性原則
自治体の行政運営には、最少の経費で最大の効果を上げることが求められます（自治法2条14項）。いわゆる効率性の原則といえますが、規則、委員会規則等を必要な限度で定めるというのは、この最少経費・最大効果（効率性）原則を、背景にもつものといえます。

ともいわれます。

〈2〉で触れたとおり、自治体も、行政手続法の趣旨にのっとった措置を講じる努力義務がありますので（行手法46条参照）、規則、委員会規則等を制定する際には、行政手続法に準じた意見公募の手続をとることが要求されることになるでしょう。

そのほか、的確な内容とするために、専門的な知見を要するような規則等については、審議会に諮問しその答申を踏まえた措置をすべきことが、個別の法令や条例で規定されることがありえます。

なお、法規としての性質を有する規則等の制定には、公告式条例により公布することが必要になります（自治法16条５項）。

（３）規則、委員会規則等によらない裁量基準の定立とその統制

〈１〉規則、委員会規則等によらない裁量基準

裁量基準は、法令や条例による特別の規定がない限り、規則や委員会規則等の形式による必要はありません。そこで、規則、委員会規則等とは異なる形式で裁量基準が策定されることもあります。行政手続法により自治体に対しても、許認可などの申請に対する処分[＊3]にかかわる**審査基準**（行手法２条８号ロ）の策定（と公表）が義務付けられ、不利益処分[＊4]にかかわる**処分基準**（行手法２条８号ハ）の策定（と公表）の努力義務が課されていますが、特に形式に関する指定はなされていません。

規則、委員会規則等以外の形式としては、具体的には、○○要綱といったものがあります。この種の要綱では、裁量基準のほか、必ずしも厳密に区別できるわけではありませんが、法の解釈に関する基準（解釈基準。「本章１節**３（３）**」参照）や、事務処理の方法など組織内部における事務手続（裁量権行使手続）のルールなども併せて定めていることがあります。

また、この裁量基準は、処分だけに認められるものではありません。裁量が認められる他の活動形式についても、裁量権行使の内容について法令や条例などの内容を具体化するような定めをし、それによって裁量権を行使することとしているときは、ここでいう裁量基準といえます。例えば、同じ内容の行政指導を、一定の要件に該当する人に対して分け隔てなく行うための行政機関の指針（**行政指導指針**。下記〈４〉参照）や、予算措置だけがなされている補助金の交付に関してその対象、要件、金額等を定める要綱も裁量基準に当たります。

ただ、裁量基準については、伝統的には、処分に関するものを念頭において議論がなされてきました。以下でも、審査基準や処分基準といった処分の裁量基準を中心に説明を進めます。

〈２〉裁量基準の設定者

規則、委員会規則等によらない裁量基準は、その行政活動について裁量権

＊３　申請に対する処分の意義
申請者に対して何らかの利益を付与する処分に関する行政庁の諾否の決定をいいます（行手法２条２号・３号参照）。

＊４　不利益処分の意義
行政庁が、法令（条例・規則を含みます）に基づき、特定の者を名あて人として、直接に、これに義務を課し、又はその権利を制限する処分をいいます（行手法２条４号）。

を有する者が設定します。また、その活動について法令・条例などで本来権限のある者（機関）が、その権限を委任している場合には、当該委任をした者（機関）も、受任者が行使する裁量に係る裁量基準を設定できると考えられます。

なお、自治体内ではなく、国の機関が、法令に基づき自治体の機関が処理する事務の裁量権の行使に関して基準を設定することがあります。この国の機関が定める基準も、裁量基準の一種です。ただし、これらは、多くの場合、技術的助言（自治法245条の4）又は処理基準（自治法245条の9）に当たると考えられます（本章2節2（1）〈1〉参照）。

〈3〉裁量基準設定の実体的統制

裁量基準を設定するか否か、これを設定するとしてどのような内容・形式・手続により設定するのかについては、裁量基準設定者に一定の裁量が認められますが、それは法令・条例の定めの範囲内におけるものです。例えば、申請に対する処分の審査基準は、当該処分を行う行政庁（執行機関）に設定義務が課されており（行手法5条1項)、許認可等の性質に照らしてできる限り具体的なものとする必要があります（同2項)。

また、裁量基準の内容では、規則、委員会規則等と同様に、趣旨適合原則と適正確保原則（行手法38条1項・2項）が及ぶものといえるでしょう。この原則に示される考え方は一般的に要求される事項ですので、行政手続法が適用されない処分や、他の法形式における各種の裁量基準にも当てはまるものといえます。さらには、**解釈基準**や、**裁量権行使の手続ルール**にも、これら趣旨適合原則と適正確保原則が適用されると考えるべきでしょう。

なお、裁判例の中には、裁量基準の合理性や、各事件においてどのような価値・利益・権利・事実状態を考慮したのか、あるいは考慮しなかったのかを審査してその裁量権濫用の有無を判断するものがあります。この点で、裁量基準設定に当たっての考慮事項とその内容を的確に記録しておくことが必要になります。

〈4〉裁量基準設定の手続的統制

行政手続法が適用される国の裁量基準（審査基準、処分基準、行政指導指針）を制定する際は、**意見公募手続**が必要になります（行手法39条）が、自治体が策定する裁量基準には行政手続法の適用はありません（行手法3条3項)。しかし、規則、委員会規則等と同様に、自治体の各機関が定める裁量基準についても、行政手続法の趣旨にのっとった措置を講じる努力義務があり（行手法46条)、裁量基準についても、法律に準じた意見公募手続をとることが自治体には望まれます。

また、審査基準、処分基準又は行政指導指針を設定したときは、行政手続法により、原則としてこれを公表する義務（処分基準は努力義務）があります（行手法5条3項、12条1項、36条)。このうち、自治体の行政指導指針には行政手続法の適用はありませんが、意見公募手続と同じく行政手続法の趣旨にのっとり、公表がなされるべきでしょう。行政手続法・行政手続条例が適用されない活動形式に関しても、脱法行為を助長するおそれが高いなど公益上の支障がない限り、裁量基準を公表することが求められます。

〈5〉裁量基準の設定における瑕疵

裁量基準の設定や内容に関して何らかの瑕疵（問題・欠陥）がある場合に、その事情の下での処分はどのように評価されることになるでしょうか。

例えば、意見公募手続や設定した裁量基準の公表手続に、瑕疵がある場合はどうでしょうか。行政手続条例によって意見公募手続が義務付けられている裁量基準の案について、意見公募に付さずにそのまま原案を裁量基準とした場合を考えましょう。こうした法が定める手続に瑕疵のある裁量基準は、「違法」ということになります。

しかし、裁量基準は裁量権者が自ら設定する行政規則であり、これに違反することが直ちに違法という評価を導くわけではありません。このため、こうした設定時の瑕疵がある場合でも、これに依拠する行政処分が直ちに違法と評価されるわけではないでしょう[*5]。

＊5
もっとも、こうした例が多数というわけではありませんが、行政手続法5条に違反して、審査基準を設定・公表することなくなされた行政財産の目的外使用不許可処分について、那覇地判平20・3・11判時2056号56頁は、違法と判断しています。

（4）処分の裁量統制

〈1〉裁量基準による統制

行政庁である執行機関等が、法令や条例などで認められた範囲内で処分に関する裁量基準を設定しているときは、まず裁量基準を踏まえた権限行使を行うことが基本となります（**裁量基準の自己拘束性**）。これは、平等原則から説明できますし、裁量基準が公表されている場合には、私人側の予測可能性も根拠となります。もっとも、これは、その裁量基準が適正な手続により設定されており、しかもその内容に合理性を有することが前提となります。

裁判例でも、裁量基準が設定されている場合において、基本的には裁量基準に沿った判断・行動をとるべきことを前提とするものがあります[*6]。

＊6
営業停止処分取消請求事件・最三小判平27・3・3民集69巻2号143頁は、風営法の下での処分基準について、「裁量権の行使における公正かつ平等な取扱いの要請や基準の内容に係る相手方の信頼の保護等の観点から、当該処分基準の定めと異なる取扱いをすることを相当と認めるべき特段の事情がない限り、そのような取扱いは裁量権の範囲の逸脱又はその濫用に当たることとなるものと解され」るとの判断をしています。

もっとも、時として、裁量基準があまり具体的ではなく、基準自体が幅のある設定をしていることがあります。例えば、1（1）で例に挙げた職員が特定の人物と会食した場合に、そこでとられる懲戒処分が「免職、停職又は減給」とする基準があるものとします。戒告を選択した場合には、裁量基準に違背して軽い処分を選択したと評価されることになりますが、裁量基準で設定されている3つのうち、どの処分を選択しても、裁量基準には準拠していることになります。しかし、会食の場所、目的・事情、経緯、内容、相手と当該公務員の関係などによって、より非難すべき情状に対しては厳しい処分が、その会食にやむをえない事情があるときは比較的寛大な処分が選択されるべきです。つまり、裁量基準が幅のある設定をしているときは、裁量基準に違背していないということだけで処分の合理性を直ちに根拠付けることはできないのです。

逆に、裁量基準が具体的なものであるほど、特別な事情のある事案において裁量基準を機械的に当てはめることが、妥当性を欠くものとなるおそれが高まります。また、裁量基準が長らく見直されておらず適正確保原則に照らして内容の妥当性に疑義がある場合もありえます。こうした場合、処分内容（や、処分をしないこと）の具体的な妥当性を追求するために、裁量基準によらない決定をすることも許されるでしょう。むしろ、こうした場合にまで裁量基準に準拠することに固執することは、適切な裁量判断を行うことを求める法令や条例の趣旨に反するものともいえます。

ただし、裁量基準によらない個別の事案処理は、裁量基準にのっとって処理されている事例と比べると（少なくとも形式的な）平等性を欠くものにみえます。裁量基準によらない決定にあっては、その事案において平等原則の要請を考慮してもなお裁量基準によらないことが必要かつ妥当であることを、裁量権者が積極的に説明し、住民の納得を得るものとしなければなりません。処分理由としても提示されるべきでしょう（行手法８条・14条参照）。

これをまとめると、

①　裁量基準による決定をするとして、その裁量基準が合理的であること及びその案件で裁量基準に基づく内容の決定が合理的であること

②　裁量基準による決定を行わない場合、その裁量基準により難い理由及びその案件で裁量基準によらない内容の決定が合理的であること

を自治体（執行機関）側が主体的に住民等関係者に説明し、その納得を得るようにする必要があります。その前提としては、どのような事実を認定したか、その事実のどのような要素を重視して裁量基準をどのように考慮したのかを、文書に記録しておく必要があります。

〈2〉処分のその他の手続的統制

処分の裁量に係る手続的統制は、『テキスト・基本法務編』第２章第３節２（２）〈３〉（行政処分の手続）を参照してください。ここでは要点を述べるにとどめますが、こうした手続的統制の方法として、まずはここまでにみている裁量基準の設定があります。

また、申請を拒否する処分及び不利益処分をする際、行政庁に課される理由の提示義務（行手法８条・14条参照）は、行政庁が慎重な判断をすることによって裁量統制を図るためのものであり、裁量基準の機能と密接に重なり合います。さらに、不利益処分を行う際に義務付けられる聴聞や弁明の機会の付与といった処分の名あて人予定者からの意見陳述手続（行手法13条参照）は、適切な事実認定に基づく適切な裁量権行使を図るための手続といえます。

(5) 行政指導の裁量統制

〈1〉行政指導指針による統制

自治体の機関がする**行政指導**には、行政手続法は適用されません。しかし、行政指導に関し、大半の自治体の行政手続条例は、行政手続法と同じ内容の規定を有しているので、以下では、行政手続法の内容で説明します。

行政指導[*7]を実施するかしないか、実施するとして誰に、どのような内容の行政指導を、どのような態様で行うのかについて、自治体（行政機関）にも、一定の裁量が認められます。もっとも、行政指導に裁量が認められるとしても、同じ行政目的を達成するために、一定条件で複数の人に対して行う行政指導に関しては、**行政指導指針**を定め、行政上特別な支障がない限り、これを公表しなければなりません（行手法36条）。

＊7　行政指導の意義
行政機関がその任務又は所掌事務の範囲内において一定の行政目的を実現するため特定の者に一定の作為又は不作為を求める指導、勧告、助言その他の行為であって処分に該当しないものをいいます（行手法2条6号参照）。

行政指導は相手方の任意による協力が大前提です。行政指導指針の内容が相手方への強制にわたるような誤解を与える表現は、その指針に基づいて行政指導をするだけで違法の疑いがもたれます（教育施設負担金返還請求上告事件・最一小判平5・2・18民集47巻2号574頁参照）。また、行政指導に応じないことに対する制裁措置を行政指導指針に盛り込むことも許されません（行手法32条2項）。

行政指導指針も裁量基準（(3) 参照）に当たります。よって、その制定改廃に当たっては、その案を意見公募手続に付することが求められています（行手法39条参照）。

なお、行政指導指針と異なる要件・内容の行政指導を行った場合、行政指導指針と異なることだけを理由としてその行政指導が違法となるわけではありません。しかし、行政指導指針と異なる指導をするということは、その異なる行政指導を受けた人と、行政指導指針どおりの行政指導を受け、これに応ずる人との間で、平等ではない取扱いをすることとなります。この平等でない取扱いについて、行政指導の相手方や住民に合理的な理由を説明できることが必要となります。

〈2〉行政指導のその他の手続的統制

行政指導の方式は、法令・条例や行政指導指針に定めがなければ、行政指導を行う機関（職員）の裁量によります。もっとも、行政指導の相手方から行政指導内容（趣旨・内容・責任者）について文書を求められたときは、その場で完了する場合などを除き、行政上特別の支障がない限り、これを交付しなければなりません（行手法35条3項・4項参照）。

3　裁量の司法的統制

(1) 裁量の司法審査の伝統的枠組み

1 (3) で触れたとおり、裁量の範囲内の活動は、不適切であったとしても原則として当不当の問題にとどまります。裁判所は、違法性を審理判断することはあっても、当不当については判断できません。ただし、行政事件訴訟法では、行政庁（行政機関）がした処分は、その裁量権行使に逸脱や濫用がある場合に限って、裁判所は違法と判断できることとしています（行訴法30条）。

こうした裁量権の逸脱・濫用に関する裁判所の審査は、裁量判断を行う行政にとってはさほど厳格ではない（審査密度が低いといった表現がされることもあります）ともいえます。行政裁量の法的コントロールに向けた裁判所の審査密度の向上が活発に議論されているところですが、自治体としても、司法審査密度の低さに甘える形で裁量判断を行うのではなく、裁量基準の整備など、自己統制の程度を高めることが求められるでしょう。

（2）裁量権の逸脱・濫用に関する司法審査の手法

自治体の裁量に関して裁判所は具体的にはどのような違法性にかかわる判断基準を有しているでしょうか。裁判所は、個別の事件に対して、そこで問題になる法の規定に則した審査を行い、行政裁量一般に関する判示は行いません。現在は、数多くの裁判例の整理がなされつつも追いついていない状況とも指摘されています。さまざまな整理がなされているところですが、判例の動向からは裁量権の逸脱・濫用の審査手法として、次のような分類がされています。

〈1〉社会観念審査

社会観念審査とは、その裁量権の行使が、全くあるいは重大な事実の基礎を欠いていたり、又は社会観念上著しく妥当を欠いていたりする場合に、これを違法とする裁判所の審査方法をいいます。この審査方法におけるより具体的な実体的判断基準として、**重大な事実誤認、目的・動機違反、平等原則違反、比例原則違反**などが挙げられます。

〈2〉判断過程審査

判断過程審査とは、その裁量権行使に至る判断の過程が合理性を欠く場合に、これを違法とする裁判所の審査方法をいいます。判断過程の何をどのように着目するのかについて、判例にはいくつかのタイプがあります。よくみられるものとして、考慮すべき要素を考慮しなかったのではないか（**要考慮事項の考慮不尽**）、考慮すべきでないことを考慮しているのではないか（**他事考慮**）といったことを審査する判決があります。要考慮事項が何かは、行政活動の根拠規定や関連規定、また事案等によって異なります。自治体の実務では、裁量権を行使する事務の目的と、その裁量権行使によって確保されるべき公益の種類・内容・程度を、精確に理解して検討しておく必要があります。

（3）司法審査の動向

社会観念審査、判断過程審査の両手法は、相互排他的・選択的関係にあるものではありません。むしろ近年では、両者を結合させて、判断過程が合理性を欠く結果、処分が社会観念上著しく妥当を欠くとする最高裁判決もあります[*8]。

また、上記の審査手法は、裁量判断の実体に重点をおくものでしたが、裁判所による行政裁量の統制として強調されているのが、手続面の審査です。前項の「執行管理（行政基準）」で触れた裁量基準に関する説明内容が、裁判所の審査との関係でも重要になっており、そこで取り上げた裁判例も、この手続面の審査の強調と軌を一にするものといえます。判断過程の実体的な合理性に加えて、審査基準の合理性や事案での適用の合理性、また、裁量基準によらない判断を行う場合にはその理由と合理性を示せるようにしておくことが重要です。こうした合理性を裏付ける資料等を管理保管する必要があります。

＊8
剣道実技拒否事件・最二小判平8・3・8民集50巻3号469頁、呉市（広島県教職員組合）事件・最三小判平18・2・7民集60巻2号401頁などがあります。

学習のポイント

1　行政における裁量の意義

■ある事実が法律・条例上の要件をすべて備えた場合の効力について、行政（執行機関）に、一定の範囲で又はいくつかの選択・判断の余地がある場合、その選択・判断の余地を裁量（行政裁量）といいます。

■裁量の範囲内で行政が行う行為や不作為は、違法ではありません。しかし、おのずと限界があります。法令が行政に裁量を認めているのは、個々の事案において法の目的達成にとって最適・最良の判断・選択をするためです。むしろ、自治体（執行機関）は、裁量権を最適に行使するという職務上の義務を負っていると考えるべきものです。

■裁量権行使の限界を画することは、自治体（行政）がその裁量権を最適に行使するように図っていくことを意味します。これを、裁量統制と呼びます。

■裁量統制の実体的な統制の判断基準として、行政法上の一般原則（比例原則、平等原則など）があります。

2　執行管理（行政基準）

■法令や条例の委任に基づき、又はその執行について定める規則・規程、さらに審査基準、処分基準、行政指導指針などの裁量基準の内容には、趣旨適合原則と適正確保原則の規律が及びます。また、これらの制定改廃をするときには、その案について、行政手続法の趣旨にのっとった措置（意見公募手続）を講じる必要があります。

■処分をするに当たって、裁量基準を設定しているときは、裁量基準を踏まえた権限行使を基本とします（裁量基準の自己拘束性）。

■処分の裁量の手続的統制として、申請を拒否する処分及び不利益処分をする際における理由の提示や、聴聞、弁明の機会の付与などの意見陳述手続があります。

■同じ行政目的を達成するために、一定条件で複数の人に対して行う行政指導に関しては、行政指導指針を定め、原則としてこれを公表しなければなりません。これに、相手方への強制にわたる内容や、行政指導に応じないことに対する制裁措置を盛り込むことは許されません。行政指導指針の制定改廃には、その案を意見公募手続に付することが必要です。

■個別の法令・条例に定めがなくても、行政指導の相手方から指導内容（趣旨・内容・責任者）について文書を求められたときは、原則として、これを交付しなければなりません。

3　裁量の司法的統制

■裁判所は、違法性を審理判断することはあっても、当不当については判断できません。しかし、その裁量権行使に逸脱や濫用がある場合、裁判所はこれを違法と判断することができます。

■裁判所における裁量権の審査には、実体面での社会観念審査、判断過程審査といった方法や、その裁量行使手続の違法を審査する方法があります。これらの審査の方法は、相互排他的・選択的なものではありません。

■裁判所における裁量審査の現状を考えれば、自治体は、裁量のある諸活動に関し、その判断過程の合理性を裏付けるための必要な資料等や、裁量基準の設定に際しての検討資料、裁量基準に沿わない判断をする場合にはその際の検討事項等を示す記録等を、適切に管理保管する必要があります。

第4節　違法状態の是正

1　違法状態の是正の必要性

住民や事業者などの私人は、処分や行政契約などによって、具体的な権利を得たり、義務を負ったりします。もっとも、私人が負うこととなった義務を果たさないという事態も生じえます。

そこで、私人が自治体に対する各種の義務を果たさない場合、自治体は、法令上の権限や、契約上の権利などに基づいて、義務が果たされた状態を創出しなければなりません。この節では、これを**義務履行確保**と呼びます。義務履行確保は、法令（この節では条例や規則を含みます）の適法性確保のための違法状態の是正（違反是正）の一面ということもできます。

自治体による違法状態の是正作用は、現象としては対象者に対する侵害的な性格を有するため、その実行には慎重さが求められます。と同時に、自治体が私人の義務違反を正当な理由もなく放置することは、他の法を順守する私人との間で著しい不公平を生みます。また、違法状態が放置されれば、誰も法を守らなくなり、法治主義が空洞化します。自治体は、法定の手段を通じて、義務履行確保（違法状態の是正）を、できる限り速やかに図らなければなりません。違法状態によって他の住民等に不利益が生じる場合には、是正作用の不作為に対して国家賠償請求訴訟や非申請型義務付け訴訟が提起されることもありえます。

本節では、この私人が負う義務を、公法上の義務と私法上の義務[*1]に分けます。前者は私人同士の間ではみられず法令によって認められるもので、後者は私人同士の間にみられるものと法的に同じ性格のものをいいます。

＊1　公法・私法の区別
公法と私法の区別については、理論的には論争のあったところですが、ここでは分類の便宜を超える意味があるわけではありません。

2　違反事実の認定

（1）事実認定のための調査

〈1〉違反事実認定のための調査の必要性

明らかに問題のある状況を是正する措置をとる必要が自治体にあるとしても、法令違反等の具体的な事実を明らかにしなければ、具体的措置の発動には繋がりません。措置の発動でもまた、本章第1節で触れたような、違反等が存在することを要件とした法の運用として行われることが通常だからです。したがって、違反是正の諸活動は、まず、**法令違反等の事実認定**に係る手続から始まります。

〈2〉質問調査、立入検査等

自治体は、違反事実に関する通報があった場合でも、その内容のみに基づいて、直ちに是正措置を発動できるわけではありません。自治体の機関自らが必要な調査をして、その通報の中身が真実で、法令違反等であることを認定する必要があります。

必要となる調査の対象、方法、程度は、具体的な事案ごとに異なります*2。しかし、私人（関係者）を相手に質問に答えてもらったり、書類の提出を求めたり、土地や施設などに立ち入って調べたりする場合には、次のことを心がけてください。

①　任意調査の場合

検査、調査等に関する法令の規定によらない調査（**任意調査**）は、行政指導の方法によります。行政指導の実体要件（相手方の任意の協力等）や手続要件（趣旨・内容・責任者の明示と求めがあった場合のこれらに関する書面交付等）に従わなければなりません（行手法32～36条参照）。

②　法令上・契約上の規定に基づく調査

法令上の検査、調査等の規定による調査は、その法令の関係規定に従って行われなければなりません。法令上の調査にかかわって、条例の中には、調査に応ずる義務を定めず、しかも検査、調査等を拒否しても罰則がないものがあります。このような強制的内容が明示されない法令上の調査では相手方に受忍義務を課すことはできません。法的性格は、任意調査とほぼ同じとなります。

契約に基づく私法上の義務に関しては、契約の定めるところに従い、権利者等として自治体が調査を行うことができる場合もあります。ただし、契約によって公権力を創設することはできず、私法上の契約に基づく調査が拒否されたときは、その強制のためには、民事上の手続（本節4参照）を必要とします。

任意調査であれ、法令上・契約上の規定に基づく調査であれ、調査に至る経緯、調査手続（事前通知の有無）、調査日時・場所、調査した職員等の職氏名、調査を受けた人及び立会人の氏名その他の必要な事項、調査結果などは、文書に記録し保管しなければならず、担当職員の異動等に際しても、適切に引き継ぎがなされる必要があります。

*2　行政調査と令状主義

川崎民商税務検査拒否事件上告審判決・最大判昭47・11・22刑集26巻9号554頁は、所得税法に基づく収税官吏の検査は、その手続が「刑事責任追及を目的とするものでないとの理由のみで、その手続における一切の強制が当然に右規定による保障の枠外にあると判断することは相当ではない」と述べています。行政上の調査手続でも、憲法35条の令状主義が要求されるものがありうるということです。

なお、無令状で行った税関職員の郵便物の開披などに関する最三小判平28・12・9刑集70巻8号806頁も、同様に判示しています。

3　公法上の義務違反の是正措置

(1) 公法上の義務違反に対する義務履行確保の基本的仕組み

公法上の義務は、金銭上の義務（金銭支払いの義務）と非金銭上の義務に大別されます。

金銭上の義務は、その義務違反に対して、**滞納処分***3により強制的に徴収がなされるものと、民事の**強制履行**の手続（本節4参照）によるものに分かれます。このうち、滞納処分のできるものは、個別具体的に法令にその旨が明記され（地

*3　滞納処分

金銭上の義務者に対して、国税徴収法の例により、自治体の機関が裁判所へ申し立てることなく、自ら義務者の財産を差し押さえ、換価し、その代金から自治体の金銭上の債権に充てることをいいます。典型例としては、地方税の滞納処分が挙げられるでしょう。

＊4　使用料と滞納処分
公の施設の使用料は、下水道使用料など、法律で特に定めるものでなければ、滞納処分ができません（自治法231条の3第3項・附則6条3号）。

税法373条等）、個別に定めがなければ、民事の手続によります＊4。

また、非金銭上の義務は、**代替的作為義務、非代替的作為義務、不作為義務**に分かれます（【図表3－4－1】参照）。代替的作為義務とは他人が代わって行うことのできる作為義務をいい、非代替的作為義務とは他人が代わって行うことのできない作為義務をいいます。代替的作為義務の例として、違法建築の撤去命令（建築基準法9条1項）に基づく建物の除却義務があります。また、非代替的作為義務の例として、行政財産の目的外使用許可の取消し（自治法238条の4第9項）に伴う庁舎の明渡義務があります。不作為義務の例としては、違法建築に係る工事中止命令によって課される工事中止義務があります（建築基準法9条1項）。

【図表3-4-1】私人の公法上の義務の分類

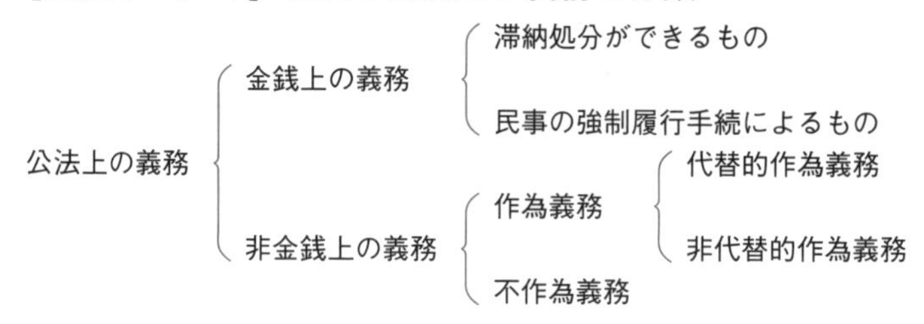

金銭上の義務の不履行については、上記のとおり、滞納処分の手続又は民事裁判手続による強制履行により、その履行確保が図られます。

これに対して非金銭的な義務違反については、まず、是正の命令（違反建築であれば、先述の除却命令や工事中止命令）を発することについて、法令に定めがおかれることが通例です。

さらに、金銭上の義務を不法に免れようとしたり、非金銭上の義務を履行しなかったりするときは、別途、行政罰や公表制度によって間接的にその義務履行を図るように、個別の法令が定めをおくことがあります（本節**5**・**6**参照）。

なお、非金銭上の義務に関しては、個別の法令により、その履行についての勧告が、是正命令の前に発出されるよう規定されていることがあります（【図表3－4－2】参照）。この場合の勧告の法的性格は、その勧告が相手方の権利義務に何がしかの変動を及ぼすものでなければ、行政指導と考えられます。また、その勧告についても、是正命令とは手続的に独立して規定されている場合と、是正命令を発する前に必ず勧告を行うよう規定されている場合があります。

【図表3-4-2】非金銭上の義務の履行に係る法制度のタイプ（Ⅰ～Ⅳ）

Ⅰ　是正命令
Ⅱ　是正命令　―　行政罰（公表を含む）
Ⅲ　勧告　―　是正命令
Ⅳ　勧告　―　是正命令　―　行政罰（公表を含む）

(2) 義務履行確保（違法是正）措置と裁量

特に非金銭上の義務に関する法令の多くは、法の違反状態につき「是正命令（＋行政罰等）」の構造（【図表3－4－2】のⅠ・Ⅱ）となっています。しかし、この場合でも、法令違反状態の是正を求める行政指導を行うことは可能です。そして、行政指導にとどめるか、是正命令（不利益処分）を発するか、罰則適用が可能な場合は罰則による（例：過料を科す）かの選択や、当該措置をどのタイミングで講じるのかについて、自治体には裁量が存在します。金銭上の義務履行についても、滞納処分等の法令に規定する手段のほか、金銭支払義務を履行するようにとの行政指導を行うことができます*5。

しかし、この是正措置に係る裁量権も自治体がまったく無制約に行使できるものではありません（本章3節参照）。例えば、金銭上の義務の履行がなされないときに、自治体側がこれを放置していると、違法不当な財産管理を怠る事実として、住民監査請求・住民訴訟（自治法242条～242条の3）による是正対象となります。また、非金銭上の義務に関して是正命令を発せず違法状態が何ら是正されないときは、利害関係者から、自治体に対し是正命令の義務付けの訴え（行訴法3条6項1号）等が提起されたり、処分の求め（行手法36条の3）が申し立てられたりすることもありえます。法令違反事実が相当数あって過去の処理事案が蓄積し、その違反内容が類型化され、採用すべき是正措置がおおむね確立しているときは、当該是正措置の発動要件と手続（事前の通報や調査を含む）を包含する基準（**事務処理要領**）を定めることが適切です。

＊5　滞納処分の裁量統制
地方税の滞納処分については、各税目ごとに、徴収金が督促状を発した日から10日を経過した日まで完納されなければ滞納者の財産を差し押さえなければならないと規定していますので（例：市町村民税に係る滞納処分、地税法331条1項参照）、滞納処分をするもしないも行政庁の完全な裁量に委ねられているというわけではありません。

(3) 是正措置手段選択の考慮要素

それでは、行政指導と是正命令（不利益処分）のいずれもが選択しうるときに、どのような観点から適切な手段を選択すべきでしょうか。次の事項には、特に留意する必要があります。

〈1〉実効性（目的達成性）

重要なのは、その手段で法令違反事実が是正されることです。相手方が行政指導に従うことがほとんど期待できないのに、漫然と行政指導を繰り返すことは、この実効性の観点から採用すべきものではありません。

〈2〉法令違反事実による権利利益及び公益の侵害の重大性

対応が遅れれば健康被害が拡大するのに、事業者の事情を過度に考慮して命令等をせず順守が見込まれない行政指導を多用するといったことは、その判断過程の合理性を疑われるものです。

〈3〉効率性

実効性に大きな違いがなく、権利利益等の制約の度合いも同程度の手段が複数あるときは、当該手段に要する労力が少なく、かつ、経費がより少額の手段を選択すべきです。

〈4〉緊急・暫定性

窮余の策として、手続的に簡便な手段（おそらくは行政指導）を緊急的に採用することがありえます。〈1〉の目的を達成するかどうかが不明確な場合や、あるいは命令等強制的手段の利用可能性に不明確さが残るといった事情下で、〈2〉の重大な権利等の侵害を多少なりとも防ぐためにとられるというものです。もっとも、命令等に向けた検討や準備を並行して行っていなければ、行政指導を緊急・暫定的なものではなく恒常的手段として選択したものとみなされるでしょう。

なお、行政罰は、それによって直ちに義務履行が確保されるわけではありませんし、特に行政刑罰については刑事訴追によって相手方に与える影響もきわめて大きいので、他の手段では目的達成ができないときに、補充的に選択される手段と考えておく必要があります。

（4）金銭上の義務の履行確保

〈1〉滞納処分と（民事）強制執行

（1）で説明したとおり、金銭上の義務の履行確保は、滞納処分の手続によるか、又は民事裁判手続によることになります。滞納処分の手続によることができるのは、その旨の規定がおかれている場合であり、規定がなければ滞納処分を行うことはできません。

逆に、滞納処分を行うことができる私人の金銭上の義務については、自治体は法令に基づく滞納処分の手続によってしかその履行確保措置をとることができず、民事裁判手続によることはできません（農業共済掛金等請求上告事件・最大判昭41・2・23民集20巻2号320頁）。

滞納処分の手続によることができる旨の規定がない場合には民事裁判手続によります。ここでは、督促をした上で強制執行の手続などをとることになります（自治令171条、171条の2）。また、裁判所に訴えを提起することになるときは、議会の議決を必要とします（自治法96条1項12号）[*6]。なお、私法上の原因に基づく金銭上の義務についても、ここでみている民事裁判手続による履行確保がなされます。

＊6
簡易な申立てである支払督促（民訴法387条以下）に対して義務者が異議を申し立てたときにも、議会の議決は必要になります（差押債権支払請求事件・最一小判昭59・5・31民集38巻7号1021頁）。

〈2〉権利放棄と債権管理条例

滞納処分によるものであれ、民事裁判手続によるものであれ、義務者が生活困窮にあるなど法定の事由に当たれば、徴収の猶予や停止をすることができ（地税法15条以下、自治令171条の5）、一定の場合には、義務が免除されることもあります（地税法15条の7第4項・第5項、自治令171条の7）。

このような法定事由以外に、義務者の義務が免除されるには、条例で定めをしない限り、議会が権利放棄の議決をする必要があります（自治法96条1項10号）。この議決は、議会の自由裁量によるものではなく、著しく不合理な議決は、権利の濫用として無効となることもあります。

なお、債権管理条例を制定する自治体があります。この条例は、援用を必要とする私人の金銭上の義務に関して、消滅時効期間を経過したと思われるときに、これを免除する（自治体の債権を放棄する）ことを重要な内容としています。ただし、特定の私人の金銭上の義務を免除するというのは、同様の法的立場にあって義務を免除されていない私人との間で、不平等をもたらします。その免除という取扱いには公益上の理由が必要ですし、予め具体的な免除の基準（裁量基準）を設定しておくことが求められるでしょう。

（5）非金銭上の義務の履行確保と即時強制

〈1〉法律の根拠の必要性

是正命令を発しても義務者が義務違反（違法）状態を是正しない場合、自治体（行政庁）は、強制的な義務履行措置をとる必要があります。こうした強制措置をなしうるには、その措置について個別に「法律」の根拠が必要と解されています。そして、このような公法上・非金銭上の義務履行確保の一般法として、行政代執行法が制定されています。

こうした非金銭的な義務履行の確保手法には、**代執行**、**直接強制**、**執行罰**があります（『テキスト・基本法務編』２章３節２（５）参照)。ただし、直接強制と執行罰は、法令上ほとんど存在しないので、活用が可能な手法は、事実上、代執行に限られています。

代執行は、法律及びこれに基づく命令のほか、その文言上、少なくとも**委任条例**（法令の委任を受けて制定された条例。近年では、法律規定条例と呼ばれています）に基いて課された義務についても行うことが可能です（行政代執行法２条)。さらに多数説及び行政実務は、法令の委任を受けて制定されているわけではない、いわゆる**自主条例**に基づく義務についても、行政代執行法による代執行を可能と解しています。

もっとも、行政代執行法に基づき代執行を実施できる公法上の義務は、代替的作為義務に限られます。直接強制や執行罰ができなければ、非代替的作為義務や不作為義務の不履行について強制的に執行する法制度はありません（民事裁判手続の利用可能性については、後述の〈3〉を参照)。

なお、代執行を実施するかどうかなどについては、自治体に裁量があります。行政代執行は、要件が厳格であること（行政代執行法２条を参照）*7、手続が煩雑であること（行政代執行法３条を参照）などから、空き家対策でなされているものを除けば、実施例はそれほど多くないといわれています。しかし、代執行が法的には実施可能であるのに、（実務のノウハウがないなどを理由に）何らの措置もとらず、義務違反状態が是正されないというようであれば、代執行の不作為自体が違法性のあるものとして、関係者からの義務付け訴訟などによる是正対象となるでしょう。

＊7
個別法には、そこでなされる処分に係る代執行の要件を緩和する規定がおかれることがあります（緩和代執行と呼ばれることがあります)。

〈2〉即時強制と緊急避難

私人の身体や財産に差し迫った危険がある場合に、自治体が、法律や条例の規定に基づいて、私人に義務を課すことなく直ちに私人の身体や財産に実力を行使できることがあります。こうした実力の行使を、**即時強制**[*8]といいます。

＊8
その用語法ないし概念について議論はありますが、「即時執行」と呼ぶこともあります。

即時強制は、私人の義務を前提としません。このため、公法上の義務履行確保措置ではなく、条例により即時強制を創設することもできるというのが多数説です。また、勧告手続を前置した後、即時強制の規定をおく場合もあります。例えば、都道府県知事は、感染症の患者や保護者に、患者の入院を勧告できます（感染症の予防及び感染症の患者に対する医療に関する法律19条1項）。この勧告に従わないとき知事は、患者を入院させることができます（同3項）。

現行制度においては、法律も条例も、安易な即時強制の創設（即時強制への逃避）をしていないかがまずは問題です。また、即時強制の手続には、行政手続法のような法規範もほとんどありません。ただし、即時強制には、行政法の一般原則、特に比例原則が及びますので、少なくとも実力行使で被る私人の損害（財産上の損失など）を上回る公益の確保が必要です。

民法には**緊急避難**の規定があります。これは、「他人の不法行為に対し、自己又は第三者の権利又は法律上保護される利益を防衛するため、やむを得ず加害行為をした者は、損害賠償の責任を負わない」というものです（民法720条1項）。これに関連して、町（当時）が、不法係留するヨットの撤去をするために、本来整備しなければならなかった漁港管理規程（条例）を制定しておらず、根拠条項なしにヨットの係留杭を撤去した事案で最高裁は、緊急の事態に対処するためにとられたやむをえない措置であり、民法720条の法意に照らして経費の支出は違法ではないと判断しました（ヨット係留杭撤去上告事件・最二小判平3・3・8民集45巻3号164頁）。これは、係留杭の撤去費用が違法支出として賠償を要するかどうかという点から下された判決です。したがって、この判例から直ちに公法上の義務一般に自治体に緊急避難が認められていると解することは難しいと考えられます。

〈3〉民事裁判手続の利用可能性

① 公法上の義務が行政契約によって創設されている場合

公法上の義務が、**行政契約**（例：公害防止協定）によって創設されているとき、その義務が不履行の場合は、どうなるのでしょうか。協定中に違約時に民事の差止請求等を認める条項があれば、その条項が法令に反して違法無効とならない限り、当該条項に定める民事裁判手続によることができると考えられます。それ以外の行政契約で創設された公法上の義務については、契約条項の内容によって民事裁判手続利用の可否が分かれると考えられます。

②　行政契約によらず法令で定められている公法上の義務の場合

このような契約がない場合、自治体が専ら行政権の主体として、公法上・非金銭上の義務履行確保のため民事裁判手続を用いることは、法律に特別な規定がなければできないとされています（宝塚市パチンコ店等規制条例事件・最三小判平14・7・9民集56巻6号1134頁）。

ただし、自治体が自己の財産上の権利利益の保護のためにするのであれば、民事裁判手続を利用することが許されます。例えば、ある市道（市に所有権）が私人に不法占拠されているとします。この場合、市道の道路管理者である市長は、道路法71条による命令によって義務履行確保を図ることが、道路法上は予定されています。そのようなときでも、市がその道路用地を所有している場合には、民法に基づく妨害排除請求権を、民事裁判の手続を通して実現させることができると考えられます（占有権に基づく市道妨害予防請求上告事件・最三小判平18・2・21民集60巻2号508頁参照）。

4　私法上の義務の履行確保

（1）民事法の手続による義務履行

自治体に対する私法上の義務を私人が履行しない場合には、その義務が履行されるよう、又は義務が履行されないことで財産上の損失を被ることのないよう、自治体は法令に基づき所定の手続をとる必要があります。これら私人の私法上の義務に対応して、自治体側は財産上の権利を有していることが多いものと考えられます。そこで、通常は、民事（裁判）手続で、その義務の強制的履行を図ることができます。例えば、私人が債務[*9]の不履行状態にあれば、その強制履行を裁判所に請求したり（民法414条1項）、損害賠償を請求したり（民法415条）、契約であればこれを解除（民法541条、542条）したりすることになります。

＊9　債権・債務の意義
おおまかにいうと、債権とは、「ある人がある人に対して特定の行為や給付（物の引渡しや、代金の支払い）を請求できる権利」のことをいい、債務は、その反対に「特定の行為をしなければならない義務」のことをいいます。

また、自治体の所有する土地を不法占拠している人がいれば、自治体は、所有権に基づく妨害排除請求権を行使して、その人を立ち退かせなければなりません。

なお、私法上の義務の履行確保は、公法上・金銭上の義務で滞納処分によることができないものについての手続と同じですので、そちらをご覧ください（「本節3（4）」参照）。

（2）損害賠償の求償

自治体が国家賠償法に基づき被害者に損害を賠償した場合、違法行為をした公務員や、施設の設置管理瑕疵の原因者に対して、**求償権**を取得します（国賠法1条2項、2条2項）。民法の不法行為関係規定に基づく賠償をした場合にも、自治体は、求償権を取得します（民法715条3項、717条3項）。求償権の取得が確定した場合、その行使の有無について自治体に裁量はほぼありません（はみ出し自動販売機住民訴訟上告審判決・最二小判平16・４・23民集58巻４号892頁）。求償権の行使をしないことが適法となるには、その求償権に関する債務の免除（求償権の放棄）について、地方自治法施行令171条の７によるか、議会の議決（自治法96条１項10号）を得る必要があります＊10。

＊10　求償権不行使の責任
確定した求償権を行使しない場合は、住民訴訟により違法な財務会計行為として責任追及がなされることがあります。
損害賠償請求事件・東京地判昭58・５・11判タ504号128頁、同控訴審・東京高判昭59・２・29判例地方自治６号59頁。

ただし、国家賠償法１条２項に基づく職員に対する求償権は、職員に故意又は重過失があったときに生じるものなので、特に重過失か否かの判定は重要になります。

（３）賠償命令

現金や物品などの自治体の財産を管理している職員（会計事務職員）や予算執行にかかわる職員は、故意又は重過失（現金の場合、故意又は過失）により、職務として保管する現金や物品などを亡失したり、損傷したりしたときは、その損害を賠償しなければなりません（自治法243条の２の２第１項）。賠償は、監査委員による監査、賠償の有無・金額の決定を経て、長が**賠償命令**の形式で科します（自治法243条の２の２第３項）。

（４）義務履行確保を怠る事実

自治体が財産上の権利を有する場合に、相手方にその履行（違法是正）を図るべきであるのに、自治体が正当な理由なくこれを放置することは、財産管理を違法に怠ることになります。損害賠償に係る求償権の不行使や、会計事務職員等への賠償命令の不行使も、財産管理を怠っていることとなります。このような違法な財産管理状態は、住民監査請求・住民訴訟による是正の対象となることに注意が必要です。

５　行政罰

（１）行政罰の種別

公法上の義務違反に対する制裁措置として、法律や条例において、その義務違反に対する**刑事罰**や**行政上の秩序罰（過料）**をおくことがあります（これらを合わせて「**行政罰**」ということがあります）（【図表３－４－３】参照）。行政罰が背景にあることで義務を履行させようとする間接的な手段です。

【図表３－４－３】公法上の義務違反に対する間接的な義務履行確保手段

- 行政罰
  - 行政刑罰
  - 行政上の秩序罰
- （違反事実の）公表

【図表３－４－３】のうち行政刑罰は、刑法総則の適用を受け（刑法８条）、刑事手続により裁判所が科します。刑事事件になるということです。

一方、行政上の秩序罰である過料は、裁判所が過料の裁判をするか、又は長が不利益処分の形式で科します。これは、裁判所が科すものも含め、行政庁の処分と考えられています（過料決定に対する抗告棄却決定に対する特別抗告事件・最大判昭41・12・27民集20巻10号2279頁参照）。

（２）行政刑罰

〈１〉刑事手続における自治体の役割

行政刑罰が刑事手続で科される以上、検察官による公訴の提起（起訴）が必須です。公訴提起について刑事訴訟法248条は、「犯人の性格、年齢及び境遇、犯罪の軽重及び情状並びに犯罪後の情況により訴追を必要としないときは、公訴を提起しないことができる」と規定しています（**起訴便宜主義**）。このため、自治体がその違反事実について行政刑罰を望んでも、その意向どおりになるとは限りません。つまり自治体は、仮に自らの条例に規定した刑事罰規定であっても、これを科すか否かの決定権を有してはいません。

逆に、公訴提起が検察官の専権であるからといって、刑事訴追に向けた事項のすべてを丸投げにすることも望ましくありません。検察や警察の活動が適切に行われるよう密接に連携協力する姿勢が重要でしょう。

〈２〉公務員の告発義務

刑事訴訟法239条２項は、「官吏又は公吏は、その職務を行うことにより犯罪があると思料する[*11]ときは、**告発**をしなければならない。」と規定しています。通説は、これを訓示規定ではなく、公務員に対して法律上の義務を課したものと解しています。したがって、告発すべき事案を放置していると、職員は、地方公務員法の懲戒処分に問われうることとなります[*12]。

ただし、同項が、告発の有無について裁量を一切認めないという趣旨ではないという考えが一般的です。そして、告発を行うべきか否かは、犯罪の重大性、犯罪があると思料することの相当性、今後の行政運営に与える影響などを総合考慮して判断すべきというのが、よく引用されている判断基準です。

＊11　「思料する」の意義
「思料する」は、「考える」と同じ意味と考えて差し支えありません。

＊12　告発と守秘義務
告発と（職員の）守秘義務（地公法34条）との関係が問題となります。ただし、告発は法令で要求される正当行為であり、たとえ告発内容が守秘義務に当たるものでも、その違法性は問われないものと考えられます（刑法35条）。

（３）過料

〈１〉非訟事件手続法による過料処分

法律及びこれに基づく命令で規定する自治体の事務について当該法律等で過料が定められている場合、それは、具体的には、非訟事件手続法119条以下の規定に基づき、地方裁判所によって科されます[*13]。

この過料処分に当たっては、裁判所が権限を行使します。自治体は、その過料の裁判を管轄する裁判所に対して、義務違反事実を証する書面を添えて

＊13
ただし、特別法の規定があれば別です。例えば、住民基本台帳法53条は、同法に基づく過料の裁判は簡易裁判所が行うことを定めています。

第3章　解釈運用法務の基礎

通知をします。管轄裁判所は、その通知と添付された証拠資料に基づいて過料の可否等や金額等を決しますから、証拠資料の果たす役割は大きいと思われます。

〈2〉長による過料処分

① 処分基準の設定・公表

条例に基づく義務違反に対して長が科す**過料**（自治法14条3項、15条2項など）は、金銭の納付を内容とする不利益処分となり、行政手続条例の適用対象となります。不利益処分の手続に関して、大半の行政手続条例は、行政手続法と同じ内容ですので、以下この〈2〉では行政手続法の条文を挙げて説明します。

この過料処分は、金銭の納付を命ずる処分になるので、行政手続法に基づく意見陳述手続の規定（聴聞、弁明の機会の付与）は、直ちには適用されません（行手法13条2項4号）。しかし、この過料処分には、処分基準の設定・公表に関する努力義務があります（行手法12条参照）。また、その処分基準設定時には、行政手続法の趣旨にのっとった意見公募手続をとる必要があります（行手法39条以下参照）。

② 比例原則と過料

詐欺その他不正の行為により、使用料や手数料などの徴収を免れた者には、条例でその免れた金額の5倍に相当する額以下の過料を科する規定を条例で設けることができます（自治法228条3項）。

しかし、条例で5倍と規定していれば、どんなときにでも、不正免脱額の5倍の額まで自由に過料を科してよいというものではありません。スーパー銭湯が、下水道使用料金を1,800万円余り不正に免れていたところ、ある市がその3倍に相当する額を過料として科した事案で、裁判所（処分取消請求事件・名古屋地判平16・9・22判タ1203号144頁（第1審で確定））は、地方税の重加算税及び脱税犯の罰金刑と本件のような過料は目的を共通しており、重加算税等の上限より多額の過料を科すには、それを正当と認めるに足りる情状（の悪質さ）の存在を必要とするとして、不正免脱額の2倍を超える部分を裁量の逸脱濫用としました。仮に条例が不正免脱額の5倍までの過料を認めていても、実際の事件での適用に当たっては、比例原則が及ぶことになります。

③ 手続的統制

長が過料を科すには、相手方に、事前にその旨を告知し、**弁明の機会**を与えなければなりません（自治法255条の3）。これは、行政手続法・行政手続条例の特則といえます。この地方自治法の規定は、行政手続法の制定よりも古く、当時の関税法が認めていた第三者の所有物没収制度の合憲性を争った関税法違反被告上告事件・最大判昭37・11・28刑集16巻11号1577頁の判示内容[*14]を受けて整備されたものです。この規定の整備の経緯と最

＊14　判決のポイント
特に次の判示が重要です。「第三者の所有物を没収する場合において、その没収に関して当該所有者に対し、何ら告知、弁解、防禦の機会を与えることなく、その所有権を奪うことは、著しく不合理であつて、憲法の容認しないところであるといわなければならない」。

高裁判例を考えれば、弁明の手続が内実を伴っていることが必要です。

なお、長が科す過料は、支払われなければ、督促を経た上、地方税の滞納処分の例により強制的に徴収することになります（自治法231条の３第３項）。

6　違反事実の公表

さらに、義務違反の事実に係る違反者の氏名等を**公表**する制度がみられます。周知させることによる社会的な非難等によって義務履行（違法是正）を図ろうというもので、行政罰と共通する制裁的な性格をもつものです。

自治体でこの制度が採用される背景には、自治体にとって非金銭的な義務を対象とした強制手段に難点（代執行は代替的作為義務のみに限定され要件も厳格、他の手段は条例で創設ができない等）があること、行政罰のうち行政刑罰は執行作用が自治体の手から離れること、条例により長が科す過料では上限が５万円と低く設定されていること等があるものと考えられます。これらに比べて、制裁的な公表という手段は自治体にとって利用しやすい面があるでしょう。

しかし、この制裁的な公表は、法的な位置付けが確立しているわけではありません*15。実際の制度例をみると、公表による相手方への影響を軽く評価しているようにうかがわれるものもありますが、実際上生じうる不利益や、仮に誤った公表を行った場合、事後的な救済の難しさがあることには留意が必要であり、公表の運用で認知された問題は、条例等の見直しなどに結びつけることが必要です。

現時点での公表の実施に際しては、次の点に心がける必要があります。

第１に、予め公表の基準を設定し、それを公表することです。公表について、「必要と認められる場合には」といった要件が規定されることがあり、このこと自体は無用な不利益を生じさせない点で有意義ですが、ここでの裁量判断が適切になされるように、基準の設定公表の必要性は高いといえます。

第２に、公表の有効性や実際に生じる影響を考慮する必要もあります。公表は、違法状態を気に留めない、つまり悪質な違反者にとっては違法状態の是正という点では効果があまりありません（**公表効果の逆進性**）。むしろ公表により対象者への宣伝効果を生じさせることもありえます。こうした公表により生じうる事態を検討しつつ、他の利用可能な手段との比較も含めた公表の実施の適切性を個別の案件ごとに説明できるようにすることが望まれるでしょう。

第３に、公表を行おうとする場合には、法的な効果ではなくとも実際に与える影響は大きく、かつ一過的なものにとどまらない可能性もある*16ことから、実質を備えた事前の意見聴取の手続をとる必要があります。

＊15
特に、行政指導に不服従であることの公表については、法律・条例の根拠の要否、不服従を理由とした公表の「不利益な取扱い」（行手法32条２項）の該当性など、さまざまな論点が存在しています。

＊16
インターネット上での公表については、情報の「強い残存性による電磁的な終身刑のような状態」と表現されることもあります（天本哲史『行政による制裁的公表の法理論』（日本評論社、2019年）55頁）。

学習のポイント

1　違法状態の是正の必要性

■私人が自治体に対する各種の義務を果たさない場合、自治体は、法令上の権限や、契約上の権利などに基づいて、義務が果たされた状態を創出しなければなりません。これを義務履行確保と呼びます。

2　違反事実の認定

■違法状態の是正（義務履行確保）には、まず、法令違反の具体的な事実を明らかにしなければなりません。

■違法状態の認定のためには、通報によるだけでは足りず、自ら調査をする必要があります。任意調査は行政指導の方法によって行われ、法令の規定に基づく調査の法的性格は各法令の定め方によります。いずれにせよ、調査に至る経緯や内容などは、文書に記録し保管しなければなりません。

3　公法上の義務違反の是正措置

■義務履行確保（違法是正）措置には裁量が認められますが、まったくの無制約というわけではありません。

■法令違反の内容が類型化され、採用すべき是正措置がおおむね確立しているときは、当該是正措置の発動要件と手続を包含する裁量基準を定める必要があります。

■是正措置としての行政指導と是正命令（不利益処分）の選択は、実効性（目的達成性）、法令違反事実による権利利益及び公益の侵害の重大性、効率性、緊急・暫定性の観点から行われる必要があります。行政罰は、補充的に選択される手段と考えるべきです。

■金銭上の義務の履行確保は、滞納処分によるか、又は民事裁判手続によることになります。滞納処分を行うことができるものは、滞納処分手続によってしかその履行確保措置をとることができません。

■金銭上の義務について義務者に一定の事由があれば、徴収の猶予や停止がされたり、義務が免除されたりすることもあります。それ以外に、義務者の義務が免除されるには、条例で定めをおかない限り、議会が権利放棄の議決をする必要があります。

■非金銭上の義務について、是正命令を発しても義務者が義務違反（違法）状態を是正しない場合、強制的な義務履行措置をとる必要があります。その一般法として、行政代執行法が制定されています。

■非金銭上の義務履行の確保手法には、代執行、直接強制、執行罰がありますが、活用が可能な手法は、事実上、代執行に限られています。代執行を実施できる義務は、代替的作為義務に限られます。

■私人の身体や財産に差し迫った危険がある場合に、自治体は、法律や条例の規定に基づいて、私人に義務を課すことなく直ちに私人の身体や財産に実力を行使することができることがあります。これを、即時強制（即時執行）と呼びます。

■自治体が行政権の主体として、行政上で非金銭上の義務履行確保のため、民事執行法等による民事裁判手続を用いることは、できません。

4　私法上の義務の履行確保

■私人が、自治体に対する私法上の義務を履行しない場合には、自治体は、民事（裁判）手続によりその義務の強制的履行を図ることができます。これらの私人の義務につきその履行（違法是正）を図るべきであるのに、自治体が正当な理由なくこれを放置することは、財産管理を違法に怠ることになります。

■自治体が国家賠償法に基づき被害者に損害を賠償した場合、違法行為をした公務員や、施設の設置管理瑕疵の原因者に対して、求償権を取得することがあります。民法の不法行為関係規定に基づく賠償をした場合にも、自治体は求償権を取得します。

■会計事務職員や予算執行にかかわる職員は、故意又は重過失（現金の場合、故意又は過失）により、職務として保管する現金や物品などを亡失したり、損傷したりしたときは、その損害を賠償しなければなりません。

5　行政罰

■行政刑罰は、刑法総則の適用を受け、刑事手続により裁判所が科します。

■自治体職員には、職務を行うことにより犯罪があると考えるときには、告発義務が課されます。

■法律に基づく自治体の事務に関し当該法律等に基づき科される過料は、非訟事件手続法により、原則として地方裁判所が科します。

■条例・規則違反に対して長が科す過料は、不利益処分の形式で科されます。この場合の過料には、処分基準の設定・公表の努力義務が課されるほか、事前に弁明の機会を付与する必要があります。

6　違反事実の公表

■義務履行確保のため制裁的な措置として公表をする場合は、予め公表の基準を設定しこれを公表するとともに、他の手法がある場合などにおいて、なぜ公表が有効なのか説明できるようにし、併せて、公表を行おうとする場合には相手方の主張も聴くことが求められます。

第4章

評価・争訟法務

評価・争訟法務とは、立法事実の変化や争訟の提起を契機に、自治体が条例の内容や法執行の状況を評価・見直し、その結果を法執行の改善や条例の制定改廃などに繋げていく取組みです。

近年、自治体が法務マネジメントサイクルを確立すること、法令順守を徹底すること、さらには説明責任を履行することの重要性が広く認識されるようになってきました。評価・争訟法務は、こうした問題意識を背景として勃興してきた取組みです。

第１節「評価・争訟と法務」では、評価・争訟法務の意義を理解した上で、評価法務と争訟法務それぞれの対象事項及び対応組織について学びます。

第２節「評価法務」では、条例及び法執行を評価するための仕組みづくりについて学びます。その仕組みを設計する上では、「誰が、いつ、何を、どのように、いかなる基準・手続で評価するか」が重要であることを理解します。

第３節「争訟法務」では、行政上の不服申立て、行政訴訟、民事訴訟及び住民訴訟の４つの争訟類型ごとに制度を概観した上で、政策法務の観点からみた論点を解説します。

第1節 評価・争訟と法務

1 自治体行政にとっての評価・争訟法務の意義

＊1
評価法務と争訟法務を一体的に捉え、その基本的論点を解説した文献としては次が参考になります。出石稔「自治体における『評価・争訟法務』の意義と課題」北村喜宣ほか編『自治体政策法務』（有斐閣、2011年）17頁以下。礒崎初仁『自治体政策法務講義 改訂版』（第一法規、2018年）277頁以下。

（1）評価・争訟法務とは何か

本章のテーマは、「評価・争訟法務の基礎」です[＊1]。評価・争訟法務は、政策法務の取組みの中では比較的手薄な領域でしたから、具体的なイメージをもちづらいかもしれません。そこで、①評価・争訟法務とは何か、②なぜ今評価・争訟法務が重視されているのか、この２点をはっきりさせておきましょう。

なお、本章で「争訟」とは、行政機関に対して審査を求める行政上の不服申立てと、裁判所に提起される訴訟の両者を指しています。

〈1〉評価・争訟法務の定義

評価・争訟法務とは、立法事実の変化や争訟の提起を契機に、自治体が法律・条例の内容や法執行の状況を評価・見直し、その結果を法執行の改善や条例の制定改廃などに繋げていく取組みです。

例えば、ある市が「ヘイトスピーチ」の規制を目的とする条例を制定したとしましょう。そして、公共の場所で拡声機等を使用して行われた「本邦外出身者に対する不当な差別的言動」に対して、市長が勧告や命令を行ったり、インターネット上での拡散防止措置を実施したりするなどの取組みを３年にわたって続けたとします。その上で街頭演説、デモ、インターネット投稿の件数を、条例の制定前後で比較して、不当な差別的言動の発生を抑止するという目標が、①十分に達成されたか、②ある程度達成されたか、③ほとんど達成されなかったかを検証することが、「法執行の状況の評価・見直し」と呼ばれる活動です。

①の場合であれば、条例は効果を発揮していると考えられますので、条例の内容及び法執行の方法を基本的には維持・継続することになるでしょう。②の場合には、条例の効果が十分とはいえないので、条例の内容や法執行の方法をより適切なものに改善する工夫が必要です。③の場合は、条例の存在意義が問われることになります。条例の抜本的見直しが検討されるでしょう。このように、評価・見直しの結果を法執行の改善や条例の制定改廃に結び付けていく過程が評価法務です。

また、不当な差別的言動を繰り返したために罰金を科された相手方が、そのことに不満をもち、自治体に争訟を提起することもありえます。このような争訟に適切に対応するとともに、争訟を契機に条例の内容や法執行を評価・見直し、その改善を図る過程が争訟法務です。

評価法務と争訟法務は別の分野として扱われることもありますが、本章では両者を包括して「広義の評価法務」と位置付けます。評価・見直しの結果を立法法務や解釈運用法務の改善に繋げる点では、(狭義の) 評価法務と争訟法務は共通する部分が大きいからです。そこで、評価法務と争訟法務を一応は区別しますが、総体としては「評価・争訟法務」として把握します。

〈2〉評価・争訟法務と法務マネジメント

法律・条例は、一定の**立法事実**に基づいて制定されます。立法事実とは、法律・条例を制定する際の基礎となる社会的な事実のことをいいます。当然のことですが、立法事実は法律・条例が制定された後、時間とともに変化していきます。立法事実が大きく変わった場合には、それに対応するために法律・条例を見直すことが求められます。さもなければ、実態に適合していない法律・条例は、公共問題の解決に役立たないばかりか、むしろ新たな公共問題を惹起する原因になるおそれさえあります。

法律・条例を適切かつ有効に実施するためには、自治体が**法務マネジメントサイクル** (Plan＝立法/Do＝法執行/Check－Action＝評価) を確立することが重要です。評価・争訟法務は法務マネジメントの「Check－Action」の段階に相当するものです。評価・争訟法務は、サイクルを回すための結節点に当たるため、政策法務の成功のカギを握っているといわれています。

(2) なぜ今評価・争訟法務か

それでは、なぜ今評価・争訟法務が重視されているのでしょうか。また、評価・争訟法務の意義・目的はどこにあるのでしょうか。次の3点を指摘することができます。

〈1〉条例の内容及び法執行の妥当性向上

第1に、自治体が法務マネジメントサイクルを確立し、条例の内容及び法実施の妥当性や有効性を向上させることです。累次の地方分権改革によって自治体の法解釈権と条例制定権が拡大したことから、政策目的を実現する手段として条例の重みが増してきました。条例の内容や運用状況は住民の生命・財産を守る決め手となることさえあります。例えば、熱海市では、2021年7月、不適切な処理による盛土が崩落し、土石流災害が発生しました。現行の法律では盛土への実効性ある対応ができないため、規制条例を新規に制定したり、既存の条例の内容を厳格化したりする動きが全国の自治体でみられました。例えば、静岡県では、2022年7月に「静岡県盛土等の規制に関する条例」が施行され、一定の基準に適合しない土砂等を用いた盛土等が禁止されました。

評価・争訟法務に取り組むことによって、条例や法執行を住民の福祉の増進に資するように、絶えず改善していくことが重要です。そのためには、Plan→Do→Check－Actionというマネジメントサイクルをそれぞれの自治体が確立し、①問題を解決することができたか、②問題を一部でも残していないか、③新たな問題が発生していないかという視点からの検証とフィードバックが求められます＊2。

＊2
出石稔「自治体における『評価・争訟法務』の意義と課題」北村喜宣ほか編『自治体政策法務』（有斐閣、2011年）24頁〔出石稔〕。

〈2〉法令順守の徹底

第2に、自治体が**法令順守**（**コンプライアンス**）を徹底することです。法治主義の下で、自治体が法令の規定及び趣旨を守るべく努めるのは当然のことです＊3。しかし、自治体が違法・不当な行政活動を行う例は後を絶ちません。長年の慣行によって社会的なルールや常識とかけ離れた運用をしていることがありえますし、法執行の現場で職員が法の解釈適用を誤ってしまう可能性もあります。なぜならば、法自体が一般的で抽象的な表現をしており、いかなる行為が法違反となるのかは、必ずしも具体的かつ詳細に規定されていないからです。また、児童虐待対応や防災・危機管理の現場でみられるように、目の前にあるケースが、重大な事件・事故に発展するかどうかを確実に予見することは困難であるにもかかわらず、現場部署は法適用の判断をせざるをえない場合もあるからです＊4。

＊3
自治体のコンプライアンス実務については、岡田博史『自治体コンプライアンスの基礎』（有斐閣、2017年）が参考になります。

＊4
平田彩子『自治体現場の法適用：あいまいな法はいかに実施されるか』（東京大学出版会、2017年）2～3頁。

地方分権改革によって、国の自治体に対する後見的指導・監督の役割は、相対的に低下しました。しかし、分権改革後、住民からみて自治体行政は必ずしも十分な信頼を得たとはいえないのではないでしょうか。

法令順守を確保し、住民の福祉を増進するためには、長と議会による政治統制、裁判所による司法統制（行政訴訟等）、国による行政統制、そして自治体行政当局自身による自己統制（行政不服審査制度等）を組み合わせた、多元的な統制システムが有効に機能しなくてはなりません＊5。行政が自ら軌道修正を行う評価法務と、行政活動に潜在していた問題点を指摘する争訟法務を活用することが求められます。

＊5
田中孝男『自治体法務の多元的統制』（第一法規、2015年）1頁。

〈3〉説明責任の履行

第3に、自治体が**説明責任**を履行することです。行政機関における説明責任（アカウンタビリティ）とは、行政が自ら実施する政策の目的、方法、効果、費用等について、主権者たる国民・住民や政策の直接的・間接的利害関係者に対して説明し、理解を求めることです。

自治体の法解釈権の拡大は、基本的には国との関係で、団体自治の文脈において説明されてきました。しかし、自治体の法解釈権は、国や他の自治体との関係だけではなく、住民との関係でも意味をもちます。具体的な実施場面での法適用やそのための審査基準・処分基準の設定において、自治体が自らの責任で法解釈をするということは、当該法解釈について説明を行う責任という形で、住民に対する責務を伴うのです＊6。

＊6
洞澤秀雄「取消訴訟」大浜啓吉編『自治体訴訟』（早稲田大学出版部、2013年）42～43頁。

このような説明責任を争訟法務に当てはめれば、適法性にかかわる法解釈について自治体として責任を負うとともに、それについての裁判ではその法的妥当性について主張責任をもつことになるはずです＊7。つまり、争訟が提起されることは、自治体が説明責任を果たす格好の機会と捉えることがで

＊7
兼子仁『自治体法学』（学陽書房、1988年）75頁以下。

きるのです。

2　評価対象事項と評価対応組織

(1) 評価対象事項

評価法務とは、自治体が自らの発意により法律・条例の執行状況等を評価・見直し、その結果に基づいて立法法務・解釈運用法務の改善を図る取組みです。評価法務では、誰が、いつ、何を、どのように評価するかという計画的評価システムの設計が重要な論点の1つです。

評価法務の対象事項は、「条例の評価・見直し」と「法執行の評価・見直し」に区別することができます。以下では、それぞれの特徴を説明しましょう。

〈1〉条例の評価・見直し

評価法務の1つめのタイプは、自治立法である条例を評価・見直すものです[＊8]。

これまでは、どうしてもやむをえぬ状況に立ち至ったときに初めて、条例の改正や新規制定に踏み切る自治体が少なくありませんでした。議会に条例案を提出するためには、庁内における意思決定や調整に時間と労力がかかるため、積極的に条例の制定改廃に取り組むインセンティブが乏しかったためと指摘されています。少々の問題は運用で解決し、条例の制定改廃を極力避けることが行政内部では「賢い判断」とされてきたのです。

しかし、今ではほとんどの自治体で例規データベースが整備されてインターネットで自由に閲覧できるようになっていますし、法律・条例に関する文献・記事・情報が溢れるようになり、議員や住民にもアクセスが容易になってきました。条例を改正すべき点が表面化する頻度は高くなってきたと考えられます。

条例の制定改廃は従来のように切羽詰まってから受動的に行うのではなく、行政が能動的に評価・見直しをして、適切なタイミングで行う必要があります。

条例を見直す際の着眼点は3つあるといわれています。第1に、「運用面からみる評価」です。例えば、新しい規制条例を制定・施行した結果、問題となっている行為が減少したかどうか、当初想定した目標を上回っているかどうか、執行に必要な人員・予算は十分なものであったかどうか、規制対象者や住民の反応はどうであったかなど、条例の運用実態から評価するものです。運用面の見直しの結果は、主に解釈運用法務の改善へとフィードバックされることになります。

第2に、「条例の内容面からみる評価」です。社会・経済情勢の変化に条例の内容が適合しているかどうか、規制対象者や住民にとって過度な負担になっていないかどうか、住民にとって分かりやすい、あるいは使い勝手の良

＊8
条例・評価の見直しについては、兼子仁・北村喜宣・出石稔『政策法務事典』（ぎょうせい、2008年）408～414頁〔出石稔〕参照。

い仕組みになっているかという観点で評価するものです。これは条例によって影響を受ける関係者の視点からの評価であり、この見直しの結果は、解釈運用法務の改善や条例改正などの立法法務によって対応されます。

第3は、「条例の目的に照らしてみる評価」です。条例の趣旨・目的が今日も必要とされ続けているかどうか、追求すべき目的が別のものに変化していないかなどを検証するものです。この見直しの結果は、立法法務と密接にかかわるものであり、条例の改正にとどまらず、新規制定にまで結びつく可能性をもちます。

〈2〉法執行の評価・見直し

評価法務の2つめのタイプは、自治体による法の執行を見直すものです。自治体はその事務を遂行するため、多数の法律・条例を日常的に解釈・運用・執行しています。

評価法務の観点から法執行の評価・見直しを行う場合、具体的に何を検討すればよいのでしょうか。

第1に、**評価基準**の設定です。法執行を適法・違法という基準だけではなく、正当・不当という基準からも評価することが重要です。適法・違法については裁判所が判断しますが、正当・不当については制度上、行政が評価することが予定されているからです。行政不服審査や監査委員監査は本来、違法性のみならず不当性についても審査ができることになっていますが、実際には違法性審査に終始しているとの指摘があります。法執行が政策目標の達成に向けた能動的活動である以上は、正当・不当も含めた評価基準を構築していく必要があります。

第2に、法執行の評価対象です。一口に法執行といってもその内容は多岐にわたっています。法執行の評価対象を検討するに当たっては、これらの法執行を「**執行管理**」と「**執行活動**」の2つに区別することが考えられます＊9。

＊9
礒崎初仁『自治体政策法務講義 改訂版』（第一法規、2018年）262～263、267～271頁。

執行管理とは、有効かつ効率的な執行活動を行うために、どのような体制をとるか、執行活動のあり方を検討し、後方から監視・支援する活動です。執行管理には、執行方針の検討、執行体制の整備、執行細目の決定、執行状況の点検が含まれるとされます。なお、執行細目とは審査基準、事務処理要領等の法を執行するために必要となる規程のことです。

（狭義の）執行活動とは、法と執行細目を個別事案に当てはめて結論を出す活動です。これには、①個別事案の事実関係を確定し、②これに関係する規定を抽出し、③これを当該事案に適用するという3段階の行為が含まれると指摘されています。

執行管理に該当する法執行とは、例えば、要綱の策定、法律の審査基準・処分基準の設定、債権回収マニュアルの策定などが考えられます。また、執行活動に該当するものは、許認可の発出、事業者との契約、窓口対応などです。執行管理と執行活動のいずれを評価対象とするかによって、評価の仕方は異なるものになるでしょう。

（２）評価対応組織

評価法務によって法的課題を全庁的にフィードバックするためには、組織的な評価体制を構築することがカギとなります*10。ここでは、評価法務に組織的に対応するためのこれまでの取組みの経緯を説明し、それぞれの意義と課題を述べることにしましょう。

〈１〉神奈川県における条例の見直しシステム

①　取組みの概要

神奈川県では、「神奈川県条例の見直しに関する要綱」を制定し、2008年４月から施行しました*11。この要綱に基づいて神奈川県のすべての条例（議会関係を除く）は原則として５年ごとに見直しが行われることになり、制度導入当初は2010年３月末までの２年間で、制定後間もない条例を除くすべての条例について最初の見直しを行うこととされました。他の都道府県では、個々の条例に一定期間後に見直しを行う旨の規定を設けている事例や、条例の中に執行規定をおいて条例の見直しを行わなければ廃止とする事例がありましたが、神奈川県のように一元的なルールを定めて、定期的に条例全体の見直しを行うのは初めてのケースでした。

なお、この仕組みを導入してから最初の５年間は、県の条例すべてが対象とされていましたが、これまでの取組みにより条例を常に時代に合致したものにしていく考え方が庁内に浸透したことなどから、2013年度以降は「見直し規定を設けている条例」を対象とすることに改められています。

見直しの基本的な仕組みとしては、まず、県の条例のうち、①県民の権利を制限し、又は義務を課す規定、②特定の県民に直接に利益を付与する規定、③県民生活に関連する政策の方向付けをする規定のいずれかの規定を含む条例で特に必要があると認めるものについては、条例の見直しを定期的に行うことを義務付ける「**見直し規定**」を条例に設けます。そして、一定期間ごとに、①必要性、②有効性、③効率性、④基本方針適合性、⑤適法性の５つの視点から見直すこととし、ホームページで、その結果を公表するというものです。

②　運用状況

神奈川県ホームページには、条例見直し結果の一覧表が掲載されています。この一覧表から各条例の「条例見直し調書」がリンクされていますので、見直しの検討内容等も確認することができます。なお、2008年度から2012年度まで５年間の条例見直しの取組成果によれば、廃止を検討する条例が13本、改正を検討する条例が67本、廃止・改正の必要がない条例が239本、合計319本であり、全体に占める廃止・改正を検討する条例の割合は25.1％でした。

＊10　行政リーガルドック

後述する「行政リーガルドック」を提唱してきた行政法学者の北村喜宣は、「個人の意識改革は組織の意識改革がなければ実現しえない」と指摘しています。

北村喜宣「これからの自治体法務について：慣性、行政ドック、そして条例」臨床法務研究22号（2019年）94頁。

＊11

制度導入の経緯等については次を参照してください。井立雅之「神奈川県における条例の見直しシステムの導入」北村喜宣ほか編『自治体政策法務』（有斐閣、2011年）。また、最新の見直し状況については、次の神奈川県ホームページを参照してください。http://www.pref.kanagawa.jp/cnt/f6823/

③　意義と課題

見直しシステム稼働後１年が経過した時点で、担当職員は、運用面での効果を総括できる状況にはないとしながらも、「この１年間で、単純な規定の整理を含め、かなり前から改正すべき状況にあった条例の見直しが、一気に進んだことも事実である。こうした改正の多くは、おそらくはこのシステムがなければ、条例改正にまで至らなかったと考えられる」といいます[*12]。

＊12
井立雅之「神奈川県における条例の見直しシステムの導入」北村喜宣ほか編『自治体政策法務』（有斐閣、2011年）228～229頁〔井立雅之〕。

他方において、担当職員は２つの課題も指摘しています。１つは、条例の見直しが将来にわたり、継続して効果的に行われるかということです。条例の見直しシステムは、事務事業評価システムなど県の他の政策評価制度と直接的な関連付けを行っていません。政策全体の評価の中に条例評価を位置付けることがこのシステムを有効に機能させるポイントになります。もう１つの課題は、このシステムにおける議会報告・県民公表が形骸化しないかということです。このシステムで予定されている報告・公表は最低限のものであり、政策的条例などについてはその重要性に応じて様々な手法を通じて議会及び県民への情報提供・意見交換を行うことが必要です。

〈２〉行政リーガルドック事業

①　取組みの概要

静岡市では、予防法務を推進することにより、事務事業の実施過程等における法令順守を徹底し、もって市政運営に対する市民の信頼を確保するため、2008年度から2014年度まで行政リーガルドック事業を実施していました[*13]。この事業は、人が人間ドックに入って健康状態をチェックして病気を予防するように、市が行う事務を丸ごとドックに入れて、外部の有識者である政策法務アドバイザーが法的検討を加え、その結果を組織内にフィードバックすることで、事務の適法性・妥当性を確保しようとするものです。

＊13　「静岡市政策法務推進計画」における実践事例
これは静岡市が同年に作成した「静岡市政策法務推進計画」に基づく実践の１つです。平松以津子「予防法務のしくみの構築を目指して─静岡市の行政リーガルドック事業の試行的取組」北村喜宣ほか編『自治体政策法務』（有斐閣、2011年）。「静岡市リーガルドック事業実施要綱」については静岡市ホームページで閲覧できる『静岡市政策法務推進計画』に記載されています（2021年８月時点で閲覧可能）。

行政リーガルドック事業は、豊田市、流山市、那須塩原市、花巻市、滝沢市、軽米町等の自治体にも広まっています。例えば、流山市は「流山市政策法務推進計画」（2020年４月改定）において、予防法務の観点から、行政リーガルドック事業を推進することを示しています。同計画では、行政リーガルドック事業の意義として、「日常の事務を法適合性という観点から見つめ直してみることで、基礎的な知識の定着を図ることができるとともに、事業執行の適正化にもつながる」と指摘されています。

②　運用状況

静岡市の取組みの特徴の１つに、リーガルチェックシートの作成があります。2010年２月に作成された「リーガルチェックシート〔第１版〕」は、「申請に対する処分に関する事務」、「不利益処分に関する事務」、「行政指導に関する事務」、「届出に関する事務」、「窓口応対、電話応対等に関する事務」、「施設の管理に関する事務」という6つの事務の類型ごとに、法的留意事項及び点検項目を列記したものです。

2010年度にはこのシートを使用して、各課の事務を丸ごと診査するリーガルドック診査が実施されました。診査の対象分野は「申請に対する処分に関する事務」とされ、シートの点検項目を用いた問診票により個別照会を行い、数件の対象事務を選定しました。そして、対象事務について、政策法務課職員が原課に出向いて詳細な予備診査を行い、その法的課題と論点を明確化した上で、政策法務アドバイザーに提示しました。政策法務アドバイザーは、延べ4日程度の時間をかけて書類診査及びヒアリングによる本診査を行いました。

政策法務アドバイザーによって作成された診査結果報告書が市長に提出されるとともに、リーガルチェックシートの改訂の取組みも行われました。

③　意義と課題

評価法務で重要なことは、組織的・計画的な方法で、条例や法執行の見直しを行うことです。法務管理組織及び顧問弁護士への法律相談は、個別的・対処療法的という弱点があり、法的課題を全庁にフィードバックすることに必ずしも有効ではありません。静岡市リーガルドック事業は、まさしく組織的かつ計画的に実施されるものであり、政策法務アドバイザーの関与という第三者的要素も備えていますし、リーガルチェックシートにより庁内横断的な情報共有も容易になります。

3　争訟対象事項と争訟対応組織

(1) 争訟対象事項

ここでは、争訟の対象事項について、「私人の権利利益の救済」及び「政策形成」という2つの観点から説明します。

〈1〉争訟と権利利益の救済

①　行政救済法の分類

国や自治体などの行政主体は、国民・住民（私人）に対し、許可、勧告、命令、行政指導、通知、補助金、SNSによる情報提供など、多種多様な手段を通じて行政活動を実施しています。そうすると、必然的に私人と行政主体の間に紛争が生じることになります。新型コロナウイルス感染症対策を例にとれば、行政から営業時間短縮命令を受けた飲食店が不服を申し立てたり、自宅療養中に死亡した陽性者の遺族などが行政の対応の過失を訴えて、訴訟を提起したりする場合が考えられます。

このような紛争は、行政の活動に対する私人の不服・苦情・不満等の形で現れることが多いです。その意味では、紛争の解消とは、行政の活動（不作為も含みます）に対する私人の権利利益の救済という側面があります。行政の活動により私人の権利利益に対する侵害が生じているときに私人を救済するための法が、行政救済法と呼ばれるものです。また、法律に特別の定めがある場合に、自己の利益とかかわらない紛争の解決を争訟によって行うことがありますが、これも行政救済法に含まれます。

行政救済法は、**行政争訟**と**国家補償**に二分することができます。行政争訟は、私人と行政との間に生じた紛争を解消するための仕組みであり、行政の違法・不当な行為（又は不作為）を争い、適法・妥当な状態をつくり出すことを直接の目的としています。行政争訟には、行政機関に対して審査を求める行政上の不服申立てと、裁判所に提起する行政事件訴訟の両者が含まれます。

国家補償は、行政活動によって生じた私人の損害や損失を補填するための仕組みです。国家補償には、違法な行政活動に起因して私人に生じた損害を行政が賠償するための損害賠償と、適法な行政活動に起因して生じた損失を行政が金銭で補填する損失補償が含まれます。

行政救済法、行政争訟、国家補償という言葉は実定法上の概念ではなく学問上の概念ですが、自治体にかかわる争訟制度を体系的に理解する上では有用です。

② 自治体争訟の類型

本章第3節では、自治体が当事者となる争訟について4つに分類します。それぞれの制度を概説するとともに、自治体の政策法務に関係する判例を取り上げて、具体的な検討を加えます。

Ⅰ　行政不服審査

Ⅱ　行政事件訴訟

Ⅲ　国家賠償請求訴訟

Ⅳ　住民訴訟（住民監査請求を含む）

以下、4つの争訟類型について概観しておきます。

第1に、**行政不服審査**（行政上の不服申立て）は、簡易迅速な手続による国民の権利利益の救済及び行政の適正な運営の確保を目的として、行政庁の公権力の行使について、国民が行政庁に対して不服申立てすることを認める制度です（行審法1条）。

行政不服審査は、審査の公正さと権利救済の確実性では行政訴訟に劣っているため、不服申立ての結果に不満があるときは行政訴訟を提起することができるし、法律で不服申立前置主義がとられていなければ、直接、行政訴訟を提起することもできます。一方、行政訴訟では処分の違法性しか審査できないのに対して、不服審査では処分の違法性と不当性の双方を審査することとされ、不当な処分についても審査し、取り消すことができます。

第２に、**行政事件訴訟**です。自治体を当事者とする訴訟は、民事訴訟と行政訴訟に二分できます。行政訴訟とは、違法な行政作用によって権利利益を侵害された私人の救済を図るための訴訟であり、民事訴訟とは異なるルールとして行訴法が制定されていますが、同法に定めがなければ民事訴訟の例によるとされています（行訴法７条）。行政事件訴訟には、抗告訴訟、当事者訴訟、民衆訴訟及び機関訴訟があります（行訴法２条）。最も代表的な訴訟であり、提起される件数も多いのは、抗告訴訟です。

抗告訴訟とは、行政庁の公権力の行使に関する不服の訴訟です（行訴法３条１項）。自治体の行政活動が抗告訴訟として争われる場合には、その対象として処分（処分性のある行政活動）が据えられなければなりません。つまり、抗告訴訟の特徴は、行政活動によって生じる私人と行政との間の紛争を、行政処分を基準点として争う点にあります[*14]。自治体の政策は様々な形態をとります。行政の許認可や命令は処分性をもつことが比較的明らかなので抗告訴訟の対象となりやすい反面、行政計画や行政指導に処分性が認められるかどうかは、個別の検討を要します。

＊14
野口貴公美「自治体争訟の特質と動向」大久保規子編『争訟管理』（ぎょうせい、2013年）４頁。

第３に、**民事訴訟**として、国家賠償請求訴訟とその他の民事訴訟があります。国家賠償請求訴訟は違法な行政活動によって生じた損害を国又は自治体が賠償するものです。国家賠償法に基づく損害賠償請求訴訟は、公権力の行使に関するもの（国賠法１条１項）と公の営造物の設置管理の瑕疵に関するもの（国賠法２条１項）とがあります。学校・教育に関する事件、公共施設等の管理瑕疵に関する事件、警察活動に関する事件などがあります。

第４に、**住民訴訟**は、自治体の財務会計上の違法行為を問責するための制度です（自治法242条の２、242条の３）。その大きな特徴は、住民であれば誰でも、自己の権利利益とかかわりなく、住民全体の利益を代表する立場から、単独で行うことができることにあります。住民訴訟は、いわば住民全体の利益を守るための訴訟（客観訴訟）であり、私人の権利利益を救済するための訴訟（主観訴訟）ではありません。住民訴訟は、行政事件訴訟法でいうところの民衆訴訟に相当します。

それぞれの争訟類型の分類と意味を整理すると、次の表のようになります。

【図表4－1－1】 自治体を当事者とする争訟の類型

大区分	小区分				根拠規定	意味
行政不服審査	処分についての審査請求				行審法2条	行政庁の処分に不服がある者が行う審査請求
	不作為についての審査請求				行審法3条	行政庁が法令に基づく申請から相当の期間が経過したにもかかわらず、行政庁の不作為がある場合に、申請をした者が行う審査請求
行政事件訴訟	主観訴訟	抗告訴訟	法定抗告訴訟	処分の取消しの訴え	行訴法3条2項	行政庁の処分その他公権力の行使に当たる行為の取消しを求める訴訟
				裁決の取消しの訴え	行訴法3条3項	審査請求その他の不服申立てに対する行政庁の裁決、決定その他の行為の取消しを求める訴訟
				無効等確認訴訟	行訴法3条4項	処分若しくは裁決の存否又はその効力の有無の確認を求める訴訟
				不作為の違法確認の訴え	行訴法3条5項	行政庁が法令に基づく申請に対し、相当の期間内に何らかの処分又は裁決をすべきであるにかかわらず、これをしないことについての違法確認を求める訴訟
				義務付けの訴え	行訴法3条6項	行政庁が一定の処分をすべきであるにかかわらず、これがなされないときその他一定の場合において、行政庁がその処分又は裁決をすべき旨を命ずることを求める訴訟
				差止めの訴え	行訴法3条7項	行政庁が一定の処分をすべきでないにかかわらず、これがされようとしている場合において、その処分又は裁決をしてはならない旨を命ずることを求める訴訟
			無名抗告訴訟		行訴法3条1項	行政庁の公権力の行使に関する不服の訴訟で、法定されていないもの
		当事者訴訟	形式的当事者訴訟		行訴法4条前段	当事者間の法律関係を確認し又は形成する処分又は裁決に関する訴訟で、法令の規定によりその法律関係の当事者の一方を被告とするもの
			実質的当事者訴訟		行訴法4条後段	公法上の法律関係に関する訴訟
	客観訴訟	民衆訴訟（例：住民訴訟、選挙に関する訴訟）			行訴法5条	国又は公共団体の機関の法規に適合しない行為の是正を求める訴訟で、選挙人たる資格その他自己の法律上の利益にかかわらない資格で提起するもの
		機関訴訟（例：議会と長間の訴訟、国の関与に対する自治体の機関が求める訴訟）			行訴法6条	国又は公共団体の機関相互間における権限の存否又はその行使に関する紛争についての訴訟
国家補償請求訴訟	国家賠償請求訴訟	公権力の行使に関する責任			国賠法1条	国又は公共団体の公権力の行使に当たる公務員が職務を行うについて、違法に他人に損害を加えた場合の賠償を求める訴訟
		営造物の設置管理に関する責任			国賠法2条	道路、河川その他の公の営造物の設置又は管理に瑕疵があったために他人に損害を生じた場合の賠償を求める訴訟
	損失補償請求訴訟				憲法29条3項等	違法な行政作用によって生じた損失を行政主体が金銭で補填することを求める訴訟
民事訴訟					民事訴訟法等	私人間の権利義務関係の争いについて、私法を適用して解決するための訴訟

（礒崎、前掲＊1書、285頁の表に筆者が加筆修正を加えた。）

〈2〉争訟と政策形成

争訟は国や自治体の政策に影響を及ぼし、既存の政策の変更や新規政策の形成を促すことがあります。ここでは争訟と政策形成の関係を扱った理論を3つ紹介し、争訟によって得られた知識・教訓を自治体の政策形成にフィードバックするための手がかりを示します。

① 政策志向型訴訟

水俣事件をはじめとする公害訴訟・環境訴訟や薬害訴訟にみられるように、裁判過程や判決の内容は、国や自治体の政策に影響を及ぼして、既存の政策を変更させたり、新しい政策の形成を促進させたりすることがあります。政策に影響を与える裁判事件を政策志向型訴訟と呼びます。

政策志向型訴訟の典型的なイメージとしては、国・自治体の政策の作為・不作為の誤りによって生じた集団的な被害について、国・自治体を被告に含む形で訴訟を提起し、過去の被害の賠償のみならず、将来発生しうる被害を防止するための措置をも救済策として要求し、その必要性と正当性に関する説得を、法廷において被告と裁判所に対して行うことによって勝利判決を獲得し、その直接的効果として国・自治体の政策が変更され、あるいは新たな政策が形成されることを目指すものです[*15]。

＊15
宮澤節生「政策志向的現代型訴訟の現状と司法制度改革継続の必要性」日本法社会学会編『法社会学 63』（有斐閣、2005年）47頁以下。

また、政策志向型訴訟の特徴として、原告が（被害者）住民の集団であること、被告が国・自治体・大企業等であること、原告側が傍聴席・マスコミ・世論へのアピールを企図した法廷弁論を行うことも指摘されています。

福山市の鞆の浦の埋立架橋計画をめぐる差止訴訟（広島地判平21・10・1判時2060号3頁）など、景観訴訟・環境訴訟の分野では政策志向型訴訟の特徴が顕著です。

政策志向型訴訟に関する知識・教訓を政策形成にフィードバックする方法としては、当事者となった自治体のみならず、他の自治体の政策にも影響を与える裁判例（例えば、原告適格や処分性を拡大したもの、条例を違法としたり、損害賠償請求を認めたりしたものなど）を分析し、法執行や条例内容の改善に役立てることが考えられます[*16]。

＊16
田中孝男「裁判と自治体政策法務」法政研究81巻4号（2015年）803頁以下。

② アジェンダ設定理論

政策志向型訴訟では、裁判過程や判決内容が政策に影響を与えることが明らかにされましたが、すべての訴訟が政策の変更に結び付くわけではありません。却下判決（門前払い）だったり、自治体が勝訴したりした場合には、自治体の法執行や条例には何ら非はなかったものとして、それらの見直しが行われないかもしれません。自治体が最終的に敗訴した場合は、それが行政訴訟であれば、当該処分が取り消されたり、不作為の違法が確定したりするので、行政庁は適切な措置を講じなければなりません。しかし、その場合でも、当該事件への対応は行うものの、事務執行全体の見直しや条例の内容の精査などは行われないこともありえます[*17]。

それでは、訴訟の提起を契機に自治体が法執行や条例を見直し、改善するためには何が必要なのでしょうか。

ヒントになるのが、アジェンダ設定理論です[*18]。アジェンダとは、「政策決定にかかわる政府内外の人々が注意を払う論点、課題、知見、解決策のリスト」を指します。

アジェンダ設定理論は、政策の決定それ自体よりも、どのような課題を検討するかを選択し、優先付けする「決定の前段階」が重要であるとする考え方です。社会には様々な課題があり、それらの課題に利害関係をもつ人々がいます。しかし、行政や議会が取り上げることができるのは、あまたある課題のごく一部にすぎません。行政のもつ財源、人員などの資源には制約がありますし、行政や議会が政策の立案・審議に充てる時間にも限りがあり、一部に絞り込まざるをえないからです。

そこで、利害関係者は、自らのかかわる課題をアジェンダとして政府に認知させようと、あの手この手で工夫をすることになります。例えば、政策の変更や新規政策の形成を要求する原告側は、裁判過程や判決を通じて、マスコミや世論にアピールし、当該事件を「重大事件」として認知させることで、国・自治体が当該訴訟をアジェンダに採り上げざるをえないように働きかけるのです。

特定の課題を政策アジェンダの上位に押し上げる要因を見てみると、①世論の注目を集める「重大事件」の発生、②新型コロナ新規陽性者数や高齢化率などの「社会指標」の変化、③研究者や行政実務家から提案された「政策アイデア」の存在（例えば大阪都構想）、そして④選挙（首長の交代による既存政策の転換）などがあります。

それでは、個々の争訟事件を自治体のアジェンダにのせて、争訟の知識・教訓を政策形成にフィードバックするには、どのような工夫が可能でしょうか。まずは、提起されたすべての争訟の件数、概要、係属状況等を数値化・指標化し、公開することが考えられます。争訟件数が増加しているのか、減少しているか。争訟件数に占める民事事件、行政事件、不服申立ての割合はどうか。学校、病院、道路など、いかなる分野で争訟が多いのか。争訟対応にどのくらいの費用を要しているのか。これらの客観的データをインターネット上で閲覧できるように公開することは、争訟対応という課題を可視化し、アジェンダの上位に押し上げる契機となるでしょう。

③　社会的学習

政策志向型訴訟は争訟が政策形成に影響を与えうることを明らかにしました。また、アジェンダ設定理論は争訟が政策形成に影響を与えるためには、首長、議会、行政幹部などが当該事件に注意を払っている必要がある

＊17
出石稔「自治体における『評価・争訟法務』の意義と課題」北村喜宣ほか編『自治体政策法務』（有斐閣、2011年）301～302頁参照、鈴木秀洋「自治体の訴訟法務」鈴木庸夫編『自治体法務改革の理論』（勁草書房2007年）129～130頁参照。

＊18
アジェンダ設定理論については、秋吉貴雄・伊藤修一郎・北山俊哉『公共政策学の基礎〔第3版〕』（有斐閣、2020年）48～59頁参照。

ことを示しました。しかし、争訟に対応することから得られた知識・教訓が、どのようなプロセスを経て法執行の見直しや条例内容の精査に結び付くのかについては、必ずしも明らかではありません。そこで、特定の知識・アイデアが政策に反映されるプロセスを分析する概念の1つとして、社会的学習を説明します[*19]。

社会的学習とは、政府は能動的に学習し、政策を変更していくと捉え、過去の経験や新しい情報に対応して、政策の目標若しくは手段を修正する試みです。社会的学習の特徴は制度の粘着性を重視していることにあります。いったん確立した制度や政策には多くの利害関係者が関与していますので、制度変更の試みは強い抵抗に遭います。そのため、制度や政策の不具合が明らかになっても、即座に大幅な変更がなされることはなく、細かい修正によって維持されようとします。

そのため、制度や政策の変更は、一気に行われるのではなく、次のような3段階で行われるとされます。第1段階では、政策目標や政策手段を変更するのではなく、政策手段の具体的水準を変更することによって問題に対応するとされます。第2段階では、政策手段の水準の変更では対応が困難な場合、新たな政策手段を採用したりすることで問題に対応するとされます。第3段階では、これまでの2つの段階の変更によって問題に対応できない場合、政策目標自体が見直されることになります。政策全体の枠組みを大きく変更することを意味します。

第1段階と第2段階では主として政策担当部局と専門家によって学習が行われるのに対し、第3段階では、「社会的」学習と名付けられているように、野党やメディアなど多様なアクターによる学習が想定されています。争訟が提起されると、第1段階や第2段階では、所管課、法務管理組織、顧問弁護士などによって学習が行われ、法執行の水準や政策手段の見直しに繋がります。他方において、政治・政局に絡む重大争訟事件では、議会やメディアでも論議の的となり、政策目標自体の転換に繋がる場合もあるのです。

*19　社会的学習については、秋吉貴雄・伊藤修一郎・北山俊哉『公共政策学の基礎〔第3版〕』（有斐閣、2020年）199～201頁参照。

(2) 争訟対応組織

〈1〉所管課

提起された争訟事件に対応する役割を担うのは、当該事案の所管課です。所管課は、住民、事業者等の法対象者に直接に接し、状況を把握し、法を解釈し、適用する現場部署でもあります。このような現場部署で勤務する職員を「第一線職員」と呼びます。

第一線職員の特徴は、①行政組織のヒエラルキー構造では末端に属し、法の実施を直に担当する部署であること、②法の対象者（住民、事業者等）と直接面と向かって業務を遂行すること、③第一線職員の法適用判断には相当程度の裁量があること、④上部組織からの濃密な指揮監督を受けにくく、自律的な判断領域があること、⑤第一線職員は実質的な政策形成を行っていることです[*20]。

所管課の行政活動に対して、法対象者から争訟が提起されたときには、第一義的な当事者として、責任ある対応が求められます。

*20
平田彩子『自治体現場の法適用：あいまいな法はいかに実施されるか』（東京大学出版会、2017年）27頁。

〈2〉法務管理組織

自治体の**法務管理組織**とは、条例・規則等に係る制定改廃の審査、所管系部課からの法律相談、争訟対応などを所管する部課です。都道府県、政令指定都市、中核市等の大規模組織では、「法務課」「法制課」「法規係」等として法務専任の課や係を設ける例がみられます。他方において、人口10万人以下の規模の市町村では、「総務課」、「文書課」、「庶務係」等の総務系組織が様々な庶務的業務の一環として法務管理を担っている例も少なくありません[*21]。

*21　法務管理組織の実態
法務管理組織の実態については、全国40を超える自治体の法務管理組織にヒアリング調査を行い、各自治体における法務管理の特徴を分析した、金井利之監修「分権時代の自治体における法務管理」自治体法務NAVI（2005〜2014年）（全52回）を参照。

法務管理組織による争訟法務への関与形態は、自治体行政組織の規模、事務分掌の状況、法務管理組織の職員数及び能力（法曹有資格職員の配属の有無を含む）、法務管理組織と弁護士の関係、当該自治体に対して提起される争訟件数の多寡、行政幹部層が法務管理を重視する程度などの要因によって異なります。

例えば、東京都では、法務管理組織（総務局総務部法務課）が争訟対応を全庁一元的に所管しています。また、法曹資格を有する都職員や任期付法曹資格者を抱えているため、原則として職員が指定代理人となって訴訟を遂行しています。ただし、都政に影響の大きい事件については、外部の弁護士に代理人を依頼する場合もあります[*22]。

*22
金井利之「続・東京都庁の法務管理」都市問題110巻12号（2019年）50頁。

特別区では、特別区人事・厚生事務組合（特人厚）法務部の職員が、当該訴訟事件に係る特別区の職員としての併任発令を受けて、訴訟を遂行しています。

しかし、法務管理組織が全庁一元的に争訟対応を所管し、なおかつ指定代理人のみで訴訟を遂行するような自治体は少数にとどまるようです。多くの府県・市町村では、争訟を提起された所管課と法務管理組織が共同で対応していますし、外部の弁護士（顧問弁護士を含む）に訴訟代理人を依頼することが一般的です。

〈3〉法曹有資格職員（自治体内弁護士）

東京都及び特人厚を例外として、従来、自治体には法曹資格をもつ職員はほとんどいなかったようです。しかし、近年では、自治体や中央府省が法曹資格者を職員として採用する傾向が顕著になってきました。日本弁護士連合会（日弁連）や各地の弁護士会も、国や自治体における弁護士の職員採用を支援しています。

日弁連の調査によれば、2019年6月時点で、120自治体が184人の法曹有資格職員を採用しています[*23]。採用形態としては、①任期付職員、②一般の

*23
日弁連ウェブサイト
https://www.nichibenren.or.jp/legal_info/legal_apprentice/sosikinai.html
（2021年9月21日最終アクセス）

競争試験又は選考による常勤職員（正規職員）、③非常勤職員があり、任期付職員としての採用が多数を占めるとされています。しかし、自治体の中には明石市のように法曹有資格職員の身分を任期付職員から常勤職員に切り替える自治体もあります。2019年度時点で、明石市には10人の法曹有資格職員が採用されていますが、うち8人が正規職員、2人が任期付職員です[*24]。

2013年及び2014年に37自治体を対象に実施されたアンケートによれば、法曹有資格任期付職員の業務内容としては、回答の多い順に、①職員からの法律相談（回答数37件）、②条例策定・条例審査（同22件）、③職員研修講師（同22件）、④訴訟代理（同21件）、⑤法令調査（同7件）となっています[*25]。

明石市の場合、争訟事件については、基本的に法曹有資格職員が対応しています。市では、2012年度に顧問弁護士制度が廃止され、保険の弁護士特約が利用できる案件などを除き、すべて法曹有資格職員が訴訟等の代理人になっています。行政不服申立ても、法曹有資格職員が審査や裁決書の起案等の業務に携わります[*26]。市の処分に対する審査請求案件では、法曹有資格職員が審理員に選任されています。

*24
鈴木潔「都市自治体の評価と政策法務」日本都市センター『人口減少時代の都市行政機構』（日本都市センター、2020年）137頁以下。

*25
岡本正『公務員弁護士のすべて』（第一法規、2018年）144頁〔岡本正執筆〕。

*26
同上、176～177頁〔荻野泰三執筆〕。

〈4〉長

長は法人としての自治体を代表しますので（自治法147条）、事務管理権限を有しており（同法148条）、そこに訴訟遂行も含まれます。とはいえ、政治的・政策的な影響の大きい裁判を除けば、個々の訴訟方針に長が積極的に関与することは少ないでしょう。

むしろ、争訟法務に関連して長に課せられた責任は、違法・不当な行政活動を事前に防止するための、**内部統制システム**を整備することにあります。自治体における内部統制とは、「住民の福祉の増進を図ることを基本とする組織目的が達成されるよう、行政サービスの提供等の事務を執行する主体である長自らが、組織目的の達成を阻害する事務上の要因をリスクとして識別及び評価し、対応策を講じることで、事務の適正な執行を確保することと定義されています（総務省「地方公共団体における内部統制制度の導入・実施ガイドライン」2019年3月）。

2017年の自治法改正によって、都道府県知事及び指定都市の市長は、その担任する財務に関する事務及びその他の事務について、①内部統制に関する方針を定め、②これに基づく必要な体制を整備して内部統制評価報告書を作成して、③監査委員の審査に付し、公表することが2020年4月から義務付けられました。指定都市以外の市町村にも努力義務が課されています。長は、内部統制や法令順守の体制整備にこれまで以上に注力することが求められているのです。

〈5〉議会

自治法96条1項には、議会の議決事項が列挙されていますが、その中には訴えの提起、和解、斡旋、調停及び仲裁が含まれています。つまり自治体が当事者として訴訟を提起したり和解をしたりすることは、原則として長の権限のみでは行えず、議会の議決が必要です。

学習のポイント

1　自治体行政にとっての評価・争訟法務の意義

■評価・争訟法務とは、立法事実の変化や争訟の発生を契機に、自治体が法律・条例の内容や法執行の状況を評価・見直し、その結果を法執行の改善や条例の制定改廃などに繋げていく取組みです。

■評価・争訟法務の意義・目的としては、①自治体が法務マネジメントサイクルを確立すること、②自治体が法令順守を徹底すること、③自治体による説明責任の履行などを挙げることができます。

2　評価対象事項と評価対応組織

■評価法務の対象事項は、「条例の評価・見直し」と「法執行の評価・見直し」に区別することができます。

■条例の制定改廃は、切羽詰まってから受動的に行うのではなく、行政が能動的に評価・見直しをして、適切なタイミングで行う必要があります。

■評価法務の観点から法執行の評価・見直しを行う場合、評価基準の設定や評価対象の区別に注意を払うことが重要です。

■評価法務を活用して法的課題を全庁的にフィードバックするためには、組織的な評価体制を構築することがカギです。行政リーガルドック事業等が参考になります。

3　争訟対象事項と争訟対応組織

■争訟対象事項は、①行政不服審査、②行政事件訴訟、③国家賠償請求訴訟及び④住民訴訟（住民監査請求を含む）に分類することができます。それぞれの制度の特徴と自治体政策法務に関係する判例を確認してください。

■争訟対応組織には、所管課、法務管理組織、法曹有資格者（自治体内弁護士）、長及び議会を挙げることができます。各組織の連携・協力体制をどのように構築するかが重要です。

第2節　評価法務

1　条例の見直し

(1) 条例評価の枠組み

自治体が条例評価を適切に実施するためには、何が必要でしょうか。言い換えれば、条例評価はどのように制度設計されるべきでしょうか。次の６つの事項を検討する必要があるとされています[*1]。

*1　条例の見直しについての以下の説明は、礒崎初仁『自治体政策法務講義 改訂版』(第一法規、2018年) 第７章「条例評価と立法事実の理論」に基づいています。こちらも参照してください。

〈1〉評価の主体

条例評価の主体は、提案者であり執行者である執行機関（長）、制定者である議会、住民その他の機関の３つを挙げることができます。このうち、執行機関と議会が実施する評価を自己評価、その他の機関が実施する評価を第三者評価ということができます（執行機関は立法者ではありませんが、提案や執行を通じて条例のあり方を主体的に担っていますので、これによる評価も自己評価と捉えられます）。

条例評価に当たっては、実務の情報に基づいてきめ細かな評価・点検ができる点で、日常的には自己評価が重要ですが、自己評価だけでは客観的な評価が難しいですし、住民の生活実感に基づく評価も重要ですので、何らかの形で第三者評価を組み込むことが重要です。パブリックコメント（意見公募手続）の実施や市民を構成員とする条例検討委員会における審議などが考えられます。

また、地方自治法が、直接請求権の１つとして、住民による条例の制定改廃請求を認めていることを忘れてはなりません（74条）。この制度は直接民主主義の理念に基づいて、自治体の住民に直接発案を行わせようとするものです。条例の制定改廃について住民は議会や長とは異なる意思表明をできるわけです。住民は条例評価の主体となりうることが制度的に保障されています。

〈2〉評価の時期

条例評価は、事前評価と事後評価に分けることができます。事前評価は、条例が施行される前に行う評価であり、よりよい条例とするための評価です。これに対して事後評価は、条例が施行された後にその状況・成果をみて行う評価であり、主としてその見直しを図るための評価です。条例は基本的に期限を定めないで施行されますので、政策評価におけるいわゆる途中評価は、ここでは事後評価に含められます。

① **事前評価**

条例のプロセスは、課題設定→立案→決定→実施→評価の５段階をたど

第4章　評価・争訟法務

りますので、この最後の段階で行う事後評価が基本となります。しかし同時に、立案の段階においても、事前にその影響や課題を把握し（アセスメントし）、それを立案の内容に反映させることが重要です。その意味で事前評価も重要と考えられます。

② **事後評価**

事後評価については、その時期を予め定めておく場合と、そうした時期は定めず、問題が生じた場合に個別的に実施する場合があります。条例については通常、期限を設けませんので、何らかの基準によって評価の時期を予め定めておく、つまり「計画的評価」を行うことが望ましいでしょう。

計画的評価の方法としては、条例に次のような見直し条項等を定めておくことが有効です[*2]。

＊2
兼子仁・北村喜宣・出石稔『政策法務事典』（ぎょうせい、2008年）410～411頁〔出石稔〕。

第1に、「制定後一定期間後の見直し」です。新たな制度を創設する条例や市民生活に影響を及ぼすような重要な政策条例は、自治体内の横断的行政システムや秩序を形成するものですから、制定後一定期間を経た段階で、条例の実施状況を踏まえて見直しを実施する必要があります。例えば、「条例施行後一定年数経過後の見直し条項」を当該条例の附則に設けるという方法があります。

第2に、「一定期間ごとの定期見直し」です。基本条例や理念条例は、自治体の進むべき道程を示したものであり、時の社会経済情勢等に適した見直しを図っていく必要があります。このような場合には、「条例施行後一定年数を超えないごとの定期見直し条項」を予め設け、制定してから一定期間後だけではなく、恒常的・定期的に条例の見直しを行うことが考えられます。例えば、神奈川県では「神奈川県条例の見直しに関する要綱」に基づき、すでに制定されている83条例に一括して定期見直し規定を設けました。

第3に、「**時限立法**」です。明らかに短期的に消失する課題や事象について、あえて条例を制定した方が望ましい場合があります。例えば、一時的な給付金の支給に関して条例を定めようとするときなどです。また、長の多選自粛条例を当該長に限って適用するような場合も、時限を区切って制度化する必要があります。条例や要綱に時限的な制度を設ける場合は、一定期間後に条例等そのものの効力を失わせる時限立法を用いることが望ましいでしょう。

第4に、「**サンセット条項**」です。一時的・経過措置的に実施を求められるものなどを条例等に規定する場合は、サンセット条項で対応することが考えられます。条例の本体自体はそのまま効果を継続し、サンセット条項は、その存続期間のみに効果を発揮するものとして有効に機能させることができます。

〈3〉評価の対象

政策評価においては、政策－施策－事業のそれぞれについて評価を行うことが考えられます。条例についても、基本的な構造としては、次の4段階に分けることができます。それぞれについて評価を行うのが原則となります。

・自治基本条例＝「政策」に相当
・（分野別）基本条例＝「政策」に相当
・個別条例＝「施策」ないし「事業」に相当
・施行規則（施行細目）＝「事業」の一部に相当

ただし、条例の場合は、国の法令を受けて制定されたもの（委任条例、施行条例）も少なくないため、評価に当たっては国の法令を含めて評価する必要がありますし、政策的な独自条例（自主条例）を主な対象にすることも現実的でしょう。

なお、評価に当たっては、政策の構成要素の区分に留意するとよいと思われます。すなわち、目的、実施主体、対象、実施手段、実施基準の5つの要素が適切に規定されているか、また、相互の組合せが適切かについて点検・評価することが重要です。

〈4〉評価の方法

評価の方法は大別して、**定量的方法**と**定性的方法**が考えられます。定量的方法とは、評価対象に対して便宜上操作を加えて、数量的なものさしによって評価する方法です。例えば、ある施策による便益とこれに要する費用を推計して比較する「費用便益分析」はこの一例です。これに対して定性的手法とは、評価対象に操作を加えず、ありのままの姿を言語で記述することによって評価する方法です。例えば、個別の実例を取り上げて詳細に検証する「事例研究（ケーススタディ）」、観察者が対象集団に入り込んでともに行動しながら実情を把握する「参与観察法」などの手法が挙げられます。

一般的に政策評価においては、評価者の主観に左右されることが少ないという意味では定量的方法の方が客観的であり、すぐれていると考えられます。しかし、定量的手法は、評価に当たって一定の条件を付けたり、特定のデータで評価するなど、評価対象に何らかの操作を加える必要がありますので、その点で偏りが生じます。政策結果の全体を過不足なく捉える点では、定性的方法がすぐれています。

条例評価に当たっても、2つの方法を適切に使い分けることが重要です。ただ、条例は自治体や住民の活動に何らかの形で影響を及ぼそうとするものです。その結果も複雑かつ多面的ですので、定量的方法は採用しにくい面があります。また後述する公平性、適法性などの基準については、性質上、定性的方法によらざるをえないと考えられます。

条例評価に当たっては、評価を行うことを制度化することが重要です。例えば、すでに述べたとおり、条例制定の際に一定の期限を定めた時限法とし、その実施状況をみて期限を延長することや、条例自体に一定の期間を設定して見直し条項も定めることが考えられますし、要綱等で一定期間ごとに条例評価を行うことを定める条例サンセット方式も考えられます。神奈川県や北海道が要綱等に基づいて条例評価の制度を導入しています。

〈５〉評価の基準

評価の基準には様々な考慮事項がありますので、次項（２）を改めて検討しましょう。

〈６〉評価の手続

実際に条例評価を行う際には、【図表４－２－１】のような手続・手順が考えられます。重要なことは、評価テーマの設定や評価結果について説明責任を果たすとともに、法務マネジメントサイクルを機能させ、評価結果を課題設定や立案に、あるいは法執行にフィードバックさせることです。

【図表４－２－１】条例評価の手順

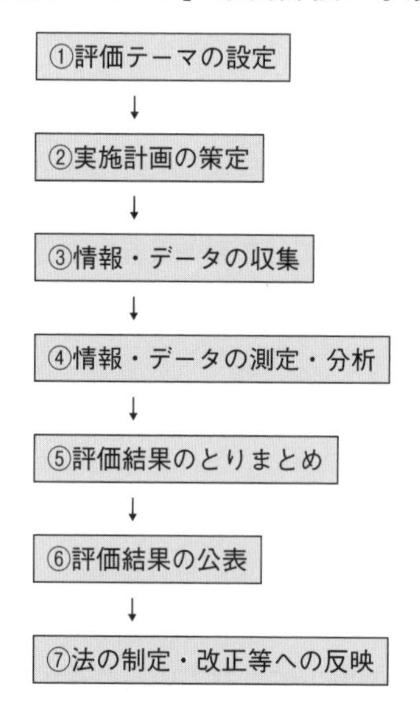

（２）すぐれた条例の条件（１）——条例評価の６つの基準（総論）

〈１〉条例評価の６つの基準

政策評価では、一般に、必要性、効率性、有効性を基本とし、政策の性質によっては公平性の観点があり、これらの評価を踏まえた優先性の観点があるとされます。

住民の権利義務にかかわる条例の場合、住民間の平等や権利を踏まえなければならないため、「公平性」は不可欠の要素だと考えられます。また、当然ながら、憲法や法律に適合するなどの「適法性」も欠かせない要素と考えられます。

さらに、地域に根ざすべき自治立法であることから、新たに「協働性」

(その内容は後述)の要素も重視すべきでしょう。

以上から、条例評価においては、必要性、適法性、有効性、効率性、公平性、協働性の6つの基準を立てるのが適当と考えられます。

〈2〉6つの基準の関係

以上の6つの基準は、相互にどのような関係にあるのでしょうか。

まず、必要性と適法性は、条例が成立するための基礎的条件(最低基準)といえます。このうち適法性は、条例制定権の限界という形で法的検討の中心であり、従来からも議論されてきた論点ですので、ここでは簡潔な確認でよいと考えられます。

次に、有効性、効率性、公平性、協働性は、「よりよい条例」となるための発展的な条件といえます。このうち有効性と効率性は、広い意味で条例の効果(パフォーマンス)に関する基準であり、しかも有効性を重視すると効率性が損なわれるというトレードオフの関係にあると考えられます。これに対し、公平性と協働性は、広い意味で利害調整に関する基準であり、条例においてこそ重視される質的な基準といえます。

【図表4-2-2】「すぐれた条例」の条件

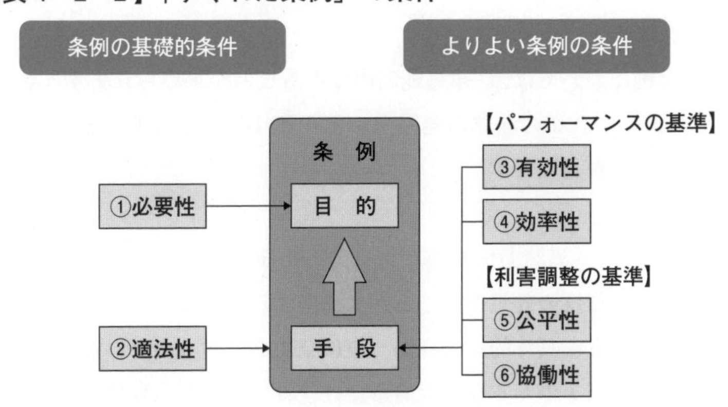

(3) すぐれた条例の条件(2)　基準の内容と当てはめ(各論)

〈1〉必要性

必要性とは、「当該条例がそもそも必要か、その内容が公的関与として実施する必要があるものか」に関する基準です。特に、条例の「目的」面について、その内容が必要か、特に行政活動として行うことが必要かを問うものです。そもそも条例は、住民の権利を制限し義務を課すのが通常ですし、実施するにはコストが必要になりますので、私人間の紛争調停や司法制度によって問題を解決できるのであれば、それに委ねることが望ましいといえます。そこで、必要性は条例制定の最低限の条件の1つとなります。

そもそも法律や条例の必要性・正当性を裏付ける社会的事実のことを「立法事実」といい、人権制約を伴う立法に関する違憲立法審査の際に重要な役割を担っており、政策法務論においても重視すべきポイントの1つです（2章2節参照）。この立法事実は、条例全体にかかわるものですが、まず「必要性」を裏付けるものとして重要といえるでしょう。

原課が条例案を作成する際に起こりがちな対応として、他の自治体の条例の「いいとこ取り」をした「つぎはぎの案」をつくってしまうことがあります。しかし、そのような条例案では、当該自治体において発生している課題と条例で規定されている事項が乖離してしまって、例えば、過剰に強力な規制になりかねないこともあります。条例をつくることが自己目的化しては意味がありません。そもそも条例形式をとる必要性があるのか、また、立法事実と解決策が適合しているかどうかといったことを十分に検討する必要があります。

〈2〉適法性

適法性とは、「当該条例が憲法や法律に抵触して違法という判断を受けるおそれがないか、司法手続において条例の効果を否定される可能性はないか」に関する基準です。法律・条例が全体として違法であり無効と判断されると、立法自体の意味がなくなりますし、一部の規定が違法とされその効果が否定されても、所期の目的は実現できませんので、この基準も最低限の条件といえます。

特に条例については、法律の範囲内であることが求められます（憲法94条、自治法14条1項）。この法律の範囲内かどうかは微妙な判断となりますので、慎重な見極めが必要です。

〈3〉有効性

有効性とは、「当該条例が掲げた目的の実現にどこまで寄与するか、課題の解決にどの程度の効果を生じるか」に関する基準です。条例を制定する目的は正しくても、具体的な内容が「役に立たない」ものであれば意味がありませんし、条例をつくるならできるだけ「役に立つ」内容にすべきです。この点で、有効性は、条例中の「手段」面に関する基準であり、政策的検討の中心になる要素といえるでしょう。

有効性については、目的達成の状況を定量的に把握すること（定量的手法）が望ましいのですが、一般に条例の目的は抽象的かつ複雑ですから、これを限られた指標によって測定することは困難な場合が多いのが現実です。たとえば、「無秩序な開発の防止」を目的とする場合、条例制定の前後で「無秩序な開発」がどの程度減少したかを検証することが考えられますが、何をもって「無秩序な開発」というかは自明ではありませんし、「無秩序」さがどの程度是正されたかを数量で示すことは困難です。

そこで、何らかの代表的な指標を設定して、その変化を測定することが考えられます。例えば、良好な開発であることを示す指標として、各開発事業における建物の建ぺい率（ゆったりとした敷地計画が望ましい）、緑地率（多くの緑地を残すことが望ましい）などを拾って、条例制定による変化を検証することが考えられます。

〈4〉効率性

効率性とは、「当該条例の実施にどの程度の費用を要するか、同じ目的実現を図るのにより少ないコスト（費用）で済む手段はないか」に関する基準です。条例実施のコストには、行政機関内部のコストと行政機関以外の外部的なコストがあります。

① 内部的コスト＝法律・条例を実施するための担当職員等の人件費、補助金等の事業費や事務経費

② 外部的コスト＝住民や企業に課される税や保険料、施設整備などの義務や、権利を制限されることに伴う不利益（逸失利益）

コストは数量的な把握がしやすいため、効率性の評価には定量的手法を活用することが考えられます。

〈5〉公平性

公平性は、「当該条例の目的に照らして、その効果やコスト負担が公平に分配されているか、合理的な理由もなく不平等な取扱いが行われていないか」に関する基準です。

公平性については、定性的手法で評価するしかないと考えられます。その際には、相当性の原則、禁反言の原則などの法的な一般原則を参照することが考えられるでしょう。

〈6〉協働性

協働性は、「当該条例の内容において、住民（住民団体）、NPO等の参加、自己決定又は相互の連携にどこまで配慮しているか」に関する基準です。前述のとおり、自治立法としての条例については、同じように目的を実現できるとしても、その手段ができるだけ住民自治に配慮したものでなければならないと考えられています。例えば、条例に基づいてある計画を策定したり、ある処分を行う際に、行政だけで決定するのではなく、事前に住民の意見を聴いたり、住民の提案に配慮して、「協働」で実施することが重要です。こうした評価を協働性として導入しようとするものです。

この協働性の評価も、定性的手法によって行うことになります。

（4）条例の見直しの課題

〈1〉条例に根拠をおく条例評価システムの整備

評価法務として条例の見直しに取り組んでいる自治体でも、要綱や行政計画に基づき実施しているところが多いと考えられます。他方において、ニセコ町など一部の自治体では、**自治基本条例**（まちづくり基本条例）に「政策法務の推進」を明文化しています。今後は、自治基本条例のほか行政評価条例、行政改革推進条例などに条例評価の根拠規定を設け、あるいは条例評価

のための条例を個別に制定することにより、条例の評価・見直しを明確に位置付けることが望ましいでしょう[*3]。

＊3
出石稔「自治体における『評価・争訟法務』の意義と課題」北村喜宣ほか編『自治体政策法務』（有斐閣、2011年）29頁〔出石稔〕。

しかし、条例の見直しが制度化されたとしても、実際に行われる評価・検証が形式的なものにとどまり、具体的な制定改廃に結び付かないとすればその効果は限定的になります。制定改廃に着手すべき要件を設定することが重要です。

〈2〉適正な例規管理の実施

また、条例及び関連する規則、規程、要綱等の管理を適正に行うことが、条例評価の前提条件です。例規データベースを構築したり、要綱や法律の審査基準を公表することも重要ですが、それにとどまらず、制定時のパブリックコメントや議会審議、見直し検討状況、関連するデータなどを網羅した「条例管理票」などを用いて適正な管理体制を整える必要があります[*4]。

＊4
兼子仁・北村喜宣・出石稔『政策法務事典』（ぎょうせい、2008年）335～339頁〔出石稔〕。

2　法執行の見直し

法執行は、自治体における日常の行政活動全般を通じてみられるものであり、すべての職員がかかわるものといえます。ここでは法執行を「執行管理」と「執行活動」に分けて、それぞれの現状を評価し、改善するために必要な手法を説明します。

（1）執行管理の見直し

執行管理は、有効かつ効率的な執行活動を行うため、執行方針の検討、執行体制の整備、執行細則の決定、執行状況の点検を行う後方支援活動です。執行管理は、原課では課長・係長等の役職者が、庁内では総務系部課（法務、企画、財務、人事、行革等の担当課）が主に行う活動といえます。

執行管理の見直しの方向性としては、①条例・規則等の整備方針を策定すること、②例規の審査基準、処分基準、行政指導指針を体系的に整理し、公開すること、③既存の条例、規則、要綱等の棚卸しを実施することなどが考えられます。

〈1〉執行細則の管理の適正化

①　執行細則の棚卸し

審査基準・要綱・事務処理要領・契約等の法執行に必要となる規程のことを執行細則と呼びます。地方分権改革以前は、国から示された通達や行政実例に自治体が依存することはやむをえない面もありましたが、今日では、地域の実情と自治体政策の方針に基づく執行細則を自治体が自ら作成する必要があります[*5]。

＊5
礒崎初仁『自治体政策法務講義 改訂版』（第一法規、2018年）267頁。兼子仁『自治体法学』（学陽書房、1988年）75頁以下。

しかし、条例・規則・訓令と比較すると、執行細則の管理体制は不十分であると考えられます。条例等はその立法過程において法務管理組織による審査があり、また例規データベースとして公開されることが当然となっています。しかし、執行細則は原課のみで立案・決定される場合が少なくありませんし、審査基準や要綱がデータベースとして公開されていない自治体もあります。

各課の執行細則を全庁的に把握することが第一歩といえます。たとえば、浜松市では、要綱の制定・改正手続及び規定内容の適正化等を目的として、政策法務課が**要綱調査**を実施しています[*6]。いわば要綱の棚卸しです。3ヶ月に1回、1つの部にターゲットを絞って行われるもので、政策法務課職員が当該部の要綱に目を通して、気になった案件をピックアップし、半日程度の時間をかけて原課職員とみっちりとヒアリングをします。調査の結果、市町村合併があったにもかかわらず、必要な改正が行われていなかったものなどが発見され、修正されてきているそうです。

＊6
鈴木潔「分権時代の法務管理　浜松市」自治体法務NAVI55号（2013年）。条例・評価の見直しについては、兼子仁・北村喜宣・出石稔『政策法務事典』（ぎょうせい、2008年）408〜414頁［出石稔］参照。

② 執行細則の公開

執行細則を全庁的に把握したら、次はこれを公開する必要があります。例えば、相模原市では、要綱については2009年度から、審査基準については2010年度から、条例・規則等とは別にホームページで公開をしています[*7]。また、川崎市でも、「川崎市自治基本条例」の基本原則の1つに掲げられた、情報共有の原則に基づく自治運営を推進することを目的として、川崎市が制定するすべての要綱と要綱に準じた要領等を組織別、目的別に分類し、一覧形式で公開しています。

＊7
鈴木潔「分権時代の法務管理　相模原市」自治体法務NAVI42号（2011年）。礒崎初仁『自治体政策法務講義　改訂版』（第一法規、2018年）262〜263、267〜271頁。

③ 執行細則の現場職員への周知徹底

せっかく執行細目を作成したり、見直したりしても、現場職員がその内容を熟知していなければ意味がありません。研修等を通じて周知徹底する必要があります。行政不服審査法に基づく審査請求が提起される原因の1つに、審査基準等に関する窓口での説明不足があり、そこから感情的な行き違いが生じることも稀ではありませんでした。例えば、入所待ちで希望の保育所に入れないといった苦情があった場合には、入所の優先順位は点数制となっており、点数の高い人から希望の保育所に入園してもらっているということを窓口で丁寧に説明することが重要です。

〈2〉執行細則の見直し

① 「引き写し審査基準」の見直し

原課において法律・条例を執行するときには、**審査基準・処分基準**の必要性を検討することが求められます。審査基準等を整備する場合には、それが法律・条例の目的や基準の範囲内で、なおかつ国の示した条例準則や通知には縛られずに、地域の実情に即した独自の規定を工夫する必要があります。

ところで、**行政手続法**は、法執行に必要な審査基準・処分基準について、行政庁に審査基準の策定義務と処分基準の策定の努力義務を課しています（5条及び12条）。問題は、設定された審査基準の内容にあります。法令等において十分な判断基準が示されているため、改めて基準を追加・補充する必要がないとする場合や、法令等に定める基準をそのまま引用するにすぎない場合が少なくないと指摘されています[*8]。こうした「引き写し審査基準」は、①住民の視点からみたときに分かりづらいものになりがちであること、②自治体が自らに課せられた基準策定義務を実質的に果たしていないことが問題です。そこで、たとえ結果的に同じ内容を定めることになるとしても、まずは自治体が既存の基準を見直し、改めて関連する基準の内容を表記したり、自らの言葉で基準を表現しなおしたりする必要があるでしょう。

＊8
野口貴公美「自治体執行法務と審査基準・処分基準」北村喜宣・山口道昭・出石稔・礒崎初仁編『自治体政策法務』（有斐閣、2011年）147〜149頁。

② 審査基準・処分基準の点数化

抽象的に規定された法令の要件を個別具体の事案に適用するに当たって、職員が判断に悩むことが少なくないと考えられます。最終的には行政裁量によって判断することになりますが、法執行の公平性・透明性の観点からも一定のルール化が必要です。

そこで、審査基準・処分基準に点数方式を取り入れて要件認定を客観化・可視化することが考えられます。例えば、特別養護老人ホーム（指定介護老人福祉施設）への入所者の決定は、従来は申込み順とする取扱いがされていましたが、2002年に厚生労働省令が改正され、施設サービスを受ける必要性が高いと認められる入所申込者を優先的に入所させるように努めなければならないとされました。このことを受けて、多くの自治体では、必要性の高い高齢者から入所できるよう、入所の基準や手続を入所指針として定めています。基準は、要介護度、世帯状況、住宅の状況等の項目ごとに点数化されていますが、項目の種類や点数配分は自治体によって多様性がみられます。

このような点数化は、給付行政のみならず規制行政にも応用可能です。代表的な例として、運転免許に関する行政処分の点数制度があります。この制度は、運転者の将来における道路交通上の危険性を点数的に評価するものです。交通違反についてはその違反行為ごとに基礎点数と呼ばれる一定の点数が、交通事故については被害の程度などによる付加点数が定められています。運転者は、過去3年間の合計点数（累積点数）に応じて、免許の拒否、保留、取消し、停止等の処分を受けることになります。

様々な違法・不当行為に対する処分等についても、法執行の公平性・透明性を高めるために、点数化方式の導入を検討することが重要です。

（2）執行活動の見直し

執行活動は、法と執行細目を個別事案に当てはめて結論を出す活動です。これは主に担当職員のレベルで行われる活動といえます。執行活動は、①個別事案の事実関係を確定し、②これに関係する規定を抽出し、③これを当該事案に適用するという3段階に区別できます。

執行活動の見直しに当たっては、次の基準を用いることが考えられます[*9]。

① 適法性……法律・条例に基づいて適法に実施すること
② 有効性……法律・条例の効果が上がるように実施すること
③ 効率性……より少ないコスト・人員で実施すること
④ 協働性……住民など関係者の意見を取り入れるなど民主的プロセスを踏まえて実施すること

これらの指標に従って法律・条例の実施状況を事後的に検証し、改善の必要性を判断することが重要です。

*9
北村喜宣・礒崎初仁・山口道昭編著『政策法務研修テキスト〔第2版〕』（第一法規、2005年）39頁。

（3）法執行の見直しの課題

〈1〉法務管理組織による法律相談の可能性と限界

法執行を見直すための仕組みとして、最も日常的に利用されているのは、所管部課から法務管理組織及び法務管理組織を通した顧問弁護士への**法律相談**でしょう[*10]。

法律相談のメリットは、①所管部課、法務管理組織、弁護士の連携によって、法令順守の確保のみならず、地域の実情に即した自主法令解釈を促進する契機となりうること、②行政法から民事法まで様々な法律問題がもち込まれ、いわば役所における「よろず法律相談所」として機能していること、③監査制度のようにリスクを監視・摘発する仕組みではないから、いわゆるモニタリング・コストが発生せず、安上がりであることが指摘できます。

一方、デメリットもあります。①裁判になったとき勝てるかどうかという適法・違法の視点からの評価・見直しが最重視されていること、②個別具体の案件の見直しであり、網羅的・組織的な見直しではないこと、③突発的事態に対する対処療法的・危機管理的な対応に終始する場合があること、④所管部課の「駆け込み寺」であり、第三者的観点が弱く、組織防衛的対応になることなどです。

これらを勘案すると、法律相談を評価法務として機能させる工夫が必要といえます。また、静岡市行政リーガルドック事業などを参考にして、法律相談とは異なる新しい法執行評価のシステムを検討することが重要です。

*10
この法律相談の実態及び問題点については、鈴木潔「不正な行政活動の防止と信頼確保」中邨章・牛山久仁彦編著『政治・行政への信頼と危機管理』（芦書房、2012年）参照。

〈2〉国法評価の必要性

国が制定した法令を自治体が評価・見直すことも評価法務の取組みの一部と考えられます。**国法評価**の必要性は、法執行の評価と密接にかかわります。自治体が法執行を評価した結果、国の法令自体に不備があり、それを改めることが必要であると判明する可能性があるからです。そうであるならば、国の法令についても自治体が評価法務の対象とし、その改善を国に提案する方法を検討することが必要と考えられます[*11]。

例えば、新型コロナウイルスのデルタ株による感染第5波に見舞われた

*11
福士明「法制評価システムの構築」北村喜宣ほか編『自治体政策法務』（有斐閣、2011年）221頁。

2021年8月、全国知事会は「感染爆発と医療逼迫の打破に向けた緊急声明」を取りまとめ、緊急事態宣言等よりもさらに強い措置となるロックダウン（都市封鎖）的手法を検討するよう国に要求しました。全国知事会は、現行の新型インフルエンザ等対策特別措置法に基づく措置では不十分であるとする事実上の国法評価を行ったといえるでしょう。

学習のポイント

1　条例の見直し

■条例評価の制度設計に当たっては、次の6つの事項を検討する必要があります。①評価の主体、②評価の時期、③評価の対象、④評価の方法、⑤評価の基準、⑥評価の手続です。

■条例評価の主体は、提案者であり執行者である執行機関（長）、制定者である議会、住民その他の機関の3つを挙げることができます。このうち、執行機関と議会が実施する評価を自己評価、その他の機関が実施する評価を第三者評価ということができます。

■条例評価は、事前評価と事後評価に分けることができます。事前評価は、条例が施行される前に行う評価であり、よりよい条例とするための評価です。これに対して事後評価は、条例が施行された後にその状況・成果をみて行う評価であり、主としてその見直しを図るための評価です。

■評価の方法は大別して、定量的方法と定性的方法が考えられます。定量的方法とは、評価対象に対して便宜上操作を加えて、数量的なものさしによって評価する方法です。定性的手法とは、評価対象に操作を加えず、ありのままの姿を言語で記述することによって評価する方法です。

■条例評価においては、必要性、適法性、有効性、効率性、公平性、協働性の6つの基準を立てることができます。

■条例の見直しに関する課題としては、条例に根拠をおく条例評価システムの整備が指摘されています。自治基本条例などに条例評価の根拠規定を設け、あるいは条例評価のための条例を個別に制定することにより、条例の評価・見直しを明確に位置付けることが望ましいと考えられます。

■もう1つの課題として、適正な例規管理の実施があります。条例及び関連する規則、規程、要綱等の管理を適正に行うことは、条例評価の前提条件といえます。

2　法執行の見直し

■法執行は、自治体における日常の行政活動全般を通じてみられるものであり、すべての職員にかかわるものといえます。法執行は「執行管理」と「執行活動」に区別できます。

■執行管理は、有効かつ効率的な執行活動を行うため、執行方針の検討、執行体制の整備、執行細則の決定、執行状況の点検を行う後方支援活動です。

■執行管理の見直しの方向性としては、①条例等の整備方針を策定した上で、②例規の審査基準、処分基準、行政指導基準を体系的に整理し、公開すること、③既存の条例、規則、要綱等の棚卸しを実施することなどが考えられます。

■執行活動は、法と執行細則を個別事案に当てはめて結論を出す活動です。これは主に担当職員のレベルで行われる活動といえます。

■執行活動の見直しに当たっては、適法性、有効性、効率性、協働性等の指標に従って法律・条例の執行状況を事後的に検証し、改善の必要性を判断することが重要です。特に有効性と効率性については指標を数値化するなどの工夫が考えられます。

第3節　争訟法務

1　行政不服審査制度

(1) 概要

行政不服審査制度は、国民の権利利益の救済と行政の適正な運営の確保を目的として、行政庁の公権力の行使に関し、国民が簡易迅速かつ公正な手続の下で行政庁に不服を申し立てることができるための制度です（行審法１条）。**不服申立て**については、他の法律の規定がない限り行審法が適用され、条例に基づく処分に対する不服申立てにも適用されます。

行審法については、2014年に公正性と使いやすさの向上を図るため、全部改正が行われました。改正行審法の特徴は次の３点です。

第１に、公正性の向上を図るため、改正法では、審査過程から処分関係者を除斥し、職員のうち処分に関与しない者を**審理員**として、申立人と**処分庁**の主張を公正に審理することになりました（行審法９条）。また、**審査請求**に対する裁決に際して有識者からなる第三者機関に**審査庁**の判断の妥当性を担保させる諮問機関制度も導入されています。

第２に、制度の使いやすさの向上のため、①不服申立期間を３ヶ月に延長すること、②不服申立手続を審査請求のみに一元化すること、③不服申立前置を見直すことが行われました。

第３に、行審法の改正とセットで行手法も改正されました。その要点は、国民の権利利益の救済をより実効的なものとするため、①法令違反の事実を発見した国民が申出人となり、処分庁に対して法令違反の事実を是正するための処分等を求めることができる制度の創設（行手法36条の３）、②不適法な行政指導に対する中止の申出を認める手続の導入です（行手法36条の２）。

改正行審法は2016年４月１日に、改正行手法は2015年４月１日に施行されました。

(2) 不服審査の手続

第１に、不服申立ての要件としては、次の点が求められます[*1]。

① 原則として書面によって申し立てること（書面主義）

② 行政庁が行った処分（公権力の行使に当たる事実上の行為で、その内容が継続的性質を有するものを含む）又は不作為（法令に基づく申請に対して相当の期間内に処分を行わないこと）に関する不服であること

③ 原則として、処分があったことを知った日の翌日から起算して３ヵ月以内になされなければならず、処分があった日の翌日から起算して１年を経過し

＊１
塩野宏『行政法Ⅱ〔第６版〕』（有斐閣、2019年）22頁以下。

たときはすることができない

④ 個別法に特別の定めがある場合を除き、処分庁の最上級行政庁（都道府県知事、市町村長など）に対する請求であること（ただし、上級行政庁がない場合には処分庁に対して請求できる）

⑤ 処分について法律上の利益（取消訴訟における原告適格と同様と解されている）を有する者からの申立てであること

第2に、審理の方式としては、原則として審査庁が処分に関与していない等の要件を満たす職員から指名する審理員が審理を行います。審理員は、処分庁の弁明書提出要求、口頭意見陳述の機会の許可、意見陳述の制限等、物件の提出要求、参考人の陳述・鑑定の要求、検証、審理関係人への質問など重要な権限を有しています（**職権証拠調べ**）。審理においては、必要があれば当事者が申し立てていない事実についても証拠調べを行うこと（**職権探知主義**）ができると解されています[*2]。

審理員は、審査手続を終了した後、その結果を意見書として取りまとめ、審査庁に提出しなければなりません。提出を受けた審査庁は、他の第三者機関の関与がある場合や審査請求が不適法である場合、請求人が諮問を希望しない場合など一定の場合を除いて、行政不服審査会等の第三者機関に諮問しなければなりません。

行政不服審査会における調査審議手続も、審理手続と同様、書面主義、職権主義を基礎として行われます。

（3）検討課題

行政上の不服申立てがされたとき、評価・争訟法務として機能させるためには、次の取組みが有効と考えられます[*3]。

第1に、制度の利便性を向上させる観点から、行政上の不服申立制度の存在やその手続について、周知・PRを行うとともに、相談体制を整備することです。担当部課のほかに総合的な相談窓口を整備することが提案されています。

第2に、不服申立ての手続をできるだけ簡素化するとともに、申立書や反論書などの書類作成を支援することです。特に介護保険法や国民健康保険法に基づく審査請求のように、高齢者や障害者が申立人となる場合に、いかなる支援が行えるかが重要です。

第3に、法務マネジメントの観点から、行政不服審査の処理方針を自治体政策として位置付けることが考えられます[*4]。不当要件審査の基準を策定することも提案されています[*5]。行政上の不服申立てを契機に、類似した事務を含めて、事務処理の方法を謙虚に見直すことが重要です。

第4に、行審法改正の趣旨を踏まえ、不服申立て制度の運用に当たっては、不服申立手続の公正性を確保するよう努めなくてはなりません。特に法務管理組織による関与の仕方に注意が必要です。法務管理組織は所管部課の争訟対応を支援

＊2
塩野宏『行政法Ⅱ〔第6版〕』（有斐閣、2019年）34頁。

＊3
行政上の不服申立ての改善策については、礒崎初仁『自治体政策法務講義 改訂版』（第一法規、2018年）281頁、兼子仁・北村喜宣・出石稔『政策法務事典』（ぎょうせい、2008年）382～397頁〔田中孝男〕参照。

＊4
北村喜宣・礒崎初仁・山口道昭編著『政策法務研修テキスト〔第2版〕』（第一法規、2005年）50頁。

＊5
鈴木秀洋「『不当』要件と行政の自己統制」自治研究83巻10号（2007年）104頁以下。

する立場ですので、実態としては、処分庁に法的助言を与える立場にあることが普通です。そのため、法務管理組織の職員を審理員に任命したり、審査庁に法的助言をしたり、審理員の事務の補助や行政不服審査会の事務局を法務管理組織に担当させたりする場合には、処分庁を支援する業務を担う法務管理組織職員を外すなどの工夫が必要です。さもなければ、利益相反とみなされたり、審理の公正性に疑念をもたれたりするおそれがあります。

第5に、公正な審査を行うためには、審理員を長部局の職員ではなく、監査委員や監査委員事務局の職員に担わせることが望ましいとの指摘があります[*6]。

＊6
田中孝男『自治体法務の多元的統制』(第一法規、2015年) 255～257頁。

2　行政訴訟

(1) 行政訴訟の要件

典型的な行政訴訟である**取消訴訟**（処分の取消しの訴え及び裁決の取消しの訴え）を例に取り上げて、訴訟を提起するために必要な要件（**訴訟要件**）を見てみましょう。

〈1〉処分性

第1に、取消訴訟の対象は、「行政庁の処分その他公権力の行使に当たる行為」でなければなりません（行訴法3条2項）。そして、**処分性**とは、ある行政の行為が取消訴訟の対象に当たることをいいます。取消訴訟は、行政処分の法的効果を消滅させるための制度ですから、処分性のない行為に対して取消訴訟を提起することができません。

そこで、処分性の有無の判断が重要になります。誰がみても処分性が認められる行為として、規制行政にかかる命令、強制、許可、免許等の行為（定型的処分）があります。反対に、処分性が一般に認められない行為として、土地の任意買収、物品の購入行為など民法に基づく行政の活動（定型的非処分）があります[*7]。

＊7
塩野宏『行政法Ⅱ〔第6版〕』(有斐閣、2019年) 106～107頁。

問題は、両者のいずれにも当たらないグレーゾーンの行政活動です。様々な判例がありますが、争点となったものは、例えば、①内部行為（行政機関相互の行為、通達等）、②一般的行為（法律、条令等の制定、告示等）、③段階的行為（都市計画法上の用途地域指定等）、④私法上の行為（国有普通財産の払下げ等）、⑤事実行為（通知、行政指導等）です。

〈2〉原告適格

第2に、訴訟提起の主体は、処分の取消しを求める「**法律上の利益**」を有する者でなければなりません（行訴法9条1項）。これを**原告適格**といいます。処分の名あて人に原告適格が認められるのは当然ですので、解釈上問題となるのは、名あて人以外の第三者又は形式上名あて人のない処分における付近住民等となります（例えば、国が電力会社に原発再稼働を許可した場合、許可の取消訴訟を提起するための原告適格を付近住民が有するか否か）。

「法律上の利益」の解釈をめぐっては、「法律上保護された利益」でなければならないとする見解と、「裁判上保護に値する利益」であればよい（事実上の利益でも足りる）とする見解がありますが、判例は基本的に前者の見解をとってきました（新潟空港訴訟最判平元・2・17民集43巻2号56頁）。ただし、裁判所は、新潟空港判決を基礎としながらも原告適格の緩和の方向を模索してきたといわれています＊8。

また、2004年の行訴法改正によって、行訴法に9条2項が起こされ、第三者の「法律上の利益」の判断に当たって、関係法令の趣旨・目的を参酌することなど、柔軟な解釈が求められるようになりました。

＊8
塩野宏『行政法Ⅱ〔第6版〕』（有斐閣、2019年）139頁。

〈3〉訴えの利益

第3に、現時点で処分を取り消すことが権利利益の救済に繋がるものでなければなりません。これを（処分性及び原告適格を除いた）狭義の**訴えの利益**といいます。例えば、建築物の撤去命令の取消しを求める場合に、すでに建築物が撤去されているときや命令が撤回されているときは、権利利益の救済に繋がらないため、訴えの利益は認められません。

（2）行政訴訟の審理

〈1〉弁論主義

弁論主義とは、裁判の基礎となる資料（事実と証拠）の収集を当事者の権能かつ責任とすることをいいます。行政訴訟では、一般の民事訴訟と同様、弁論主義を基本としています。これに対して、この資料の収集を裁判所の権限に委ねるのが職権探知主義です。私人間の訴訟では、自己に有利な資料を収集するインセンティブが当事者にあります。そのため、弁論主義を採用しても十分な資料が提出されることが期待できますし、もし十分な資料がない場合でも、立証責任の分配の原則に応じて、どちらかを勝たすことで足ります。弁論主義は訴訟の帰趨を当事者間に委ねているのです。

一方、取消訴訟には弁論主義となじまない要素があります。行政処分の適法性の有無は公益とかかわるので、客観的な真実の究明が期待されますし、行政主体と私人間の立証能力には大きな差異があります。行政訴訟では、弁論主義を若干修正する形で、裁判所が証人喚問、物証の提出要求、現場検証などを行う職権証拠調べが認められています（行訴法24条）。

また、2004年の行訴法改正によって、釈明処分の特則として、取消訴訟における訴訟関係を明瞭にするため、処分庁に対して処分の内容、根拠規定、処分の理由を明らかにする資料等であって、当該行政庁が保有するものの全部又は一部の提出を求めること等が可能とされました（行訴法23条の2）。釈明処分の特則は、行政活動一般に対して国及び自治体が負っている説明責任が、裁判過程においても履行されるべきことを明示したものと解することができるでしょう＊9。

＊9
塩野宏『行政法Ⅱ〔第6版〕』（有斐閣、2019年）161頁。

〈2〉主張責任・立証責任

弁論主義の下では、裁判所は当事者が主張しない事実について判断することはできません。ある事実が弁論に現れない結果、不利益な判断を下される側の当事者の危険・責任を**主張責任**といいます。主張責任については、民事訴訟では、後述する立証責任の分配と同一の基準にするとする見解が多いのに対して、権利制限を行う行政庁には説明責任の一環として理由提示義務が課されていること（行手法8条・14条）から、適法要件を満たしていることの主張責任は被告が負うとする説があります[*10]。

＊10
宇賀克也『行政法概説Ⅱ〔第7版〕』（有斐閣、2021年）249頁。

裁判所は当事者が主張した事実の存否について証拠調べをしますが、証拠調べをしても当該事実の存否を裁判所が確定できないことがあります。当該事実を立証できなかったときに、一方の当事者が受ける不利益が**立証責任**です。民事訴訟では、法律効果を権利発生、権利障害、権利消滅に分け、法律効果が自己に有利に働く当事者が当該効果を基礎付ける要件事実について立証責任を負うという見解（法律要件分類説）が通説です。

取消訴訟においても法律要件分類説をとる見解もありますが、行政庁には法令を誠実に執行すべき立場から調査義務があるため、処分の適法性を裏付ける事実については基本的に被告が立証責任を負うという見解（**調査義務反映説**）や、当事者間の公平、証拠との距離、立証の難易等を具体的に検討すべきという見解（**個別具体的判断説**）など多様な意見があり、一致していません[*11]。

＊11
宇賀克也『行政法概説Ⅱ〔第7版〕』（有斐閣、2021年）249～254頁、塩野宏『行政法Ⅱ〔第6版〕』（有斐閣、2019年）170～176頁。

（3）検討課題

政策法務の観点からは、行政訴訟について、次のような検討課題が考えられます。

〈1〉行政計画の適法性・妥当性の確認

都市計画や事業計画などのいわゆる「行政計画」を決定する行為は、直ちに個人の権利義務に変動を及ぼす効果を生じさせるものではありません。そのため、行政計画自体の違法性を住民が争う行政事件訴訟は、少なくとも抗告訴訟では、処分性を欠くとして、訴訟の対象とならない（却下される）ことがありました。仮に、訴訟の対象となっても、計画の内容については、自治体の裁量に委ねられる部分が多い面もあります[*12]。こうしたことから、自治体は従来、行政計画に対する取消訴訟が提起された場合には、まずは訴訟要件に穴が空いていないかを探すことが一般的な対応でした。

＊12
田中孝男「裁判と自治体政策法務」法政研究81巻4号804頁。

しかし、行訴法改正後、行政計画の内容を争点とした事件で、計画の処分性や周辺住民の原告適格を認めた最高裁判決が登場してきています。例えば、小田急高架訴訟上告審判決（最大判平17・12・7民集59巻10号2645頁）は、周辺住民に都市計画事業認可取消しの原告適格を判例変更して認めました。この判決以降は、下級審も改正行訴法の条文を尊重し、原告適格を広く認める方向になっています。また、浜松市土地区画整理事業事業計画処分性認定判決（最大判平20・9・10判時2020号18頁）は、土地区画整理事業の事業計画の処分性を判例変更して認めました。この判決により、自治体が施行する地区計画事業では、事業計画の決定、その変更ごとに訴訟提起が可能となりました[*13]。

これらの判決を、争訟法務の観点からどのように認識すべきでしょうか。自治体が訴訟要件具備の有無を争う訴訟方針を見直すことが考えられます。訴訟要件で争わない方がむしろ自治体側にとってメリットが大きい場合もあるからです[*14]。つまり、行訴法改正後は原告適格や処分性がどこまで拡大するのか流動的な状況であって、判決の予測可能性が以前よりも低下しています。訴訟要件を争うよりも、相手方の主張・立証に丁寧に反論し、自治体の行政計画等の適法性・妥当性を説得的に主張・立証することが以前よりも重要になっていると考えられます。

*13
伊東健次「自治体行政と平成の重要判例」自治体法務研究（2019年冬号）30頁。

*14
石津廣司「自治体における訴訟法務の課題」日本都市センター『自治体訴訟法務の現状と課題』（日本都市センター、2007年）。

〈2〉条例の内容と実施過程の適法性の確認

条例の適法性が争われた例として、宝塚市パチンコ店等建築規制条例事件最高裁判決（最三小判平14・7・9民集56巻6号1134頁）があります。この判決では、「国又は地方公共団体が専ら行政権の主体として国民に対して行政上の義務の履行を求める訴訟は，……不適法というべきである」とされ、宝塚市が、パチンコ店等建築規制条例に基づき同市長が発した建築工事の中止命令の名あて人に対し、同工事を続行してはならない旨の裁判を求める訴えは、却下されました。判決後、事業者から市に対して国家賠償請求訴訟が提起され、数億円の賠償義務が確定しています。この判決については、「自治体における積極的な規制的条例の検討を尻込みさせる機能を果たした」との指摘があります[*15]。

*15
田中孝男「裁判と自治体政策法務」法政研究81巻4号805頁。

旧紀伊長島町水道水源保護条例事件最高裁判決（最二小判平16・12・24民集58巻9号2536頁）では、町長が、水道水源保護条例の規定に基づき、産業廃棄物中間処理施設の建設を計画した事業者に対して、当該施設を規制対象事業場に認定したことは、事業者の地位を不当に害することのないよう配慮する義務に違反していると判示され、原審判決を破棄し、差し戻しました。判決後、町の配慮義務違反が確定し、事業者が提起した国家賠償請求も認められました（名古屋高判平26・11・26判例集未登載）。町側が施設の設置を許容できる条件を探って事業者に協議・指導をすることなく、事業者の示した地下水使用量に基づいて当該施設を規制対象施設に認定してしまったことが、配慮義務違反に相当するとされました[*16]。

*16
宇賀克也・交告尚史・山本隆司『行政判例百選Ⅰ〔第7版〕』（有斐閣、2017年）59頁〔黒川哲志執筆〕。

横浜市立保育所廃止条例事件最高裁判決（最一小判平21・11・26判時2063号3頁）は、市立保育所を民営化するための保育所廃止条例そのものの取消訴訟です。当該保育所の民営化が保護者側に公表されたのは、移管の前年度の4月でした。市は説明会を開催しましたが、保護者からは「民営化決定前に保護者意見を聴くべきであった」、「話が唐突すぎる」といった批判がありました。民営化を2004年4月に実施する理由について、「多様な保育ニーズに応えるため」、「子どもの成長が早い」と市は主張してきましたが、民営化の実施時期を正当化する理由として認められませんでした。

なお、次年度以降の市立保育所民営化に当たっては、公表時期を早めたほか、民営化された保育園の見学会を実施するなどの取組みを行っています。法実施の見直しが行われたものといえます。

また、「本判決は、条例制定行為の処分性を最高裁が初めて認めた判決でもあり、その先例的価値は大きい」と評されています（判例タイムズ1313号104頁）。

近年の裁判所は、行政の裁量を審査するに当たり、判断過程審査と呼ばれるより緻密な判断基準を活用しているのではないかといわれています。計画や条例の策定に当たって、裁量判断における考慮事項・考慮要素の不合理性が裁判所で審査されるのです。もしそうであるとすれば、自治体は、判断過程の適切さに関する主張立証が求められることになりますし、組織内部における政策立案過程の適切な記録管理が必要であると指摘されています[*17]。

*17
田中孝男「裁判と自治体政策法務」法政研究81巻4号808頁。

〈3〉通知や行政指導が住民にもたらしうる不利益の確認

自治体が事業者や住民に対して通知を発出することや行政指導をすることは、日常的な法実施活動の1つです。行政による通知は、特定又は不特定多数の人に対し、特定の事項を知らしめる行為であるとされています。また、行政指導は、特定の私人に対して、作為や不作為を具体的に求める行為（指導、勧告、助言等）といわれています。通知も行政指導も原則として、特定の私人の権利義務に直接具体的な影響を及ぼすものではありませんので、処分性が認められず、訴えが却下される場合がありました。

しかし、土壌汚染状況調査報告通知の処分性を認めた最高裁判決（最二小判平24・2・3民集66巻2号148頁）は、本件通知に法的効果が存していることと、さらに本件通知に処分性を認めることが通知を受けた相手方の権利利益の「実効的な権利救済」に資することから、通知の処分性を認めました。この判決以降、「不利益処分として弁明の機会の付与が必要となり、行政手続上も実務に与える影響が大きかった」とされています[*18]。

また、病院開設の中止勧告（行政指導）の処分性を認めた判決（最二小判平17・7・15民集59巻6号1661頁）は、「勧告の法的効果ではなく、法制度の仕組みにおいて勧告の持つ事実上の効果（保険医療機関の指定拒否による病院開設の断念）のみから処分性を導いた」ものです[*19]。行政指導を行うときは、他の法令による法的な不利益が発生するかどうかを含めて検討する必要があるとの指摘があります[*20]。

*18
大久保規子「自治体争訟の動向と課題」都市問題110巻12号（2019年）38頁。

*19
洞澤秀雄「取消訴訟」大浜啓吉編『自治体訴訟』（早稲田大学出版部、2013年）38頁

*20
伊東健次「自治体行政と平成の重要判例」自治体法務研究（2019年冬号）30頁。

〈4〉義務付け訴訟・仮の義務付けへの対応

行訴法改正により、義務付け訴訟・仮の義務付け、差止め訴訟・仮の差止

めが法定されました。このうち、義務付け訴訟・仮の義務付けについては、保育園入園承諾仮の義務付け申立事件（東京地決平18・1・25判時1931号10頁）及び保育園入園承諾義務付け等確認事件（東京地判平18・10・25判時1956号62頁）などがあります。また、生活保護申請却下処分の取消しを求めた訴えにおいても、生活保護を仮に支給するように仮の義務付けが命じられました*21*22。仮の義務付け・仮の差止めが認容されると実質的に勝負がつく可能性が高く、しかも迅速な手続で結論が出されることから、これに対応できる態勢を自治体側も整えることが重要です*23。

〈5〉当事者訴訟への対応

処分性が認められず抗告訴訟では争えない場合において、実質的当事者訴訟としての確認訴訟が活用され始めています。まず、都立学校の入学式等における教職員の起立斉唱義務の不存在確認訴訟（最一小判平24・2・9判時2152号24頁）があります。また、指定ごみ袋を使用しない家庭ごみの収集義務の有無に関する訴訟（横浜地判平21・10・14判例自治338号46頁）、位置指定道路の範囲に関する訴訟（さいたま地判平28・8・31判例自治427号86頁）など、当事者訴訟の確認の利益を認める判例がみられます*24。

繰り返しになりますが、住民や事業者は当事者訴訟を活用することで、これまで抗告訴訟の対象とならなかった事案を訴訟のルートに乗せることが可能になります。自治体は政策の判断過程における合理性・妥当性を主張立証することが、ますます重要になってきています。

〈6〉行政訴訟における法務マネジメントの構築

行政不服審査と同様に、行政訴訟においても、法務マネジメントを意識して対応することが重要です。「判決を機に」あるいは「訴訟の提起を機に」して、既存の法実施や条例の適法性、有効性などを評価・フィードバックし、新たな政策実現のために活用していくことが求められています*25。

*21
生活保護開始仮の義務付け申立事件・那覇地決平21・12・22判タ1324号87頁。また、同事件では原告が勝訴した（那覇市生活保護開始義務付け訴訟・那覇地判平23・8・17賃金と社会保障1551号62頁）。

*22
田中孝男『自治体法務の多元的統制』（第一法規、2015年）1頁。

*23
石津廣司「自治体における訴訟法務の課題」日本都市センター『自治体訴訟法務の現状と課題』（同センター、2007年）63頁以下

*24
大久保規子「自治体争訟の動向と課題」都市問題110巻12号（2019年）39頁。

*25
出石稔「政策法務としての争訟法務」北村喜宣ほか編『自治体政策法務』（有斐閣、2011年）298頁以下。

3　国家賠償訴訟

(1) 国家賠償請求の要件

国賠法に基づく損害賠償請求には、公権力の行使に関するもの（国賠法1条1項）と公の営造物の設置管理の瑕疵に関するもの（国賠法2条1項）の2種類があります。それぞれの要件を確認しておきましょう。

〈1〉公権力の行使に関する国家賠償（1条訴訟）

国賠法1条1項は、「国又は公共団体の公権力の行使に当る公務員が、その職務を行うについて、故意又は過失によつて違法に他人に損害を加えたときは、国又は公共団体が、これを賠償する責に任ずる」と規定しています。

「**公権力の行使**」の解釈としては、「国、自治体の私経済作用及び国賠法2条の対象となるものを除くすべての活動」とする見解が通説です*26。自治

*26
塩野宏『行政法Ⅱ〔第6版〕』（有斐閣、2019年）324頁。

体を被告とする国家賠償訴訟事件として多いのは、学校事故等教育活動に伴うものです（授業中のプール事故、部活動中の事故等の公立学校の教育活動に起因する損害賠償請求）。また、公権力行使の典型的な場面でもある警察活動も多いです。職務質問、所持品検査、逮捕、取調べ等において違法な公権力の行使が問題になります*27。

また、公権力の行使には、不作為・権限の不行使も含まれます。警察法、環境行政法、消費者行政法の分野では、行政の不作為を理由とする国家賠償事件が多数提起されてきました（例えば、スモン事件東京地判昭53・8・3判時899号48頁）。

公権力の行使に当たるか否かを論じる意味は、国賠法が適用になるか、それとも民法が適用になるかを決することにありますが、いずれの方が適用されたとしても、実質的には大きな違いはないとされています。

国賠法1条1項の要件には、当該行為の違法という客観的要件と、過失という主観的要件があります。この2つの要件の解釈には様々なものがあります。争点となってきたのは、①国賠法上の違法と行訴法上の違法を一体的・同質のものと理解すべきか否か、②国賠法上の違法と過失の要件を一体的に考えるか、それとも二段階審査をするかです*28。いずれにせよ、賠償請求権の成立要件である「違法又は過失」の内容としては、公務員の注意義務違反が重視されてきました。

*27
江村利明「国家賠償訴訟（1）—公権力の行使に関する国家賠償」大浜啓吉編『自治体訴訟』（早稲田大学出版部、2013年）105〜106頁。

*28
鈴木秀洋『社会的弱者にしない自治体法務』（第一法規、2021年）39〜41頁。

〈2〉営造物の瑕疵に関する国家賠償（2条訴訟）

国賠法2条1項は、「道路、河川その他の公の営造物の設置又は管理に瑕疵があつたために他人に損害を生じたときは、国又は公共団体は、これを賠償する責に任ずる」と規定しています。

公の営造物とは、国又は自治体が直接に公の目的のために供用している有体物をいいます。無体財産及び人的施設は含まれませんが、不動産だけでなく動産も含まれます。

設置又は管理の瑕疵とは、民法717条に定める設置・保存の瑕疵と同義であり、営造物が通常有すべき安全性を欠き、他人に危害を及ぼす危険性のある状態をいいます。瑕疵の存否の判断に当たっては、「当該営造物の構造、用法、場所的環境及び利用状況等諸般の事情を総合考慮して具体的・個別的に判断すべき」とされます（前記スモン事件判決）。

（2）検討課題

政策法務の観点からは、国家賠償訴訟について、次のような検討課題が考えられます。

〈1〉災害時の避難・救助活動

災害被害をめぐる国家賠償については、従来は洪水訴訟等の2条訴訟で争われることが主流でしたが、東日本大震災をはじめ大規模災害が多発している中、１条訴訟により、避難のあり方、救助活動のあり方等が問われる重大事案が発生していることが最近の特徴として指摘されています[*29]。

大川小津波訴訟では、地裁判決及び高裁判決のいずれも原告遺族側の勝訴となり、最高裁判決は市と県の上告を退けました（仙台地判平28・10・26判時2387号81頁、仙台高判平30・４・26判時2387号31頁、最一小判令元・10・10D1-Law.com判例体系）。市と県は、自治体側の過失等を認めることは今後の学校運営に支障を来すとして最高裁まで争うこととしたわけですが、こうした事案について、自治体は、現時点での司法判断を受け入れるべきでしょうか。それとも最高裁まで争うべきでしょうか。どちらが住民の福祉増進に寄与するかの判断は、自治体法務の力と姿勢を測る試金石となるとの指摘があります[*30]。

高裁判決は、市教育委員会及び小学校校長等は、危機管理マニュアルを改訂すべき義務を負っていたものであり、これを過失によって懈怠したものであって、国賠法１条１項の違法の評価を免れないとしました。「緊急時の現場における判断ミスを問うのではなく、その判断ミスを導いた事前・平時の行政の取組みを問う本判決は、行政実務の実態に適った判決」であり、①「個人から組織へ」、②「事後から事前へ」という災害対策の大きな転換を示唆したの見解があります[*31]。災害対策の責任所在は、個々の公務員よりも首長をはじめとする自治体行政組織が負うべきものであること、そのためには災害発生前の防災・減災政策の合理性・妥当性が強く問われることを確認すべきでしょう。

*29
大久保規子「自治体争訟の動向と課題」都市問題110巻12号（2019年）41頁。

*30
鈴木秀洋『自治体職員のための行政救済実務ハンドブック　改訂版』（第一法規、2021年）10頁。

*31
鈴木秀洋『社会的弱者にしない自治体法務』（第一法規、2021年）236、241頁。

〈２〉公の施設の利用承認申請

「あいちトリエンナーレ2019」では、企画展「表現の不自由展・その後」の展示が安全上の理由から一時中止となるなど、自治体の対応が注目を集めました。

公の施設の利用承認申請をめぐる判決としては、公の施設の利用承認申請を不許可とされたことに対する損害賠償請求事件（最判平７・３・７民集49巻３号687頁）が重要です。同判決では、公の施設の利用承認申請を不許可とする場合には、単に危険な事態を生ずる蓋然性があるというだけでは足りず、明らかに差し迫った危険の発生が具体的に予見されることが必要であると判示した上で、申請者である中核派が当時、違法な実力行使を繰り返したり、対立するグループと暴力による抗争を続けたりしてきたという客観的事実からみて、本件不許可処分を適法としました。

自治体における公の施設の管理条例では、「公の秩序又は善良な風俗を乱すおそれがあると認められるとき」という広義の表現を利用許可の取消し等の要件としている場合がありますが、上記の判例を踏まえれば、明らかに差し迫った危険の発生が具体的に予見されるかどうかを十分に検討しなくてはなりません。

〈3〉事件・事故の再発防止

自治体は、事件・事故から得た教訓をその後の事務執行の改善にフィードバックさせるため、原課と法務管理組織の情報共有を密にし、再発防止に向けた取組みを徹底することが重要です。例えば、2条訴訟のうち自治体を被告とした事件の内訳をみると、道路の瑕疵に関する判例が最も多く、次いで河川・水路関係、学校関連と続きます。道路の瑕疵とは、道路の陥没による転倒、側溝への転落など古典的な事案が多数を占めます。長年にわたり全国で同じような事件・事故が繰り返されているとすれば、行政の怠慢と批判されても仕方ありません。災害対策をめぐる賠償責任と同様、管理瑕疵についても、①「個人から組織へ」、②「事後から事前へ」という枠組みは当てはまるのではないでしょうか。長をはじめとする幹部層の責任の下、公の施設のリスク分析を行い、事件・事故の発生を予防する適切な管理体制を構築する必要があります。

〈4〉和解の条件

和解による解決が住民監査請求・住民訴訟の対象となることも考えられます。和解すること自体及びその条件について、議会と住民にきちんと説明できるようにしておくことが重要です。

4　住民訴訟

住民訴訟の提起に当たっては、住民監査請求を前置しなければなりません。そこで、まずは住民監査請求制度について説明します[*32]。

*32
住民監査請求については、田中孝男『平成29年改正 住民監査請求制度がよくわかる本』（公人の友社、2017年）16～37頁参照。

(1) 住民監査請求

住民監査請求の請求権者は「住民」です（自治法242条1項）。ここで「住民」とは、その自治体に「住所を有する者」（自治法10条1項）のことを指します。その自治体に住所がある者であれば、有権者（選挙権者）だけでなく、未成年者も、法人も、外国人も、1人で、請求することができます。

請求先は、その自治体の監査委員に対して行います（自治法242条1項）。

請求対象は、自治体の職員がしている、（違法又は不当な）①公金の支出、②財産の取得、管理、処分、③契約の締結、履行、④債務その他の義務負担及び⑤違法又は不当な公金の賦課徴収、財産の管理を怠る事実です。①～⑤を併せて、住民監査請求の対象は、「違法又は不当な財務会計行為」と呼ばれます。

請求期間は、違法又は不当な財務会計行為のあった日（終わった日）から1年以内です（自治法242条2項）。請求期間を過ぎてからした請求は、請求の要件を満たしませんので、原則として却下されます。

住民監査請求は、請求の要旨を記載した文書を提出することによって行います（自治法242条1項）。このとき、監査委員が財務会計上の行為又は怠る事実を他の事項から特定・認識できるようにある程度、個別的、具体的に摘示することが必要とされています（最一小判平16・11・25民集58巻８号2297頁）。

(2) 住民訴訟

住民監査請求をした請求人は、監査結果に不服があるときや、監査委員が監査期間内に監査を行わないときなどに、違法な財務会計行為について、その行為の差止めや、その行為によってもたらされた損害について自治体が賠償請求をすることを義務付ける住民訴訟を地方裁判所に提起することができます（自治法242条の２第１項）。

住民訴訟では、次の４つの請求を行うことができます。

① 執行機関又は職員に対する行為の全部又は一部の差止めを求める請求
② 行政処分たる行為の取消し又は無効確認の請求
③ 執行機関又は職員に対する怠る事実の違法確認の請求
④ 職員又は相手方に損害賠償又は不当利得返還の請求をすることを自治体の執行機関又は職員に対して求める請求

①～④は各号で規定されているので、それぞれ１号～４号請求と呼ばれています。実際には、支出などが終わった後に問題が発覚するので、４号請求の形態が最多となっています。

住民訴訟を提起できる期間（出訴機関）は、監査結果に不服があるときは結果の通知があった日から30日以内などと、おおむね住民監査請求の手続が一とおり完了してから30日以内となっています（自治法242条の２第２項）。

４号請求により、損害賠償や不当利得返還の請求を命ずる判決が確定した場合、長は、判決確定日から60日以内の日を期限として、その賠償金・返還金の支払いを請求しなければなりません（自治法242条の３第１項）。

また、この判決確定日から60日以内に賠償金・返還金が支払われないときは、その自治体が原告となって、賠償金などの請求を目的とする訴訟を提起しなければなりません（同条２項）。この訴訟を、二段階訴訟といいます。

住民が住民訴訟を提起した後に、議会が地方自治法96条１項10号に基づいて賠償請求権を放棄する例が相次ぎました。損害賠償請求権を放棄することができるかどうかをめぐって裁判で争われてきましたが、この点について、最高裁判所第二小法廷は、2012年４月20日に「議決は基本的に議会の裁量に委ねられるが、支出の内容や議決の経緯などの要素を考慮して不合理な場合は違法となる」との判断基準を示しました*33。

また、2017年６月に成立した改正地方自治法では、自治体の長等の損害賠償責任について次の２点が見直されました。第１に、長や職員等の自治体に対する損害賠償責任について、その職務を行うにつき善意でかつ重大な過失がないときは、条例において、賠償責任額を限定してそれ以上の額を免責する旨を定めることが可能となりました。第２に、議会は、住民監査請求があった後に、損害賠償

*33
2012年の債権放棄議決事件判決
① 最二小判平24・４・20判時2168号35頁
神戸市債権放棄議決事件上告審判決
② 最二小判平24・４・20判時2168号45頁
大東市債権放棄議決事件上告審判決
③ 最二小判平24・４・23判時2168号49頁
さくら市債権放棄議決事件上告審判決

請求権の放棄に関する議決をしようとするときは、監査委員からの意見を聴取するよう義務付けられました。

（３）検討課題

住民訴訟については、政策法務の観点から次の検討課題が考えられます。

〈1〉補助金の交付

自治法232条の２には「普通地方公共団体は、その公益上必要がある場合においては、寄附又は補助をすることができる」と規定されています。この規定に基づき、自治体は多様な補助金を交付しています。住民や事業者に交付される補助金は、自治体の政策を実行するための標準的な手段の１つでもあります。しかし、その補助金が「公益上必要がある場合」であったかどうかを争点とする住民訴訟がしばしば提起されていますので、違法な補助金の交付という判断が下されないように注意しなければなりません[*34]。

＊34
松村享『自治体職員のための住民監査請求・住民訴訟の基礎知識』（第一法規、2018年）135～137頁。

「陣屋の村」補助金交付事件（最二小判平17・10・28民集59巻８号2296頁）は、大分県旧挾間町（現由布市）が挾間町陣屋の村自然活用施設の運営を委託している団体に対して行った補助金の交付が自治法232条の２の定める「公益上必要がある場合」の要件を満たさないから、その支出は違法であると主張し、自治法242条の２第１項４号（2002年自治法改正前）に基づき、町に代位して、町長の相続人に対し、この補助金に相当する額の損害賠償を求めた住民訴訟です。

判決では、「本件条例が陣屋の村を設置することとした目的等に照らせば、仮に振興協会による事務処理に問題があり、そのために陣屋の村の運営収支が赤字になったとしても、直ちに、上記目的や陣屋の村の存在意義が失われ、町がその存続を前提とした施策を執ることが許されなくなるものではないというべきである。そうすると、本件雇用によって赤字が増加したという事情があったからといって、それだけで、陣屋の村を存続させるためにその赤字を補てんするのに必要な補助金を振興協会に交付することを特に不合理な措置ということはできない」との判断が示されました。

補助金の交付に当たっては、その目的や効果を十分に検討する必要があることは当然です。とはいえ、補助金をどのように使うかは、最終的には住民が決定するものであり、その意味では、住民から直接選挙で選ばれた長及び議会の判断には一定の裁量が認められると考えられます[*35]。ただし、長及び議会による補助金交付の判断が実体的・手続的に「不合理な措置」でないかどうかが裁判所によってチェックされます。

＊35
松崎勝「補助金に関する住民訴訟」自治体法務研究（2019年秋号）99頁。

〈2〉損害賠償請求権の不行使

ごみ焼却施設建設工事指名競争入札事件（最三小判平21・４・28判時2047号113頁）は、尼崎市が発注したごみ焼却施設の建設工事の指名競争入札において、入札参加業者が談合をし、正常な想定落札価格と比較して不当に高い価格で落札し上記工事を受注したため、市が損害を被ったにもかかわらず、市長が入札参加業者に対する不法行為に基づく損害賠償請求権の行使を違法に怠っていると主張して、自治法242条の２第１項４号（2002年自治法改正前）に基づき、市に代位して、怠る事実にかかる相手方である被上告人らに対し、損害賠償を求めた住民訴訟です。

判決では、「客観的に存在する債権を理由もなく放置したり免除したりすることは許されず、原則として、地方公共団体の長にその行使又は不行使についての裁量はない」とされました。これは首長が債権を適正に管理する責任を負うことを改めて確認したものといえるでしょう。自治体は、税債権のみならず様々な債権を適正に徴収する必要があります[*36]。

*36
松村亨『自治体職員のための住民監査請求・住民訴訟の基礎知識』（第一法規、2018年）148頁。

〈3〉議会の議決

日韓高速船株式会社補助金交付事件（最一小判平17・11・10裁判集民218号349頁）は、下関市、民間企業等の出資により設立された日韓高速船株式会社に対する下関市の補助金の支出は、自治法232条の２に定める「公益上必要ある場合」の要件を満たさないから違法であると主張して、市に代位して、市長個人に対し、補助金相当額の損害賠償請求を求めた住民訴訟です。

判決では、「本件事業の目的、市と本件事業とのかかわりの程度、上記連帯保証がされた経緯、本件第２補助金（引用者注：株式会社の運転資金としての借入金に対する補助金）の趣旨、市の財政状況等に加え、上告人は本件第２補助金の支出について市議会に説明し、本件第２補助金に係る予算案は、市議会において特にその支出の当否が審議された上で可決されたものであること（中略）に照らすと、上告人が本件第２補助金を支出したことにつき公益上の必要があると判断したことは、その裁量権を逸脱し、又は濫用したものと断ずべき程度に不合理なものであるということはできないから、本件第２補助金の支出は、地方自治法232条の２に違反し違法なものであるということはできない。」とされました。

この判決からは、裁判所が補助金支出の違法性を判断するに当たって、議会の議決を経ていることを重視していることがうかがえます。逆に、議会の議決が法令上必要であるにもかかわらず、それを経ずして行われた支出等を違法とする裁判例は少なくありません。

学習のポイント

１　行政不服審査制度

■行政不服審査制度は、国民の権利利益の救済と行政の適正な運営の確保を目的として、行政庁の公権力の行使に関し、国民が簡易迅速かつ公正な手続の下で行政庁に不服を申し立てることができるための制度です。

■課題としては、住民へ制度を周知すること、制度利用者を支援する仕組みをつくること、法務マネジメントの観点から、行政不服審査の処理方針を自治体政策として位置付けること、制度の運用に当っては、不服申立て手続の公正性を確保するよう努めることなどが指摘されています。

２　行政訴訟

■行政訴訟の要件としては、①処分性（取消訴訟の対象は、「行政庁の処分その他公権力の行使に当たる行為」でなければならないこと）、②原告適格（訴訟提起の主体は、処分の取消しを求める「法律上の利益」を有する者でなければならないこと）、③訴えの利益（現時点で処分を取り消すことが権利利益の救済に繫がるものでなければならないこと）があります。

■検討課題としては、行政計画の適法性・妥当性の確認、条例の内容と実施過程の適法性の確認、通知や行政指導が住民にもたらしうる不利益の確認などが挙げられます。

３　国家賠償請求訴訟

■国賠法に基づく損害賠償請求には、公権力の行使に関するもの（１条１項）と公の営造物の設置管理の瑕疵に関するもの（２条１項）の２種類があります。

■自治体は、事件・事故から得た教訓をその後の事務執行の改善にフィードバックさせるため、原課と法務管理組織の情報共有を密にし、再発防止に向けた取組みを徹底することが重要です。

４　住民訴訟

■住民監査請求をした請求人は、監査結果に不服があるときや、監査委員が監査期間内に監査を行わないときなどに、違法な財務会計行為について、住民訴訟を提起することができます。

■住民が住民訴訟を提起した後に、議会が地方自治法96条１項10号に基づいて賠償請求権を放棄する例が相次ぎました。損害賠償請求権を放棄することができるかどうかをめぐって裁判で争われてきましたが、この点について、最高裁判所第二小法廷は、2012年４月20日に「議決は基本的に議会の裁量に委ねられるが、支出の内容や議決の経緯などの要素を考慮して不合理な場合は違法となる」との判断基準を示しました。

第5章

自治体運営の基礎

この章では、地方自治を支える根幹的な理念である「団体自治」及び「住民自治」のうち、特に「団体自治」の側面を意識しながら、自治体の運営にかかわる基本的な事項を学んでいきます。

国の最高法規である日本国憲法において、地方自治はどのように捉えられており、どのように規定されているのでしょうか。そして、地方自治法などにおいては、自治体による行政上の課題の自主的・自律的な処理のため、どのような組織・機関などが設けられているのでしょうか。また、それらの組織・機関は、どのような権限行使や事務処理などをして、どのように自治体運営を担っているのでしょうか。さらに、それらの権限行使や事務処理などの適法性・適正性は、どのような制度・運用を通じて確保されているのでしょうか。

上記の視点に立ちながら、第1節では、地方自治の基本的な仕組みについて学びます。より具体的には、日本国憲法における地方自治についての定めとその内容・要請を確認した上で、地方自治法で具体的に定められている議会・長のあり方、都道府県・市区町村の概要、都道府県・市区町村間の広域連携のあり方などについて説明します。

第2節では、第1節の内容を踏まえた上で、自治体における統治の側面に注意しつつ、その基本的な仕組みについて学びます。より具体的には、執行機関としての長やその補助機関のあり方、執行機関として長と併存する行政委員会の概要、議事機関としての議会やこれを構成する議員や議会事務局のあり方、自治体における権限行使・事務処理などの監査制度について説明します。

上記の諸点を学ぶ際には、国と比較した場合の異同とその背景・理由、近時の動向などについても、注意するようにしましょう。

第１節　地方自治の仕組み

1　憲法と地方自治

(1) 憲法における地方自治の位置付け

戦前の旧憲法（大日本帝国憲法）においては、地方自治について明確に定める規定は設けられていませんでした。しかし、戦後に制定された日本国憲法においては、独立した章の下に地方自治について定める規定が設けられることとなりました。すなわち、憲法では、第８章として「地方自治」と題された章が設けられ、以下でみるように、ここに92条から95条までの４ヶ条が設けられています[*1]。したがって、今日、地方自治は、憲法のもとにおいて、単にその時々の政策や法律の制定・改正などに委ねられるにとどまることなく、憲法によって保障されているのです。今日において、地方自治がいかに重要視されているのかが分かるでしょう。

＊１　日本国憲法
憲法では、第１章には「天皇」、第２章には「戦争の放棄」、第３章には「国民の権利及び義務」、第４章には「国会」、第５章には「内閣」、第６章には「司法」、第７章には「財政」、第９章には「改正」、第10章には「最高法規」、第11章には「補則」と題された章がそれぞれ設けられています。

(2) 自治権の淵源・根拠

憲法上の保障という地位を得ている地方自治ですが、自治権（特に団体自治）の淵源・根拠については、これまで学説上の展開がみられました。

古くは固有権説と伝来説との対立などがみられました。固有権説とは、自治体の自治権について、これを国から付与されたものとは捉えずに、前国家的性質を有する自治体固有の権利であると捉える見解です。他方、伝来説は、自治体の自治権について、国から付与されたものである（つまり前国家的性質は有さない）と捉えます。

また、これらの学説とは異なり、新固有権説（自治体は、団体基本権を保障されており、また、国よりも国民主権の実現に適合的であることを自治権の淵源・根拠とみる見解）をはじめとして、いくつかの学説もみられました。

自治権の淵源・根拠について、今日では、**制度的保障説**が一般に支持されているといわれています。制度的保障説は、地方自治（自治権）が憲法によって制度として保障されているものであると捉える見方です。（自治体における）外国人参政権に関する判例として著名な定住外国人選挙権訴訟上告審判決（最三小判平７・２・28民集49巻２号639頁）でも、「憲法第８章の地方自治に関する規定は、民主主義社会における地方自治の重要性に鑑み、住民の日常生活に密接な関連を有する公共的事務は、その地方の住民の意思に基づきその区域の地方公共団体が処理するという政治形態を憲法上の制度として保障しようとする趣旨に出たものと解される……」と判示されています。

制度的保障説によると、固有権的構成とは異なり、自治権は憲法によって保障されていることから導き出されることとなります。したがって、法律といえども、地方自治の本質部分を損なうような制定・改正をするようなことがあれば、それは違憲ということになります。他方、制度的保障説については、憲法によって保障されている地方自治の本質部分とは具体的に何を指すのかが明瞭ではないため、批判的な見解もあります。

上記のような自治権の淵源・根拠に関する諸理解について、自治体運営の前線に立っている公務員の方々にとっては、いかにも理論的な対立に終始し、その意味で実践的でないようにみえるところもあるかもしれません。しかしながら、これらの諸理解は、例えば、（自治体の住民ではなく）自治体自身が国や他の自治体の立法や行政上の決定と大きくかかわる場合にその手続への参画を望むような局面や、場合によっては当該決定にかかわる訴訟を提起するような局面において、そうした自治体の手続参画や出訴を基礎付けるものとして寄与しうるとみることができるでしょう。自治権の淵源・根拠は、具体的な自治体運営と無関係ではありません。

（３）憲法92条と地方自治

〈１〉地方自治の本旨

憲法92条は、「地方公共団体の組織及び運営に関する事項は、地方自治の本旨に基いて、法律でこれを定める。」と定めており、地方自治についての総則的な規定といってもよいでしょう。本書の各所でも触れられる「**地方自治の本旨**」は、地方自治法その他の法令等に基づき地方自治を実際に展開するに当たって、中核となる概念といえます。自治法においても、２条11項が、「地方公共団体に関する法令の規定は、地方自治の本旨に基づき、かつ、国と地方公共団体との適切な役割分担を踏まえたものでなければならない。」と規定し、また、同条12項が、「地方公共団体に関する法令の規定は、地方自治の本旨に基づいて、かつ、国と地方公共団体との適切な役割分担を踏まえて、これを解釈し、及び運用するようにしなければならない。この場合において、特別地方公共団体に関する法令の規定は、この法律に定める特別地方公共団体の特性にも照応するように、これを解釈し、及び運用しなければならない。」と規定しています。

憲法92条にいう「地方自治の本旨」[＊2]とは、団体自治という要素と住民自治という要素の２つからなるものと一般に解されています。**団体自治**とは、国の中にあって国とは異なる独立した団体が、国（中央政府）からのコントロールを受けることなく自律して自らの意思に基づき事務を処理することを意味します。また、**住民自治**とは、地域・地方における事務の処理を当該地域・地方の住民自身の意思に基づいて行うことを意味します。住民自治が実現されるためには、国とは異なる団体において自律的な事務処理（行政）が行われていることが前提条件となります。他方、国から独立した団体が自律

＊2
英語ではthe principle of local autonomyの語が充てられています。

的な事務処理（行政）を実施するには、その団体の住民の意思が反映されていることが必要になってきます。そのため、団体自治と住民自治は、地方自治の本質・中核をなす不可分一体の要素であるということができます。後にみると分かるように、憲法93条は特に住民自治の内容を、また、憲法94条は特に団体自治の内容をそれぞれより具体的に定めているといえます。

憲法92条によれば、地方公共団体の組織や運営に関する事項が法律（端的には自治法）によって定められる場合も、「地方自治の本旨」に基づかなければならないことになります。したがって、同条は、地方自治の制度的保障の防御的機能を果たすものといわれることがあります。自治体運営の場面では、自治法をはじめとする国の法令がどのような定めをおいているのかを注視することとなりますが、それらの定めが「地方自治の本旨」とどのような関係にあるのかについても、常に考えておきたいところです。

〈２〉地方公共団体の意義

すでにみたように、憲法92条からは、「地方公共団体」の存在が前提とされていることが分かります。そして、同条を受けて、主として自治法が、より具体的な定めを設けています。ところが、憲法92条はもとより、憲法93条以下においても、「地方公共団体」が具体的に何を意味するのかについては、明らかではありません。

東京都渋谷区長選任にからむ贈収賄事件上告審判決（最大判昭38・３・27刑集17巻２号121頁）は、憲法上の地方公共団体の意義について、「地方公共団体といい得るためには、単に法律で地方公共団体として取り扱われているということだけでは足らず、事実上住民が経済的文化的に密接な共同生活を営み、共同体意識をもつているという社会的基盤が存在し、沿革的にみても、また現実の行政の上においても、相当程度の自主立法権、自主行政権、自主財政権等地方自治の基本的権能を附与された地域団体であることを必要とするものというべきである。」と判示しました[＊3]。同判決では、自治法が区長の公選制から官選制（区議会が都知事の同意を得た上で区長を選任する制度）に改正することは、違憲ではないとされました[＊4]。同判決によれば、東京都に設けられている特別区は、憲法上の地方公共団体には該当しないこととなります。しかし、今日の状況に照らせば、現在の特別区は、憲法上の地方公共団体であり、まさに自治体であるというべきでしょう。

＊３　東京都渋谷区長選任にからむ贈収賄事件上告審判決
同判決は、「そして、かかる実体を備えた団体である以上、その実体を無視して、憲法で保障した地方自治の権能を法律を以て奪うことは、許されないものと解するを相当とする。」と続けており、制度的保障説を支持していることも示唆しています。

＊４　区長の公選制
区長の公選制は、その後の地方自治法改正（1974年）によって復活しており、現在に至っています。

（４）憲法93条と地方自治

次いで、憲法93条は、１項で「地方公共団体には、法律の定めるところにより、その議事機関として議会を設置する。」と定め、２項で「地方公共団体の長、その議会の議員及び法律の定めるその他の吏員は、その地方公共団体の住民が、直接これを選挙する。」と定めています。同条は、主として、地方自治を展開する上での組織・機関に関する定めであるといえます。

憲法93条は、「地方自治の本旨」（憲法92条）のうち特に住民自治について、より具体的に定めをおいているといえます。一方、憲法92条では、「地方公共団体の組織及び運営に関する事項は、地方自治の本旨に基いて、法律でこれを定める。」と定められていながら、憲法93条は、議事機関としての議会を設置すること、そして、地方公共団体の長や議員等が住民の公選によることを定めています。したがって、憲法93条は、見方によっては、自治体運営のための組織・機関について、自治体独自で組織編制することを否定ないし制限しうるものであるという可能性が否めません＊5。

なお、上記のように、憲法93条2項によれば、自治体の長等は、「その地方公共団体の住民が、直接これを選挙する。」とされています。ここでは、「地方公共団体の住民」が具体的に何を意味するのかが問題となりえます。この点について、前出の最判平7・2・28民集49巻2号639頁では、「地方公共団体の区域内に住所を有する日本国民を意味するものと解するのが相当であり、右規定は、我が国に在留する外国人に対して、地方公共団体の長、その議会の議員等の選挙の権利を保障したものということはできない。」と判示されています。

＊5　憲法93条
憲法上、議会は必置機関として定められています（93条1項）。他方、同項と同条2項との規定ぶりの差異もあり、長が必置機関であるか否かはやや不明瞭ですが、自治法は執行機関としての長をおくことを義務付けています（自治法139条1項・2項）。

（5）憲法94条と地方自治

さらに、憲法94条は、「地方公共団体は、その財産を管理し、事務を処理し、及び行政を執行する権能を有し、法律の範囲内で条例を制定することができる。」と定めています。同条は、その内容から、地方自治の制度的保障の権限付与機能を果たしているといわれることがあります。同条では、財産の管理、事務の処理及び行政の執行が可能であることが説示されていますが、特に注目しなければならないのは、「法律の範囲内で条例を制定することができる」とされている点です。憲法94条の下、自治法14条1項も、「普通地方公共団体は、法令に違反しない限りにおいて第2条第2項の事務に関し、条例を制定することができる。」と定めています。

とりわけ自治体独自の政策・施策の展開に当たっては、自治体による条例制定が大きな役割を果たす以上、自治体の条例制定権の範囲は非常に重要になります。自治体の条例制定権の詳細については、第**2**章第**1**節を参照してみてください。

（6）憲法95条と地方自治

最後に、憲法95条は、「一の地方公共団体のみに適用される特別法は、法律の定めるところにより、その地方公共団体の住民の投票においてその過半数の同意を得なければ、国会は、これを制定することができない。」と規定しています。同条は、いわゆる**地方自治特別法**（又は地方特別法）に関する規定です。国会は「唯一の立法機関」（憲法41条）であり、通常、国会による法律の制定に当たっては、国会以外の機関による関与を必要とするものではありません（国会単独立法の原則)。しかし、憲法95条によれば、１つの地方公共団体のみに適用される法律を国会が制定しようとする場合には、当該地方公共団体の自治権を尊重する見地から、当該地方公共団体での住民投票によって過半数の同意を得なければならないこととなります。

自治法261条が、この手続をより具体的に定めています。地方自治特別法が国会又は参議院の緊急集会において議決された場合、最後に議決した議院の議長（衆議院の議決が国会の議決ならば衆議院議長、参議院の緊急集会での議決ならば参議院議長）は、当該法律を添えてその旨を内閣総理大臣に通知しなければなりません。通知を受けた内閣総理大臣は、直ちに当該法律を添えてその旨を総務大臣に通知し、総務大臣は、当該通知を受けた日から５日以内に、関係普通地方公共団体の長にその旨を通知するとともに、当該法律その他関係書類を移送しなければなりません。通知を受けた関係普通地方公共団体の長は、その日から31日以後60日以内に、住民投票を実施しなければなりません。住民投票の結果（確定したことを知ったときも含む）は、当該長から総務大臣へ、また、総務大臣から内閣総理大臣へそれぞれ報告され、投票結果確定の旨の報告を受けた内閣総理大臣は、直ちに当該法律の公布手続をとるとともに、衆議院・参議院の各議長に通知しなければなりません。

もっとも、こうした地方自治特別法として住民投票が実施されたケースは少なく（広島平和記念都市建設法の制定以来16件・18市町)、憲法95条や自治法261条は有名無実の規定ともいいうる状況にあります。ただし、これまでの制定法のなかでは、地方自治特別法に該当するか否か、したがって、住民投票が必要なのか否かということが問題となった例もみられます。

(７) 自治基本条例

自治体によっては、その組織・機関や運営に関する基本的な方針、さらにはやや具体的な施策などがひとつの条例の中で定められることがあります。こうした条例のことを、一般的に「**自治基本条例**」といいます（「自治基本条例」のほかには、「まちづくり基本条例」などのような名称が用いられることが多いようです)。自治基本条例は、その内容から、「自治体の憲法」と称されることもあります。自治基本条例については、自治の基本について定めた自治体の最高規範であるという面を見出すことができます。

自治基本条例は、2000年に制定（2001年施行）された「ニセコ町まちづくり基本条例」が最初のケースであるようです。(一財）地方自治研究機構の調査（2022年４月１日時点）によると、現在では400をこえる自治体でこうした条例が制定されているようです。自治基本条例が制定・施行されるのは、主として市町村や特別区ですが、都道府県でも立法例はあります（神奈川県自治基本条例)。

自治基本条例の構成（章立て、条文数など）は自治体によって様々ですが、定められる内容は大要以下のようなものです。

まず、前文が設けられたうえで、他の多くの法律や条例と同様に、自治基本条例の制定目的をうたう規定が1条に設けられることが通例といえます。目的規定のほかには、自治基本条例の趣旨・位置付けや自治の基本原則を明記する規定がみられます。また、自治基本条例中で用いられる文言の定義規定が設けられることも通例です。

また、自治体における組織に関する規定も多く見受けられます。例えば、長、議会やその議員、職員に関する規定などです。

さらに、行財政評価、政策評価、情報公開・アカウンタビリティ、総合計画、政策法務といった自治体の運営に関する規定が設けられたりします。自治体の運営にかかわるところでは、他の自治体との関係（広域的な連携や協力など）や国との関係に関する規定が設けられたり、市民と行政との協働やコミュニティに関する規定なども設けられたりします。住民投票に関する規定が設けられることも多くあります。＊6

＊6　自治基本条例と住民投票
近時、東京都武蔵野市では、自治基本条例の規定に基づき住民投票条例の制定が企図されていましたが、同条例案は否決されました。なお、自治基本条例・住民投票条例やひいては地方自治における外国人の位置付けなどの問題も含め、原島良成「地方自治という場での外国人住民——武蔵野市住民投票条例の試み」法学教室505号37頁以下があります。

他方、これらと並び、市民の権利（とりわけ市民が自治に参画する権利や自治にかかわる情報を知る権利など）が規定されることもありますし、これらと併せて、市民の責務などが規定されることもあります。一般的な市民に関する権利とは別に、子どもの権利を明定する例もみられます。

もちろん、これまで触れてきたように、自治体の組織・機関や運営に関する基本的事項は、憲法や地方自治法などに定められていますし、自治体の条例も「法律の範囲内」（憲法94条）ないし「法令に違反しない限り」（自治法14条1項）で制定できるものなので、自治基本条例といっても、国の法律ないし法令に相反するような定めを設けることができないのは当然で、自治基本条例に定めて実際に運用することのできる事項や内容には、おのずと限界があります。自治基本条例が制定されたからといって、その実効的な運用に直結するわけではない点にも注意が必要です。換言すれば、自治基本条例の制定・施行については、何についてどのような理由・背景から定めを置き、その運用から何を達成しようとするのかが明確であることが重要になります。また、パブリック・コメントの実施や会議体の設置なども含めた立法手続も重要になります。

2　自治体の機構

（1）議会

〈1〉議会の位置付け

憲法93条1項は、「地方公共団体には、法律の定めるところにより、その議事機関として議会を設置する。」と定めています。同項の規定ぶりからすると、**議会**は議事機関であって、その設置は憲法上義務付けられているとみることができるでしょう。また、同条2項は、「地方公共団体の長、その議会の議員及び法律の定めるその他の吏員は、その地方公共団体の住民が、直接これを選挙する。」と定めています。

〈2〉議会の権限

①　議決権

以下にみるように、議事機関としての議会には複数の権限が認められていますが、そのうち最も重要なものは議決権といえるでしょう。自治法96条1項は、議会の議決しなければならない事件として、大要以下のものを掲げています。

【図表5－1－1】議決事件

ア　条例の制定・改廃（1号）	コ　権利の放棄（10号）
イ　予算の決定（2号）	サ　公の施設の長期的・独占的な利用（11号）
ウ　決算の認定（3号）	シ　審査請求その他の不服申立て、訴えの提起、和解、斡旋、調停、仲裁（12号）
エ　地方税の賦課徴収や分担金・使用料・加入金・手数料の徴収に関すること（4号）	ス　損害賠償額の決定（13号）
オ　条例で定める契約の締結（5号）	セ　公共的団体等の活動の総合調整（14号）
カ　財産の交換・出資・支払手段としての使用、適正な対価のないその譲渡・貸付け（6号）	ソ　その他法律又は法律に基づく政令（これらに基づく条例を含む）により議会の権限に属する事項（15号）
キ　不動産の信託（7号）	
ク　財産の取得・処分（8号）	
ケ　負担付きの寄附・贈与の受理（9号）	

上記のほかにも、議会は、条例で普通地方公共団体に関する事件につき議会の議決すべきものを定めることができます（自治法96条2項）。2011年の自治法改正前においては、法定受託事務に係るものについて、条例による議決事件の法定が不可能でしたが、同改正を経た現在では、法定受託事務に係るものも、国の安全に関すること等の例外を除き、原則として議決事件の法定が可能になっています。

②　検査権・監査請求権

自治法上、普通地方公共団体の議会は、当該普通地方公共団体の事務に関する書類及び計算書を検閲し、当該普通地方公共団体の長、教育委員会、選挙管理委員会、人事委員会・公平委員会、公安委員会、労働委員会、農業委員会又は監査委員等の報告を請求して、当該事務の管理、議決の執行及び出納を検査することができるとされています（98条1項）。

また、議会は、監査委員に対し、当該普通地方公共団体の事務に関する監査を求め、監査の結果に関する報告を請求することができるとされています（同条2項）。

いずれの権限についても、自治事務にあっては労働委員会及び収用委員会の権限に属する事務で政令で定めるもの、法定受託事務にあっては国の安全を害するおそれがあること等により適当でないものとして政令で定めるものは、ここでの検査・監査の対象にはなりません。

③　**調査権**

自治法上、普通地方公共団体の議会は、当該普通地方公共団体の事務に関する調査を行うことができます（100条1項）。これは、いわゆる「100条調査権」という権限です。ただし、自治事務にあっては労働委員会及び収用委員会の権限に属する事務で政令で定めるもの、また、法定受託事務にあっては国の安全を害するおそれがあること等により適当でないものとして政令で定めるものは、ここでの調査対象にはなりません。

④　その他の権限

自治法上、上記のほかに認められる権限としては、選挙権（97条1項）、意見提出権（99条）、議員辞職の許可権（126条）、議員懲罰権（134条1項）などがあります。

（2）長

〈1〉長の位置付け

憲法93条2項によれば、地方公共団体の長はその住民の直接の選挙により選任されなければならないわけですが、長を設置しなければならない旨が明記されているわけではありません。したがって、議会の設置について定めている同条1項とは異なり、同条2項が長の設置を憲法上義務付けているか否かについては、不明瞭のようにみえます。また、議会は「議事機関として」（同条1項）設置される旨が明記されているのに対して、そもそも長がどのような機関であるのかについて、やはり憲法上は明記されていません。

〈2〉長の権限

自治法上、執行機関としての長は、自治体を統轄し、これを代表するとされ（147条：統轄代表権）、また、自治体の事務を管理し、これを執行するとされています（148条：事務執行権）。後述するように、自治体における執行機関については二元代表制がとられていますが、なかでも長は、事務処理について包括的な権限を有する機関であるとみることができるでしょう。

もっとも、長の権限が包括的なものといえども、これを越える行為は許されるものではありません。この点と関連するところでは、古い判例ですが、貸金請求上告事件（最三小判昭34・7・14民集13巻7号960頁）があります。最高裁は、金員の借入れをなすことのできる旨の村議会の議決の下、村長が組合から金員を受領した行為について、「普通地方公共団体の長においては収入及び支出を命令し並びに会計を監督する権限を有するも、現金を出納する権限を有しなかつたことは、改正前地方自治法の規定に照らし明らかである。」とした上で、普通地方公共団体の長自身が「他よりの借入金を現実に受領した場合は、民法110条所定の「代理人がその権限を超えて権限外の行為をなした場合」に該当するものとして、同条の類推適用を認めるのが相当であ〔る〕」と判示しました（ただし、最高裁は、結論として、「第1審判決が、たんに冒頭掲記のような事実を判示しただけで、何等特殊の事情の存在を判示することなく、たやすく、被上告組合の前主組合は、上告町の前主村の村長が前示金員を受領する権限ありと信じたことにつき正当な理由があると判断し民法110条を類推適用して上告町の前主村の責任を認めたことは失当である。」としています)。

〈3〉長の事務

長の担任する主な事務は、以下のように例示されています（自治法149条）。

① 議決事件についての議案の提出（1号）

② 予算の調製・執行（2号）

③ 地方税の賦課徴収、分担金・使用料・加入金・手数料の徴収、過料を科すこと（3号）

④ 決算を議会の認定に付すること（4号）

⑤ 会計の監督（5号）

⑥ 財産の取得・管理・処分（6号）

⑦ 公の施設の設置・管理・廃止（7号）

⑧ 証書・公文書類の保管（8号）

⑨ 上記以外の事務の執行（9号）

〈4〉長の権限の代行

いうまでもなく、長の権限は、法文上、長自らが行使することとされます。しかし、実務では、長が自身に認められた権限のすべてを行使することは、不可能であったり、非現実的であったりします。そこで、自治法は、長に認められた権限を他の者が代行することについて、いくつかの規定を設けています。

第1には、長の職務の代理であり、法定代理と授権代理（任意代理・臨時代理ともいいます）があります。前者については、例えば、自治法152条1項及び2項によれば、長に事故があるときや長が欠けたときは、副知事・副市町村長が長の職務を代理し、また、副知事・副市町村長にも事故があるときや副知事・副市町村長も欠けたとき等は、その補助機関である職員のうち長の指定する職員がその職務を代理することとされます。後者は、長が自身の権限に属する事務の一部をその補助機関に臨時に代理させるものです（自治法153条1項)。

第2には、長の権限の委任です。長は、その権限に属する事務の一部をその補助機関である職員、副知事・副市町村長、委員会・委員会の委員長・委員などに委任することができます（自治法153条1項、167条2項、180条の2)。長の職務の代理との相違点は、長が権限を委任すると、その権限は受任者・受任機関に委譲されることとなり、受任者・受任機関が自身の名と責任でその権限を行使することとなるという点です。

（３）二元代表制

〈１〉二元代表制の根拠

憲法93条１項及び２項の定めは上記にみたとおりですが、同条からは、①議事機関として議会を設置すること、②長は住民の直接選挙によること[*7]、③議会の議員は住民の直接選挙によること、という３点が特に重要になります[*8]。これらのことから、長と議会の議員の双方とも、住民の直接選挙による（つまり住民に直接責任を負う）こととなり、二元代表制が採用されているということができます。これは国の議院内閣制と比較した場合の大きな違いです。自治法においても、「普通地方公共団体に議会を置く。」（89条）、「都道府県に知事を置く。」（139条１項）、「市町村に市町村長を置く。」（同条２項）とそれぞれ定められています。

＊７　長の設置
93条の１項と２項の定めぶりの違いからもみて分かるとおり、長の設置が義務付けられるか否かは問題となりうるところですが、ここでは長の設置を前提に説明していきます。

＊８　憲法93条２項の「その他の吏員」
なお、「その他の吏員」の法定例は、現在存在しません。旧教育委員会法が都道府県・市町村の教育委員会の委員につき住民による直接選挙を定めていましたが、現在の「地方教育行政の組織及び運営に関する法律」では住民による直接選挙制度はとられていません。

〈２〉議会と長との関係

もっとも、議事機関としての議会と執行機関としての長の双方が住民の直接選挙によるとなると、両者の相互関係も気になるところです。こうした二元代表制をとることの背景やねらいについては、いくつかのポイントを指摘することができます。例えば、自治体運営に住民の意思を反映させられるチャンネルが複数存在することとなり、より民主的な自治体運営が期待されます。また、この点とかかわるところでは、議会又は長への権力・権限の集中や権力・権限の違法・不当な行使の防止を期待しうることとなりますし、議会と長が相互に牽制しあうことで均衡・調和の確保を図ることが期待されます。

①　議会の義務・権限

長は、議会の審議に必要な説明のため議長から出席を求められたときは、原則として、議場に出席しなければならないとされています（自治法121条１項）。同項は長の議会への出席義務を法定したものであって、同項によって長の議会への出席権が認められているわけではありません。

また、議会には、長の不信任議決の権限が認められています。自治法178条によると、議員数の2/3以上の者が出席し、その3/4以上の者の同意をもって長の不信任の議決がされると、直ちに議長からその旨が長に通知されなければなりません。長は、当該通知を受けた日から10日以内に議会を解散することができますが、期間内に議会を解散しない場合には、期間の経過した日に失職することとなります。あるいは、長による議会の解散後初めて招集された議会において再び不信任の議決があり（ここでも議員数の2/3以上の者が出席し、その過半数の者の同意が必要です）、議長から長に対しその旨の通知があったときは、長は、議長から通知があった日に失職します。

議会と長が住民の直接選挙によるとされつつも、議会による長の不信任議決の権限が認められている点では、議会と長の二元代表制には、議院内閣制に類する側面をみて取ることもできるといえるでしょう。

②　長の権限

自治法上、長は、議会に対する再議の要求権を有しています。すなわち、長は、議会の議決について異議があるときは、原則として、その議決の日又はその送付を受けた日から10日以内に理由を示してこれを再議に付することができるとされているのです（176条１項）。この長の権限は一般的拒否権といわれています。議会の議決が再議に付され、同じ議決がなされたときは、その議決は確定します（同条２項）。条例の制定・改廃や予算に関する議決には、出席議員の2/3以上の者の同意が必要とされています（同条３項）。

一方、議会の議決又は選挙がその権限を超え又は法令・会議規則に違反すると認めるときは、長は、理由を示してこれを再議に付し又は再選挙を行わせなければならないとされており（同条４項）、特別拒否権といわれています。一般的拒否権とは異なり、再議に付すことは義務とされています。再議又は再選挙の結果、なお権限の踰越又は法令・会議規則違反を認めるときは、その議決又は選挙があった日から21日以内に、都道府県知事は総務大臣に対し、また、市町村長は都道府県知事に対し、それぞれ審査を申し立てることができるとされています。審査の結果、総務大臣又は都道府県知事の裁定に不服があるときは、普通地方公共団体の議会又は長は、当該裁定のあった日から60日以内に、裁判所に出訴することができます（同条５項～７項）。

なお、議会において、法令により負担する経費等の自治体の義務に属する経費、非常災害による応急・復旧の施設のための必要経費、感染症予防のための必要経費の削除や減額の議決をしたときは、その経費及びこれに伴う収入について、長は、理由を示してこれを再議に付さなければなりません（177条）。

さらに、長は、長において議会の議決事件について特に緊急を要するため議会を招集する時間的余裕がないことが明らかであると認めるときや、議会において議決事件を議決しないときなどは、その議決事件を処分することができるとされています（179条）。同条は、議決事件等の議会の権限に属する事項について長が議会に代わって処分するという専決処分の権限を認めています。こうした法律の規定による専決処分のほかに、議会の委任によって行われる専決処分もあります（180条）。

（４）執行機関多元主義

前述のとおり、憲法93条１項及び２項は、議事機関としての議会の設置について定めつつ、執行機関として住民の直接公選に基づく長について定めています。ところが、執行機関としては、長以外に委員会・委員をさらに挙げることができます。すなわち、自治法138条の4第1項は、「普通地方公共団体にその執行機関として普通地方公共団体の長の外、法律の定めるところにより、委員会又は委員を置く。」と定めており、ここでは委員会や委員といった長以外の執行機関として行政委員会の設置が予定されているのです。したがって、自治法では、「地方自治の本旨」（憲法92条）に基づいて、執行機関について多元主義を採用したということができます。行政委員会については、本章第**2**節**2**で後述します。

なお、自治法138条の4第3項によると、執行機関の附属機関（自治紛争処理委員、審査会、審議会、調査会など）は、法律又は条例の定めるところにより設置可能ですが、同条1項によると、執行機関は法律の定めるところにより設置されることとなります（執行機関法定主義の採用）。

（5）シティ・マネジャー制度の導入の可能性

シティ・マネジャー制度は、20世紀初頭のアメリカにおける自治体運営上の組織編制にその起源を有するとされ、今日においてもアメリカや他の諸国で浸透しています。シティ・マネジャー制度とその運用には様々なバリエーションがありえるところですが、その基本形は、シティ・マネジャー（日本語では「市支配人」と表現されることがあります）が、住民の選挙によって選任されるのではなく、議会によって選任され、行政府の長として議会の意に即して行政を執行することとなるというものといえます（この場合にも公選又は議会選任による首長が形式的な役割を果たすため設置されています）。

国レベルでは、第17次地方制度調査会による「新しい社会経済情勢に即応した今後の地方行財政制度のあり方についての答申」（1979年）において、特に市町村の地域的実情に即した組織編制の可能性について今後も検討すべきことが提言されていました。また、第22次地方制度調査会による「小規模町村のあり方についての答申」（1989年）においては、より具体的にシティ・マネジャー制度（議会―支配人制）について今後検討する旨の言及がありました。もっとも、国の法律などにおいて、シティ・マネジャー制度の導入が実現していないことは、周知のとおりです。また、地方分権改革推進会議による「地方公共団体の行財政改革の推進等行政体制の整備についての意見」（2004年）でも、シティ・マネジャー制度導入の検討の必要性を説いています。

これらと並び、自治体レベルでも、シティ・マネジャー制度の導入を目指す動向がありました。例えば、埼玉県志木市からは、地方自治特区構想の下でシティ・マネジャー制度の導入の提案がなされたことがありました。

このように、国レベルでも自治体レベルでもシティ・マネジャー制度の導入に向けた動向はある程度みられるわけですが、その実現に至っていないというのが現状です。シティ・マネジャー制度の法制度化は抜本的な制度改変になりえますので、その実現には様々な課題があることも事実でしょう。最も大きな課題といえるのが、憲法との適合性ないし整合性です。憲法93条1項からは、議事機関としての議会の設置が義務付けられていることは明らかです。これに対して、長の位置付けについては、長が住民の直接選挙によって選任されなければならないことは憲法93条２項から明らかですし、広く理解されているところによれば、憲法上は執行機関として独任制の長の設置が義務付けられている（求められている）ということになるでしょう（例えば、自治法139条１項及び２項などでも、そのことを踏まえた規定がなされています）。そうすると、シティ・マネジャー制度の導入に当たっては、必然的に憲法改正が必要となるため、憲法改正がなされなければ、そもそも地方自治法の改正等によってシティ・マネジャー制度の導入を制度化することは違憲であり許されないこととなります。現状では、周知のとおり、憲法が改正されたことは１度もありませんし、改正手続も容易ではありません[＊9]。

他方、自治体の統轄・代表（自治法147条）と自治体の事務の管理・執行（自治法148条）をそれぞれ異なる機関に担わせることを可能にすることで、憲法改正を経ずにシティ・マネジャー制度を導入する可能性（さらには合議制機関としての参事会及びその長としての首長の位置付けといった独自の組織編制の可能性）を探る立場もあります[＊10]。

＊9　憲法改正手続の定め
憲法96条１項は、「この憲法の改正は、各議院の総議員の３分の２以上の賛成で、国会が、これを発議し、国民に提案してその承認を経なければならない。この承認には、特別の国民投票又は国会の定める選挙の際行はれる投票において、その過半数の賛成を必要とする。」と定めています。

＊10
例えば渋谷秀樹「地方公共団体の組織と憲法」立教法学70号（2006年）215頁以下など。

3　都道府県

(1) 地方公共団体

一般的には、**地方公共団体**とされるためには、一定の区域の存在が肯定され、当該区域が住民によって構成され、法人格が認められることが必要とされています。また、このほかに自治権が認められることが必要とされることもあります。

自治法では、地方公共団体は、「住民の福祉の増進を図ることを基本として、地域における行政を自主的かつ総合的に実施する役割を広く担う」法人であるとされています（１条の２第１項、２条１項）。より具体的には、地方公共団体は、普通地方公共団体及び特別地方公共団体であるとされ（１条の３第１項）、普通地方公共団体は都道府県及び市町村であり（同条２項）、特別地方公共団体は特別区、地方公共団体の組合及び財産区とされています（同条３項）[＊11]。特別地方公共団体は、事務処理の特性から普通地方公共団体とは異なる地方公共団体として政策的に設けられているものといえます。以下では、自治法における普通地方公共団体としての都道府県について、みていきましょう。

＊11　特別地方公共団体
かつては特別地方公共団体として地方開発事業団も定められていましたが、2011年の法改正によって廃止されました。

(2) 都道府県

〈1〉都道府県の位置付け

市町村が「基礎的な地方公共団体」（２条３項）とされているのに対して、**都道府県**は、「市町村を包括する広域の地方公共団体」（２条５項）とされています。都道府県は、自治法２条２項所定の事務のうち、「広域にわたるもの、市町村に関する連絡調整に関するもの及びその規模又は性質において一般の市町村が処理することが適当でないと認められるものを処理するものとする。」とされています（2条5項）。都道府県と市町村は、その事務処理に当たっては相互に競合しないようにしなければならないとされています（2条6項）。都道府県は、地理的・空間的に市町村を包括することになりますが、このことは、原則として、都道府県と市町村が上下の関係に立つということを意味するものではありません。ただし、自治法では、「地方公共団体は、法令に違反してその事務を処理してはならない。なお、市町村及び特別区は、当該都道府県の条例に違反してその事務を処理してはならない。」とされ（2条16項）、また、「前項の規定に違反して行つた地方公共団体の行為は、これを無効とする。」とされています（2条17項）。

〈2〉都に関する特例

都は、**特別区**（本節4（3））の存する区域において、特別区を包括する広域の地方公共団体として、自治法2条5項において都道府県が処理するものとされている事務及び特別区に関する連絡調整に関する事務のほか、同条3項において市町村が処理するものとされている事務のうち、人口が高度に集中する大都市地域における行政の一体性及び統一性の確保の観点から当該区域を通じて都が一体的に処理することが必要であると認められる事務を処理するものとするとされています（自治法281条の2第1項）。都知事は、特別区に対し、都・特別区間及び特別区相互間の調整上、特別区の事務の処理について、その処理基準を示す等の助言や勧告をすることができます（自治法281条の6）。

また、都・特別区間や特別区相互間の財源の均衡化や、特別区の行政の自主的かつ計画的な運営の確保のため、都が交付するものとされている特別区財政調整交付金（自治法282条）、また、都と特別区の事務の処理について都・特別区間及び特別区相互間の連絡調整を図るため設けられる都区協議会（自治法282条の2）の制度も設けられています。

このように、事務処理のあり方について、道府県とは異なる規定が設けられています。

〈3〉都道府県と市町村の二層制

自治法は、普通地方公共団体として、都道府県と市町村＊12を挙げており、いわゆる**二層制**を採用しています。もっとも、すでにみたように、憲法92条では「地方公共団体」という存在は前提とされていることが分かりますが、同条はもとより、憲法93条以下においても、「地方公共団体」が具体的に何を意味するのかは明らかではありません。この点で問題となるのが、かねて議論のある道州制です。憲法にいう「地方公共団体」の意義、ひいては憲法92条にいう「地方自治の本旨」が、都道府県と市（区）町村の双方の存在を不可欠とするものなのであれば、自治法を改正して二層制を廃止すること、とりわけ現在の都道府県・市（区）町村の区分を廃止・再編成して道州制を

＊12　特別区
特別区は特別地方公共団体ですが、市に類する地位にある現況に鑑みれば、ここでは市区町村といってもいいでしょう。

採用することは、憲法に反することとなってしまいます。

前述のように、一般的な理解によれば、団体自治と住民自治の双方が「地方自治の本旨」の本質的要素をなすとされます。地域・地方における事務処理が当該地域・地方の住民自身の意思に基づいて行われるべきとする住民自治の観点からすると、市（区）町村については、都道府県と比べて住民と議会・行政との「距離」が近く、住民の意思がより直接的に反映されやすいのだとすれば、都道府県の廃止や道州への再編は、「地方自治の本旨」に反する可能性が発生します。他方で、国とは異なる独立した団体では自律的な事務処理が行われるべきとする団体自治の観点からすると、国による干渉・介入に対抗する点では、市（区）町村よりも都道府県に分があるのだとすれば、都道府県の廃止は、「地方自治の本旨」に反する可能性が発生します。したがって、都道府県の廃止や道州への再編を実現しようとするのであれば、現行の住民自治や団体自治の内容・レベルが損なわれないようにすることがキーになりそうです。

4　市区町村

（1）市町村の位置付け

自治法は、都道府県と並んで、**市町村**を普通地方公共団体として位置付けています（1条の3第2項）[*13]。市と町村とは、後述のような指定都市・中核市といった特例や自治法その他の個別法上の規定がある点でいくつかの差異はあるものの、基本的には本質的に同等といえます。市町村は、「基礎的な地方公共団体として」、都道府県が処理するものとされている前掲の事務（2条5項）を除き、一般的に、2条2項の事務を処理するものとするとされています（2条3項）。

＊13　市、町となるべき要件
なお、市ないし町となるべき要件は法定されていますが（8条1項・2項）、村についてそのような規定は設けられていません。町村を市とする場合や市を町村とする場合には、所定の手続が必要とされています（同条3項）。

（2）市に関する特例：指定都市・中核市

自治法上、市町村は、都道府県が処理するものとされている事務以外の事務を処理するものとされていますが（2条3項）、都道府県が処理するものとされている事務のうち、「その規模又は性質において一般の市町村が処理することが適当でないと認められるものについては、当該市町村の規模及び能力に応じて、これを処理することができる。」と定められています（2条4項）。こうした規定を受けて、大都市における事務処理に関する特例として、**指定都市**及び**中核市**について定めがおかれています。こうした特例は、大都市における効率的・合理的な事務処理を可能とするためのものといえるでしょう。

〈1〉指定都市

人口50万以上の市のうち政令で指定するものが、**指定都市**とされています[*14]。1956年に大阪市が指定都市とされて以降、2022年４月現在、名古屋市、京都市、横浜市、神戸市、北九州市、札幌市、川崎市、福岡市、広島

＊14　指定都市の呼称
「指定都市」という呼称のほかに「政令指定都市」などといわれることもありますが、後掲の中核市も政令によって指定されて成立することから、こうした呼称のいずれも適当でない面があります。

市、仙台市、千葉市、さいたま市、静岡市、堺市、新潟市、浜松市、岡山市、相模原市、熊本市の計20市が指定都市となっています。

指定都市は、都道府県が法律又は法律に基づく政令の定めるところにより処理することとされているものの全部又は一部で政令で定めるものを、政令で定めるところにより、処理することができるとされています（自治法252条の19第1項）。その対象として、以下のものが列挙されています（【図表5－1－2】参照）。

【図表5－1－2】自治法252条の19第1項で定められた事務

①　児童福祉に関する事務（1号）	⑫　障害者の自立支援に関する事務（8号）
②　民生委員に関する事務（2号）	⑬　生活困窮者の自立支援に関する事務（8号の2）
③　身体障害者の福祉に関する事務（3号）	⑭　食品衛生に関する事務（9号）
④　生活保護に関する事務（4号）	⑮　医療に関する事務（9号の2）
⑤　行旅病人及び行旅死亡人の取扱いに関する事務（5号）	⑯　精神保健及び精神障害者の福祉に関する事務（10号）
⑥　社会福祉事業に関する事務（5号の2）	⑰　結核の予防に関する事務（11号）
⑦　知的障害者の福祉に関する事務（5号の3）	⑱　難病の患者に対する医療等に関する事務（11号の2）
⑧　母子家庭及び父子家庭並びに寡婦の福祉に関する事務（6号）	⑲　土地区画整理事業に関する事務（12号）
⑨　老人福祉に関する事務（6号の2）	⑳　屋外広告物の規制に関する事務（13号）
⑩　母子保健に関する事務（7号）	
⑪　介護保険に関する事務（7号の2）	

また、指定都市については、監督に関する特例が定められています。すなわち、指定都市は、事務処理に当たって、法律又は法律に基づく政令の定めるところにより都道府県の知事・委員会の許可等の処分を要し、又は、事務処理について知事・委員会の改善等の命令を受けるものとされている事項で政令で定めるものについては、政令の定めるところにより、上記の許可等の処分を要せず、若しくは、上記の命令に関する法令の規定を適用せず、又は、知事・委員会の上記の許可等の処分や命令に代えて、各大臣の許可等の処分を要するものとし、若しくは、各大臣の命令を受けるものとされています（自治法252条の19第2項）。

さらに、指定都市は、市長の権限に属する事務を分掌させるため、条例で、その区域を分けて区を設け、区の事務所（必要に応じてその出張所も）をおくものとするとされています（自治法252条の20）。これは指定都市に関する組織面の特例といえますが、ここでいう区は事務処理の便宜上設置される行政区であって、後述するような特別区とは異なります。

〈2〉中核市

人口20万以上の市のうち政令で指定されるものが、**中核市**とされており（自治法252条の22）、2022年4月現在、中核市は62市にのぼっています。なお、2014年改正前の自治法に設けられていた特例市の制度は、同改正によって中核市に統合される形で廃止されましたが、同改正法の施行時に特例市であった市は、特例市としての事務（中核市が処理することができる事務のうち、都道府県がその区域にわたり一体的に処理することが特例市が処理することに比して効率的な事務を除き、特例市に対して移譲されたもの）を引き続き処理することとされています。

中核市は、自治法252条の19第1項の規定により指定都市が処理することができる事務のうち、都道府県がその区域にわたり一体的に処理することが中核市が処理することに比して効率的な事務その他の中核市において処理することが適当でない事務以外の事務で政令で定めるものを、政令で定めるところにより、処理することができるとされています（自治法252条の22第1項）。中核市が処理する主な事務としては、民生行政に関する事務（身体障害者手帳の交付など）、保健衛生行政に関する事務（保健所設置市が行う事務、飲食店営業等の許可）、環境保全行政に関する事務（産業廃棄物の収集運搬業者や処分業者に対する措置命令など）、都市計画等に関する事務（屋外広告物の条例による設置制限など）、文教行政に関する事務（県費負担教職員の研修など）があります。なお、施行時特例市の処理する主な事務としては、環境保全行政に関する事務（一般粉じん発生施設の設置の届出受理など）、都市計画等に関する事務（土地区画整理組合の設置の認可など）などがあります。

また、指定都市と同様に、中核市についても、監督に関する特例が定められています。すなわち、中核市は、事務処理に当たって、法律又は法律に基づく政令の定めるところにより都道府県知事の改善等の命令を受けるものとされている事項で政令で定めるものについては、政令の定めるところにより、命令に関する法令の規定を適用せず、又は、都道府県知事の命令に代えて、各大臣の命令を受けるものとするとされています（自治法252条の22第2項）。

（3）特別区

特別区は、自治法上、普通地方公共団体ではなく特別地方公共団体と位置付けられています。自治法281条1項によれば、都の区が特別区であるとされており、いわゆる東京23区がこれに当たります。すでにみたように、憲法上の地方公共団体の意義が争点となった東京都渋谷区長選任にからむ贈収賄事件上告審判決（最判昭38・3・27刑集17巻2号121頁）では、「地方公共団体といい得るためには、単に法律で地方公共団体として取り扱われているということだけでは足らず、事実上住民が経済的文化的に密接な共同生活を営み、共同体意識をもつているという社会的基盤が存在し、沿革的にみても、また現実の行政の上においても、相当程度の自主立法権、自主行政権、自主財政権等地方自治の基本的権能を附与された地域団体であることを必要とするものというべきである。」と判示されていました。

しかし、いうまでもなく、特別区は東京都内にある区域からなりますし、そこに住民が生活をしています。自治法においても、特別区は、法律又は法律に基づく政令により都が処理することとされているものを除き、地域における事務並びにその他の事務で法律又は法律に基づく政令により市が処理することとされるもの及び法律又は法律に基づく政令により特別区が処理することとされるものを処理するとされています（281条２項）。281条の２第２項においても、「特別区は、基礎的な地方公共団体として、前項において特別区の存する区域を通じて都が一体的に処理するものとされているものを除き、一般的に、第２条第３項において市町村が処理するものとされている事務を処理するものとする。」と定められています。さらに、自治法又は政令による特別の定めを除き、自治法の第２編（普通地方公共団体）と第４編（補則）に収められた市に関する規定や、他の法令の市に関する規定中法律又は法律に基づく政令により市が処理することとされている事務で281条２項の規定により特別区が処理することとされているものに関する規定は、特別区にも適用されます（283条１項・２項）。

特別区は、前記のように、都との関係という点では通常の市とは異なる規定が設けられている面もみられますが、実際の事務処理など今日の状況に照らせば、現在の特別区は、普通地方公共団体としての市に類する存在であるという現状があります。

（４）大阪都構想＊15

少子高齢化・人口減少社会においても、行政サービスの質を従来と同様に確保する必要性があると考えれば、行政上の権限行使・事務処理や行政サービスの提供のあり方の検討も重要な課題となります。

この点で注目されるのは、近時の**大阪都構想**をめぐる動向でしょう。大阪都構想は、「大都市地域における特別区の設置に関する法律」に基づくものです。同法１条によれば、同法は、「道府県の区域内において関係市町村を廃止し、特別区を設けるための手続並びに特別区と道府県の事務の分担並びに税源の配分及び財政の調整に関する意見の申出に係る措置について定めることにより、地域の実情に応じた大都市制度の特例を設けることを目的とする。」ものです。大阪都構想の具体的内容は、大阪府と大阪市との二重行政を解消し、住民に身近な行政の充実を図るため、大阪府・大阪市を再編し、広域行政を大阪府に一元化しつつ、大阪市を廃止の上、住民と距離の近い基礎的自治体として４つの特別区を設けようとするものでした。既述のような自治法上の特別区に関する規定が大阪都構想の実践的背景にあることは、いうまでもありません。

「大都市地域における特別区の設置に関する法律」の規定に従い、大阪府・大阪市の設置した特別区設置協議会による特別区設置協定書が大阪府議会・大阪市議会で承認されたことを受け、住民投票が2015年と2020年の２度実施されました

＊15　大阪都構想の概要
大阪都構想については、大阪市のホームページで概説されています。
https://www.city.osaka.lg.jp/fukushutosuishin/page/0000492418.html

が、いずれも反対多数となり、現時点で大阪都構想は実現していません。

5　広域連携の仕組み

(1) 広域連携の意義

自治法は、「地方公共団体は、住民の福祉の増進を図ることを基本として、地域における行政を自主的かつ総合的に実施する役割を広く担うものとする。」と規定しています（1条の2第1項）。そして、国との役割分担の観点からは、「住民に身近な行政はできる限り地方公共団体にゆだねること」が基本とされています（1条の2第2項）。

「普通地方公共団体」とされている都道府県と市町村は、「地域における事務及びその他の事務で法律又はこれに基づく政令により処理することとされるものを処理する。」とされています（2条2項）。同項後段にいう「その他の事務で法律又はこれに基づく政令により処理することとされるもの」とは、普通地方公共団体が国の統治機構の一端を担うものとして処理することが必要とされる事務が存在することを前提として定められているもので、現行法上のより具体的な例としては、「北方領土問題等の解決の促進のための特別措置に関する法律」11条1項[＊16]に基づき、北方領土に本籍を有する者についての戸籍事務が根室市によって処理されている例があります。

＊16　北方地域の村の長の権限に属する事務
「当分の間、北方地域（歯舞群島を除く。以下この条において同じ。）に本籍を有する者についての戸籍事務は、他の法令の規定にかかわらず、法務大臣が北方領土隣接地域の市又は町の長のうちから指名した者が管掌する。」

したがって、都道府県や市町村による事務の処理は、原則として、それぞれの「地域における事務」を処理するものであるということができるでしょう。また、このことは、都道府県と市町村のみならず、自治法上は「特別地方公共団体」と位置付けられている特別区についてもまた、当てはまることといってよいでしょう。

他方、都道府県・市区町村が主として「地域における事務」を処理するということは、各々の都道府県・市区町村がそれぞれの「地域における事務」を単独で処理しなければならない、ということと同義であるわけではありません。自治法も、事務処理について「最少の経費で最大の効果を挙げるようにしなければならない」ことを求めており、また、「地方公共団体は、常にその組織及び運営の合理化に努めるとともに、他の地方公共団体に協力を求めてその規模の適正化を図らなければならない。」と規定しています（2条14項・15項）。

少子高齢化・人口減少が進み、また、様々なリソースも有限である状況下においても、各種の行政サービスが確実かつ効率的に提供されなければならないことを考えると、自治体において処理される事務の性質などに応じて、自治体間の広域連携はいっそう重要になることは明らかです。第31次地方制度調査会も、「人口減少社会に的確に対応する地方行政体制及びガバナンスのあり方に関する答申」（2016年3月）において、広域連携の活用を強調しています。

（２）組合

自治法上、普通地方公共団体である都道府県と市町村及び特別地方公共団体である特別区は、その事務の全部又は一部を共同で処理するため、**組合**を設立することができます。これらの組合は、法人である都道府県・市区町村（２条１項）が上記目的のために別途設立する法人になります。こうした組合には、一部事務組合と広域連合があります（284条１項）＊17。

＊17　かつての組合の種類
かつては地方開発事業団・全部事務組合・役場事務組合が地方自治法に定められていましたが、設立例や活用例もほとんどなく、2011年地方自治法改正により現在では廃止されています。

〈１〉一部事務組合

都道府県・市区町村は、その事務の一部を共同処理するため、その協議により規約を定め、都道府県の加入するものにあっては総務大臣、市区町村の加入するものにあっては都道府県知事の許可を得て、**一部事務組合**を設けることができるとされています。なお、この場合において、一部事務組合内の地方公共団体につきその執行機関の権限に属する事項がなくなったときは、その執行機関は、一部事務組合の成立と同時に消滅することとなります（自治法284条２項）。

総務省によれば、2018年度末の一部事務組合等の総数は1,303団体です（2017年度末比11団体減少）。一部事務組合等の設置目的についてみてみると、ごみ処理等の衛生関係が535団体となっており、一部事務組合等の総数の41.1％を占め最多となっています。これに次いで広域消防等の消防関係が270団体（一部事務組合等の総数の20.7％）、退職手当組合等の総務関係が187団体（同14.4％）となっているようです。

上記のように、一部事務組合は、ごみ処理等の衛生関係の分野で多くみられます。例えば、東京都では東京二十三区清掃一部事務組合が設立されています。家庭ごみに代表される一般廃棄物の収集・運搬・処分は、市町村による義務として法定されており（廃棄物の処理及び清掃に関する法律６条の２第１項）、特別区もまた市町村に準じるものとして同様の義務を負うこととなります。しかし、各特別区がこれを行っているわけではなく、全23の特別区が2000年4月1日に上記の一部事務組合を設立して以来、共同して事務処理を行っています。同組合の規約によれば、処理される事務の内容は、①可燃ごみの焼却施設（当該施設と一体の溶融固化施設及びごみ運搬用パイプライン施設を含む）の整備及び管理運営、②前記①に掲げる施設以外のごみ処理施設の整備及び管理運営、③し尿を公共下水道に投入するための施設の整備及び管理運営の３点とされています。

また、同じ東京都内でも、例えば、西多摩地区を構成する青梅市、福生市、羽村市及び瑞穂町から構成される西多摩衛生組合が設立されており、可燃ごみの共同処理が行われています。住民の日常生活から不可避的に発生する家庭ごみ等については、確実かつ効率的で安定した処理が不可欠であることから、各々の市区町村がこれを行うとするのではなく、複数の市区町村が共同して事務処理を行うこととしているといえるでしょう。

〈2〉複合的一部事務組合

また、市区町村の事務に関し相互に関連するものを共同処理するための市区町村の一部事務組合については、市区町村の共同処理しようとする事務が他の市区町村の共同処理しようとする事務と同一の種類のものでない場合においても、その設立が妨げられるものではないとされています（自治法285条）。

A市の処理しようとする事務とB市の処理しようとする事務が異なるものであっても、A市とB市で共同してそれらの事務処理を行うために設立される一部事務組合のことであり、こうして設立される一部事務組合は**複合的一部事務組合**といわれています。

例えば、東京都では、全市町村（26市5町8村）で組織する複合的一部事務組合である東京市町村総合事務組合が設立されています。同組合は、①東京自治会館の設置・管理運営事業、②住民の交通災害共済事業、③共同で実施する市町村職員の研修事業、④非常勤消防団員や作業従事者の損害補償・退職報償金等の支給事業（全市町村のうち35市町村）を処理するとされています。

法人をもって事務処理に当たることができる点では、次に述べる法人設立に基づかない広域連携による事務処理と比べて特長といいうるでしょう。他面では、複合的一部事務組合を含む一部事務組合や広域連合の設立には、総務大臣又は都道府県知事による許可が必要とされており、一定程度の厳格な手続を要するといえます。

（3）広域連合

自治法上、都道府県・市区町村は、上記のような一部事務組合及び複合的一部事務組合のほかにも、その事務で広域にわたり処理することが適当であると認めるものに関し、広域にわたる総合的な計画（広域計画）を作成し、その事務の管理及び執行について広域計画の実施のために必要な連絡調整を図り、並びにその事務の一部を広域にわたり総合的かつ計画的に処理するため、その協議により規約を定め、都道府県の加入するものにあっては総務大臣、市区町村の加入するものにあっては都道府県知事の許可を得て、**広域連合**を設けることができるとされています（284条3項）。

この場合、都道府県知事が許可をしたときは、直ちにその旨を公表するとともに、総務大臣に報告しなければならないとされています（285条の2第2項）。また、この場合、総務大臣が許可をしようとするときは、国の関係行政機関の長に協議しなければならず（284条4項）、総務大臣が許可をしたときは、直ちにその旨を告示するとともに、国の関係行政機関の長に通知し、上記の都道府県知事からの報告を受けたときは直ちにその旨を国の関係行政機関の長に通知しなければならないとされています（285条の2第3項）。

広域連合を設立する場合、一部事務組合について規定する284条２項後段の規定が準用されますが（284条３項）、総務大臣や都道府県知事による許可に関する上記の手続は、一部事務組合の設立の手続とは異なっています。

広域的・総合的な地域振興整備や事務処理の効率化を推進するための制度である広域連合の団体数は、総務省によれば、2022年４月１日で116団体となっています（2021年４月１日比増減なし）。広域連合の最も代表的な例は、後期高齢者医療広域連合でしょう。「高齢者の医療の確保に関する法律」48条によれば、市町村は、保険料の徴収の事務及び被保険者の便益の増進に寄与するものとして政令で定める事務を除く後期高齢者医療の事務を処理するため、都道府県の区域ごとに当該区域内のすべての市町村が加入する後期高齢者医療広域連合を設立するものとされています。同条は後期高齢者医療広域連合の設立を市町村に義務付けており、自治法において広域連合の設立が都道府県・市区町村の裁量に委ねられていることの例外とみることができるでしょう。

上記の（複合的）一部事務組合や広域連合は、都道府県・市区町村による法人の設立を通して共同での事務処理を進めるという広域連携の手法でしたが、広域連携の手法はこれらに限られるわけではありません。自治法上、法人の設立を伴わない広域連携としては、以下の（４）～（９）の手法があります。

（４）連携協約

普通地方公共団体（特別区を含む。以下本節５（４）～５（９）で同じ）は、当該普通地方公共団体及び他の普通地方公共団体の区域における当該普通地方公共団体及び当該他の普通地方公共団体の事務の処理に当たっての当該他の普通地方公共団体との連携を図るため、協議により、当該普通地方公共団体及び当該他の普通地方公共団体が連携して事務を処理するに当たっての基本的な方針及び役割分担を定める**連携協約**を当該他の普通地方公共団体と締結することができるとされています（自治法252条の２第１項）。

ここでの協議には、関係普通地方公共団体の議会の議決が必要とされています（自治法252条の２第３項）。普通地方公共団体は、連携協約を締結したときは、その旨及び当該連携協約を告示するとともに、都道府県が締結したものにあっては総務大臣、その他のものにあっては都道府県知事に届け出なければなりません（自治法252条の２第２項）。公益上必要がある場合において、総務大臣又は都道府県知事は、普通地方公共団体に対して、連携協約を締結すべきことを勧告することもできます（自治法252条の２第５項）。総務省によれば、2018年７月１日時点において、連協協約の締結件数は319であり、そのうち連携中枢都市圏の形成に係るものが240（75.2%）に達しているようです。連携協約の制度が連携中枢都市圏の形成の推進を図るツールとして活用されている現状をみてとることができます。

（5）協議会

普通地方公共団体は、協議の上、議会の議決を経た上で（ただし後掲の連絡調整協議会の場合を除く）、自治法252条の4の所定の事項を盛り込んだ規約を定め、**協議会**を設けることができるとされています。協議会は、普通地方公共団体の事務の一部を共同して管理及び執行するため、普通地方公共団体の事務の管理及び執行について連絡調整を図るため、又は広域にわたる総合的な計画を共同して作成するために設けられ、それぞれ管理執行協議会、連絡調整協議会又は計画作成協議会といいます（自治法252条の2の2第1項・3項）。連携協約についてと同様、協議会を設けた場合の告示義務や総務大臣・都道府県知事への届出義務が法定され、また、総務大臣・都道府県による協議会設置の勧告が法定されています（自治法252条の2の2第2項・4項）。総務省によれば、2018年7月1日時点において、協議会の設置件数は211であり、そのうち消防関係が41（19.4%）と最多になっているようです。

（6）機関等の設置

普通地方公共団体は、協議により規約を定めた上で、共同して、議会事務局、委員会・委員（公安委員会を除く）、附属機関、保健所・警察署・他の行政機関、長の内部組織、委員会・委員の事務局、執行機関の事務補助職員、専門委員を設置することができるとされています（自治法252条の7）。これらの詳細は規約に定められることとなります（自治法252条の8、252条の9）。設置手続については、協議会の手続規定（自治法252条の2の2第2項・3項）が準用されることとなります（自治法252条の7第3項）。総務省によれば、2018年7月1日時点において、設置件数445のうち、介護区分認定審査に関する事務（127件、28.5%）、公平委員会に関する事務（114件、25.6%）、障害区分認定審査に関する事務（106件、23.8%）で約8割に達しているようです。

（7）事務の委託

普通地方公共団体は、協議により、自治法252条の15の所定の事項を規定した規約を定め、普通地方公共団体の事務の一部を、他の普通地方公共団体に委託して、当該他の普通地方公共団体の長又は同種の委員会若しくは委員をして管理及び執行させることができます（自治法252条の14第1項）。設置手続については、協議会の手続規定（自治法252条の2の2第2項・3項）が準用されることとなります（自治法252条の14第3項）。

総務省によれば、2018年7月1日時点において、**事務の委託**の件数は6,628にのぼり、そのうち住民票の写し等の交付が1,402（21.2%）と最多となっています。住民票の写し等の交付事務を他の市町村等に委託するケースが最多であるということの背景には、住民の行動範囲が広がっていること、住民へのサービス提供の拡大、情報通信技術の発展・拡充などがあるといえそうです。

（8）事務の代替執行

普通地方公共団体は、他の普通地方公共団体の求めに応じて、協議により、自治法252条の16の３の所定の事項を規定した規約を定め、当該他の普通地方公共団体の事務の一部を、当該他の普通地方公共団体又は当該他の普通地方公共団体の長若しくは同種の委員会若しくは委員の名において管理及び執行することができるとされています（自治法252条の16の２）。この**事務の代替執行**の手続については、協議会の手続規定（自治法252条の２の２第２項・３項）が準用されることとなります（自治法252条の16の２第３項）。総務省によれば、2018年７月１日時点において、事務の代替執行が行われたのは３件にとどまっているようです（上水道に関する事務、簡易水道に関する事務、公害防止に関する事務が各１件）。

（9）職員の派遣

普通地方公共団体の長又は委員会若しくは委員は、法律に特別の定めがあるものを除き、当該普通地方公共団体の事務の処理のため特別の必要があると認めるときは、他の普通地方公共団体の長又は委員会若しくは委員に対し、当該普通地方公共団体の**職員の派遣**を求めることができるとされています（自治法252条の17）。

ただし、長による職員派遣の求めや、そうした求めに対する職員派遣は、長自らの判断で可能であるのに対して、委員会又は委員による職員派遣の求めや、そうした求めに対する職員派遣については、予め、長に協議しなければならないとされています（自治法252条の17第３項）。なお、派遣される職員は、派遣を受けた普通地方公共団体の職員の身分をあわせ有することとなるものとされ、原則として、その給料、手当（退職手当を除く）及び旅費は、当該職員の派遣を受けた普通地方公共団体の負担とされ、退職手当及び退職年金又は退職一時金は、当該職員の派遣をした普通地方公共団体の負担とされます（自治法252条の17第２項）。

学習のポイント

1　憲法と地方自治

■地方自治の核心部分は、その時々の政策や法律の制定・改正などに委ねられるのではなく、日本国憲法によって保障されているとみられます。

■日本国憲法92条は総則的規定として「地方自治の本旨」をうたっており、93条は特に住民自治の側面にかかわり、94条は特に団体自治の側面にかかわり、95条は地方自治特別法について定めています。

■自治体によっては、自治体における憲法である自治基本条例が定められる場合もあります。

2　自治体の機構

■自治体では、住民が直接選挙した長と、やはり住民が直接選挙した議員により構成される議会が、自治体運営を担っています（二元代表制）。また、長と議会との関係を調整するため、様々な制度が設けられています。

■国や自治体では、シティ・マネジャー制度の導入を模索する動向もみられます。

3　都道府県

■地方自治法上、普通地方公共団体である都道府県は、広域事務・連絡調整事務・補完事務を処理します。都については、道府県とは異なる事務処理上の特例が定められています。

■都道府県の廃止や道州制の導入は、日本国憲法上の地方自治の要請と都道府県・市町村の二層制との関係をどう理解するかという問題とかかわります。

4　市区町村

■地方自治法上、基礎的な地方公共団体である市町村は、都道府県が処理するとされる事務を除き、地域における事務などを処理します。また、大都市における事務処理の特例も定められています。

■特別区は、地方自治法や判例では特別地方公共団体と位置付けられていますが、市に類する存在であり、市に関する多くの規定が適用されます。

5　広域連携の仕組み

■近時では、自治体間の広域連携により行政サービスの提供・拡充を目指す動きがみられ、組合・広域連合の設立によるほかにも様々な形態があります。

第2節　自治体統治の仕組み

憲法92条は、「地方公共団体の組織及び運営に関する事項は、地方自治の本旨に基いて、法律でこれを定める。」と定めています。そして、憲法93条1項は、「地方公共団体には、法律の定めるところにより、その議事機関として議会を設置する。」と定め、同条2項は、「地方公共団体の長、その議会の議員及び法律の定めるその他の吏員は、その地方公共団体の住民が、直接これを選挙する。」と定めています。

このように、憲法自身は、自治体における組織や機関のあり方について、「密度」の高い規定をおいているといえるでしょう。そして、自治法は、国が「地方自治に関する基本的な準則に関する事務」(1条の2第2項)を重点的に担うという観点から、画一的な定めを多数設けています(組織画一制)＊[1]。

＊1　組織画一制
こうした組織画一制については、地方自治を重視する立場からの批判がみられるところでもあります。

1　長

(1) 長とその被選挙権

都道府県の長として**知事**がおかれ、市町村の長として**市町村長**がおかれます(自治法139条1項・2項)。また、特別区にも区長がおかれることとなります。これらの任期は4年とされています(自治法140条1項)。長は、地方公務員法にいう地方公務員に当たりますが、そのなかでも特別職に当たるため(地公法3条3項1号)、原則として、同法は適用されません(地公法4条2項)。

長の被選挙権については、日本国民のうち、都道府県知事は年齢満30年以上の者とされ(公選法10条1項4号)、市町村長は年齢満25年以上の者とされています(同項6号)。長は、被選挙権を有しなくなった場合、失職します(自治法143条1項)。

(2) 長の失職

〈1〉兼職等

自治法上、長は、衆議院議員・参議院議員との**兼職**、地方議会議員との兼職、常勤職員・短時間勤務職員との兼職は禁止されています(141条1項・2項)。

また、長は、当該自治体に対し請負をする者及びその支配人又は主として同一の行為をする法人(当該自治体が出資している法人で政令で定めるものを除く)の無限責任社員・取締役・執行役・監査役・支配人・清算人等となることはできず、これらになった場合には失職します(自治法142条、143条1項)。

最三小判昭62・10・20判時1260号3頁では、村と取引関係のあった森林組合の組合長である理事が当該村の村長に当選したことで当該組合が自治法

第5章　自治体運営の基礎

142条にいう「主として同一の行為をする法人」に該当するか否かが争点となりました。最高裁は、「『主として同一の行為をする法人』とは、当該普通地方公共団体等に対する請負が当該法人の業務の主要部分を占め、当該請負の重要度が長の職務執行の公正、適正を損なうおそれが類型的に高いと認められる程度に至つている場合の当該法人を指すものと解すべきである。」と判示した上で、「右の規定の意義に照らせば、当該普通地方公共団体等に対する請負量が当該法人の全体の業務量の半分を超える場合は、そのこと自体において、当該法人は『主として同一の行為をする法人』に当たるものというべきであるが、右請負量が当該法人の全体の業務量の半分を超えない場合であつても、当該請負が当該法人の業務の主要部分を占め、その重要度が長の職務執行の公正、適正を損なうおそれが類型的に高いと認められる程度にまで至つているような事情があるときは、当該法人は『主として同一の行為をする法人』に当たるといいうる」と判示しました。

〈2〉争訟

長は、その選挙又は当選の無効に関する選挙管理委員会への異議の申出（公選法202条1項、206条1項）、当該申出に対する決定に不服がある場合の選挙管理委員会への審査の申立て（公選法202条2項、206条2項）、これらに対する決定・裁決に不服がある場合の訴訟（公選法203条1項、207条1項）の判決などが確定するまでの間は、失職することはありません（自治法144条）。

〈3〉自発的な退職

長といえども、自身の発意に基づく退職は可能です。ただし、長は、退職しようとするときは、その退職しようとする日前30日（知事の場合）又は20日（市町村長の場合）までに、各議会の議長に申し出なければなりません。ただし、当該議会の同意を得たときは、これらの期日前に退職することができるとされています（自治法145条）。

〈4〉住民による解職請求

長は、住民による**解職請求**（自治法81条1項・2項）がなされ、過半数の同意があった場合、失職することとなります（自治法83条）。

〈5〉議会による不信任議決

議会によって**長の不信任の議決**がなされた場合、議長からその旨の通知を受けた長は、その通知を受けた日から10日以内に議会を解散することができますが（自治法178条1項）、議会を解散しないとき、又は、解散後初めて招集された議会において再び不信任の議決がなされ、議長からその旨の通知を受けたときは、上記期間が経過した日又は議長から通知があった日に失職することとなります（自治法178条2項）。なお、この不信任の議決については、議員数の2/3以上の者が出席し、178条1項の場合においてはその3/4以上の者の、同条2項の場合においてはその過半数の者の同意がなければなりません（自治法178条3項）。

（3）長の多選制限

〈1〉長の多選制限の立法をめぐる動向

地方公共団体の長は、住民の直接選挙によることが憲法上定められています（憲法93条2項）。この点とかかわって、長の多選（多期の在任）を制限又は禁止したり、自粛を求めたりする立法やこれに向けた動向がみられることがあります。長の選挙に当たって公約として掲げられたり、選挙における争点となる場合もあります。

神奈川県では、「神奈川県知事の在任の期数に関する条例」が、2007年に制定されるに至っています。同条例は、「清新で活力のある県政の確保を図るとともに、知事の職に同一の者が長期にわたり在任することにより生じるおそれのある弊害を防止するため、知事の在任の期数について定め、もって民主政治の健全な発展に寄与すること」が目的として掲げられています（1条）。

そこで、同条例は、「知事は、引き続き3期（各期における在任が4年に満たない場合も、これを1期とする。）を超えて在任することができない。」と具体的に定めています（2条1項）。同条例の特色は、2条1項をみると分かるとおり、長の多選（4期以上の在任）を禁止しているという点です。もっとも、同条例の附則においては、「この条例は、別に条例で定める日から施行する。」と定められているものの、同条例の施行日を定める条例は未制定のままであり、この多選禁止規定は実際には施行されていません。

他方、ほかの自治体でみられるのは、長の多選を禁止するものではなく、努力義務として長に多選の自粛を求める立法です。こうした多選自粛条例を制定した最初の例として、東京都杉並区の「杉並区長の在任期間に関する条例」があります（2003年制定）＊2。同条例によれば、「杉並区長（以下「区長」という。）が杉並区（以下「区」という。）を統轄し、予算の調製及び執行、職員の任免その他の権限を行使する地位にあることにかんがみ、区長の在任期間について必要な事項を定めることにより、高い倫理観や資質を有する場合においても、その者が長期にわたり区長の職にあることに伴う弊害を生ずるおそれを防止し、もって区政運営の活性化及び区の自治の更なる進展を図ること」が目的とされています（1条）。そして、このことから、「区長は、通算して3任期（各任期における在任期間が4年に満たない場合もこれを1任期とする。）を超えて在任することのないよう努めるものとする。」と定められています（2条1項）。

実は、国においても、長の多選制限を内容とする公選法や自治法の改正が試みられてきましたし、報告書＊3も公にされていますが、今日までその法制度上の実現には至っていません。長の多選の制限・禁止に向けた立法は、主として自治体でみられます。もっとも、立法に至っている自治体がある反面、長と議会との対立などから立法には至らなかった自治体や、立法後に失

＊2　多選自粛条例
なお、都道府県レベルで長の多選自粛条例が最初に制定された例として、「埼玉県知事の在任期間に関する条例」があります（2004年制定、2019年廃止）。

＊3
首長の多選問題に関する調査研究会による「首長の多選問題に関する調査研究会報告書」（2007年5月）。この報告書に関しては、笠置隆範「首長の多選問題に関する調査研究会の経緯と報告書の概要」ジュリスト1340号（2007年）8頁以下があります。

効や廃止に至っている自治体も少なくありません[＊4]。「埼玉県知事の在任期間に関する条例」は、４期以上の在任を自粛する旨の努力義務規定を設けていましたが、その制定当時の知事が４期目就任を果たした後、後任知事の下、廃止に至ったというものです。

＊４　多選自粛条例の廃止等の動向
（一財）地方自治研究機構によれば、2022年12月27日現在、施行中の多選自粛条例は８あります。また、施行後に失効・廃止された多選自粛条例は14あります。

〈２〉長の多選制限にかんする法的論点

自治体において長の多選制限が試みられることの背景・理由には、例えば、前述の条例の目的規定にもみられるように、執行機関としての長に非常に大きな権限が集中的に認められることから、長の権限行使に一定の制約をかけることで、自治体統治や住民の権利保障を十全なものにして地方自治の健全性を確保しようとする点が挙げられます。また、長の選挙を実質的なものとすることで、住民自治を確保しうるという点も挙げることができます。これらのことから、長の多選にかかわる憲法上の論点（長に対する不利益的な取扱いの是非、立候補や職業選択の自由の制限など）もクリアすることができると考えられるでしょう[＊5]。

＊５
例えば、宇賀克也『地方自治法概説〔第９版〕』（有斐閣、2021年）306頁以下。

なお、前述の杉並区条例については、同条例制定時の区長が３期目途中に辞任し、その後任の区長は同条例を廃止する意向を示しました。「……区では、多選制限をめぐる議論は、自治体運営の基本にかかわる問題であり、今後、地方分権改革の行方を見据えながら、改めて、幅広い議論を行う必要があると考え、一旦、本条例を廃止したいと思います」[＊6]として、現在では同条例は廃止されています。同区は、同条例の廃止に当たって、「杉並区区民等の意見提出手続に関する条例」に基づき、パブリック・コメント手続を実施しました。長の多選制限が自治体運営の根幹にかかわりうる問題であり、住民の利益関心とも直接にかかわることを考えると、こうしたパブリック・コメント手続を実施したという点も注目されてよいでしょう。

＊６　多選制限をめぐる議論
「『杉並区長の在任期間に関する条例』の廃止について」（https://www.city.suginami.tokyo.jp/_res/projects/default_project/_page_/001/012/970/public_siryo_h2203_2.pdf）。

２　行政委員会

（１）必置規制

自治法180条の５は、自治体の種類ごとに設置される委員会や委員について定めています。同条１項は、普通地方公共団体（＝都道府県及び市町村）について、教育委員会（自治法180条の８など）、選挙管理委員会（自治法181条以下など）、人事委員会（人事委員会をおかない場合は公平委員会）（自治法202条の２第１項・第２項）及び監査委員（自治法195条以下など）を列挙しています[＊7]。また、同条２項は、都道府県について、公安委員会（自治法180条の９など）、労働委員会（自治法202条の２第３項など）、収用委員会（自治法202条の２第５項など）、海区漁業調整委員会及び内水面漁場管理委員会（自治法202条の２第５項など）を列挙しています。さらに、同条３項は、市町村について、農業委員会（自治法202条の２第４項）及び固定資産評価審査委員会（自治法202条の２第５項）を列挙しています。これら委員

＊７　設置の例
例えば教育委員会などは特別区でも設置されていますが、人事委員会については、特別区が一部事務組合（自治法286条以下）として特別区人事委員会を設置して共同の事務処理を実施しています。

会や委員は、いずれも「置かなければならない」(同条1項〜3項) と定められているので、必置機関ということとなります。もっとも、「地方自治の本旨」に則した地方自治の実現という観点から、こうした必置規制の緩和や廃止を説く見解もあります。

(2) 委員会・委員の存在意義

それでは、自治法が執行機関として長以外に委員会や委員の設置について定めているのは、どのような理由によるでしょうか。換言すれば、委員会・委員には、どのような存在意義をみて取ることができるのでしょうか。

第1に、行政運営における政治的中立性や公平・公正性を確保する必要から、地位の上でも、権限行使・事務処理の上でも、長から独立した執行機関を設置する必要があるとされ、委員会・委員が設置されることとなります。例えば、選挙管理委員会は、とりわけ政治的中立性と公平・公正性の確保を志向するものの典型例といえるでしょう。

第2に、行政運営における民主性や専門性を確保する必要から、やはり委員会や委員が設置されることとなります。例えば、海区漁業調整委員会は、専門性の高い事務の処理のため、委員就任にかかわる一定の要件や民主的手続を経て構成されるものであり、当事者間の利害調整などに当たったりします (漁業法134条以下など)。その他の例としては、農業委員会についても、同様のことが当てはまります (農業委員会等に関する法律3条以下、農地法25条など)。

第3に、委員会・委員は、上記のような特質ともかかわり、裁判手続に準じるような紛争処理等の権限を認められることがあります。例えば、人事委員会や公平委員会は、不利益処分を受けた職員により提起された審査請求に対して裁決を下すこととなります (地公法49条の2以下)。固定資産課税台帳上の評価額に不服のある納税義務者等からの申し出を受けて固定資産評価審査委員会の行う審査も、同様の手続といえます。

(3) 委員会・委員に対する組織面の規制

上記のように、自治体内で執行機関としての長と委員会・委員が並立することとなると、委員会・委員のあり方も問題となります。したがって、自治法上、委員会・委員の事務局等の組織が定められる際には、自治体の長の設置する内部組織との間で権衡が維持されなければなりません (180条の5第4項)。

委員会の委員や委員 (監査委員) の勤務形態は、原則として、非常勤とされています (自治法180条の5第5項)。この原則の例外に当たるものは、常勤とされている人事委員会の委員 (地公法9条の2第11項)、識見を有する者のうちから選任された監査委員 (自治法196条4項・5項) などです。

委員会の委員や委員 (監査委員) には、兼業等も禁止されています (自治法180条の5第6項)。

（４）長と委員会・委員との関係

上記のように、自治法の下では、執行機関の多元主義が採用されていますが、長と委員会・委員との差異ないし相互関係はどのようなものでしょうか。自治法上のいくつかの定めを確認しておきましょう。

〈１〉委員会・委員の権限

委員会や委員は、原則として、予算の調製・執行、議会の議決を経るべき事件についての議案の提出、地方税の賦課徴収、分担金・加入金の徴収、過料を科すこと及び決算を議会の認定に付する権限を認められてはいません（自治法180条の６）。これらの事務は、自治法149条１号から４号によって、長が担任することとされています。

〈２〉規則の制定

委員会は、規則を制定することができます。ただし、委員会による規則制定については、法律による授権が必要であるという点で、長による規則制定とは異なる面があります（自治法138条の４第２項）。

また、長・委員会とも、「その権限に属する事務に関し」、「法令……に違反しない限りにおいて」（自治法15条１項、138条の４第２項）規則を制定することができるとされている点は、共通しています。他方、委員会の制定する規則については、「法令」のほかにも条例や長の制定する規則に違反しないことが求められます（自治法138条の４第２項）。

なお、長の制定する規則には、規則に違反した者に対して５万円以下の過料を科する旨の規定を設けることができるとされますが（自治法15条２項）、同旨の規定は委員会の制定する規則については定められておらず、委員会は過料を科すことはできません（自治法180条の６第３号）。

〈３〉事務の補助執行など

自治体の長は、原則として、その権限に属する事務の一部を、当該自治体の委員会又は委員と協議して、自治体の委員会、委員会の委員長（教育委員会の場合は教育長）、委員若しくはこれらの執行機関の事務を補助する職員若しくはこれらの執行機関の管理に属する機関の職員に委任し、又はこれらの執行機関の事務を補助する職員若しくはこれらの執行機関の管理に属する機関の職員をして補助執行させることができます（自治法180条の２）。

また、自治体の長は、当該自治体の委員会又は委員と協議して、その補助機関である職員を、当該執行機関の事務を補助する職員若しくはこれらの執行機関の管理に属する機関の職員と兼ねさせ、若しくは当該執行機関の事務を補助する職員若しくはこれらの執行機関の管理に属する機関の職員に充て、又は当該執行機関の事務に従事させることができます（自治法180条の３）。

さらに、自治体の長は、執行機関を通じて組織及び運営の合理化を図り、その相互の間に権衡を保持するため、必要があると認めるときは、当該自治体の委員会若しくは委員の事務局又は委員会若しくは委員の管理に属する事務を掌る機関の組織、事務局等に属する職員の定数又はこれらの職員の身分取扱いについて、委員会又は委員に必要な措置を講ずべきことを勧告することができます（自治法180条の４第１項）。

最後に、自治体の委員会又は委員は、事務局等の組織、事務局等に属する職員の定数又はこれらの職員の身分取扱いで当該委員会又は委員の権限に属する事項のうち、政令で定めるものについて、当該委員会又は委員の規則その他の規程を定め、又は変更しようとする場合、予め当該自治体の長に協議しなければならないとされています（自治法180条の４第２項）。

3　補助機関

（1）補助機関と補助職員

自治体の長と委員会・委員は、地方自治における執行機関として、その担任する事務について権限を行使し、自治体のために決定した意思を対外的に表示することによって、職務を遂行していきます。もっとも、長や委員会・委員は、それぞれが担任する事務について権限行使・職務遂行するに当たって、終始一貫して自身のみで事務処理をしているわけではありません。

長や委員会・委員による権限行使・職務遂行に至るまでには、自治体の組織内部での多くの機関ないし職員が携わっています。このように、執行機関による権限行使・職務遂行を内部的に補助する機関のことを**補助機関**といいます。また、補助機関は、文字どおり、権限行使・事務処理をサポートする機関（簡単に言い換えれば職・ポスト）であって、これらに就くのは公務員としての個々の職員（補助職員）ということとなります。

（2）具体例

〈1〉副知事・副市町村長

地方自治の推進とともに長の担うべき権限・職務が広範化・複雑化している状況下では、長の権限行使・職務遂行を補助することが重要になってきます。そこで、補助機関として第１に挙げられるのは、都道府県又は市町村におかれる副都道府県知事又は副市町村長です（自治法161条１項。ただし、条例によりおかないことも可能です）。

自治法167条１項及び２項によれば、副知事・副市町村長の職務とされているのは、①知事・市町村長を補佐すること、②知事・市町村長の命を受けて政策・企画をつかさどること、③自身の補助機関である職員の担任する事務を監督すること、④自治法152条１項[＊8]に基づき知事・市町村長の職務を代理すること、⑤自治法153条１項[＊9]に基づく知事・市町村長の委任によりその権限に属する事務の一部を執行することです。

補助機関としての重要性から、長による副知事・副市町村長の選任には、

＊8　自治法152条１項
自治法152条１項は、「普通地方公共団体の長に事故があるとき、又は長が欠けたときは、副知事又は副市町村長がその職務を代理する。……」と定めています。

＊9　自治法153条１項
自治法153条１項は、「普通地方公共団体の長は、その権限に属する事務の一部をその補助機関である職員に委任し、又はこれに臨時に代理させることができる。」と定めています。

議会による同意が必要とされています（自治法162条）。また、副知事・副市町村長の任期は4年とされていますが、その任期中においても長による解職が可能とされています（自治法163条）。副知事・副市町村長には国会議員等との兼業の禁止等の制限があります（自治法164条、166条）。

〈2〉会計管理者と出納員など

都道府県・市町村には、上記の副知事・副市町村長以外の補助機関として、長の任命による会計管理者が1人おかれることとなります（自治法168条1項・2項）。

会計管理者は、文字どおり、会計事務をつかさどる機関です（自治法170条1項）。ここでいう会計事務は、例えば、①現金（現金に代えて納付される証券・基金に属する現金を含む）の出納・保管、②小切手を振り出すこと、③有価証券（公有財産・基金に属するものを含む）の出納・保管、④物品（基金に属する動産を含む）の出納・保管（使用中の物品に係る保管を除く）、⑤現金・財産の記録管理、⑥支出負担行為に関する確認、⑦決算の調製と長への提出などとされています（自治法170条2項）。

長による副知事・副市町村長の選任には、議会による同意が必要とされていますが（自治法162条）、会計管理者の任命には必要とされていません。

また、会計管理者の事務を補助させるため、出納員その他の会計職員をおくとされていますが、町村には出納員をおかないこともできます（自治法171条1項）。出納員その他の会計職員は、長の補助機関である職員のうちから長によって任命され（自治法171条2項）、出納員は、会計管理者の命を受けて現金の出納（小切手の振出しを含む）・保管や物品の出納・保管の事務をつかさどり、その他の会計職員は、上司の命を受けて会計事務をつかさどります（自治法171条3項）。事務の一部の委任も可能です（自治法171条4項）。

4　議会・議員、議会事務局

（1）議会

〈1〉議会の設置と町村総会

憲法93条1項によれば、地方公共団体には議会の設置が義務付けられているようにみえるのは、前述のとおりです。また、自治法89条も、「普通地方公共団体に議会を置く。」と規定しています。ただし、（特に規模の小さな町や村について想起されるところですが、）町と村は、条例で、議会をおかず、選挙権を有する者の総会（町村総会）を設けることもできます（自治法94条1項）。町村総会の創設は、これまで実例がほとんどありませんが、直接民主制という形で住民自治を貫徹しようとする方途として、その活用を模索することがあってもよいのかもしれません。ただし、これまでの記述からもわかるように、町村総会が設けられた場合も、長との関係などには（いっそうの）留意が必要となるでしょう。

〈2〉会議（本会議）

① 組織

議会は、第1に、その意思決定の場である会議（いわゆる本会議）からなります。また、議会は、会議規則の定めるところにより、議案の審査又は議会の運営に関し協議又は調整を行うための場として協議会などを設けることもあります（自治法100条12項）。

議会は、議員の中から議長及び副議長1人を選挙しなければならないとされています（自治法103条1項）。議長の権限は、議場の秩序を保持し、議事を整理し、議会の事務を統理し、議会を代表することであり（自治法104条）、また、議長は、委員会に出席し、発言することができます（自治法105条）。議長に事故があるとき又は議長が欠けたときは、副議長が議長の職務を行うとされ、議長・副議長にともに事故があるときは、仮議長を選挙し、議長の職務を行わせるとされます（自治法106条）。これらの選挙を行う場合に議長の職務を行う者がないときは、年長の議員が臨時議長として議長の職務を行うとされています（自治法107条）。

② 議会の招集・種類など

議会の会議には、毎年条例で定める回数を招集しなければならないとされる定例会と、必要がある場合にその事件に限り招集される臨時会があります。臨時会については、その性質上、付議すべき事件は長によって予め告示されなければなりません（自治法102条1項～4項）。

議会は長が招集しますが、議長又は議員定数の1/4以上の者は、長に対して、会議に付議すべき事件を示して臨時会の招集を請求することができ、請求があった場合、長は、請求のあった日から20日以内に臨時会を招集しなければなりません。ただし、議長による請求のあった日から20日以内に長が臨時会を招集しないときは、議長が臨時会を招集でき、また、議員定数の1/4以上の者による請求のあった日から20日以内に長が臨時会を招集しないときは、議長は、当該請求をした者の申出に基づき、当該申出のあった日から、都道府県・市にあっては10日以内、町村にあっては6日以内に臨時会を招集しなければなりません（自治法101条1項～6項）。

議会は長が招集しますが（101条1項）、議会の会期及びその延長並びにその開閉に関する事項は議会が定めることとされています（自治法102条7項）。なお、定例会・臨時会の区分を設けずに通年会期とすることも可能であり（自治法102条の2）、実際に通年会期制を導入している例もみられます。

③ 運営

議会は、議員定数の半数以上の議員が出席しなければ、会議を開くことができません。ただし、自己や配偶者等の一身上に関する事件等であることによる除斥（自治法117条）のため半数に達しないとき、同一事件につき再度招集してもなお半数に達しないとき、又は招集に応じても出席議員が定数を欠き議長において出席を催告してもなお半数に達しないとき、若しくは半数に達してもその後半数に達しなくなったときは、この限りではないとされています（自治法113条）。

議会の会議は公開によって行われますが、議長又は議員３人以上の発議により、出席議員の2/3以上の多数で議決したときは、秘密会を開くことができるともされており、ここでの発議は、討論を行わないでその可否を決しなければならないとされています（自治法115条）。

議会は、会議において、予算その他重要な議案、請願等について公聴会を開き、真に利害関係を有する者や学識経験を有する者等から意見を聴くことができ、また、その事務に関する調査又は審査のため必要があると認めるときは、参考人の出頭を求め、その意見を聴くことができるとされています（自治法115条の２）。

〈３〉委員会

議会は、第２に、本会議の議決前に予備的な審査を行う委員会からなり、議会は、条例で常任委員会・議会運営委員会・特別委員会の３種類の委員会をおくことができるとされています（自治法109条１項）。

常任委員会は、その部門に属する事務に関する調査を行い、議案、請願等を審査します（自治法109条２項）。

議会運営委員会は、議会の運営に関する事項、議会の会議規則、委員会に関する条例等に関する事項、議長の諮問に関する事項、という３種類の事項に関する調査を行い、議案、請願等を審査します（自治法109条３項）。

特別委員会は、議会の議決により付議された事件を審査します（自治法109条４項）。

会議における利害関係者等の意見聴取の規定（自治法115条の２）は、委員会について準用されます（自治法109条５項）。また、委員会は、議会の議決すべき事件のうちその部門に属する事務に関するものにつき、議会に議案を提出することができるとされますが、予算についてはこの限りではありません（自治法109条６項）。

（２）議員

〈１〉議員の地位

議会の構成員は議員であり、議員は住民の選挙によって選任されます（自治法17条）。自治体によってあるべき議員の定数は異なりうるわけですので、自治法は、議員定数の定めを条例に委ねています（自治法90条、91条）。なお、議員の選挙権・被選挙権については、自治法18条、19条に規定されています。

議員は、住民の選挙によって選任される住民の代表者ですので、一定の制約を課せられています。そうした制約の代表的なものとして、兼職・兼業の禁止があります。例えば、自治法に規定されているものとして、衆議院議員・参議院議員（自治法92条１項）、他の自治体の議員（自治法92条２項）、自治体の常勤職員・短時間勤務職員（自治法92条２項）、自治体の長（自治法141条２項）との兼職が禁止されていますし、自治体と直接的にかかわるものとして、教育委員会の教育長・委員（地教行法６条）や人事委員会・公平委員会の委員（地公法９条の２第９項）との兼職も禁止されています。そのほかに個別法に兼職禁止が規定される場合もあります。

また、自治法上、議員は、当該自治体に対し請負をする者及びその支配人又は主として同一の行為をする法人の無限責任社員、取締役、執行役若しくは監査役若しくはこれらに準ずべき者、支配人及び清算人となることができないとされています（自治法92条の２）。やはり議員は住民の代表者として奉職する地位にありますので、営利を追求する民間企業等の活動に従事することは禁止されているというわけです。

〈２〉議員の身分

議員の任期は４年です（自治法93条１項）。議員は、その任期満了や議会の解散により失職するのは当然ですが、ほかにも有権者による解職請求手続を経た場合（自治法83条）、議会の許可を得て辞職する場合（自治法126条）、議員が被選挙権を有しない又は兼業禁止規定に該当すると議会が決定した場合（自治法127条１項）なども、同様に失職します。なお、公選法に基づいて議員の選挙や当選に関して異議申出・審査申立て・出訴がなされる場合がありますが、これらが確定するまでは失職することはありません（自治法128条）。

議員の身分にかかわって、議会による議員の懲罰とその司法審査のあり方が問題となることがあります。議会は、公開の議場における戒告、公開の議場における陳謝、一定期間の出席停止、除名という４種類の懲罰を議員に科すことができるとされています（自治法135条１項各号）。ただし、議会による議員の懲罰には、その重大性から慎重な手続が法定されています。すなわち、懲罰の動議を議題とするには、議員定数の1/8以上の者の発議によらなければならず（自治法135条２項）、４種類の懲罰のうち除名については、議員の2/3以上の者が出席し、その3/4以上の者の同意がなければなりません（自治法135条３項）。

除名は、文字どおり、議員の身分を失わせる行為です。最高裁は、地方議会議員の懲罰のうち、除名については司法審査となるとしてきましたが（最大判昭35・３・９民集14巻３号355頁）、出席停止については司法審査の対象とはしてきませんでした（最大判昭35・10・19民集14巻12号2633頁）。後者の最高裁大法廷判決は、「自律的な法規範をもつ社会ないしは団体に在つては、当該規範の実現を内部規律の問題として自治的措置に任せ、必ずしも、裁判にまつを適当としないものがある」と判示し、いわゆる部分社会の法理から出席停止を司法審査の対象としませんでした。

しかし、近時になって判例変更に至りました。最大判令２・11・25民集74巻８号2229頁は、「出席停止の懲罰を科された議員がその取消しを求める訴えは、法令の規定に基づく処分の取消しを求めるものであって、その性質上、法令の適用によって終局的に解決し得るものというべきである。」とした上で、出席停止の懲罰を科された議員は、議員としての中核的な活動をできず、住民の負託を受けた議員としての責務を十分に果たせなくなるので、「このような出席停止の懲罰の性質や議員活動に対する制約の程度に照らすと、これが議員の権利行使の一時的制限にすぎないものとして、その適否が専ら議会の自主的、自律的な解決に委ねられるべきであるということはできない。」として、「出席停止の懲罰は、議会の自律的な権能に基づいてされたものとして、議会に一定の裁量が認められるべきであるものの、裁判所は、常にその適否を判断することができるというべきである。」と判示しました。

〈３〉議員の権利

自治法上、選挙を通じて住民に選任された代表者である議員は、議会の構成員として活動を行いますので、議会の意思決定に参画する権利を認められますが、さらに招集・開会を要求する権利（自治法101条３項・４項、114条）や議案を提出する権利（自治法112条１項・２項）などが認められます。

（３）議会事務局

議会の活動（さらには議会の構成員である議員の活動）をより実質的なものとするためには、これをサポートすることが重要になります。そこで、自治法では、**議会事務局**に関する規定がおかれています（138条１項～８項）。すなわち、都道府県の議会に事務局をおくとされ、市町村の議会には、条例の定めるところにより、事務局をおくことができるとされています。

事務局には、事務局長や書記その他の職員をおくとされる一方で、上記のとおり事務局をおかない市町村もありますので、こうした市町村では、議会に書記長や書記その他の職員をおくとされていますが、町村においては、書記長をおかないことができるとされます。事務局長、書記長、書記その他の職員の任免権を有するのは議長であり、事務局長、書記長、書記その他の常勤職員の定数は、条例で定めるとされますが、臨時の職については、この限りではありません。事務局長及び書記長は議長の命を受け、書記その他の職員は上司の指揮を受けて、それぞれ議会に関する事務に従事します。勤務条件等については、自治法のほかに地公法が定めをおいています。

5　監査

自治体の権限行使・事務処理などに対して事後的なチェック機能を果たそうとするものとして、自治法には監査制度が定められています。以下にみる自治法上の監査制度は、監査委員によって実施されるものと、自治体外部の専門家などによって実施されるものとに大別されます。

(1) 監査委員による監査

〈1〉監査委員の位置付け

自治法上、監査委員は、普通地方公共団体におかれ（自治法195条1項）、その長が、議会の同意を得て、人格が高潔で、その財務管理、事業の経営管理その他行政運営に関し優れた識見を有する者及び原則として議員のうちから選任するとされています（自治法196条1項）。常勤の職員及び短時間勤務職員との兼職も禁じられています（自治法196条3項）。長は、監査委員が心身の故障のため職務の遂行に堪えないと認めるとき、又は監査委員に職務上の義務違反その他監査委員たるに適しない非行があると認めるときは、議会の常任委員会又は特別委員会で公聴会を開催の上、議会の同意を得て、監査委員を罷免することができます。監査委員は、この場合を除き、その意に反して罷免されることはありません（自治法197条の2）。退職の場合にも、長による承認が必要であるとされています（自治法198条）。

〈2〉監査の実施

監査委員は、職務の遂行に当たり、原則として、監査基準に従い、常に公正不偏の態度を保持して、監査等をしなければならないとされています（自治法198条の3第1項）。監査基準とは、法令の規定により監査委員が行うこととされている監査・検査・審査等の適切かつ有効な実施を図るための基準であり（同項）、監査委員の合議により自ら定めるものとされ、これを定めたときには、議会や長などに通知するとともに、公表しなければならないとされています（自治法198条の4）。

監査委員は、普通地方公共団体の財務に関する事務の執行及び普通地方公共団体の経営に係る事業の管理を監査する（自治法199条1項）とともに、必要があると認めるときは、普通地方公共団体の事務の執行について監査をすることができます（自治法199条2項）。後者の監査については、自治事務にあっては労働委員会及び収用委員会の権限に属する事務で政令で定めるもの、また、法定受託事務にあっては国の安全を害するおそれがあることその他の事由により監査委員の監査の対象とすることが適当でないものとして政令で定めるものは、その対象外とされています。いずれの監査の場合も、事務の執行等が自治法2条14項（最少経費で最大効果を挙げること）及び15項（組

第5章　自治体運営の基礎

織及び運営の合理化に努めること）の趣旨に則ってなされているかどうかについて、特に、意を用いなければならないとされています（自治法199条３項）。

一方、監査委員は、他者からの要求等に応じて監査を行う場合があります。例えば、監査委員は、普通地方公共団体の長から当該普通地方公共団体の事務の執行に関し監査の要求があったときは、その要求に係る事項について監査をしなければなりません（自治法199条６項）。また、監査委員は、普通地方公共団体の長の要求があるとき（もしくは必要があると認めるとき）は、当該普通地方公共団体が補助金等々の財政的援助を与えているものの出納その他の事務の執行で当該財政的援助に係るもの（自治法199条７項）や、指定金融機関が取り扱う当該普通地方公共団体の公金収納又は支払事務について監査することができます（自治法235条の２第２項）。そのほかにも、住民の直接請求や住民監査請求による監査（自治法75条、242条）、議会の請求による監査（自治法98条２項）、職員の賠償責任に関する長の請求による監査（自治法243条の２の２第３項）などがあります。

（２）外部監査

上記のように、監査委員による監査は、自治法において様々に定められ、実際に運用されています。しかし、監査委員は議会の同意を得て長が選任するものです。監査委員による各種監査はいわば「身内」によるものということもあり、監査機能の拡充が求められてきたところでもあります。そこで、自治法は、自治体外部の専門家との外部監査契約の締結による外部監査制度を設けています。

〈１〉外部監査契約を締結できる者

外部監査契約を締結できる者は、普通地方公共団体の財務管理、事業の経営管理その他行政運営に関し優れた識見を有する者であって、弁護士、公認会計士、国や地方公共団体で行政事務に従事した者であって監査に関する実務に精通しているものとして政令で定めるものとされています（自治法252条の28第１項）。このほかに必要と認めるときは、税理士との外部監査契約の締結も可能とされています（自治法252条の28第２項）。しかし、これらの士業で懲戒処分を受けた者や当該普通地方公共団体の職員（であった者）などとは、外部監査契約の締結はできません（自治法252条の28第３項）。

〈２〉外部監査の実施

都道府県、指定都市及び中核市は、自治法２条14項（最少経費で最大効果を挙げること）及び15項（組織及び運営の合理化に努めること）の趣旨を達成するため、外部監査人の監査を受けるとともに監査の結果に関する報告の提出を受けることを内容として当該監査人と包括外部監査契約を締結しなければなりません（自治法252条の27第２項、自治令174条の49の26）。他の市町村は、条例の定めによって**包括外部監査契約**の締結を義務付けることもできます（自治法252条の36第２項）。

これに対して、住民の直接請求（自治法75条）、議会の請求（自治法98条1項）、長の要求（自治法199条6項・7項）、住民監査請求（自治法242条）があった場合において、当該請求又は要求に係る事項について外部監査人の監査を受けるとともに監査の結果に関する報告の提出を受けることを内容として当該監査人と締結するものが、**個別外部監査契約**です。つまり、個別外部監査契約に基づく監査とは、上記のように住民・議会・長からの要求・請求があった場合の監査を、監査委員ではなく外部監査人によって行う旨を条例で定めた上で実施されるものですので、その意味では例外的な位置付けとなっているといえるでしょう。

〈3〉監査委員による監査との関係

監査委員による監査と外部監査は併存しうるので、この両者の関係が気になるところです。包括外部監査契約と個別外部監査契約のいずれにしても、監査の実施に当たって、外部監査人は、監査委員にその旨を通知する等相互の連絡を図るとともに、監査委員の監査の実施に支障を来さないよう配慮しなければならず、また、監査委員は、外部監査人の監査の実施に支障を来さないよう配慮しなければならないとされています（自治法252条の30）。

学習のポイント

1　長

■組織画一制の下、自治体におかれる執行機関としての長（都道府県知事・市区町村長）が、権限行使・事務処理をすることで自治体運営を担っています。

■地方自治の実質化の観点から、条例によって長の多選の制限・禁止を試みる動向がみられます。

2　行政委員会

■行政運営の中立性・専門性・民主性を確保する観点から、自治体には長のほかに執行機関として行政委員会がおかれます（執行機関多元主義）。

■執行機関多元主義の下、委員会やこれを構成する委員については、組織面の規制が定められているほか、長との相互関係に関する定めが設けられています。

3　補助機関

■副知事や会計管理者などは、長などの執行機関による権限行使・事務処理を組織内部でサポートする補助機関であり、補助機関には個々の公務員（補助職員）が就きます。

4　議会・議員、議会事務局

■議会は、その意思決定の場である会議（いわゆる本会議）及びその前に予備的な審査を行う委員会からなり、これらの活動をサポートするために議会事務局がおかれます。

■議会を構成する議員には、住民の代表者として、一定の権利や義務が法定されています。また、議員に対する懲罰が問題となることもあります。

5　監査

■長が議会の同意を得て選任する監査委員は、自治体の財務関係事務の執行等について監査を行うほか、長などから要求を受けて監査を行う場合もあります。

■上記のほかにも、自治体の財務管理等に関し優れた識見を有する弁護士等と契約を締結して行われる外部監査があります。

第6章

住民自治の仕組み

この章では、住民自治がどのような法的仕組みによって行われていて、それが憲法８章の導入した地方自治制度の中でどのような意味・役割をもっているのかを学習します。どのような場面で、どのような方式で住民自治が行われなければならないのでしょうか。

実は、住民自治の意味するところはそれほど明確ではなく、地域の政治をテーマとする書籍や報道の中で、地方自治への様々な期待がこもった言葉として用いられているようです。この章では、憲法上求められる住民自治とそれを超えて実践されている住民自治とを、意識的に区別します。

第１節では、憲法上の用語や仕組みから、地方自治が目指している（とされる）住民自治の姿を探ります。地方自治の理想像という、人によって意見が異なるところから距離をおいて、条文に依拠して考えてみましょう。

第２節では、地方自治法を参照して、地方自治の舞台で住民が（個人ではなく集団として）どのような役割を演じることになるか、説明します。「自治会」はキーワードのひとつです。

第３節では、住民が（特に個人として）どのように地域の活動にかかわることが可能か、第２節よりも視野を広げ地方自治法にとらわれずに法的な仕組みのあり方を探ります。いわゆる「市民参加」「市民協働」に関する条例についてここで解説します。

第1節　憲法、地方自治法による住民自治

1　身近な民主政

(1) 住民自治へのアプローチ

憲法には、「住民自治」という言葉は出てきません（「住民参加」「市民自治」等、類似の用語も見当たりません）。地方自治法においても同様です。「住民自治とは自治体が住民の自己決定により運営されることであり、それこそが地方自治の本来の姿である」というような先入観からいったん抜け出して、まずは憲法上の用語や仕組みから、地方自治が目指している（とされる）住民自治の姿を探りましょう。

このように慎重なアプローチ（学習方法）は、**地方自治の理想像**についてすでに確固とした考えをもっている学習者には、物足りなく感じられるかもしれません。しかし、地方自治の理想像は、憲法において明確に述べられているわけではなく、解釈の余地があります。**政治的な選好や信条**が表れやすいからこそ、特に自治体行政の現場では、条文に則した慎重な説明が求められます。

(2) 地方自治の本旨

地方自治の理想像について憲法は何も述べていないわけではなく、「地方自治の本旨に基いて」自治体を組織し運営するという基本原理が、確かに示されています*1。そして憲法の概説書を見れば、地方自治の本旨とは住民自治と団体自治を指す、と説明されているのですから*2、住民自治が地方自治をめぐる憲法上の要請であることは、学習の出発点とすることができそうです。

とはいえ、そこにいう住民自治が何を意味しているのかは、明確ではありません。住民が自治をする、という言葉どおりに捉えるとしても、住民とは誰で自治とは何かが、さらに問われます。ただ、日本国憲法の制定経緯を調べますと、地方自治が日本にデモクラシー（民主政）を根付かせるために導入されたという説明には、史料面での説得力もあり、憲法は**ローカル・デモクラシー**（local democracy：身近な民主政）を地方自治の理念モデルとしている、と考えられているのです*3。

(3) 間接民主制／直接民主制

住民自治がある種のデモクラシーを指すとしても、憲法全体の整合性の観点からすると、公権力をもってする統治作用を、安易に住民の手に委ねる解釈は採れません。憲法は、統治作用を法の下におくために、憲法で統治機構を設計し授権

＊1　憲法92条
地方公共団体の組織及び運営に関する事項は、地方自治の本旨に基いて、法律でこれを定める。

＊2　ドイツからの理論継受？
このような説明の根拠は明確でなく、ドイツの伝統的理論を受け継いだものともみえますが、ドイツにおける市町村（ゲマインデ）の自治と現代日本の地方自治とでは憲法上の位置付けに根本的な違いがあります。なおドイツ公法学においても、もともと住民自治が団体自治と並び保障されると説かれていたわけではなく、「地方自治の本旨＝住民自治＋団体自治」という定式は、理論の輸入に際し日本流のアレンジを加えたものといえそうです。

＊3　天川晃最終講義『戦後自治制度の形成』（左右社、2017年）
戦後自治制度史研究の第一人者である天川晃教授は、晩年、放送大学で多くの公務員学生に研究指導を行いました。同大の教材等を下敷きに平易な語り口で叙述されている本書ですが、切れ味は鋭く、「地方自治の本旨」という文言が実はアメリカ地方自治制度を範とする趣旨で導入されたとする佐々木髙雄教授の分析を、「傾聴に値する」と評しています。

して初めて公権力が発動されるという、立憲主義ひいては**法の支配**の考え方に根差しています。

法の支配は**権力分立**を要請します。国レベルでは間接民主制が導入され、国民は、選挙で一票を投じることによって法律の制定に影響力をもちますが、半面で、そうしてできた法律を実施する行政の場面では、（憲法上は）国民は直接の影響力をもちません。

地方レベルでは、そうしたデモクラシーの扱いが変化し、憲法92条「地方自治の本旨に基いて」という文言により直接民主制の導入が要請されるのでしょうか。そのような議論もあるところですが、法の支配が、デモクラシーの行き過ぎによる基本的人権保障の弱体化を懸念しデモクラシーを調整しようとしていることには、配慮すべきでしょう。

少なくとも、憲法が具体的に導入した制度から離れて「直接民主制＝住民自治＝憲法上の要請」という等式で住民自治を捉えることには、警戒が必要です。その人の考える地方自治の理想像が、憲法解釈に強く反映してしまっている可能性があります。

以下、本節では憲法の条文にローカル・デモクラシーの特徴を探り、その意義を考えてみましょう。

2　地方自治特別法

（1）憲法第8章の採用する唯一の直接民主制

憲法第8章は、ローカル・デモクラシーをどのように制度化しているでしょうか。憲法95条の規定する地方自治特別法（特定の自治体にのみ適用される法律）に係る**住民投票**の仕組みは*4、いかにも国レベルのデモクラシーとは異なる発想を感じさせます。憲法全体を見渡したとき、79条2項の最高裁判所裁判官国民審査、そして96条の憲法改正国民投票と並ぶ、数少ない**直接民主制**の要素でもあります。

例えば、ある特定の業界や職種にだけ効果を有する法律が制定される場合に、その業界や職種に就く人々による投票にかけ過半数の同意が得られなければ廃案、ということはありません。実質的に業界団体の同意を事前調達することは現実にあるかもしれませんが、法律は多数派の政治により制定されていくのであって、国民の意見はあくまで間接的に、主として議員選挙を通じて反映されます。

しかし憲法95条は、「一の地方公共団体のみに適用される特別法」は当該自治体の住民投票で過半数の同意を得なければ制定できないというのです。これは、当該自治体という全国からみたら少数派の自治を全国的な多数派から保護するためであり、地方自治保障の仕組みであることに、疑いはありません。

＊4　憲法95条
一の地方公共団体のみに適用される特別法は、法律の定めるところにより、その地方公共団体の住民の投票においてその過半数の同意を得なければ、国会は、これを制定することができない。

(2) 住民自治としての要素

ただ、憲法95条は住民自治の仕組みといえるでしょうか。自治体住民の側は、当該自治体のみに適用される**特別法の制定を拒否**できるだけであり、全国一般に適用される法律について我が自治体への適用を拒否できるという制度ではありません。要するに、我が自治体だけ独自のあり方を貫こうとするのではなく、「よそと同じままにしておいてほしい」というのですから、住民が積極的に自治体のあり方を決める手段であるとは言い難いところです。

もちろん、地方自治特別法の拒否を住民投票ではなく地方議会の議決に委ねることもできるのに、敢えて住民投票にしているのは、形式上、直接民主制の一種ではあります。しかし実質的には、国会が特定の自治体を「ねらい撃ち」にする法律で全国的多数派の利害を押し付けようとする局面において、自治体が対抗するための制度ですので＊5、どちらかというと**団体自治の手段**とみえるのです。

このような議論では、ローカル・デモクラシーに何を期待するかによって制度の評価が分かれます。「住民が直接的かつ積極的に自治体のあり方を決める」ことを期待するなら、憲法95条は直接民主制を導入してはいるが住民自治を促進しないという評価になりえます。しかし、そうした中身の期待とは独立に、住民が政治的意思決定をすること自体を住民自治と呼ぶなら、憲法95条の住民投票はまさに住民自治の仕組みです。

＊5　なぜ地方議会の議決に委ねないのか

議事機関たる地方議会があるのに敢えて住民投票に委ねるところに、住民個人の意思を尊重する憲法の意図を読み取ることも可能かもしれません。憲法が地方レベルで直接民主制の導入を要請しているという論拠のひとつともなるでしょう。

他方、憲法95条は、アメリカ地方自治の歴史において自治体が州の特別立法と対抗する中で勝ち取ってきた（州憲法上の）自治保障規定を引き継いだものだ、とも指摘されています。住民の過半数同意を条件に団体自治が部分的に失われる仕組みは、住民が団結して自治体を設立するアメリカの制度と確かに親和的です。

日本では、一般的な法律で自治法制度を構築し、各地方議会が議決でオプションを選択するので（例えば副市町村長の不配置など）、憲法95条の存在は奇妙ですが、本来は不可能な特別法制定を例外的に可能とする特殊な手続として整理するなら、直接民主制は地方自治においてもやはり例外的だといえそうです。

(3) 過去に制定された地方自治特別法

憲法95条に基づく住民投票は、憲法制定直後の数年間に集中して実施されており、その後は例を見ません（【図表6－1－1】参照）。これまでに16の法律が住民投票にかけられ、いずれも賛成多数で制定されました（すべて議員提案）。首都建設法のみ都道府県単位であり、ほかは市町村単位（旧軍港市転換法は4市）の特別法です。

＊6　伊東国際観光温泉文化都市建設法

例外的に、首都建設法と伊東国際観光温泉文化都市建設法の住民投票では6割程度の支持にとどまりました。

後者については2年後に、観光温泉資源の保護に著しい影響を及ぼすおそれのある行為を規制する内容の改正案が住民投票にかけられ、今度は98％もの支持を集めました。同法は規制的内容をもつ珍しい地方自治特別法として注目されます（同法が市長の規制権限行使に関東経済産業局長の同意を要するとし、また同法の委任を受けた伊東市条例が市長の規制権限行使に議会の同意を要するとしていることは、団体自治の観点からも注目されます）。

【図表6－1－1】制定に際し憲法95条による住民投票が実施された法律

1	広島平和記念都市建設法	昭和24年法律219号
2	長崎国際文化都市建設法	昭和24年法律220号
3	首都建設法　※後に廃止	昭和25年法律219号
4	旧軍港市転換法	昭和25年法律220号
5	別府国際観光温泉文化都市建設法	昭和25年法律221号
6	伊東国際観光温泉文化都市建設法	昭和25年法律222号
7	熱海国際観光温泉文化都市建設法	昭和25年法律233号
8	横浜国際港都建設法	昭和25年法律248号
9	神戸国際港都建設法	昭和25年法律249号
10	奈良国際文化観光都市建設法	昭和25年法律250号
11	京都国際文化観光都市建設法	昭和25年法律251号

12	松江国際文化観光都市建設法	昭和26年法律7号
13	芦屋国際文化住宅都市建設法	昭和26年法律8号
14	松山国際観光温泉文化都市建設法	昭和26年法律117号
15	軽井沢国際親善文化観光都市建設法	昭和26年法律253号
16	伊東国際観光温泉文化都市建設法の一部を改正する法律	昭和27年法律312号

ご覧のとおり、○○**都市建設法**と銘打たれた法律が多く、その内容は、各自治体が都市建設のための計画を策定して事業を行うという枠組みとともに、国が当該事業に対し国有財産を提供する根拠を規定しています（全部で数ヶ条）。住民投票では8～9割の支持を集めることも少なくありませんでした（ただし投票率には大きなばらつきがあります）*6。

なお、北海道開発法（昭和25年法律126号：内閣提出）の対象区域は北海道と特定されますが、国が北海道開発庁を設置して総合開発計画の策定と実施に当たる内容でしたので、地方自治特別法には該当しません*7。

その後、首都圏整備法（昭和31年法律83号：内閣提出）の制定により首都建設法が廃止されました。「首都圏」は特定の自治体区域といえるでしょうが、国が首都圏整備計画を策定して「関係」する自治体等とともに事業を行う内容でしたので、やはり地方自治特別法には該当しないという扱いでした*8。

ただ、法定事業の実施自治体が当該法律上で特定されている場合にも、地方自治特別法には該当しないものとされ、住民投票が実施されなかった例があります。明日香村特措法（昭和55年法律60号：内閣提出）では、奈良県及び明日香村が、単に区域としてではなく事業実施主体として登場しますが、制定に際し住民投票は実施されていません*9。

（4）憲法に基づく住民投票のゆくえ

振り返って考えると、むしろ、【図表6－1－1】の法律はいずれも憲法95条の地方自治特別法に該当しないのではないか、という疑念が生じます。地方自治法が定めている自治体の組織と運営を個別に操作する法律ではないからです。特定の自治体に対し特別な事務・事業を設定する法律が対象外であるとすれば、憲法95条はどのような法律の制定に住民投票を要求しているのでしょうか。

例えば、「国際文化観光都市建設法」という法律をひとつつくって、対象自治体を**政令で指定**するなら、住民投票が行われることはありません。国有財産の譲与は、国有財産法を改正することによっても一般的に（特定の自治体を名指しせずに）対応できるでしょう。それらが憲法95条の想定する地方自治保障の危機であるというべきか、根本に立ち返っての検討が必要です。

憲法92条は、自治体の組織と運営を**法律事項**としながら、「地方自治の本旨に基いて」定めよと国会に命じています。しかし、「地方自治の本旨」の内容は明

＊7　憲法95条「一の地方公共団体にのみ適用される」の意味

北海道開発法の制定時、これが地方自治特別法に該当しない理由は次のように説明されていました。「北海道開発法は北海道という地域を対象として開発を行うことに関するものではありますけれども、それについて国の施策なり国の機関を定めた法律なのでございまして、北海道という地方公共団体そのものにつきまして、特別の規定を設けようとするものではないのでございます。」（第7回国会参議院内閣委員会会議録15号5頁［高辻正己政府委員］）。

＊8　首都圏整備法はなぜ住民投票にかからなかったか。

首都建設法の立法趣旨を引き継ぎ、制度を拡張する法律ですが、住民投票は行われませんでした。同法で既に住民投票を実施済みであるから、という整理もありえますが、東京都の周辺自治体に制度を拡張する法律ですので、説得的ではありません。首都圏整備法制定時の委員会審議では、「首都圏」に含まれる関係自治体は流動的で法律上特定されておらず、特定の自治体の組織・運営を特別に規律する法律ではない、と説明されました（第24回国会衆議院建設委員会議録19号8頁）。

古都保存法（昭和41年法律1号：議員提案）2条は、都市計画上の特例権限を与える「古都」として京都市、奈良市、鎌倉市を明記すると同時に、「政令で定めるその他の市町村」への拡張を予定しており、特定される部分とそうでない部分とを含むところ、特定3市においても住民投票は実施されていません。

関係自治体が流動的では住民投票の実施は不可能ですが、政令で拡張可能というだけで住民投票を免れるのも不合理です。これら法律の地方自治特別法該当性を否定する「別の論理」が注目されます。

＊9　内閣法制局の見解

法律の正式名称は「明日香村における歴史的風土の保存及び生活環境の整備等に関する特別措置法」。同法の審議過程では、角田禮次郎内閣法制局長官が同局の見解を説明しています。それによると、憲法95条にいう地方自治特別法とは「特定の地方公共団体の組織、運営、権能、権利、義務について特例を定める法律」であり明日香村特措法案はこれに該当しない、とのことでした（第91回国会衆議院建設委員会議録11号14頁）。

しかしながら、「組織、運営」以外に「権能、権利、義務」まで考慮に入れると、同法が規定する知事の権限（4条2項）や起債配慮（6条）、整備基金（8条）は、まさに特定の自治体にのみ適用される特例ともみえます。

確ではありませんし、司法判断が蓄積することもあまり期待できません[*10]。国会において、地方自治の本旨とは何かを議論しながら、あるべき自治体組織・運営を法律の形にし、また改正していきます。

そのような民主政の過程では、特定の自治体を名指ししてそのあり方を定める法律により、当該自治体の自律が制限されることも十分考えられます。都市建設等の具体的施策以前に、例えば、ある自治体だけ役所の規模を制限するとか、教育委員会を設置せず学校を国の直轄とする、あるいは財源を限定するという形で、全国的多数派の政治とマッチしない施策を打ち出す自治体に、冷や水を浴びせるわけです。法律で組織や運営に介入を受けた自治体が司法に救済を求めることは困難ですし、仮に裁判になっても、基本的人権ではない「地方自治の本旨」をもって**国会の立法裁量**にどこまで切り込めるか、不安があります[*11]。

そこで憲法95条は、（憲法92条にいう）組織・運営に個別介入する地方自治特別法が制定可能であることを前提にしつつ、裁判ではなく住民投票によって全国的多数派の専横に対抗させました。個別の事務事業を名指しで創設する法律も、自治体「運営」と無関係ではありませんが、憲法92条は**運営体制**の定めを法律事項としたのであって、運営内容は含まれません。名指しで運営内容（事務事業）を創設する法律が制定されても、それを執行する運営体制さえ一般的な「標準仕様」であれば、憲法94条の各権能で対抗することも考えられるでしょう。憲法95条の背景には、運営体制の蹂躙こそが地方自治保障の危機であるという考えが透けてみえます。

もともと憲法95条は、各自治体が国会に働きかけて自らの組織と運営体制をカスタマイズすること（これを「ホーム・ルール」といいます）を想定していたわけではなさそうです。住民投票でホーム・ルールを積極的に制定していく「住民自治」の形も、構想不可能ではないでしょうが、憲法92条が組織運営事項を法律に委ねていることと矛盾しない説明が求められます。

以上に照らせば、【図表6－1－1】の諸法律については憲法95条による住民投票が不要であったと考えられます。とはいえ、仮に、特定自治体の住民にのみ負担を押し付けるような事務事業が法律で創設されるとしたら、それは地方自治保障の危機であり住民投票にかけるべきだ、という意見もあるでしょう[*12]。「制定時の住民投票で賛成多数ならば、そのように横暴な法律の存在を将来にわたって是認すべきなのか」「特定自治体に恩恵を与える法律は相対的に不利な立場となる他自治体において住民投票にかけるべきではないか」といった観点も含めて、議論されなければなりません。

3　住民意思の取り出し方

（1）議会を通じての住民自治

憲法93条1項は、自治体には「議事機関として議会を設置する」と定め、議会

＊10　自治権の保護救済訴訟

自治体の自治権は裁判所により保護救済される「権利」ではなく、統治に係る「権能」ないし「権限」であるという理解の下、法律等が自治権を侵害していると自治体が主張し提訴しても裁判所で門前払いされる傾向にあります。「地方自治の本旨」という法原理は権能・権限を規律する客観的法秩序そのものであって、法律で特に設けられた「客観訴訟」でしかその貫徹を追求できないというわけです。地方自治法上の「関与」については客観訴訟（機関訴訟）が法定されており、地方自治の法原理に関する判例の蓄積が期待されます。

＊11　個別立法（措置的法律の制定）の禁止

法の支配の観点から、特定の個人や団体を名指しして規制や給付を加える個別立法の禁止が説かれます。この原則は行政組織に関する立法には当てはまりませんが、団体自治を尊重する憲法92条に照らし自治体を名指ししての個別立法は適切でないので、憲法95条が設けられた、とも説明できます。

＊12　辺野古沖基地建設埋立をめぐる住民投票

沖縄県では、憲法95条の手続としてではなく県条例に基づき県民投票が行われ、埋立反対多数という結果が示されました（2019年2月）。憲法学の木村草太教授は、辺野古新基地建設には憲法95条に基づく住民投票が必要であると主張しています。

の議員は同2項により「住民が、直接これを選挙」します。地方自治の本旨に則した組織・運営は基本的に法律（自治法）で定められますが、ゆるがせにできない事柄として、憲法は**住民直接公選議会の設置**を明記しており、法律でこれを変更することはできません＊13。

地方自治の本旨にローカル・デモクラシーとしての住民自治が含まれるとすれば、このことは実に基本的で、例外があってはならないといえるでしょう。各自治体の組織・運営が住民自治の形で行われるには、住民による議論の場が必要です。選挙された議員により構成された議会でなくても、住民全員による**総会**であれば住民自治になると考えられそうですが、現実的ではありません。全員に議事への参加資格を認めることは、参加できない住民の政治的意向を全く反映しない、いびつな住民自治にも繋がりえます。議事日程や議題の設定をめぐる駆け引きが重要になり、それが議事機関の外で展開されることも予想されます。

選挙は、単に誰かに政治を委託するという、私的で自由な手続なのではありません。各住民が政治に介入する機会として、公正に仕組まれるべきものです＊14。成年者が、家柄や納税額などにかかわらず等しく一票をもちます＊15。例えば「自治会」での意思決定が、時に世帯単位の投票に基づいていたり、そもそも表決が行われず幹部に一任となったりすることを想起してください＊16。住民自治のありようは**住民意思の取り出し方**次第で変わります。憲法は、「個人の尊重」（憲法13条）や平等原則（憲法14条1項）とも整合するように住民自治を仕組んでおり、それが憲法93条による住民直接公選議会の導入に表れているのです。

そしてその結果誕生する議員には、**議員としての職責**が発生します。議員は一住民として議事に参加するわけではありません＊17。私的な利害関心を超えて、十分な調査により公開の場での議論に耐える主張を用意し、対立する主張との妥協ラインを探るべき立場です。憲法93条による住民自治は、個別の住民の意見を政治に反映させ決定内容を動かすことではなく、選挙と議会審議を通じて「これが住民意思だ」というものを析出させ、自治体の組織と運営をその住民意思により統制することを意味しています。

ところで、地方自治法上の「特別地方公共団体」である①一部事務組合、②広域連合、③財産区にも議会がおかれます。①②の議会は地方自治法上必置とされ、各組合の規約に基づき、組合を構成する自治体の長や議員が組合議会の議員になることが通常です＊18。③の議会は必置ではなく、財産区の区域の属する市区町村が条例で設置し、こちらは財産区の区域内住民による直接選挙が実施されています＊19。

①②③はいずれも**憲法上の地方公共団体ではない**と解されており、①②が議事機関たる住民直接公選議会をもたないこと、また③の議会が必置ではないことは、憲法93条に違反するものではありません。

＊13　町村総会の合憲性
地方自治法94条は「町村は……議会を置かず、選挙権を有する者の総会を設けることができる。」と定めています。昭和20年代に1例あり、議員のなり手不足を背景に近時注目されていますが、長らく設置されていません。学説では合憲説と違憲説が対立しており、本文で後述するように議員の職責を重視すると、違憲説に接近します。

＊14　憲法15条4項
すべて選挙における投票の秘密は、これを侵してはならない。選挙人は、その選択に関し公的にも私的にも責任を問はれない。

＊15　憲法15条3項
公務員の選挙については、成年者による普通選挙を保障する。

＊16　自治会の構成員は住民個人か
伝統的に、自治会は世帯を構成単位として組織されることがあります。世帯主の名簿により総会が招集され、表決では大家族も核家族も同じ一票をもちます。そのような自治会が、例えば集会所等を不動産登記するために法人格を得ようとする場合、「認可地縁団体」（自治法260条の2）となることが考えられますが、個人を尊重する憲法の下にある制度ですので、認可地縁団体における表決で世帯内の意見が割れたなら票も割る必要が生じます。伝統的な住民自治と憲法に則った住民自治との微妙な不整合が、ここに表れています。

＊17　憲法15条2項
すべて公務員は、全体の奉仕者であつて、一部の奉仕者ではない。

＊18
広域連合議会の議員は必ず選挙されますが、住民の直接選挙とは限らず、構成自治体議会における間接選挙もありえます（自治法291条の5第1項）。一部事務組合議会の議員は、選挙によらずいわゆる「充て職」として就任することも多いようです。

＊19
一部事務組合と広域連合の議会議員は、構成自治体の長や議員と兼職できることが地方自治法上に明記されていますが（287条2項、291条の4第4項）、財産区議会の議員についてはそのような規定がありません。

（2）二元代表制

ところで、憲法93条２項は、議事機関たる議会の議員のみならず、自治体の長も住民が直接選挙すべきことを定めています。このことをもって、地方自治は「二元代表制」であると説かれることもあります。中央政府（国）においては、国会の指名する内閣総理大臣が国務大臣を任命し、行政権の担い手となる内閣を組織します。首相公選制の議論もありますが、国民は国会を通じて間接的に内閣を選んでいるといえそうです*20。自治体においては、自治体組織を統括・代表し事務の管理・執行を担う長が、議会とは独立に選出されます*21。

先に、住民自治のありようは住民意思の取り出し方次第であると述べましたが、このような選出制度は、そうでない制度（例えば議会が長を指名する**シティ・マネジャー制**）に比べて、自治体の「舵取り」に住民が影響力を行使しやすいのでしょうか。

確かに、単純に投票の機会が多くなりますし、長は議会多数派と対立してでも住民多数派にアピールする政治を選ぶことが考えられます。複数名を選出する議員選挙（**大選挙区制**）よりも、長を単独で選出する選挙（**小選挙区制**）の方が、特定政策の是非を鋭く問うのに適しており、時にダムや原発の設置・稼働が「知事選の争点」などと報じられるわけです。ただ、当選した長が「公約」を覆すこともあります。選挙は政策ではなく候補者に投票する制度ですので、選挙結果に住民多数派の意図がどう込められているのか明らかにはならず、結局、公約違反の長に「不信任」を通告し出処進退を決するよう迫ることは、議会の役割です（自治法178条）。

*20　事実上の政権選択
ただし、内閣総理大臣と国務大臣の過半数は国会議員でなければならず、衆議院議員総選挙が、事実上「誰を内閣総理大臣にするか」を国民が直接選択する機会となりえます。時に「衆参ねじれ」が生じますが、衆議院の優越が憲法で定められており（67条２項。法律案の議決については59条）、基本的には内閣と国会は政治上友好的な関係となります。

*21　長の政治的基盤と議会運営
自治体に国の政党政治模様をそのまま当てはめることはできませんが、長と議会多数派とが政治的に協調する選出制度になっていないため（まさに「二元的」）、時に対立が深刻化します。例えば、長が役所運営を掌握する上で要となる副知事・副市町村長の選任が、議会同意を得られず紛糾することもあります。

（3）議会制／民主主義

議員も住民多数派を意識するに違いありませんが、ある賛否両論の争点につき議会審議の中で妥協点を探ることは、賛成・反対どちらの住民からも非難されかねず、住民多数派の側に立ち妥協しない長が選挙基盤を固める様子も想像できます。むしろ、政治的争点を尖鋭化させないことに議員の利（と議会制の弊害）がありそうです。

実際には、長も議員も、多くの政治課題と対面する過程では住民多数派と結ぶことも少数派のために働くこともあります。ある政策についての多数派住民が別の政策でも一致して多数派を形成するとは限らないわけですから、議員からすれば、風向きを読んでトップ当選をねらう必要はなく、その時その時の少数派と信頼関係を築き確実な得票に繋げていく方が合理的ともいえるでしょう。しかしそれでは、議員選が候補者に対する信任投票の場となり、政策をめぐる住民対話が深まらず、住民多数派の意向も置き去りにされてしまうおそれがあります。

憲法は、政策を争点としやすい長の直接選挙を導入しました。多くの政策課題がある中でも、候補者が「今、これこそ大事」と考える政策について住民の選択を訴える選挙は、疑似的な住民投票としても機能しえます。国レベルよりも政策争点を絞りやすい地方レベルにおいてこそ可能なデモクラシーのあり方であり、闘わない議員による議会制の沈滞を打破することが期待されます。

憲法上のローカル・デモクラシー（身近な民主政）が目指すところは、個別の住民が自治体運営を直接コントロールすることではありません。敢えていうならこういうことです。公選議員が職責を果たす過程で「住民意思」が醸成・抽出されるというフィクション（fiction：擬制）を本体として、その過程を弛緩させない工夫として長の公選制が備わり、「治者と被治者の自同性」というデモクラシーの壮大なフィクションに現実味や説得力が与えられます。地方分権が進むほど、**統治の民主的正統化**は一層緻密になるといえます。

4　直接請求・直接参政

（1）直接請求の根拠・対象・程度

地方自治における直接請求制度については、中学校の社会科（公民）で学習します。地方自治法12条、13条に規定された制度の枠組みを中心に授業がされているはずです。ここではそれを復習するのではなく、直接請求がめったに行われない実情は住民自治の機能不全と評価すべきなのか、考えてみましょう。

【図表6－1－2　住民の直接請求権】

地方自治法

第12条　日本国民たる普通地方公共団体の住民は、この法律の定めるところにより、その属する普通地方公共団体の条例……の制定又は改廃を請求する権利を有する。

②　日本国民たる普通地方公共団体の住民は、この法律の定めるところにより、その属する普通地方公共団体の事務の監査を請求する権利を有する。

第13条　日本国民たる普通地方公共団体の住民は、この法律の定めるところにより、その属する普通地方公共団体の議会の解散を請求する権利を有する。

②　日本国民たる普通地方公共団体の住民は、この法律の定めるところにより、その属する普通地方公共団体の議会の議員、長、副知事若しくは副市町村長、……指定都市の総合区長、選挙管理委員若しくは監査委員又は公安委員会の委員の解職を請求する権利を有する。

③　日本国民たる普通地方公共団体の住民は、法律の定めるところにより、その属する普通地方公共団体の教育委員会の教育長又は委員の解職を請求する権利を有する。

憲法には直接請求制度の条文がありませんので、自治体の組織と運営を地方自治法が具体的に定めるにおいて、直接請求制度を導入することが憲法上の要請であったというべきか、まず検討が必要です。「地方自治の本旨に基いて」（憲法92条）住民自治による自治体運営を実現するためには、住民に各種の直接請求権を与えることが必要なのでしょうか。

条例の制定・改廃請求（【図表6－1－2】自治法12条1項）を例に考えてみましょう。これは住民個人が自由に請求できるわけではなく、有権者数の50分の1以上の署名を添える必要があります（自治法74条1項）。個人の意思で自治体の組

第6章
住民自治の仕組み

織・運営を動かせてしまうのでは民主的とはいい難く、ある程度の数の住民が集まって影響力を行使する制度になっていることは、不自然ではありません。

しかしながら、憲法93条は住民直接公選議会を自治体の「議事機関として」設置すると定めており、そのことには住民自治の制度化としての意味があったのですから（本節3で説明）、仮に直接請求で条例の制定・改廃を自治体に義務付けることができるとしたら、筋が通りません。

議会の外で形成される住民意思を自治体の運営に取り込む制度設計も、「住民自治」の一形態としてありうるところかもしれませんが、少なくとも憲法はそれを規定しておらず、むしろ憲法93条１項は**議会制の尊重**を感じさせます。地方自治法も、条例の「制定又は改廃を請求する権利」と書きながら、それは議会に対し条例の制定改廃を**審議させる権利**でしかなく、請求した条例が実際に成立することを保障していません＊22。

実は、直接請求権は、自治体運営の内容について何かを請求できる（＝意図する内容を実現できる）実体的権利ではなく、**自治体運営の手続を作動させる権利**なのです＊23。このことは、監査委員に自治体の事務を監査させる**事務監査請求**では一層明確です。請求者が自ら監査することはできず、監査結果を変更させることもできません＊24。

また、議会の解散請求、議員そして長の**解職請求**についても同様で、所定数以上の署名を添えて解散・解職を請求しても、解散・解職させることはできません。解散・解職の是非を問う**投票を実施させる**にとどまり、その投票で過半数の賛同を得て初めて解散・解職が実現します＊25。

もちろん、自治体の運営手続を住民が直接作動させることができる点は、軽視すべきでありません。ただそれは、憲法が定める議事機関と無関係に住民自治を導入するものではなく、法律による住民自治制度設計（例えば議員選挙は４年に一度）に付随する**住民意思反映のひずみ**を補正するための、例外的な手段なのです＊26。直接請求権という強力そうな呼称にもかかわらず、請求の対象と程度が限定的で控えめであるのには、憲法上の理由があるといえます。

（２）住民監査請求・住民訴訟

地方自治法が定める直接請求の仕組みは、時に**直接参政制度**とも呼ばれますが、直接民主制を導入するものではありませんでした。「地方自治の本旨に基いて」という憲法の指示を国会が解読するに当たり、住民が地域の政治に直接参与することを促進する趣旨で住民自治の要請を受け止める余地もあったかもしれません。しかし、町村総会や地域自治区の制度を除けば、地方自治法上に直接参政の要素は見当たりません。

半面で、直接民主制と無関係な、つまり自治体の政治的意思決定ではなく運営実務の一端に住民がアクセスする、という意味での「直接参政」制度としては、前述の直接請求のほかに、住民監査請求と住民訴訟が挙げられます。また、地方

＊22　地方自治法74条による審議

自治体の長は、条例の制定・改廃請求を受理した日から20日以内に議会を招集し、意見を付けてこれを議会に付議することになります。また、請求者は議会で意見を述べることができます。

＊23　実体的権利／手続的権利

通常、何かを「請求する権利を有する」という場合、請求内容である「何か」を実現できる実体的権利として受け取られます。地方自治法12条、13条の書き振りはこの常識に反しており（日常用語としても疑問）、初等中等教育で生徒に理解させるにはやや高度な説明を要するでしょう。

＊24　議会による自治体運営チェック

監査委員に事務監査請求することは議会の権限でもあります。地方自治法98条は、事務監査請求にとどまらず、事務書類の検閲、報告請求、出納検査といった、自治体運営のチェックに関する権限を議会に与えています。さらに、地方自治法100条が事務調査のための総括的で強力な権限を規定しています（いわゆる100条調査）。議会はこれらの権限を適時・適切に行使する責任を負っており、単に請求権が認められる立場とは異なります。

＊25　議員と長以外の職の解職請求

条例の制定・改廃請求と同様、議会に付議されます。そもそも自治法が定める解職請求の対象は、議員と長を除けば議会同意人事の職です（選挙管理委員は議会で選挙。なお、副知事・副市町村長・総合区長の罷免には議会同意は不要）。議会権限と並行する形で直接請求権が設定されているようにみえます。

＊26　外国籍住民は直接請求できない

直接請求の権利は、自治法の条文上「日本国民たる」住民に限って与えられています。住民自治の観点からは外国籍住民を排除する理由はありませんが、日本国籍住民の選挙により構成される議会ないし長の権限を補完する制度だと考えれば、一貫しています。

自治法から離れるなら**審査請求**（行審法）・**情報公開請求**（情報公開条例）・**請願**（憲法16条及び請願法）等もそこに含められますが、ここでは扱いません。

住民監査請求は、住民が自治体運営手続を作動させることができる制度ですが、住民個人で（一定数の住民署名を要求されることなく）請求でき、また外国籍住民であっても請求できる点で、先にみた直接請求とは異なります。それどころか、**法人たる住民**（主たる営業拠点を区域内に構える事業者）でも請求できると考えられています。自治体の事務全般ではなく**財務会計行為**に限定しての監査請求であり、議会権限を補完する住民自治の仕組みであるというより、自治体財務に対する広い意味での利害関係者として潜在的に自治体のサービスを受け負担を分任する立場にある者に*27、監査手続発動の役割を与えたものと考えられます。

住民監査請求の結果に不服がある場合（結果が出ない場合を含む）、住民訴訟に進むことが可能です。これは、もはや自治体に「直接」請求するものではなく、裁判を通じて間接的に自治体の運営を動かそうとするものです。手続的権利には違いありませんが、「直接」参政という呼称で整理することには、やや疑問があります。法廷において被告側の自治体職員を直接問い質し、裁判所の支援を得て応答させることができるという意味でしょうか。いずれにせよ、住民が個人で、しかも裁判の効力をもって自治体運営をコントロールできる点で、最も強力な住民参政制度であるとはいえそうです*28。

＊27　自治法10条2項
住民は、法律の定めるところにより、その属する普通地方公共団体の役務の提供をひとしく受ける権利を有し、その負担を分任する義務を負う。

＊28　議会で裁判を覆すことは可能か
住民訴訟4号請求で自治体敗訴判決が確定すると、自治体としては長等の責任者に対し損害賠償請求することになるのですが、これは酷だとして、議会が賠償請求権の放棄を議決することがあります。そのような議決は住民訴訟制度を無意味にするという批判があるものの、最高裁は、場合によってはそのような放棄議決も有効であると判示しています。最二小判平24・4・20判時2168号35頁。

学習のポイント

1　身近な民主政

■何をもって地方自治の理想像とするかには、その人の政治的選好や信条が表れやすいので、自治体行政の現場では、条文に則して慎重に説明することが求められます。

■憲法が「地方自治の本旨」という言葉に込めたといわれる「住民自治」の理念は、ローカル・デモクラシー（身近な民主政）を日本に導入する趣旨であったと考えられます。

■「法の支配」を目指す憲法は、デモクラシーの行き過ぎを警戒して権力分立と間接民主制を採用しており、地方自治についても、少なくとも憲法の条文上は（地方自治特別法の住民投票を除き）直接民主制の要素は見当たりません。

2　地方自治特別法

■憲法95条が定める地方自治特別法の住民投票は、同79条２項の最高裁判所裁判官国民審査、そして同96条の憲法改正国民投票と並ぶ、憲法上数少ない直接民主制の要素です。

■憲法95条は、自治体を名指しした法律の押し付けを拒否するための仕組みであり、住民が積極的に自治体のあり方を決める手段とは言い難く、住民自治というより団体自治の手段とみえます。

■しかし実際には、過去に制定された地方自治特別法の多くは、地域振興（戦後の都市復興）のために議員提案されたもので、住民投票でも８～９割の賛成を集めることが少なくありませんでした。

■憲法95条の背景には、国が自治体をねらい撃ちして運営体制に介入することは地方自治保障の危機であるという考え方があり、過去に住民投票を経て制定された諸法律が真に地方自治特別法に該当するものであったかというと、疑問の余地があります。

3　住民意思の取り出し方

■自治体の組織・運営は基本的に法律で定められますが、憲法93条は、法律に基づいて住民直接公選の議会を設置すると明記しています。

■公選の議員が、一住民としての利害関心を超え、その「職責」として公開の場での議論に耐える主張を用意し、対立する主張との妥協ラインを探り、経過を住民に説明して再び選挙の審判を受けるプロセスには、憲法が想定する「住民意思の取り出し方」をみることができます。

■憲法が制度化した住民自治とは、個別の住民の意見を政治に反映させ決定内容を動かすことではなく、選挙と議会審議を通じて「これが住民意思だ」というものを析出させ、自治体の組織と運営をその住民意思により統制することを意味しています。

■①一部事務組合、②広域連合、③財産区はいずれも憲法上の地方公共団体ではないと解されており、①②が議事機関たる住民直接公選議会をもたないこと、また③の議会が必置ではないことは、憲法93条に違反するものではありません。

■長と議員をそれぞれ住民が直接選挙で選ぶ制度は、そうでない制度（例えば議会が長を指名するシティ・マネジャー制）との対比で、二元代表制と呼ばれます。

■複数名を選出する議員選挙（大選挙区制）よりも、長を単独で選出する選挙（小選挙区制）の方が、特定の政策の是非を鋭く問うのに適しており、時にダムや原発の設置・稼働が知事選の争点となっています。

■二元代表制では、議員同士の馴れ合いで議会制が沈滞する事態に対して、長が独自に調達した「住民意思」を貫く態度を取ることで、議会での政策論議が活性化すると期待できます。

4　直接請求・直接参政

■直接請求権は、自治体運営の内容について何かを請求できる（＝意図する内容を実現できる）実体的権利ではなく、自治体運営の手続を作動させる権利です。

■自治体の政治的意思決定ではなく運営実務の一端に住民がアクセスする、という意味での「直接参政」制度としては、直接請求のほかに、住民監査請求と住民訴訟が挙げられます。

■住民監査請求は、住民個人で請求でき、また外国籍住民であっても請求できる点で、直接請求とは異なります。法人たる住民でも請求できると考えられています。

第2節　住民とその集団

1　生き生きとした住民自治の可能性

前節では、住民自治という理念の由来を憲法の中に探り、地方自治法上それが具体的に表れ出たところと照らし合わせながら、住民自治の「標準装備」というべき内容を確認してきました。

あくまで、統治主体としての自治体がどのようにローカル・デモクラシー（身近な民主政）を取り入れているかという、法制度の観察に特化した解説でしたので、住民が地域の課題について車座で話し合い、決定し、実践するような住民自治のイメージからはかけ離れていたかもしれません。そうした、いわば「生き生きとした住民自治」は、憲法上明確に要請されているものではありませんでした。むしろ、議会の存在と矛盾させない配慮が必要で、地方自治法上は控えめな「直接参政」の導入等にとどまっていました。

しかし、**ローカル・オートノミー**（local autonomy：地域の自己決定）として、条例に基づき住民自治の「追加装備」を導入することが許されないとまではいえません。考えてみれば、憲法や法律で一律に制度化すること自体、自己決定の理念にはそぐわないところです[*1]。

＊1　ローカル・オートノミー
地方自治の本旨を住民自治と団体自治とに分解して説明する文脈では、ローカル・オートノミーは団体自治に相当するものとして、国や他自治体からの介入に抵抗する意味での自律として語られます。しかし、介入がない場面でもオートノミーは意味をもちます。組織・運営体制に係る「ホーム・ルール」こそ法律に握られていますが、運営の具体的内容を独自に定めるオートノミーすなわち自治立法は憲法94条で自治体に保障されており（条例制定権）、これが「生き生きとした住民自治」の手段となりえます。

憲法上のローカル・デモクラシーを超えて生き生きとした住民自治を志向するとき、住民自治イメージの中核になるのは、具体的な住民の生活実態であり、利害状況です。ここで、住民とは誰のことなのかが、避けて通れない問題として立ち現れます。旅行で立ち寄る者は住民でないとして、では別荘利用者はどうでしょうか。他自治体から毎日越境移動してくる通勤者・通学者はどうでしょうか。新たに転居してきて地元自治会と対立する者への対応で、自治体が揺れることもあります。反社会的団体の構成員の住民登録を自治体が拒否した事例もありました。

憲法は観念的に「住民」をもち出すのですが、その生活実態や利害状況は一様ではなく、自治体独自に住民自治を制度化しようとすれば、誰のために誰を対象とする仕組みにするのか、必然的に検討することになります。自治体行政は、その時点で住民登録がある「住民」のためだけにあるのでしょうか。これは、政策法務の一大論点です。

2　住民とは誰か

（1）法律上の定義

地方自治法では、そこに「住所を有する者」が住民であるという定義が示されています[*2]。住所とは一般に「**生活の本拠**」を指しますので（民法22条）、法律

＊2　自治法10条1項
市町村の区域内に住所を有する者は、当該市町村及びこれを包括する都道府県の住民とする。

上、住民の意義は相当明確です。生活の本拠が存在しないことや複数存在することを認めるかという問題は残るものの、１ヶ所に定まることを前提にすれば、別荘も勤務先も住所ではなく、通常は寝起きする自宅において住民であると考えられます。単身赴任や長期入院など、場合により生活の本拠がどこか議論になるとしても、**居住実態**と**居住意思**の両面から相対的にいずれかの地点に定まります*3。

しかしながら、住所が１ヶ所であること、つまり誰しも同時に複数市区町村の住民ではありえないということは、憲法上自明とはいえません。確かに、国政選挙や知事選挙の事務を市区町村が担い、住民基本台帳に基づいて選挙人名簿が作成されるのですから、同時に複数の市区町村で投票できてしまう事態は、うまくありません。とはいえそれは選挙の都合であり、１ヶ所でのみ投票する制度にすれば解決します*4。課税・納税の都合も同様です。

地方自治法をはじめとして、現行法制度は住所が１ヶ所であることを前提にしています*5。ただ、**生業や家族のあり方**が時代とともに変わり、地域社会と人々の結び付きも変わらざるをえないのですから、「生活の本拠」という概念も変化するはずです。国民・外国籍者が全国ただ１ヶ所の市区町村で住民登録されていることは、行政実務上「便利」かもしれませんが、その都合に思考を縛られることなく柔軟に考えてみましょう。

（２）自治体は住民からなる団体か

自治体を住民が設立する組合のように捉えるのであれば、住民が誰か悩む必要はありません。日本の自治体を区域内居住者による強制設立（＝加入が義務付けられる）団体であるとみる場合も同様です。マンション管理組合や自治会の設立・加入において誰が構成員となるか問題とならないように、その団体よりも先に存在する個々人について、「区域内に自宅がある」等の要件を満たす場合に資格が認められ、（任意か強制かはともかく）入会の届出等により構成員となります。自治体に当てはめれば、地方自治法10条１項の資格要件を満たす人が転入届や出生届により住民となるイメージです。

しかし、大きな違和感があります。自治体は住民からなる団体でしょうか。地方自治法の目次からは、自治体（＝地方公共団体）とは役所・議会という**公共サービス提供組織**を指し、住民は年会費を払いそのサービスを受ける立場であるという印象を受けます。もちろん、選挙に参与する立場（議員への立候補を含む）は「サービス会員」にとどまらないものですが、だからといって、個人として尊重され自由を保障されるはずの住民を自治体組織の内部に取り込んで理解することには、抵抗があるはずです。

公共サービスの提供に携わる憲法上の立場には、職責が伴います。また同時に、公権力の担い手としてその振舞いはそもそも限定されていなければなりません。反対に、個人（＝私人）には基本的人権があり、出発点において無限定の自由を約束されなければなりません*6。住民が自治体を構成して公共サービスを

＊3　住民登録（住民基本台帳の作成）

届出に基づき住民登録を処理する行政実務では、さしあたり主観的居住意思（転入届・転出届による意思表示）が重視されているといえますが、客観的居住実態がなければ住民登録は職権で消除されます（住基法８条、同法施行令12条１項）。

＊4　ホームレスの住民登録と選挙権

公園にテントを不法に設置し起居する者（ホームレス）について、最高裁は、その場所を生活の本拠と認めず、住民登録を拒否した地元自治体の判断を是認しました（最二小判平20・10・３裁判集民229号１頁）。しかしこの場合、日本国民であるにもかかわらず選挙権をどこでも行使できない事態を招きます。自立支援センター等への移動を促しそこを住所として住民票を作成する、といった運用で対処されているようです（国の通知：総行住114号令和２年６月17日）。

＊5　住民基本台帳法上の「住民」

住基法４条は、同法における住所の意義は自治法10条１項における住所の意義と一致するものであると規定しています。自治法10条１項は住所の意義を述べていないので住基法４条の趣旨は捉えにくいですが、住所は住民を定義する要素であるというわけですから、少なくとも住基法上の住民は自治法上の住民でもある、ということになりそうです。

＊6　国家と個人の間の「配分原理」

参照、カール・シュミット（尾吹善人訳）『憲法理論』（創文社、1972年）159頁。

担うという理解は、地域社会の利益を促進する「お行儀の良い自由」を擁護し、地域社会に貢献すべき住民の責任を論じる上では適当ですが、日本の自治体が法令を執行する公権力主体であることに鑑みれば、人権保障の弱体化をもたらすことが懸念されます。

自治体を区域内に住所を有する者の団体（領域社団ともいいます）として捉える言説はなお少なくないものの、日本では自治体をそのように捉えるべき歴史的経緯に乏しく、また実定法上の根拠も薄いようです[*7]。住民が合同し自治体を設立したのではなく、憲法が自治体という政府機関を設置し、その統治業務管轄として区域と住民が観念されると考えるならば、**誰のために自治体が存在するのか**を探ることによって、住民像を見つめ直すことが肝要です[*8]。

（3）自治体は誰のために

1995年3月の地下鉄サリン事件で無差別大量殺人の挙に出た宗教団体（の後継団体）の信者13名が、2000年末、同一地区の2つのマンションに集団転居した例があります。地元自治体の長は、転入届受理後にそのことに気づき、作成した住民票を**消除処分**にしました。集団居住により危険な宗教団体の拠点ができて地域の安寧秩序が害され、住民の生命までもが危険に晒されると判断したわけです。当時、同様の取扱いが各地の自治体で行われ、信者側による訴訟に発展しています。

上の例では、訴訟で争った信者全員について、住民票消除処分を取り消した上、自治体が各人に慰謝料として30万円ずつ賠償するよう命じる判決が確定しました[*9]。ポイントは、信者が現に居住しているかどうかです。自治体側は、信者がそこに居住していないという確認を取ることなく危険性を理由に消除処分をしたのに対し、裁判所はその判断を違法と評価しました。住民票は居住事実に基づいて調製するものであり、消除しても転出させる効果はないため住民の安全確保にならず、信者の選挙権行使や国民健康保険の利用をただ妨げる処分だというわけです。

住民基本台帳は、その情報を各種の行政実務で活用するために各人1ヶ所で住民登録するものですので、居住を阻止するためにその仕組みを用いることは元々想定されていませんでした。しかし、区域内に従来から居住する「住民」の安全・福祉を追求し、新たに「住民」になろうとする者に規制を加えることは、政策法務として大いに議論すべき話題です。どちらも居住者として住民登録する以上あらゆる場面で同じ「住民」扱いになる、というのは極端な理解であり、却って、「では居住を阻止し住民登録させないようにしよう」という違法な取扱いにも繋がりかねません（居住移転の自由）[*10]。東京都足立区が、無差別大量殺人を行った団体の区内拠点について情報を収集し警戒する条例を制定したことは、議論の参考になります（【図表6－2－1】参照）[*11]。

＊7　「自治体の構成要素としての住民」論

本文では政策法務の観点から問題提起をしていますが、自治法の概説書では、むしろ住民は自治体の「人的構成要素」であると説明されることがしばしばです。しかしながら、その法的な意味合いは明確ではありません。憲法学における「国家法人説」を想起させますが、2000年地方分権改革でも言及された「地方政府」論とは整合しないでしょう。日本の現行地方自治の説明に法学的国家論をもち込む必然性があるのか、議論が待たれます（基本法務編・第1章 憲法「第1節 憲法と地方公務員」が参考になります）。

＊8　全国的施策の対象としての住民／地域自治主体としての住民

全国どこかの市区町村1ヶ所で住民登録されており重複のない住民像は、国が全国的観点から行政サービスをあまねく及ぼし、また納税や投票を全国的に管理する対象としての住民像です。国が法律をつくり自治体がそれを実施する日本の法システムでは時に必要とされるラベリング（整理方法）ですが、自治体が地域的サービスの対象として想定するとともに自治の担い手として期待する住民像が、それと当然に一致するわけではありません。

＊9　世田谷区住民票消除処分取消訴訟

東京高判平14・5・22判時1805号50頁。これに先立ち、最決平13・6・14判例地方自治217号20頁は、転入届を受けた自治体が「地域の秩序が破壊され住民の生命や身体の安全が害される危険性が高度に認められるような特別の事情の存否について審査すること」について否定的に判示しています。

＊10　憲法22条1項

何人も、公共の福祉に反しない限り、居住、移転及び職業選択の自由を有する。

＊11　足立区条例違反に対する過料処分をめぐる裁判

構成員情報の報告義務に違反したとして、足立区が団体を過料5万円に処したが、東京高裁は、団体構成員のプライバシー等が保護されるか不安が残る説明不足の状態で発せられたと認定し、過料処分を違法として取り消した（東京高判平25・10・31判時2217号3頁）。当時の特殊な状況を反映した裁判ですが、地域社会との情報共有という政策手法にも限界があることを示唆しています。

【図表6-2-1】足立区反社会的団体の規制に関する条例（平成22年条例44号）

〈目的〉
反社会的団体の区域内における活動及び反社会的団体の構成員の区への転入等に伴って生じる区民の安全及び周辺住民の日常生活の平穏に対する脅威及び不安を除去する。

〈反社会的団体の義務〉
① 反社会的団体は、区内において活動する際に区民の安全及び周辺住民の日常生活の平穏に対する脅威及び不安を生じさせてはならない。その構成員が当該団体の意向に沿って区内に居住する際も同様。

② 反社会的団体は、区内において活動し、又は居住する構成員の氏名・住所・役職名等を定期的に区長に報告しなければならない。（違反には過料）

③ 反社会的団体は、周辺住民の求めがあった場合には、その活動内容を説明するために説明会を開催しなければならない。

〈区長の権限〉
① 反社会的団体に対し周辺住民との協議に応じるようにあっせんし、命令できる。
② 反社会的団体の建物に立入り調査し、質問し、文書の提出を求めることができる。
③ 反社会的団体が義務に違反した場合は改善措置を勧告し、命令できる。
④ ③の命令に従わない場合は立ち退きを命令できる。
（①～④に従わない場合は過料）

〈周辺住民への支援〉
周辺住民が反社会的団体に対抗する協議会等を組織し活動をしようとする際、区はその活動経費を補助する等、必要な支援措置を講ずる。

また、「よその自治体で住民登録している人にはサービスしなくてよい」という思考停止にも警戒すべきです。夏季のみの別荘利用者を「**住民に準ずる地位にある者**」と位置付けた最高裁判決もあります[＊12]。最高裁は、別荘地の水道基本料金を極端に高く設定する給水条例を地方自治法244条３項違反としました[＊13]。住民登録はなくとも区域内で生活しあるいは仕事をもつ人を自治体の政策形成に巻き込んでいく方向性が、自治基本条例などで示されるようになってきています（【図表6－2－2】参照）。

＊12　高根町別荘水道料金事件
最二小判平18・7・14民集60巻6号2369頁。この判決と条例は、北村喜宣先生還暦記念論文集『自治立法権の再発見』（第一法規、2020年）303～305頁に抜粋収録されています。

＊13　自治法244条3項
普通地方公共団体は、住民が公の施設を利用することについて、不当な差別的取扱いをしてはならない。

【図表6-2-2】住民より広い意味で「市民」を定義した例

熊本市自治基本条例2条（下線は引用者が付加）
この条例において使用する用語の意義は、次のとおりとします。
（1）住民　本市の区域内に住所を有する者をいいます。
（2）市民　次のいずれかに該当するものをいいます。
ア　住民
イ　本市の区域内に通勤し、又は通学する者
ウ　本市の区域内で事業を営み、又は活動する個人及び法人その他の団体（以下「事業者、地域団体、市民活動団体等」といいます。）
［3号以下略］
同3条　地方自治の本旨に基づく住民自治の拡充推進と団体自治の確立を目指すための基本理念は、次に掲げるとおりとします。
（1）市民の福祉の増進

（2）主権者である住民の意思を適切に反映した信託に基づく市政
（3）一人ひとりの人権の尊重
（4）情報共有、信頼及び協働による市政・まちづくりの推進
（5）市民の自発的及び積極的な参画による市政・まちづくりの推進
（6）将来にわたる持続可能な社会の実現
（7）国及び県との対等な関係のもとでの自立した市政の推進

＊14　自治法1条の2第1項
地方公共団体は、住民の福祉の増進を図ることを基本として、地域における行政を自主的かつ総合的に実施する役割を広く担うものとする。

地方自治法が示す自治体の役割に照らして考えるとき[＊14]、区域内に生活の本拠を現に有する者の福祉増進を自治体の存在理由として特に意識すべきことは、間違いありません。国籍も所得も問わず、未成年であっても住民です。ただ、法人はどうかというと（自治法の運用上は住民扱いされることがありますが）、人間と同じようには「生活」を観念できないので、説明が必要です。区域内で活動するサークル等の団体も同様です（自治会については後述）。遠方に転居したが出身地に愛着をもつ者、高額の寄附をする者はどうでしょうか。越境通勤通学者のほかにも、自治体の政治を方向付け、あるいは自治の原動力となるべき者がいるようです。

そうした存在をすべて「住民」と呼ぶことは混乱を招きそうですが、「生活の本拠」を柔軟に捉えたときに法人が住民扱いされ、また最高裁判決で別荘利用者が準住民とされたように、法解釈に開かれた部分があります。何より、**自治体が自らの存在理由を自己決定する裁量**が憲法上認められる、というべきでしょう（ローカル・オートノミー）。政策法務では、そうした裁量の限界が問題になります（【図表6－2－3】参照）。

ところで、将来世代の福祉は自治体においても当然考慮すべき事柄ではありますが、将来住民の福祉はどうでしょうか。都市部でのワンルームマンション建築規制や、子育て世代の転入を促進する政策のように、居住形態や居住者の属性に注目した（広い意味での）規制が行われています。住民自治の名の下に不合理な排除と差別が助長されることがないよう、注意が必要です。

【図表6－2－3】地元事業者を優遇する政策の是非

村外業者指名回避事件（木屋平村：現在は徳島県美馬市）
公共工事の指名競争入札で、区域外に事務所を構える事業者を指名から外すことがあります。それは正当でしょうか。各種の補助金や行政サービスが住民を対象とするように、地元事業者という「住民」に仕事を割り振ることは、自治体の存在理由からして当然のことでしょうか。

村外業者であるという理由で指名回避された事業者

（村を相手取って損害賠償請求）

高松高判平17・8・5判自280号12頁（請求棄却）

村内業者では対応できない工事についてのみ村外業者を指名し、それ以外は村内業者のみを指名していたが、木屋平村が山間へき地に在って過疎の程度が著しい上、村の経済にとって公共事業の比重が非常に大きく、台風等の災害復旧作業には村民と建設業者の協力が重要であることからすると、上記のような運用は合理性を有していたものと認められる。（要旨）

（最高裁に上告）

最一小判平18・10・26判時1422号5頁（破棄差戻し）

　確かに、地方公共団体が、指名競争入札に参加させようとする者を指名するに当たり、①工事現場等への距離が近く現場に関する知識等を有していることから契約の確実な履行が期待できることや、②地元の経済の活性化にも寄与することなどを考慮し、地元企業を優先する指名を行うことについては、その合理性を肯定することができるものの、①又は②の観点からは村内業者と同様の条件を満たす村外業者もあり得るのであり、価格の有利性確保（競争性の低下防止）の観点を考慮すれば、考慮すべき他の諸事情にかかわらず、およそ村内業者では対応できない工事以外の工事は村内業者のみを指名するという運用について、常に合理性があり裁量権の範囲内であるということはできない。

　この事案の原告は、村外とはいえ近隣の事業者であり、少し前まで村内業者として村の公共工事を支障なくこなしてきた実績がありました。またそもそも村内・村外の判定基準が曖昧であったことも最高裁で問題視されています。
　ただ、差戻し後の高松高裁は、最高裁が指摘するような違法を村側が予見することは困難だったとし、村側の過失を否定して損害賠償請求を退けました。その際、高松高裁は、最高裁判決では反対意見が示され判断が割れていた（3対2）ことを指摘しています。

上記最高裁判決の横尾和子裁判官反対意見

　……地元企業であることを必須の要件とすることも、そうすることが総体としての当該地域の住民（納税により公共工事の費用を負担する者、公共工事の経済効果により利益を受ける者など）の利益を損なうことのない限り、合理的な裁量の範囲内にあるというべきであり……［指名回避は違法ではない］。
　原審の認定する木屋平村の事情は、山間へき地の超過疎の村であり台風等の自然災害の被害に悩まされているところ、村の経済にとって公共事業の比重が非常に大きく、また台風等の災害復旧作業には村民と建設業者との協力が重要であるというのであるから、村内業者では対応できない工事を除き、指名競争入札の参加者の指名を村内業者に限定しても、少なくとも村民の利益を損なうものではなく、したがって、村内業者ではないことを理由として指名をしなかったことは裁量権の逸脱濫用に当たるものではない。

　横尾裁判官は「総体としての住民の利益」を勘案して指名回避を適法と評価しましたが、当てはめでは山間へき地の特殊事情を重視しているようです。

3　地縁団体・地域自治組織

（1）地縁団体（自治会・町内会）

　法律上の住民概念は基本的に個人を基礎としていますが、現実の自治体行政、あるいは地域社会の活動において、自治会・町内会等の団体が住民の存在を表象することがあります（住民の意見を聴く際に、個々の住民ではなく自治会の意見を聴く等）。そうした住民団体を一般的に取り扱う法律は見当たらないものの、地方自治法には「**地縁による団体**」という語が登場し、これが自治会・町内会に相当します[*15]。ここでは地縁団体と呼んでおきます[*16]。

　ただ、地方自治法は、地方公共団体すなわち「地方政府」（役所と議会）の組織と運営の大綱を定める法律であって（1条）、住民から成る団体についてはほと

＊15　「地縁による団体」の定義
町又は字の区域その他市町村内の一定の区域に住所を有する者の地縁に基づいて形成された団体（自治法260条の2第1項）

＊16　地縁団体／行政区
地方の小規模町村では地理的な区域を分けて「行政区」と呼びならわし、自治体が委嘱する「区長」が広報の配達や住民による清掃活動の取りまとめなどに従事しています。この意味での行政区は、小学校単位の「校区」と同様、地理的区分であって住民が加入する団体ではありませんが、住民が地域公益活動に携わる枠組みとして機能しています。

んど触れるところがありません。同法260条の2は、地縁による団体が「地域的な共同活動のための不動産又は不動産に関する権利等を保有するため」に市区町村長の認可を受ける際の要件と手続を定める、特殊な条文です（認可地縁団体）*17。認可外の地縁団体について一般的に規定した法律は存在せず*18、趣味のサークル等と同じく任意加入の団体（結社）として整理されます*19。

任意加入であるとはいえ、地縁団体は、ごみステーションの設置・管理のように生活の利便を大きく左右する活動を担っていることがあり、地域によっては、加入せずには暮らしていけない実情もあるようです。家庭ごみの収集運搬は市区町村の役割なのですが（廃棄物の処理及び清掃に関する法律6条の2第1項）、**地縁団体と自治体の協働**によって運営され、結果として地縁団体の公共的性格が強まるといえるでしょう。そのような場合に、地縁団体が特定住民の加入を拒んだり、本来任意であるはずの寄附金を会費に含めて徴収したりすることは、自治体が転入を拒否したり寄附を強制したりするのと同様に、違法性を問われることになります*20。

ところで、地方自治法157条は、自治体の長が地縁団体を**指揮監督**できると規定しているようにも読めます*21。その沿革は大日本帝国憲法の下での市制・町村制に遡り、昭和18年、国から府県・市町村を経て町内会等に至る命令系統を明らかにし戦時の挙国一致体制を布く目的で導入された規定であったようです*22。

日本国憲法下では結社の自由（憲法21条1項）を尊重した法律解釈が求められるため*23、いかに公共的な活動目的を有するといっても、自発的に結成・運営される地縁団体に対して地方自治法157条のように対象も程度も包括的な規定で規制を加えることは許されません。行政指導の根拠となるにとどまるとみるべきでしょう。

ただし、先に述べたように、自治体と協働して法律の執行に従事する場面では、地縁団体が地方自治法157条に基づき自治体の長による指揮監督に服することもありうると考えられます*24。自治体という統治機構に接近するほどに、結社の自由をはじめとする私的な自由を放棄させられるのです（配分原理）。

（2）地域自治組織

地域の公共的課題に取り組む組織は、自治体に限定されず、また住民が出資して設立する株式会社のように営利組織の形態をとることもあります。自治会・町内会も任意結社としての性格が強く、地域の運営には政府以外の様々な私的主体が携わっています（地域運営組織とも呼ばれます）*25。

ただ、公共的な活動の成果は広く共有されるので、組織の運営コストを誰がどのように負担するかは悩ましい問題です。自治体が補助金等で支援するとしても、公金ゆえの制限があります。そこで、法律や条例に基づきコントロールされた地域自治組織のあり方が模索されており、現行の地方自治法では、市区町村が条例で「**地域自治区**」を設置することが可能となっています（202条の4以下）。

＊17　「権利能力なき社団」としての自治会
自治法等の認可を受けていない、人々の集合体（結社・社団）そのものとしての自治会は、法的には権利や義務の帰属主体となりません。自治会の代表者ではなく自治会自体が財産を所有するには、法律の定める要件を満たして認可を受ける必要があります。なお、分譲マンションの管理組合は、区分所有法上の要件を満たし登記すると法人格を得ます。

＊18　認可地縁団体
自治法260条の3～260条の40は、認可地縁団体の組織と運営について一般的に規定しています。自治法でそのような規定をもつということには、あたかも地縁団体が（認可により）自治体の一部に組み入れられるかの印象も受けますが、認可の意味合いはあくまで法人格の認定にとどまり、認可地縁団体が政府外部の任意団体であることに変わりはありません。

＊19　地縁団体に関係する法律・法人化
自治会の組織と運営を一般的に規定するものではありませんが、住生活基本法には地縁団体の活動を住生活基本計画に位置付ける規定があります（18条2項）。分譲マンションの管理組合に関する区分所有法が一般的規定から離れてマンション自治会をもつことも可能です。
自治会の法人化は、自治法262条の2に基づき認可地縁団体となることのほかに、特定非営利活動促進法に基づき、まちづくりや災害救助、地域安全活動等を目的とするＮＰＯ法人となることも考えられます。地縁や特定目的にとらわれずに一般社団法人とすることも可能ですし、株式会社化もありえますが、認可地縁団体とＮＰＯ法人は税制上優遇されています。

＊20　共同募金等を自治会費に含めて徴収することの違法性
自治体が地域生活に密着しており加入が事実上強制されるような状況では、募金等の本来任意の支出を自治会費に含めて徴収することは違法であるとした判決があります（大阪高判平19・8・24）。

＊21　自治法157条1項
普通地方公共団体の長は、当該普通地方公共団体の区域内の公共的団体等の活動の綜合調整を図るため、これを指揮監督することができる。

地域自治区は、住民により構成される「**地域協議会**」の意見を当該地域における市区町村の事務処理に反映させる仕組みです。条例で定められる地域区分に従い、地域自治区の事務所がおかれ、予算も措置されます。この制度は、団体自治の改革であったと評される第1次地方分権改革（2000年）に続き、基礎自治体の住民自治の拡充を図る改革の一環として、2004年の法改正で盛り込まれました。

ところで、2004年はいわゆる「平成の大合併」の真っ只中であり、地域自治区には合併前の旧市町村を引き継ぐ受け皿としての役割も期待されていたと考えられます（地域自治区の合併特例）。結局、合併の動きが落ち着く中で地域自治区は廃止されていき、2021年4月時点で地域自治区を設けているのは18市町（うち5市町は合併特例）にすぎません。

地域自治区の構想は、生き生きとした住民自治を志向するものであったようですが[*26]、役所組織の中に地域ごとの出先事務所を設けるかのような保守的な制度設計であり（市町村合併を後押しする思惑もあったかもしれません）、住民が自立的に地域公共課題に取り組む機運と連動しにくい部分もあります。

＊22　「戦時体制下の残滓」の受け止め方

参照、地方自治総合研究所監修（今村都南雄＝辻山幸宣編著）『逐条研究 地方自治法III』（敬文堂、2004年）388～398頁。

＊23　「結社の自由」の意義

参照、阪本昌成『憲法2 基本権クラシック〔第4版〕』（有信堂高文社、2011年）脇番号［110］－［114］。

＊24　権限に伴う責任

指揮監督権限が認められるなら、それは適時・適切に行使されなければなりません。例えば、自治会と対立してごみステーションを利用できない住民が出たときに、自治体としては、それを民間における紛争とみて距離をおくことなく、積極的に介入して公衆衛生の維持と住民福祉の増進を図るべきです。

＊25　地域運営組織／地域自治組織

この項目に関しては総務省の研究会報告書が参考になります。『地域自治組織のあり方に関する研究会報告書』（平成29年7月）。

＊26　第27次地方制度調査会答申（2003年）の説く住民自治

「地域における住民サービスを担うのは行政のみではないということが重要な視点であり、住民や、重要なパートナーとしてのコミュニティ組織、ＮＰＯその他民間セクターとも協働し、相互に連携して新しい公共空間を形成していくことを目指すべきである。」（この答申が2004年自治法改正を方向付けました）。

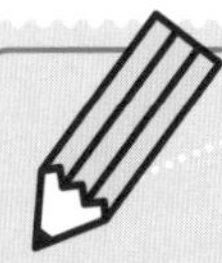

学習のポイント

1　生き生きとした住民自治の可能性

■憲法上のローカル・デモクラシーを超えて生き生きとした住民自治を志向するとき、そこで想定する住民とは誰のことなのかが問題になります。

■他自治体から毎日越境移動してくる通勤者・通学者を住民自治の主体や目的から外すかどうかは、政策法務の一大論点です。

2　住民とは誰か

■法律上の定義では、ある自治体の住民であるということは、その自治体の区域内に住所（生活の本拠）を有することを意味します。

■住所は、居住実態と居住意思の両面から１ヶ所に絞られるものとして法律上取り扱われています。

■自治体は、個々の住民が合同して設立したのではなく、政府機関として憲法で設置されたのだとすれば、誰のために自治体が存在するのかを探り住民像を見つめ直すことが肝要になります。

■「よその自治体で住民登録している人にはサービスしなくてよい」という思考停止に注意しましょう。夏季のみの別荘利用者を「住民に準ずる地位にある者」と位置付けた最高裁判決もあります。

■住民登録はなくとも区域内で生活しあるいは仕事をもつ人を自治体の政策形成に巻き込んでいく方向性が、自治基本条例などで示されるようになってきています。

3　地縁団体・地域自治組織

■住民団体を一般的に取り扱う法律は見当たりませんが、地方自治法260条の２には「地縁による団体」という語が登場し、これが自治会・町内会に相当します。

■地縁団体は、法的には加入自由な結社ですが、地域生活上、加入しないとごみ出し等で大きな不便がある場合に、特定住民の加入を拒んだり、本来任意であるはずの寄附金（募金）を会費に含めて徴収したりすることは、違法とされる可能性があります。

■地域自治区制度は、市区町村の区域を条例で分割し、区域住民からなる地域協議会の意見を当該区域における自治体の事務処理に反映させる仕組みとして、2004年の地方自治法改正で導入されました。

第3節　市民参加・市民協働

1　市民参加・市民協働とは何か

(1) 住民自治との関連性

憲法が「地方自治の本旨」に基づき住民自治を促進するとき、そこにはローカル・デモクラシー（身近な民主政）を実現する、という意義がありました。つまり、地方議会を通じて住民の意思が自治体行政に反映されていく地域単位の民主政を基本として、長・議員の選挙等により個々の住民が自治体の政治に刺激を与え、全国単位の民主政では成立しにくい政策を可能にする体制の導入です。

そのような意味での住民自治からは、住民が地方議会の外で自治体の政治的方針を定める投票活動（住民投票）や、住民が関係「市民」を巻き込んで政策について討議し自治体との対話の中で妥協点を探る活動（市民参加・市民参画）は、要請されません。住民・市民が自治体と協力して街の美化や子どもの見守りに従事する一種の連携活動（市民協働）も、憲法上の住民自治とは別物です。

しかし、個々人や団体が地域の政治と行政にアクティヴにかかわり合いをもつ体制の導入が禁じられるものではなく、むしろ、地方自治のあり方として理想的だとする議論もあります（grassroots democracy：**草の根民主主義**）。憲法はローカル・オートノミー（地域の自己決定）のために自治体に条例制定権を与えており、条例で住民投票や市民参加、市民協働を導入することは、大いに想定されるところです。

(2) 市民参加

〈1〉参加の場面と主体

住民自治の仕組みの外で、市井の個々人や団体が自治体運営に関与することを、ここでは「市民参加」と定義して話を進めます＊1。誰が参加するのかを考えたときに、かつて一般的であった「住民参加」という用語では住民限定と受け取られかねないので、区域外からの通勤通学者や地域で活動する事業者・ＮＰＯ等も含みうる意味で「市民」参加と表現します。

＊1　市民参加／市民参画
ある政策の実施段階のみならずその計画段階や意思決定段階に市民が関与することを市民「参画」と表記することがあります。本章では「参加」と「参画」を区別せずに「参加」と表記しています。

参加者を住民に限定するかどうかは、制度設計次第です。以下、代表的な参加の場面と主体を整理します。参加市民が、かなり抽象的で広い意味での利害関係者として想定される場合と、具体的で直接の利害関係者として想定される場合とがあることに、注目してください。

①　**住民投票**：市民参加の代表的な手法のひとつであり、過去の事例では住民限定で行われています。投票を実施するとなると、名簿を備え整理券を配布するといった事務処理の都合は無視できませんし、投票資格の範囲設

定自体が深刻な争点となりかねず、「市民」投票とすることは現実的ではなさそうです。なお、地方自治特別法の場合を含め、法定の住民投票はここでは取り上げません[*2]。

② **パブリックコメント**：政策案に対しパブリック（public：一般公衆）から寄せられたコメントを吟味する手続で、意見公募手続とも呼ばれます。これも代表的な参加手法ですが、参加主体を住民に限定しないことが少なくありません。政策案を改善するアイディアを募る手続ですから、本来、住民に限定する理由は見当たりません（それでも意見件数は少ないようです）。

③ **各種審議会・協議会・検討会議等**：設置趣旨によるところですが、そのメンバーは、自治会・町内会・ＰＴＡ等の代表者を集めれば結果的に住民となりますし、事業者や直接の利害関係者を集めれば非住民も含まれえます。公募で意欲や能力の高い人を求めるなら、住民に限定しない方が合理的といえそうです[*3]。市民によって構成される消費者団体や環境保護団体のように、市民と専門家の立場を併せもつ主体も参加しています。

④ **個別事務に係る利害関係者の同意等**：許認可の申請者に対し利害関係者の同意を得るよう求めること、あるいは説明会の実施など意見提出機会を設けるよう求めることも、自治体の個別事務運営における典型的な市民参加の端緒です。施設立地の周辺住民が参加するほか、商店や福祉施設、診療所などの事業者が利害関係において参加することもあります。

⑤ **個別事務に係る市民提案等**：2014年の行手法改正で「処分等の求め」の規定が設けられ、各自治体でも行政手続条例改正で同様の制度が導入されました[*4]。誰であれ自治体に対し行政処分や行政指導の実施を促すことができる（自治体は調査と対応を義務付けられる）仕組みですので、市民参加の強力な手段となりそうです。こうした分野横断的な手続のほかに、住民主体のまちづくりを可能とする地区計画提案制度（都市計画法）や、市民による地区防災計画提案制度（災害対策基本法）など、個別政策上の市民参加が法定されています。

〈2〉参加の程度（自治体運営に対する拘束力）

参加の対象は自治体運営であるとして、参加の程度、つまり参加した市民の意見が自治体運営に与える影響の強さは、どのように設計されるべきでしょうか。

① **住民投票結果の拘束力**：住民投票の結果に長が拘束される条例制度にすることは許されない、という見解もあります。しかし一概にはいえないところであり、各種法律で長に与えられた権限と裁量を縛るのではなく、例えば自治体独自の政策を形成しあるいは実施する過程に拘束的住民投票を導入することは、条例制定裁量の問題であると考えるべきです。ただ、アンケート程度の意味合いを期待するのであれば別論ですし、制度設計にもよりますので、住民投票条例の項目で追記します。

＊2　大阪都構想の住民投票（2015年、2020年）
大阪市に代えて新たに特別区を設置することの賛否を問うもので、法律に基づき実施されました。既存自治体の運営に参加するという市民参加の枠組みを超えるものであり、本章では取り上げません。市町村合併の際の住民投票についても、（合併特例法に基づくものか否かを問わず）説明を割愛しています。

＊3　市民委員の公募
公募は透明性が高い方式ですが、市民が委員を選ぶ手続ではなく民主的という評価にはなじみません。また、最終的な選考過程が不透明では公募の意義も減殺されます。公募で能力の高い候補者が集まるとは限らず、附属機関である審議会の場合、非常勤とはいえ（特別職）公務員の選考ですから、参加意欲を殊更重視することには疑問もあります。候補者選びの段階で事務局のバイアスがかかることを避ける目的であれば、選考基準の明示など透明化を徹底すべきです。公募ではなく、裁判員制度のように無作為抽出の候補者名簿をつくり就任を順に打診する方式（その際に就任意欲を点数化する等）も考えられます。

＊4　行手法36条の3
何人も、法令に違反する事実がある場合において、その是正のためにされるべき処分又は行政指導（その根拠となる規定が法律に置かれているものに限る。）がされていないと思料するときは、当該処分をする権限を有する行政庁又は当該行政指導をする権限を有する行政機関に対し、その旨を申し出て、当該処分又は行政指導をすることを求めることができる。

② **パブリックコメントの拘束力**：パブリックコメントについては、すでに行手法第6章で一般的な方式と効果が定められており（＝国の実施する意見公募手続）、自治体もその趣旨に則り制度を定めるよう努めることとされています。元来、自治体が提示した原案への賛否の票数を比較する目的の手続ではなく、どちらかといえば批判を受け付ける手続であり、賛成意見が寄せられることは期待できません。寄せられた意見の内容に自治体運営が拘束されることはありません。批判的意見を十分に考慮し、その結果と理由を公式に提示すること、また批判が可能なだけの関係資料を予め提示することが、この市民参加制度が自治体運営に及ぼす（手続的）拘束力の内容です。

③ **諮問機関による答申の拘束力**：各種審議会・協議会・検討会議等は、通常「諮問機関」として位置付けられます。自治体の長がこうした会議等に審議案件を諮問し、会議等が審議し答申します。答申には法的拘束力はなく、こうした諮問と答申の手続が法律や条例で定められている場合にも、自治体運営に対する市民参加の影響は、その手続を実施しなければならないという程度にとどまります。パブリックコメント制度が、批判を受けて原案を修正しない場合にその理由を提示しなければならないのに比べると、答申の通用力は担保が弱いようにもみえますが、そもそも長自ら任命した諮問機関の答申を尊重しないとなれば政治的打撃は避けられず、諮問機関のメンバーも辞職により対抗することが考えられます。

④ **利害関係者不同意の拘束力**：施設設置について周辺住民の同意が得られていないことを理由に、設置に係る許認可を拒否することは可能でしょうか。同意要求手続が法令上で明記されている場合と、そうでなく処分庁の裁量により（要綱等の内規で）導入されている場合とが考えられますが、いずれにせよ、周辺住民が何を理由に態度決定するかはコントロールできませんので、「全員同意」のような高いハードルを設けることは適当ではありません。1人でも不同意だからといって許認可を拒否することは自治体の判断責任放棄です。しかしながら、地域で生活する住民こそが環境変化に最も敏感な利害関係者であり、生活環境への影響の許容度合いを同意不同意に反映させる傾向にあるとは考えられますので、ある程度の割合で住民同意が集まることを許認可の要件とすることは合理的です（生活環境利益を考慮すべき許認可であることが前提ですが）。したがって、例えば、同意が半数に満たないことをもって許認可を拒否すべきことを条例で定めれば、それは法的拘束力をもちえますし、条例ではなく要綱等の内規で定めた場合にも、それと異なる扱いをするには筋の通った説明が必要になるという意味で、一応の拘束力が認められます。

（3）市民協働

〈1〉市民協働のイメージ

市民参加は、自治体運営の過程が部分的に市民による討議や意見提出手続と接続するイメージであり、自治体のコントロール下で追加的・補充的に機能することが予定されます。あくまで自治体運営を対象とする参加ですから、自治体の長がその責任において統括すべきことはもちろん、民主的であるからといって法治主義と適正手続法理を乗り越えることはできません。

市民協働は、市民が自治体運営に組み込まれて活動するイメージではなく、自治体と対等に協力する**パートナーシップ関係**において自治体の任務に係る地域的公益活動に従事することを指します。自治体と市民が組織的に連携する事業のみならず、市民同士が協力して行う公益活動を自治体が側面支援する態様も含まれます。自治体の任務に係る地域的公益の維持・増進を、自治体組織の外部にある市民が、自治体と対等の立場で協調しながら担う（**collaboration：協働**）ことに、市民協働の根幹的意味合いがあります[*5]。

＊5　市民間協働
市民と自治体との協働ではなく、市民同士が協力して地域的公益を維持・増進する活動も市民協働に含めて論じられることがあります。本書では混乱を避けるため、市民同士による活動が自治体行政と目的において協調し、自治体が（補助金等で）それを支援する場合のように、市民と自治体の間の協働に絞って市民協働の語を用います。

〈2〉活動目的における協調

例えば、生鮮食品を販売する事業者は人々の日常生活において欠かせない存在ですが、その事業活動は地域的公益の維持・増進を目指しているわけではなく、自治体と協力して販売事業が展開されるとしても、市民協働には数えられません。自治会による歩道の草刈りや清掃活動、有志による小学校通学見守り活動など、本来的に自治体の役割とされるところを直接の目的とするところに、市民協働の「契機」が生じます。

自治体としては、市民が活動するからといって当然に自らの任務を免れるわけではないので、市民活動の様子に触れ、支援のあり方を考えることになります。目的が重なるとしても一致するとは限りませんから、まずは目的レベルで協調できるよう対話する必要があります。例えば、地域の高齢者と児童のふれあいを重視する町内会と、通り魔や暴走自動車の危険から児童を保護することに重きをおく自治体との間で、**目的レベルの協調**（harmonization）が図られます。その結果、自治体が見守り役の制服を支給したり安全講習会を実施したりという、有効な支援活動が促進されます。

もちろん、そのような協調は市民側の自発的・主体的な活動を尊重する形で行われるべきであり、自治体の役割から外れる部分を「矯正」することなく、重なり合う部分をお互いに認識し、合理的に分担する対等なパートナーシップ関係の構築が目指されます。

ただし、市民側が自治会等の形で組織されているとは限りませんし、自発的に公益活動に取り組むとも限りません。市民の公益活動をこれから発揚するという段階では、自治体が目的を設定し、何らかの協働活動内容を提示しながら呼びかけることは、妨げられません[*6]。

＊6　なぜ市民協働を導入するのか
すでに市民が自発的に地域公益活動に従事しているならともかく、そうでない場面で市民協働を推進するならば、その理由が問題になります。業者に委託すれば大きな費用が掛かるところを市民協働により安く済ませることも、理由のひとつとなるでしょう。理論的には、地域公益活動の負担は自治体のみでなく地域の生活者が分任すべきものだとも説かれています（新しい公共）。この考えは自治法10条2項とも整合しそうですが、個人を尊重し基本的人権（協働しない自由）を保障する憲法と調和するか、また自治体の行政責任を縮小させる口実とならないか、慎重に考慮する必要があります。

〈3〉活動内容における協働の手法

地域公益活動のバリエーションは、防災、防犯、公衆衛生といった古典的な行政目的から、環境保全、文化財保護、観光振興、雇用確保、消費者保護、子育て支援など現代的な行政目的まで非常に幅広く、自治体によっても状況が異なります。ここでは活動内容そのものには深入りせず、参考までに、特定非営利活動法人法（ＮＰＯ法）がＮＰＯの活動目的として列記するところを掲げておきます。（【図表６－３－１】参照）

【図表６－３－１】ＮＰＯの活動内容（ＮＰＯ法別表を参考に作成）

保健、医療又は福祉の増進を図る活動	人権の擁護又は平和の推進を図る活動
社会教育の推進を図る活動	国際協力の活動
まちづくりの推進を図る活動	男女共同参画社会の形成の促進を図る活動
観光の振興を図る活動	子どもの健全育成を図る活動
農山漁村又は中山間地域の振興を図る活動	情報化社会の発展を図る活動
学術、文化、芸術又はスポーツの振興を図る活動	科学技術の振興を図る活動
環境の保全を図る活動	経済活動の活性化を図る活動
災害救援活動	職業能力の開発又は雇用機会の拡充を支援する活動
地域安全活動	消費者の保護を図る活動

そうした地域公益活動が市民により実施される際に、自治体としてどのように協働を進めることになるのでしょうか。大和市新しい公共を創造する市民活動推進条例（2002年制定）では*7、おおむね次の①～③の手法が協働の一般的メニューとなっており、参考になります。

① **活動拠点の設置に関する協働**：市民等・事業者・市がそれぞれの役割分担に応じて「協働の拠点」を設置し、それが機能するように、市が社会資源（＝情報、人材、場所、資金、知恵、技等の市民活動を推進するために必要な資源）を提供すること。

② **自主的市民活動に関する協働**：市民等・事業者が自主的に実施する地域公益活動に対し、市も含めた三者がそれぞれの役割分担に応じて社会資源を提供すること。

③ **協働事業に関する協定と提案**：市民等・事業者・市が協働事業を実施するための協定を締結すること。また市民等が市長に対し協働事業を提案すること。

①と②では、市民による活動に対し市が資源を給付して支援することが想定されますが、例えば補助金の給付では、**活動内容を監督し指導する立場**を自治体が引き受けることになる点に、注意が必要です。程度の差こそあれ、職員の人的支援や公の施設を提供するにおいても同様です。あくまで市民側と対等なパートナーシップに基づいて協働が進められるべきで、資金提供を理由に活動内容に深く介入すること（業務委託のようなかかわり合い）は避けなければなりません。また同時に、パートナーシップを理由として監督・指導を放棄することも許されません。パートナーシップの内容を協定等の形で

＊７　市民参加と市民協働の関係性
この大和市条例は、「新しい公共」の創造を標榜し市民協働の基本枠組みを設定すると同時に、市の役割として、「市の施策や計画等の策定に当たり、早い段階からの市民参加を促進する。」とも定めています。自治体運営への市民参加がある種の民主主義として推進されるとすれば、市民協働とは無関係な規定ともみえますが、市民参加をも「新しい公共」の実現手段とする趣旨だと読むこともできそうです。新しい公共については＊６を参照。

予め明確にするとともに、市民の活動が第三者に損害を与えた場合に備えた保険への加入など、適正な運営の要素も一般的に定めておくことが有効です。この点は制度化の課題として後述します。

業務委託による協働基盤の強化：ところで、協働の相手方となる市民に対し自治体が業務の一部を（継続的に）委託することも、協働を推進する手法として注目されます。委託自体は、（契約時点では対等な関係であっても）市民を自治体の手足として用い自治体運営に組み込む手法ですので、むしろ市民参加の性格が強く、自治体によりコントロールされた活動になりますが、組織・財政面が弱い市民の団体に法人格と経営基盤を備えさせることで、継続的な地域公益活動を促進することが期待できます。ただし、自治体の行う委託契約は競争入札が原則であり（自治法234条）、協働相手の育成が目的に含まれるとしても、「**最少の経費で最大の効果**」（自治法２条14項）を意識する必要があります。

2　市民「参加」の制度化

（1）なぜ条例にするのか

憲法は市民参加の導入を必ずしも要求するものではありませんが、いくつかの仕組みは地方自治法で制度化されており、それらは議会を中心とした憲法上の住民自治を補完しています（本章１節４を参照）。

憲法上の住民自治を超えて市民参加を推進することは、各自治体の自己決定として十分ありうるところですが、運営体制に係る重要な自己決定は議事機関たる議会の審議を経て条例制定（自治立法）の形で行われるべきものです。

さらにいえば、案件を限定しない一般的で常設的な市民参加の導入にせよ、個別案件に限っての市民参加の導入にせよ、民主的合意形成を市民参加制度に担わせることは、条例で慎重に根拠付けられなければなりません。例えば、自治体の長が打ち出したある政策について議会の協力が得られない状況において、長が独自に市民会議を創設して第２議会のように機能させ民主的合意を演出するとしたら、どうでしょうか。これは単に自治体運営の混乱を招くだけでなく、憲法が議会に与えた役割を簒奪し憲法と地方自治法が仕組んだ統治の正統化構造を廃れさせるおそれがあります。住民投票でも同様です。

裏返せば、パブリックコメントのように民主的正統性の調達を目的としない市民参加であれば、条例によらず要綱等の内規で制度化することも許容されるでしょうか。ただ、パブリックコメント制度の導入が「行政運営における公正の確保と透明性の向上を図るため」の措置（行手法46条を参照）であるとすれば、内規に基づき裁量的に実施したりしなかったりすることは妥当ではありません。やはり、条例に基づく一般的制度として公布・施行し、案件ごとの恣意的な運用を許さない体制を構築すべきです[＊8]。

＊8　パブリックコメント制度の実効性
意見提出が低調な状況では、提出意見により原案を改善することや、反対意見との対話により説明責任を果たすことは望みえません。制度を実効的に機能させるには、意見の数と質を充実させるべきです。ただ、原案どおり政策が実現し問題が生じたときには、振り返ってパブリックコメント時にどのような資料が提示され説明されていたのか、検証を受けることになります（文書の電子化が進み保存と公開の障壁も大いに低くなっています）。後の検証に耐える説明を提案時点で尽くすこと自体にも、パブリックコメント制度の効果を期待することができ、参加低調といえども軽視すべきではありません。

（２）市民委員の選任基準

条例化を目指すまでもなく、法律で市民参加が導入される例は、とりわけ審議会等の諮問機関の委員構成について散見されます（【図表６－３－２】参照）。条例にせよ法律にせよ、参加する市民を自治体側で選別する形での制度化には、特段の配慮が必要です。平日昼間の開催では年齢層や職業層が偏りがちですが、市民委員に期待する役割を意識した任命と、その役割が発揮できる開催日程にすべきところです。

自治体から業務を受託している企業・ＮＰＯの関係者や、過去に委員経験があり「安定感」のある市民、あるいは役所の退職者で気心の知れた市民を委員に選任することは、通常、市民委員枠を設ける趣旨には合致しないでしょう。行政の実情を知らず専門家の立場でもない市民委員の率直な質問が、審議会等の場で自治体側に十分な説明を尽くさせることに繋がります。御用学者ならぬ「御用市民」の指定席とするような市民委員枠の運用は、厳に慎まれるべきです。制度の運用にまで視野を広げるなら、市民向け説明会にいわゆる「サクラ」を配置することも、同様の問題といえます。

審議会等に市民委員枠を設定する際には、条例でその趣旨を規定しておくことが理想的ですが、一般市民感覚という素質をどう表現すべきかは難問です。元自治体職員や自治体と取引関係にある事業者、また過去数年内に各種委員歴のある者を市民枠から除外する規定を設けることが考えられます。

市民委員のなり手不足を実感する事務局担当者には、このようなアイディアは非現実的と感じられるかもしれません。ただ、何のために市民委員枠を設けるのかを再考し、場合によっては専門家枠や利害関係者（事業者）枠に改編して見かけ上の市民参加制度を廃止することも、あってよいはずです。市民参加制度は自治体の自己決定であり裁量性の高いものですが、市民参加を標榜して民主的な装いを示すことの意味は、深く自覚すべきです＊9。

【図表６－３－２】市民参加が想定される法定審議会・委員の例

審議会・委員の名称	根拠法令
市町村都市計画審議会	都市計画法77条の２ →政令で「住民」委員に言及。
地方版子ども・子育て会議（市区町村）	子ども・子育て支援法77条 →同条２項で「地域の子ども及び子育て家庭の実情を十分に踏まえなければならない」とされ、子育て中の保護者等が委員として想定される。
民生委員	民生委員法５条 →同法６条で市区町村議会議員の選挙権を有する者から選ぶことが前提とされている。
空家等対策協議会	空家等対策の推進に関する特別措置法７条 →同条２項で「地域住民」を構成員とすることを明記。

＊９　図書館協議会への市民参加
図書館法14条に基づき公立図書館に設置される図書館協議会に、市民委員枠が設定されることがあります。同法施行規則12条は「学校教育及び社会教育の関係者、家庭教育の向上に資する活動を行う者並びに学識経験のある者の中から任命することとする。」と専門的識見のある委員を想定していますが、同法16条は、この省令基準を「参酌」して条例で定めることとしており、各自治体の自己決定として市民委員枠を設定することができます。

地域公共交通会議 （地域公共交通協議会）	道路運送法施行規則９条の２ →同規則９条の３で「住民又は旅客」が構成員に含められている。道路運送法９条４項で「住民」との協議に言及。地域公共交通の活性化及び再生に関する法律６条の地域公共交通協議会も、構成員として「地域公共交通の利用者」を想定（同法６条２項３号）。

（３）住民投票条例の制度設計

住民投票を条例で規定するとして、具体的にどのように制度化すべきでしょうか。制定のタイミングから考えるなら、特定の案件について住民投票を実施する機運が高まった段階で提案することが多いでしょうから、まずは当該案件に限って有効な条例を制定することが想定されます。そこには、投票権者と管理運営体制のほか、大まかな投票日と投票の対象と方法（賛否択一か、数案からの選択か等）も具体的に規定されることになるでしょう。すなわち、**臨時型（特定案件型）住民投票条例**です[*10]。

ただ、この際だから他の案件にも適用可能な住民投票条例をつくろうという意見も出るかもしれません。すなわち、**常設型（汎用型）住民投票条例**であり、そのような条例の中身は、市民参加の理念に遡って考えることになります。自治基本条例の制定など、市民参加一般のあり方が議論される中では、常設型が意識されるでしょう[*11]。

常設型の投票対象：案件を具体的に特定せずに常設型の条例を構想する場合にも、何を投票対象とするのかが問題になります。軍事基地・発電所・廃棄物処分場の建設や、庁舎・学校等の施設設置等を定型的に列挙し定めることもできますし、条例では明記せず、住民投票条例の発動手続のみ定めておくこともできます。ただ、どのような発動手続にすべきでしょうか。

常設型の発動要件：制定された常設型住民投票条例を参照しますと、地方自治法上の直接請求制度に倣い、有権者の署名により投票実施を請求できる仕組みが採用されているようです。署名数要件は有権者数の数分の一以上と比較的高く設定される傾向にありますが、数例で投票が実施されています。（【図表６－３－３】）

投票成立要件：しかしながら、投票が実施されても、**投票率５割以上でなければ投票不成立**とし開票しない旨の条例規定が発動することがあります。またこのことを念頭に、住民投票の実施に際して棄権を呼びかける向きもあるようです。圧倒的多数の住民が特定の政治問題に注目し、かつ一方の選択を支持しているにもかかわらず議会が対応しないという、かなり例外的な場面でのみ住民投票が機能する制度設計になっているといえます。このことは臨時型住民投票条例の場合でも同様です。

投票対象からの除外事項：ところで、常設型で投票対象案件を「重要な政策課題」というように一般的包括的に定める場合にも、同時に対象除外事項が列記されることがあります。自治体機関の権限外の事項や、特定の住民に関する事項、

＊10　臨時型住民投票条例の具体例
辺野古米軍基地の建設のための埋立ての賛否を問う県民投票条例（平成30年沖縄県条例第62号）。題名からも投票の対象と選択肢が伝わります。

＊11　常設型住民投票条例の具体例
高浜市住民投票条例（2000年制定、2002年全部改正）が嚆矢と言われます。投票対象を「市政運営上の重要事項」とした上で発動手続を定め、投票方法は「二者択一で賛否を問う形式」に絞られています。

自治体の組織・人事・財務事項、地方税の賦課徴収事項などがあり、解釈次第ではかなり広範に及びます。なぜ除外されるのか、原理に遡った思考が必要です。

住民が投票の形で政治的意思を表明すること、またそのような投票制度を運営することに制約があるとすれば、特定の住民の基本的人権を侵害する内容の投票行為やその呼び掛けが想起されます。税の賦課徴収については、税法・税条例レベルでの民主的ルール化が強く要請されており（租税法律主義）、執行レベルでの住民投票でそれが反故にされる危険性に配慮してのこととも言えそうです＊[12]。

＊12　執行の民主化
デモクラシー論の古典のひとつである、ハンス・ケルゼン「民主主義の本質と価値」は、執行の民主化に警鐘を鳴らします。

投票結果のもつ意味：確かに、権限外の事項では投票結果に従いようがありませんが、無意味として当然に対象から除外すべきでしょうか。また、組織・人事・財務事項については長と議会の間で権力分立があり、長の裁量が法律上尊重されているとはいえ、住民投票を回避すべき理屈は不透明です。投票により何パーセントの現在住民が何をどう判断しているか明らかになり、それを長が権限行使の参考とすることに、通常は何ら問題ありません。

住民が集団的に政治的意思表明をすること自体に意味があると考えれば、低投票率の場合に開票しないというのも不合理です。同様に、投票方法を賛否択一に絞ることにも、法原理上の根拠は見当たりません。案件ごとに、投票結果を反映させやすいように選択肢を工夫することがあってよいはずです。

住民投票制度を使いづらいものとしているいくつかの「足枷」は、その法的拘束力に過大な期待をするあまり設けられたもののようにもみえます。そのような足枷を付けても、法律上の権限の所在や裁量の範囲は変わらず、結局、法律の内容を書き加えたかのような効果や、条例を新たに制定したかのような効果を投票結果に与えることはできません。常設型で一般的に制度化するなら、執行機関や議会の裁量行使に緩やかに働きかける住民意向聴取の手続として、より広い自由度で制度設計することも一案です。

半面で、臨時型（特定案件型）住民投票条例では、投票結果に強力な法的拘束力を与える制度設計も考えられます。もちろん法律には違反できませんが、自治体独自政策の進め方（例えば新庁舎建設や大規模な契約案件の推進）について、法令の規制内容を精査し、議会として住民投票結果に預ける理由とその部分を具体的に特定するならば、投票結果に反する自治体運営が（住民訴訟で）条例違反と評価されることがありうると考えられます。

住民投票条例を常設することが住民自治の推進上望ましいという論調もあるところですが、議会を議事機関とする憲法の趣旨を汲むなら、過去の議会が将来の住民投票結果に一般的包括的に政策判断を委任するような制度設計が妥当とは思われません。少なくとも自治体運営に対する拘束力は、臨時型の制度設計を前提に議論すべきでしょう。

【図表6-3-3】常設型住民投票条例に基づく住民投票の例

常設型住民投票条例（制定年）	発動要件（署名に関して）	開票要件	実施案件（実施年）	投票結果
高浜市住民投票条例（2002年）	有権者総数の1/3以上	投票率5割以上	公民館取り壊しの賛否（2016年）	開票せず
輪島市住民投票条例（2007年）	有権者総数の1/6以上	投票率5割以上	産廃処理施設設置の賛否（2017年）	開票せず
野洲市住民投票条例（2009年）	有権者総数の1/4以上	投票率5割以上	市立病院整備計画の賛否（2017年）	開票せず

※住民署名のみならず長や議員の発議も可能。

3　市民「協働」の制度化

（1）なぜ条例にするのか

市民協働を市民参加と原理的に区別せず、市民と自治体の連携手法として市民参加は古典的で市民協働は発展的、という程度の認識もありうるところで、制度化において参加と協働が同一の条例に盛り込まれることもあります。

市民協働という呼び名やその理念こそ21世紀になって浸透しつつあるものですが、その実践は、自治会・町内会の活動に代表されるようにむしろ市民参加より歴史があり、日本地方自治の原像ともいえるでしょう。それを改めて条例で制度化するのは、ひとつには古くからの協働実践が縮小しつつあることから「梃入れ」の意味合いで、またひとつには、旧態依然の地域共同体のあり方が個人を尊重し基本的人権を保障する憲法とマッチせず、自治体が協働する相手方にも変化が求められているためと考えられます。もちろん、「**新しい公共**」等の主張が理念的な刷新を後押ししていることも背景にあります。

市民協働の推進は（市民参加とは異なり）議会の役割を侵害するとは考えにくく、慣行に則り協働を続ける分には、窮屈な条例化の話を敢えて持ち出すこともなさそうです。しかし、伝統があるからこそ変革にはエネルギーが必要で、現代的な生活スタイルや権利意識に合わせた新しい協働の手続や手法を導入し、また自治体との（時に情実にとらわれた）関係性を規律し透明化するのに、条例化が有効です。

形式的に市民参加と別条例とするかどうかは重要ではありません。こうした条例化の機運は、地方分権の流れに乗って自治体運営の基本方針を全体的に見直す中で高まりをみせ、市民参加とともに**自治基本条例**で規定されることも少なくありません。

（2）市民協働条例の制度設計

パートナーシップの構築：市民協働においては、協働する市民と自治体との間に対等なパートナーシップが結ばれ、維持されていかなければなりません。条例にそのことを明記するとともに、**パートナーシップ協定**の形で予め文書化することを市民協働の基本手続として定めます。また、**協働事業提案制度**のように市民からの発案を尊重する手続を設けることも、検討されるべきです。

前述のように（本節1（3））、パートナーシップ協定に協働目的を記すに際しては、必然的に目的の協調が行われます。お互いの目的が一致する必要はないものの、どの部分で歩み寄り、同じ価値の実現を追求できるのか、重なり合いを探ることになります。続けて市民・自治体間の役割分担と協働内容を明確化しますが、対等な協働においては、とりわけ市民の側が自律的に活動することを重視すべきで、自治体側に監督・指導者のような規制主体の役割を割り振ることは、協定内容としては妥当ではありません。次に述べるように、市民協働条例で**協働市民側のガバナンス**（組織規律）について一般的に定めておくことが、制度化のポイントとなりえます。

協働相手の運営基盤強化：協働も市民社会の法ルールから自由に振る舞えるわけではなく、協働市民が不法行為に加担すれば自治体も責任を問われる可能性があります。市民同士の団体では、法人格もなく組織としての**意思決定と責任の体制**が脆弱で不透明な例も見受けられます。自治体が市民団体の運営に個別介入することはパートナーシップにそぐわないというべきですが、あくまで市民の自主性を重んじつつ、協働のパートナーとして公的な役割を担うにふさわしい運営体制の規律（**差別の排除・運営の透明化**等）を一般的に定め、またそうした体制の導入を支援することは、あって然るべきです。法人化の支援や外部監査のための資金補助等を、市民協働条例で自治体の一般的任務とすることが考えられます。

そもそも協働主体としての市民が現れず、また組織化されにくい状況を想定して、自治体が市民団体の立ち上げを促進する制度を設けることも、検討に値します。活動拠点の提供は、公の施設の運営により常設化する場合、条例で規定しておくことが適切です（自治法244条の2第1項）。自治体が活動資金や情報を提供し、また研修会等を実施することは条例に基づく必要はなく、要綱等の内規で可能です。用具の貸付け・譲与には条例の規律があるはずです（自治法237条2項）。市民協働条例では、公の施設を活動拠点として提供することや用具の貸付け等に便宜を図ることを基本方針として定め、具体的には各施設の設置条例や公有財産の貸付け等に関する条例を参照しつつ、制度を整えることになります。

なお、資金助成は確かに協働を活性化させるかもしれませんが、同時に自治体からの監督を伴います（憲法89条）。組織立ち上げ時の広告や施設・用具の経費等、自立を促進する短期間の措置とすることを敢えて条例に規定し、情実に満ちた地縁団体等との旧弊を打破し特権的ＮＰＯの登場を牽制することも、制度化の視点として意識されます。

（3）自治基本条例

市民協働の制度化が、いわゆる「自治基本条例」において自治体運営のひとつの柱として明記され、方向付けられることがあります。

自治基本条例そのものは、団体自治のための体制を強化し、また法治主義・適正手続という自治体行政の基本法理を徹底する意味合いでも制定されています。しかし、中でも住民自治を運営理念として明確に提示する自治基本条例には、憲法上重要な意味があります。

憲法は、地域の公共的課題には地方政府たる自治体が責任をもって対処することとし、同時にローカル・デモクラシー（身近な民主政）の実現に向けて議会制を採用しました。そこには、地域の行政を地域住民等の民間主体で処理する体制を示唆する規定はありません。

ただ、憲法94条は自治体に条例制定権を与えました。この権能は、自治体のあり方を自己決定する「**自治立法権**」です。憲法94条に基づく地域の自己決定として市民協働を導入することは妨げられませんし、むしろ、そうして国内の統治体制が多様化することは、憲法が目指す権力分立の趣旨に沿うものといえます。

半面で、市民協働は、行政の効率化に資するからと安易に個別制度化されてよいものではないとも考えられそうです。憲法上の地方自治「基本セット」に収まらない構想である以上、自治体の行政責任や議員の職責に支えられた議会の役割とどうバランスを取るのか、自治体運営の憲法（＝基本設計図）とも称される自治基本条例で俯瞰的に整理し方向付けることは、理に適っています。

学習のポイント

1　市民参加・市民協働とは何か

■憲法上に市民参加・市民協働の規定はありませんが、条例制定によりこれらを導入することは、地域の自己決定として大いに想定されます。

■市民参加という際の「市民」とは、自治体区域外からの通勤通学者や地域で活動する事業者・NPO等も含みうる表現であり、広い意味での自治体運営の利害関係者として想定されます。

■市民参加の代表的な手法として、①住民投票、②パブリックコメント、③審議会等への参加、④個別事務における住民同意・手続参加、⑤個別事務に係る市民提案、等が挙げられます。

■市民参加は、自治体運営の過程が部分的に市民による討議や意見提出手続と接続するイメージであり、自治体のコントロール下で追加的・補充的に機能することが予定されます。

■市民協働は、市民が自治体運営に組み込まれて活動するイメージではなく、自治体と対等に協力するパートナーシップ関係において地域的公益活動に従事することを指します。

■市民協働の一般的メニューとしては、①活動拠点の設置に関する協働、②自主的市民活動に関する協働、③協働事業に関する協定と提案、が挙げられます。加えて、協働する市民側の経営基盤が脆弱な段階では、自治体からの業務委託も協働手法のひとつとなりえます。

2　市民「参加」の制度化

■民主的合意形成を市民参加制度に担わせることは、憲法が議会に与えた役割を簒奪し憲法と地方自治法が仕組んだ統治の正統化構造を廃れさせるおそれがあり、条例で慎重に根拠付けられなければなりません。

■自治体から業務を受託している企業・NPOの関係者や、過去に委員経験があり「安定感」のある市民、あるいは役所の退職者で気心の知れた市民を審議会等の委員に選任することは、通常、市民委員枠を設ける趣旨には合致しません。市民委員の率直な質問が、審議会等の場で自治体側に十分な説明を尽くさせることに繋がります。

■住民投票条例には、特定の案件に絞って制度化する臨時型住民投票条例と、対象案件を絞らず一般的に制度化する常設型住民投票条例とがあります。

■住民投票条例には、投票の管理運営体制のほか、投票対象、発議手続、投票の方法等が定められ、投票率5割以上でなければ投票不成立とし開票しない旨の規定がおかれることもあります。

■常設型住民投票条例の投票結果に法律や条例の制定と同等の効力（自治体行政に対する拘束力）を認めることはできません。半面で、執行機関や議会の裁量行使に緩やかに働きかける住民意向聴取の手続として、より広い自由度で制度設計することも一案です。

■臨時型住民投票条例では、条例制定権の範囲で（法律に違反しない限りで）、投票結果に何らかの拘束力を付与することも考えられます。

3　市民「協働」の制度化

■市民協働の実践は、自治会・町内会の活動に代表されるようにむしろ市民参加より歴史があり、日本地方自治の原像ともいえます。

■現代的な生活スタイルや権利意識に合わせた新しい協働の手続や手法を導入し、また自治体との（時に情実にとらわれた）関係性を規律し透明化するのに、条例化が有効です。

■市民協働条例においては、協働する市民と自治体とが対等なパートナーシップを構築すべきことを明記するとともに、パートナーシップ協定の締結や市民からの協働事業提案制度を市民協働の基本手続として定めます。
■あくまで市民の自主性を重んじつつも、協働のパートナーとして公的な役割を担うにふさわしい運営体制の規律（差別の排除・運営の透明化等）を市民協働条例で一般的に定め、自治体がそうした体制の導入を支援することは、あって然るべきです。
■市民協働を導入する場合、自治体の行政責任や議員の職責に支えられた議会の役割とどうバランスを取るのか、自治基本条例で俯瞰的に整理し方向付けることは、理に適っています。

第7章

情報公開と個人情報保護

この章では、自治体における情報管理の視点から、情報公開制度及び個人情報保護制度を取り上げます。自治体が保有する情報を適切に管理するためには、この２つの制度の理解が不可欠といえます。

まず、情報公開制度はすでに30年以上経過をし、自治体の行政運営においても定着したといえます。自治体職員にとっても、情報公開は日常的な事務になったといっても過言ではありません。一方、個人情報保護制度は、プライバシーに基づくもので、個人の権利意識の高まりや情報化社会の進展とともに、その重要性は高まっています。さらに、個人情報保護制度においては、従来のプライバシーの概念にとどまらず、自己の情報をコントロールする権利として、より幅広く理解されるようになっています。

第１節「行政情報の公開」では、情報公開制度の歴史、根拠を理解した上で、情報公開請求権者や対象文書あるいは不開示とすべき情報について学びます。「原則公開」という情報公開制度の趣旨を踏まえて、不開示情報の範囲を的確に理解することが重要です。さらに、多くの自治体でも問題となっている濫用的な情報公開請求への対応について理解を図ります。

第２節「個人情報保護制度」では、プライバシーの概念やその広がりを理解した上で、個人情報保護制度における２つの柱である「個人情報の適正管理」及び「自己情報に対するコントロール」を学びます。従来、各自治体の個人情報保護制度は、各自治体の個人情報保護条例によって規律されていましたが、2023年４月１日からは、国、民間事業者と同様に、個人情報保護法により規律されることになりました。そのため、自治体職員は、個人情報保護法を十分に理解し、適切な対応を行うことが求められています。

第１節　行政情報の公開

１　情報公開制度の歴史

1982年３月に山形県金山町が全国の自治体で初めて情報公開制度について規定した「公文書公開条例」を制定しました。国においては、これよりも遅れて1999年５月14日に、「行政機関の保有する情報の公開に関する法律」（以下「情報公開法」といいます。）が制定されました。さらに2016年には「独立行政法人等の保有する情報の公開に関する法律」が制定されています。

２　情報公開制度の根拠

情報公開制度は、国や自治体が保有する公文書を請求に応じて公開する制度です。情報公開制度の根拠としては、「知る権利」あるいは「アカウンタビリティ」などと説明されることが一般的です。

知る権利とは、国民が自由に情報を受け取り、又は、国家に対し情報の公開を請求する権利とされています。民主主義国家において住民が参政権を有効に行使するために、住民が行政情報に自由にアクセスできることは非常に重要です。一方、アカウンタビリティ（accountability）とは、「説明責任」という意味で使われています。知る権利の保障あるいはアカウンタビリティの確保という考えに基づき、行政情報の開示制度を設けているのです。

住民の権利意識の高まりや、制度の認識が高まったこともあって、住民からの開示請求の件数も増加しています。そのため、この制度の重要性はますます高まっています。一方、情報開示に当たっては、個人のプライバシーにもかかわるものもあり、開示すべきものあるいは開示すべきでないものを適切に判断することも必要です。

３　情報公開請求権の性質

判例、裁判例において、**情報公開請求権**は知る権利に基づくものであるとされていますが、知る権利はそれ自体では抽象的な権利であり、特定の情報ないし文書の開示を請求するためにはこれに具体的権利性を与える実定法上の根拠が必要であると解されています[＊1]。さらに、各自治体においてどのような請求権を認めるかについては、立法政策に委ねられているとされています[＊2]。

したがって、情報公開請求権の具体的な内容は、根拠となる法律や条例により異なります。情報公開制度を運用するに当たっては各自治体の条例に基づき判断

＊１　情報公開制度と自治体の裁量
最三小判平13・12・18民集55巻７号1603頁では、「地方公共団体が公文書の公開に関する条例を制定するに当たり、どのような請求権を認め、その要件や手続をどのようなものとするかは、基本的には当該地方公共団体の立法政策にゆだねられている」としてどのような制度を設けるかは各自治体の裁量であるとしています。

＊２　情報公開請求権の具体的内容
大阪地判平16・９・８裁判所ウェブサイト掲載判例は、「開示請求権の内容や範囲も、当該実定法の目的や趣旨を参考として、当該実定法の文言に即して判断すべきこととなる」として各自治体の情報公開制度の内容は各自治体の条例に基づき判断するとしています。

しなければならないのです。

４　情報公開制度における請求対象と請求手続

情報公開制度については、国の機関については情報公開法が制定され、情報公開制度が運用されています。一方、自治体については各自治体ごとに情報公開条例が制定されています。自治体の情報公開制度の具体的な内容はそれぞれ異なりますが、基本的な制度は次のようなものになっています。

（１）請求権者

情報公開法３条では、開示請求権を「何人」も有すると規定しています。自治体の情報公開条例においては、請求権者を当該自治体の在住、在勤の人とするもの、利害関係を有する者とするものなどがみられましたが、現在はほとんどの自治体が「何人」も公開請求権を有すると規定しています。

（２）実施機関

各自治体の情報公開条例では、情報公開制度の対象機関を「**実施機関**」としており、自治体におかれる機関（知事・市町村長、教育委員会等）がこれに当たるものと規定されています。これに対して自治体の出資法人については、一般的に情報公開条例の対象外とされています。ただし、多くの自治体が出資法人等に対して自治体と同様の情報公開制度を設けることを条例において求めています。

（３）行政文書と公文書

情報公開法では、公開の対象となる**行政文書**について「行政機関の職員が職務上作成し、又は取得した文書、図画及び電磁的記録（電子的方式、磁気的方式その他人の知覚によっては認識することができない方式で作られた記録をいう。以下同じ。）であって、当該行政機関の職員が組織的に用いるものとして、当該行政機関が保有しているものをいう」としています（情報公開法２条２項）。自治体の条例では、対象文書を公文書と規定し、その定義について、情報公開法における行政文書と同様の規定をしています。

組織的に用いている文書であっても、そもそも公開請求を行わなくても閲覧等ができる、あるいは入手することができる文書は情報公開請求制度の対象とする必要がありません。例えば、官報、白書、新聞、市販の書籍等は、書店で購入し又は公共図書館等の施設を利用することなどにより、一般にその内容を容易に知りうるものです。また、自治体の広報用資料等についても、その資料が役所の窓口に備え置かれています。そのため、このような文書については、情報公開制度の対象外とされているのが一般的です。

また、公文書館、博物館、国立大学等において、歴史的・文化的な資料として又は学術研究用の資料としての価値があるために特別に保有されているものもあります。このような文書も、できるだけ一般に公開されるべきですが、そのような貴重な資料の公開については、文書の保存、学術研究への寄与等の観点からそれぞれ定められた公開範囲、手続等の基準に従った利用に委ねるべきであり、一般の情報公開制度の対象とすることは適当ではないと考えられています。そのため、歴史的・文化的な資料又は学術研究用の資料として管理がされている文書なども対象文書から除外されるのが一般的です。

【電子メールの対象行政情報性】
電子メールが情報公開の対象となるかという点については、「組織共用として収受処理がされていない受信メールや起案など内部事務処理手続に基づいて送信されていない送信メールが、サーバーに保存されていても組織共用文書に当たらない」という答申＊3や「添付ファイルの形で受信した他の職員が共用ドライブに入れた組織共用文書になる」とする裁判例＊4などがあります。原則として、当該電子メールが組織共用文書といえるか否かによって、判断されています＊5。

＊３
岡山市情報公開及び個人情報保護審査会平成18年10月27日答申48号

＊４
大阪高判平18・２・14（情報公開・個人情報保護関係答申・判決データベース）

＊５　電子メールの公文書性
大阪高判平29・９・22判時2379号15頁は、「一対一メールそのものが送受信者以外に保有されていないとしても、大阪市長がある職員に対してメールで職務上の指示又は意見表明をし、これを受けた職員がそのメールを転送するのではなく、その内容を敷衍して関係職員にメールで送信する場合、大阪市長からの一対一メールを受けていた上記職員が関係職員からの報告等を受けて大阪市長に一対一メールで報告する場合などもあると考えられ、このような場合においては、大阪市長と職員との間でやり取りされた一対一メールは、これが廃棄されていないとすれば、組織において業務上必要なものとして利用又は保存されている状態にあるものということができる。」として、公文書に当たるとしています。

（４）請求手続

情報公開の請求は、①開示請求をする者の氏名及び住所、②行政文書の名称その他の開示請求に係る行政文書を特定するに足りる事項を記載した書面（開示請求書）を実施機関に提出しなければなりません。

なお、開示請求書に形式上の不備があると認めるときは、開示請求者に対し、相当の期間を定めて、その補正を求めることができます（情報公開法４条２項）。一般的に補正を求めることは義務とされていませんが、情報公開制度の趣旨を踏まえれば可能な限り補正を求めるべきでしょう。なお、補正を求める場合には、開示請求者に対し、補正の参考となる情報を提供するよう努めなければならないとされています（同条２項）。

５　不開示情報＊6の範囲

情報公開制度では、一般的に公文書は原則的公開とされ、不開示とする情報を限定的に規定しています。したがって、情報公開請求に対しては、不開示情報に該当しない限り、開示しなければなりません。不開示情報の類型として、①法令などの定めによって開示できないもの、②特定の個人が識別できるもの、③法人や事業を営む個人の正当な利益を害するもの、④人の生命等の保護、公共の安全等に支障が生じるもの、⑤行政機関としての公正、適切な意思形成に支障を及ぼすもの、⑥都道府県、市町村の事務事業の遂行に支障を及ぼすものなどが不開示の対象として一般的に規定されています。

＊６
本書では開示、不開示という表現を用いていますが、これは情報公開法に従った表現です。自治体の条例においては、公開、非公開という表現をしている場合もあります。実際の運用に当たっては、根拠となる法律や条例の表現に合わせるように注意してください。

（１）法令秘情報及び国の指示による不開示情報

自治体の情報公開条例では、一般的に、法令及び条例の定めるところ又は実施機関が法律若しくはこれに基づく政令により従う義務を有する国の行政機関の指示等により、公にすることができないと認められる情報については、不開示とすることが規定されています（東京都情報公開条例７条１号等）

〈１〉法令秘情報

法令又は他の条例等の規定により公にすることが禁止されている情報については、公開請求によっても公開を求めることができません。こうした情報を**法令秘情報**といいます。

例えば、地方税に関する調査に関する事務に従事している者又は従事していた者が、その事務に関して知り得た秘密（地税法22条）や住民基本台帳に関する調査に関する事務に従事している者又は従事していた者が、その事務に関して知り得た秘密（住基法35条）などのように、法令等の規定で明らかに公開することができない旨が定められている文書はもちろんですが、その他にも、法令等の趣旨、目的から公開をすることができないと認められる情報を含むものと考えられます（東京地判平26・９・５判自401号23頁等)。

なお、この法令秘情報に該当する行政情報は、法令において公開することができないものと規定されているため、公益上の理由による裁量的公開（本節**５（７）**参照）により公開することはできません。

〈２〉国の指示による不開示情報

国の機関などの指示により、公にすることができないと認められる情報とは、地方自治法等の規定により国の行政機関が行う「関与」のうち、法律又は政令の規定によって実施機関が従う義務を有する国の機関の指示等により公開することができない情報をいいます。ここでいう国の機関の指示等については、国の機関の権限を有する者が、自治体の事務の処理に関し法律又はこれに基づく政令の明文規定により発したものであること、さらに不開示とする情報が具体的に特定されるものであることが必要です。また、国の機関の指示とは、法定受託事務における各大臣からの指示（自治法245条の７）等のように実施機関が法律上従う義務を有する法的拘束力のあるものをいいます。

（２）個人情報に関する不開示情報

〈１〉個人識別情報型とプライバシー保護型

情報公開制度の中で特に重要なのが、個人に関する情報です。個人情報を不開示とする条例の規定については、「**個人識別情報型**」と「**プライバシー保護型**」があります。

「個人識別情報型」とは、プライバシーを最大限保護するために、個人に関する情報で特定の個人が識別されうるものを一律に原則として不公開とするものです（情報公開法、大阪府等）。一方、「プライバシー保護型」とは、一般に知られたくないと望むことが正当であると認められる個人に関する情報を不公開とするものです（北海道、名古屋市等）。一般的には「個人識別情報型」の方が不開示情報の対象が広くなります（【図表７－１－１】参照）。

【図表７-１-１】個人識別情報型とプライバシー保護型の例

情報公開法５条１号（個人識別情報型の例）
　個人に関する情報（事業を営む個人の当該事業に関する情報を除く。）であって、当該情報に含まれる氏名、生年月日その他の記述等により特定の個人を識別することができるもの（他の情報と照合することにより、特定の個人を識別することができることとなるものを含む。）又は特定の個人を識別することはできないが、公にすることにより、なお個人の権利利益を害するおそれがあるもの。

名古屋市情報公開条例７条１項１号（プライバシー保護型の例）
　個人の意識、信条、身体的特徴、健康状態、職業、経歴、成績、家庭状況、所得、財産、社会活動等に関する情報（事業を営む個人の当該事業に関する情報を除く。）であって、特定の個人を識別することができるもの（他の情報と照合することにより、特定の個人を識別することができることとなるものを含む。）のうち通常他人に知られたくないと認められるもの又は特定の個人を識別することはできないが、公にすることにより、なお個人の権利利益を害するおそれがあるもの。

プライバシー保護型の名古屋市情報公開条例に関する判例では、「私事に関する情報のうち性質上公開に親しまないような個人情報が記録されている公文書の公開をしないことができるとしているものと解される」とした上で、土地開発公社が市の委託により先行取得した土地の取得価格については、「公社が個人から取得した土地の取得価格に関する情報であり」、「個人の所得又は財産に関する情報であって、特定の個人が識別され得るものであるということができる」とするものの、「一般人であればおおよその見当をつけることができる一定の範囲内の客観的な価格であるということができる」ことから「取得価格をもって公社に土地を買収されたことは、個人地権者にとって、私事としての性質が強いものではなく」、「性質上公開に親しまないような個人情報であるということはできない」として、個人情報であっても公開しても本人の不利益にはならないとして公開すべきものとする判断を示しました（最二小判平17・7・15判時1909号25頁）。

このようにプライバシー保護型の条例は、不開示情報の範囲を限定することができますが、どのような場合にプライバシーを侵害しないかについては、実施機関の判断によって定める必要があり、制度の運用はむずかしいという指摘がされています。

〈２〉個人識別情報の意義

「個人識別情報型」、「プライバシー保護型」のいずれの条例においても、個人に関する情報は、一般的に、個人の思想、信条、身分、地位、健康状態その他いっさいの個人に関する情報が含まれると解されます。あるいは、個人に関する情報全般を意味するなどとされています。また、最高裁の判決では、「個人の思想、信条、健康状態、所得、学歴、家族構成、住所等の私事に関する情報に限定されるものではなく、個人にかかわりのある情報であれば、原則として……「個人に関する情報」に当たるとされています[*7]（最三小判平15・11・11民集57巻10号1387頁）。

〈3〉モザイクアプローチ

モザイクアプローチとは、その情報のみでは個人情報に当たらないものであっても、他の情報と照合することにより、特定の個人を識別することができることとなるものを個人情報として不開示情報とするものです。モザイクとは、ガラスなどの小片を寄せてつくる絵や模様のことをいいますが、同様に小さな情報を集めて特定の個人が浮き出すようなイメージでモザイクアプローチといわれています。

この例としては、県教育委員会に対して平成8年度懲戒処分いっさいの開示を請求した事案において、職員番号、職名、学校名、所属コード、諭旨免職処分の日、生年月日、年齢、最終卒業学校名等については、これらを開示すればすでに開示されている被処分者が起こした事故の概要や経過等と結び付けることにより、特定の個人が識別されうる可能性があるとして、個人識別情報型他の情報と照合することにより特定の個人を識別することができるとした裁判例があります（奈良地判平14・4・17裁判所ウェブサイト掲載判例）。

〈4〉特定の個人を識別することはできないが、公にすることにより、なお個人の権利利益を害するおそれがあるもの

特定の個人が識別できない情報であっても個人の人格と密接にかかわる情報であるため、公にすることにより個人の権利利益を害するおそれがあるものをいいます。例えば、高知地判平19・12・21（裁判所ウェブサイト掲載判例）は、県立病院において発生した医療事故に関する公文書の開示請求に関する事案において、個人の患者情報は、「無断で開示された場合、単なる不快感にとどまらない精神的苦痛を受ける蓋然性が極めて高いし、当該患者情報の一部を知っている者によって当該患者が特定されかねないとの危惧を、当該患者やその遺族が抱くことなどによって精神的苦痛を受けるおそれもあることがあながち否定できない」として、この規定の適用を認めました。

〈5〉例外的開示事項

個人識別情報として不開示事由に該当する情報であっても、以下の場合には、公開しなければなりません（情報公開法5条1号ただし書）。

① 法令の規定により又は慣行として公にされ、又は公にすることが予定されている情報

② 人の生命、健康、生活又は財産を保護するため、公にすることが必要であると認められる情報

③ 当該個人が公務員等である場合において、当該情報がその職務の遂行に係る情報であるときは、当該情報のうち当該公務員等の職及び当該職務遂

＊7　個人に関する情報の範囲
「個人に関する情報」について最高裁は、「事業を営む個人の当該事業に関する情報」が除外されている以外には文言上何ら限定されていないから、個人の思想、信条、健康状態、所得、学歴、家族構成、住所等の私事に関する情報に限定されるものではなく、個人にかかわりのある情報であれば、原則として同号にいう「個人に関する情報」に当たる」としています（最三小判平15・11・11民集57巻10号1387頁）。

行の内容に係る部分

（3）法人等に関する情報

公開請求の対象となった文書に法人等に関する情報が含まれている場合には、それを公開することによってその法人等に不利益が及ぶ場合があります。そのために、法人などの利益にも配慮して情報公開を行う必要があります。そこで「法人その他の団体に関する情報又は事業を営む個人の当該事業に関する情報であって、公にすることにより、当該法人等又は当該個人の権利、競争上の地位その他正当な利益を害するおそれがあるもの」については、不開示とすることができる旨が規定されています。なお、ここでいう法人その他の団体には設立形態や目的による限定がなされていないことから、株式会社、財団法人、社団法人、学校法人、宗教法人、外国法人等幅広く法人を対象とするものと解されます。ただし、国、独立行政法人等、地方公共団体、地方独立行政法人については、その公共的性格に鑑み、一般的にここでいう「法人」から除かれています。また「その他の団体」とは、法人でない社団等で代表者又は管理人の定めがあるもの（いわゆる権利能力なき社団）等をいいます。

法人に対しても一定の範囲でプライバシーの権利は保障されると解されていますが[＊8]、情報公開制度における不開示事由として個人情報と大きく異なるのは、法人情報のうち「公にすることにより、当該法人等又は当該個人の権利、競争上の地位その他正当な利益を害するおそれがあるもの」などに限って不開示事由とされている点です。

＊8
芦部信喜『憲法〔第7版〕』（岩波書店、2019年）90頁

〈1〉事業を営む個人に関する情報

情報公開法や情報公開条例では、事業を営む個人の当該事業に関する情報は個人情報から除外されるとともに、法人情報と一体に規定されています。これは事業を営む個人の当該事業に関する情報は、個人情報であっても、その情報の性質上、個人のプライバシーの問題として考えるよりも、法人等の事業活動情報と同様の開示・不開示の基準によることが適当だと考えるものです。そのため、個人情報としてではなく、法人に関する不開示情報と併せて規定されています

〈2〉例外的開示事項

法人等に関する情報であって不開示とすべきものであっても、人の生命、健康、生活又は財産を保護するため、公にすることが必要であると認められる情報については、開示しなければなりません。

（4）公共の安全に関する情報

公にすることにより、犯罪、違法行為、不正行為等を誘発・助長し、人の生命、身体、財産又は社会的な地位を脅かしたり、犯罪の予防、犯罪の捜査等に関する活動を阻害するおそれが生じる行政情報があります。そのような事態を防止

し、安全で平穏な市民生活を守るため、このような公共の安全と秩序の維持に支障が生じると認められる情報を不開示とすることとしています。公共の安全と秩序の維持を図るため、公共の安全と秩序の維持に支障を及ぼすおそれがあると認めることに相当な理由がある場合には不開示とすることを認めるものです。

〈1〉公共の安全と秩序の維持に支障を及ぼすおそれ

この規定は、一般的に司法警察活動（犯罪の証拠の収集・保全等の司法目的を達成するための警察活動）が対象となり、行政警察活動（犯罪の予防・鎮圧・公共の安全の維持という行政目的を達成するための警察活動）は対象にならないと考えられています[*9]。したがって、この規定によって不開示とされるのは、犯罪の予防、鎮圧又は捜査、公訴の維持、刑の執行など刑事法の執行に関連する情報に限られます。風俗営業等の許認可、伝染病予防、食品・環境・薬事等の衛生監視、建築規制、災害警備等のいわゆる行政警察に関する情報は、この規定の対象ではなく、後で説明する「事務・事業情報」として公開あるいは不開示についての判断がされることになります。

＊9
総務省行政管理局編『詳解情報公開法』（財務省印刷局、2001年）67頁

この規定が適用された裁判例としては、捜査費等に関して、捜査費又は捜査報償費に係る個人名義の領収書のうち実名ではない名義で作成されたものについての公開請求に関するものがあります。判決では、「仮に、本件条例に基づき本件領収書の記載が公にされることになれば、情報提供者等に対して自己が情報提供者等であることが事件関係者等に明らかになるのではないかとの危ぐを抱かせ、その結果、滋賀県警において情報提供者等から捜査協力を受けることが困難になる可能性を否定することはできない。また、事件関係者等において、本件領収書の記載の内容やその筆跡等を手掛りとして、内情等を捜査機関に提供し得る立場にある者に関する知識や犯罪捜査等に関して知り得る情報等を総合することにより、本件領収書の作成者を特定することが容易になる可能性も否定することができない。そうすると、本件領収書の記載が公にされた場合、犯罪の捜査、予防等に支障を及ぼすおそれがあると認めた上告人の判断が合理性を欠くということはできないから、本件領収書」には公にすることにより公共の安全と秩序に支障を及ぼすおそれがある情報が記録されているとの判断を示しました（最三小判平19・5・29判時1979号52頁）。

〈2〉認めるに足りる相当の理由がある情報

公にすることにより、犯罪の予防等に支障を及ぼすおそれがあるか否かの判断は、その性質上、開示・不開示の判断に高度の政策的判断を伴うこと、犯罪等に関する将来予測としての専門的・技術的判断を要することなどの特殊性が認められるものと考えられます。そのため、この判断について訴訟で争われた場合には、実施機関の第一次的な判断を尊重し、合理性をもつ判断として許容される限度内のものであるかどうかを審理・判断することとするのが適当であるとされています[*10]。そのため、情報公開条例の条文におい

＊10
総務省行政管理局編『詳解情報公開法』（財務省印刷局、2001年）69頁

ても「実施機関が認めることにつき相当の理由がある情報」については不開示とする旨の規定がなされているのが一般的です。

(5) 審議、検討又は協議に関する情報

自治体の機関、国及び他の自治体の内部又は相互間における審議、検討又は協議に関する情報であって、公にすることにより、率直な意見の交換若しくは意思決定の中立性が不当に損なわれるおそれ、不当に住民の間に混乱を生じさせるおそれ又は特定の者に不当に利益を与え若しくは不利益を及ぼすおそれがあるものについては、不開示とされています。

国や自治体の事務・事業について意思決定が行われるまでには、様々な検討や協議打合せ、あるいは有識者などによる審議会等での審議を行う場合もありますが、このような情報は、公開することによって支障がある場合には不開示にすることができます。これは、審議会での発言が公開されることによって委員等が自由に意見が言えない場合や検討中の未成熟な情報が自治体から外部に出ることによって住民に混乱が生じる場合などがあることから不開示とされています。

裁判例としては、学識経験者等の意見を聞く目的で京都府知事の設置した協議会に治水対策案補足資料として提出されたダムサイト候補地点選定位置図について、「いわば協議会の意思形成過程における未成熟な情報であり、公開することにより、府民に無用の誤解や混乱を招き、協議会の意思形成を公正かつ適切に行うことに著しい支障が生じるおそれのある」としたものがあります（大阪高判平5・3・23判タ828号179頁）。

(6) 行政機関の事務・事業に関する情報

行政機関が行う事務・事業には、公開することによって適正な遂行に支障を及ぼすおそれがあるものもあります。そこで、行政機関の事務又は事業に関する情報であって、公開することによって、次の枠内に掲げるおそれその他当該事務又は事業の性質上、当該事務又は事業の適正な遂行に支障を及ぼすおそれがあるものについては公開しないこととされています。

① 監査、検査、取締り、試験又は租税の賦課若しくは徴収に係る事務に関し、正確な事実の把握を困難にするおそれ又は違法若しくは不当な行為を容易にし、若しくはその発見を困難にするおそれ
② 契約、交渉又は争訟に係る事務に関し、国、独立行政法人等、地方公共団体又は地方独立行政法人の財産上の利益又は当事者としての地位を不当に害するおそれ
③ 調査研究に係る事務に関し、その公正かつ能率的な遂行を不当に阻害するおそれ
④ 人事管理に係る事務に関し、公正かつ円滑な人事の確保に支障を及ぼすおそれ
⑤ 独立行政法人等、地方公共団体が経営する企業又は地方独立行政法人に係る事業に関し、その企業経営上又は事業運営上の正当な利益を害するおそれ

ここでいう「適正な遂行に支障を及ぼすおそれ」は、行政機関に広範な裁量権限を与える趣旨ではないことに注意しなければなりません。情報公開制度の基本理念である「原則公開」に基づき、不開示とされるものはできる限り限定的に捉

える必要があります。したがって、「適正な遂行に支障を及ぼすおそれ」の程度は名目的なものでは足りず実質的なものが要求され、「おそれ」の程度も単なる確率的な可能性ではなく法的保護に値する蓋然性が当然に要求されることになります。つまり、公開することによって、「適正な遂行に支障を及ぼす」ことがある程度確実に予想される場合に限られます。

（７）公益上の理由による裁量的開示

請求された行政情報に個人情報などの不開示事由が含まれている場合には、原則として公開することはできません。しかし、実施機関は、開示請求に係る公文書に非開示情報が記録されている場合であっても、公益上特に必要があると認めるときは、開示請求者に対し、当該公文書を開示することができるとされています。ただし、法令秘情報（本節５（１）参照）は、この規定に基づく裁量的開示を行うことはできません。

この「公益上特に必要がある」とは、不開示とすることにより保護される利益と公開することにより得られる公益とを比較衡量し、公益が優越する場合をいいます。この規定によって公開される情報には、個人に関する情報のなかでも個人的な性格が強いものから社会的性格が強いものまで様々なものがあること、人の生命・身体等の保護と財産・生活の保護とでは公開により保護される利益の程度に相当の差があることを踏まえて、特に個人の人格的な権利利益の保護に欠けることがないような慎重な配慮が必要です。

情報公開制度では公開請求に対して、不開示事由に該当しなければ、実施機関は原則として公開する義務を負っています。また、不開示事由に該当する場合であっても例外的開示事項（本節５（２）参照）に該当するときは、公開する義務を負っています。これに対して、ここで説明した裁量的公開事項に該当する場合には、公開する義務は負いませんが、実施機関の裁量（判断）で公開することができるのです。

６　開示請求に対する決定

実施機関は、請求対象文書の全部又は一部を開示するときは、その旨の決定（全部開示決定又は一部開示決定）をし、請求者に書面で通知します。不開示の場合には、開示をしない旨の決定（不開示決定）をし、請求者に書面で通知しなければなりません。所定の不開示事由に該当する場合のほか、請求対象文書が存在しない場合、請求が不適法である場合も、その旨の決定をすることになります。不開示決定等の場合には、行政手続条例に基づき、実施機関はその理由を提示しなければなりません（本節６（６）参照）。

(1) 全部不開示と部分開示について

行政機関の長や実施機関は、開示請求に係る文書の一部に不開示情報が記録されている場合、不開示情報が記録されている部分を容易に区分して除くことができるときは、開示請求者に対し、その部分を除いた部分を開示しなければなりません。ただし、その部分を除いた部分に有意の情報が記録されていないときは、部分開示をする必要はなく全部不開示とすることができます。

(2) 不存在決定について

公文書の不存在については、次のとおり①法的不存在と②物理的不存在とがあります。

① 法的不存在（情報公開制度の対象となる文書に当たらない）

・当該文書は行政組織内に存在するが、組織共用文書でない場合など

② 物理的不存在（対象文書が物理的に存在しない場合）

・実施機関がそもそも作成、取得していない

・保存年限を過ぎるなどにより廃棄された

なお、ニセコ町情報公開条例13条では、公開請求に係る町政情報が存在しないときは、実施機関は公開請求があった日から起算して15日以内に、①当該町政情報が不存在であることを理由として公開をしない旨の決定をすること、又は②当該公開請求に係る町政に関する文書等を新たに作成し、又は取得して、当該文書等を請求者に対して公開する旨の決定をすることのいずれかの措置をとらなければならないとされています。これは、情報公開請求権の具体的な内容が条例により異なることを示す格好の事例といえます。

なお、「公文書等の管理に関する法律」４条では、当該行政機関における経緯も含めた意思決定に至る過程並びに当該行政機関の事務及び事業の実績を合理的に跡付け、又は検証することができるよう、①法令の制定又は改廃及びその経緯、②閣議、関係行政機関の長で構成される会議又は省議の決定又は了解及びその経緯、③複数の行政機関による申合せ又は他の行政機関若しくは地方公共団体に対して示す基準の設定及びその経緯、④個人又は法人の権利義務の得喪及びその経緯、⑤職員の人事に関する事項については、軽微なものを除き、文書を作成しなければならないとされています。また、同法34条では、地方公共団体は、この法律の趣旨にのっとり、その保有する文書の適正な管理に関して必要な施策を策定し、及びこれを実施するよう努めなければならないとされています。このため各自治体の施策に基づき適正に公文書を作成することも職員の重要な責務です。

(3) 公文書の存否に関する情報

公開請求に係る公文書が存在しているか否かを答えるだけで、不開示情報を開示することとなるときは、当該公文書の存否を明らかにしないで、開示請求を拒

否することができます。アメリカでの事例を踏まえて、**グローマー拒否**といわれています。

行政文書の存否を明らかにしないことが許されるのは、当該行政文書の存否を回答すること自体から不開示情報を開示したこととなる場合や、当該行政文書の存否に関する情報と開示請求に含まれる情報とが結合することにより、当該行政文書は存在するが不開示とする、又は当該行政文書は存在しないと回答するだけで、不開示情報を開示したことになる場合に限られるとされ、その適用は限定的に解釈されています[*11]。

＊11
東京地判平19・9・20判タ1263号288頁

（４）開示決定等の期限とその特例

開示決定等は、開示請求があった日から条例等で定める一定期日以内にすることを原則とし、正当な理由があるときは、延長することができます。また、開示請求に係る公文書が著しく大量であるため、事務の遂行に著しい支障が生ずるおそれがある場合には、当該公文書のうち相当の部分につき開示決定等をし、残りの公文書については相当の期間内に開示決定等をすれば足りるという規定を多くの自治体が設けています。

（５）第三者による意見書の提出

開示請求の対象になっている公文書に第三者に関する情報が含まれている場合には、その第三者のプライバシー等に配慮し情報公開を行う必要があります。実施機関は、開示についての決定をするに当たり、第三者に通知して意見書を提出する機会を与える制度が設けられています。実施機関は第三者の意見を考慮して開示、不開示の決定を行うことになります。

なお、①個人情報を人の生命、健康、生活又は財産を保護するため公にすることが必要であるとして開示する場合、②本来不開示とされるべき法人情報を人の生命又は健康を保護するためなどとして例外的に開示する場合及び③不開示事由に該当する公文書を公益上の理由により裁量的開示することが必要であるとして開示する場合には、必ず第三者に意見書を提出する機会を与えなければなりません。一方、これ以外の場合には第三者への通知は実施機関の裁量です。

第三者が当該公文書の開示に反対の意思を表示した意見書を提出したにもかかわらず開示決定をするときは、開示決定の日と開示をする日との間に少なくとも２週間をおかなければなりません。第三者がこの開示決定に対して審査請求又は取消訴訟を提起するための時間的余裕を設けるためです。

（６）理由の提示、付記

近年、行政処分などについて、理由提示、付記が厳しく求められるようになっています。この理由提示については、各自治体の情報公開条例で規定されている場合もあります（渋谷区情報公開条例等）。情報公開法には、このような規定はありませんが、行政手続法８条「行政庁は、申請により求められた許認可等を拒否する処分をする場合は、申請者に対し、同時に、当該処分の理由を示さなければならない。」の規定により理由付記が義務付けられます。各自治体の行政手続条例においても同様の規定が設けられているのが一般的です。

不開示決定等においてどの程度の理由を提示、付記すべきかという点は、情報公開制度の運用に当たって非常に重要なポイントです。理由提示が必要だからといって、理由を詳しく書き過ぎてしまうと、不開示情報を実質的に開示してしまうことになりかねません。しかし、あまりに簡略な記述では理由提示が形骸化することになります。

この点について判例では、理由提示の意義について「非開示理由の有無について実施機関の判断の慎重と公正妥当を担保してその恣意を抑制するとともに、非開示の理由を開示請求者に知らせることによって、その不服申立てに便宜を与える趣旨に出たものというべきである。」とした上で、「公文書の非開示決定通知書に付記すべき理由としては、開示請求者において、本条例９条各号所定の非開示事由のどれに該当するのかをその根拠とともに了知し得るものでなければならず、単に非開示の根拠規定を示すだけでは、……理由付記としては十分ではないといわなければならない。」としています（最一小判平４・12・10判タ813号184頁）。

（７）事案の移送

情報公開請求に対する開示、不開示の決定は、文書を保有する実施機関が行うことになります。そのため、開示請求に当たっては、請求する実施機関を明確に区別して、処理しなければなりません。そのため、開示請求の対象である行政文書が他の実施機関で作成され保存されているものである場合や、その行政文書が他の実施機関の事務に密接なかかわりがあるものである場合などには、作成、保存などを行っている実施機関に開示・不開示の決定を委ねた方が迅速でかつ適正な処理を行うことができることがあります。そのような場合には、開示請求を受け付けた実施機関から、文書を作成、保存する機関等に対して開示決定等の事務処理を移管することがあります。情報公開法12条では、移送手続等を規定しています。

７　救済制度

（１）不服申立てと取消訴訟

情報公開の開示請求があった場合に、開示を全面的に拒否したり、あるいは一部のみの開示を認める場合には、行審法に基づく審査請求の対象となります。また、全部の開示を認める決定については、開示請求者には争う利益がありませんが、開示により不利益を受ける第三者に審査請求、あるいは取消訴訟の提起が認められる場合があります（【図表７－１－２】参照）。

行審法に基づく審査請求に関しては、原則として審理員制度[*12]が導入されています。しかし、自治体の情報公開制度における審査請求については、ほとんどの自治体が条例により適用除外としています（東京都情報公開条例19条等）。また、行審法において審査請求について各自治体が条例で設ける機関（行政不服審査会等）に諮問することとされています。ほとんどの自治体では、情報公開に関する審査請求については、国と同様に他の審査請求の諮問機関（行政不服審査会等）ではなく、情報公開審査会等に諮問することとされています（東京都情報公開条例20条等）。

＊12　審理員制度
審理員制度とは、審査請求について、審査請求人と処分庁の主張を公正に審理するため、審査請求に係る処分に関与していない職員（審理員）が審理を行う仕組みです。

（2）訴訟の提起

公開請求に関する不開示等の決定に対しては、審査請求が行われる場合が多くあります。審査請求に対する決定に納得ができない場合には、不開示等の決定の取消しを求める訴えを提起することができます。ただし、訴訟の前提として審査請求が求められているわけではないため、不開示決定等に対して、直ちに取消訴訟を提起することもできます。

なお、この取消訴訟において勝訴したとしても、不開示決定等が取り消されるのみで、判決において開示決定等の処分がなされるわけではありません。不開示決定等を取り消した上で、実施機関に開示決定等の義務付けを求めるためには、取消訴訟と併せて義務付けの訴えを行う必要があります。

【図表７－１－２】情報公開手続から救済手続の流れ

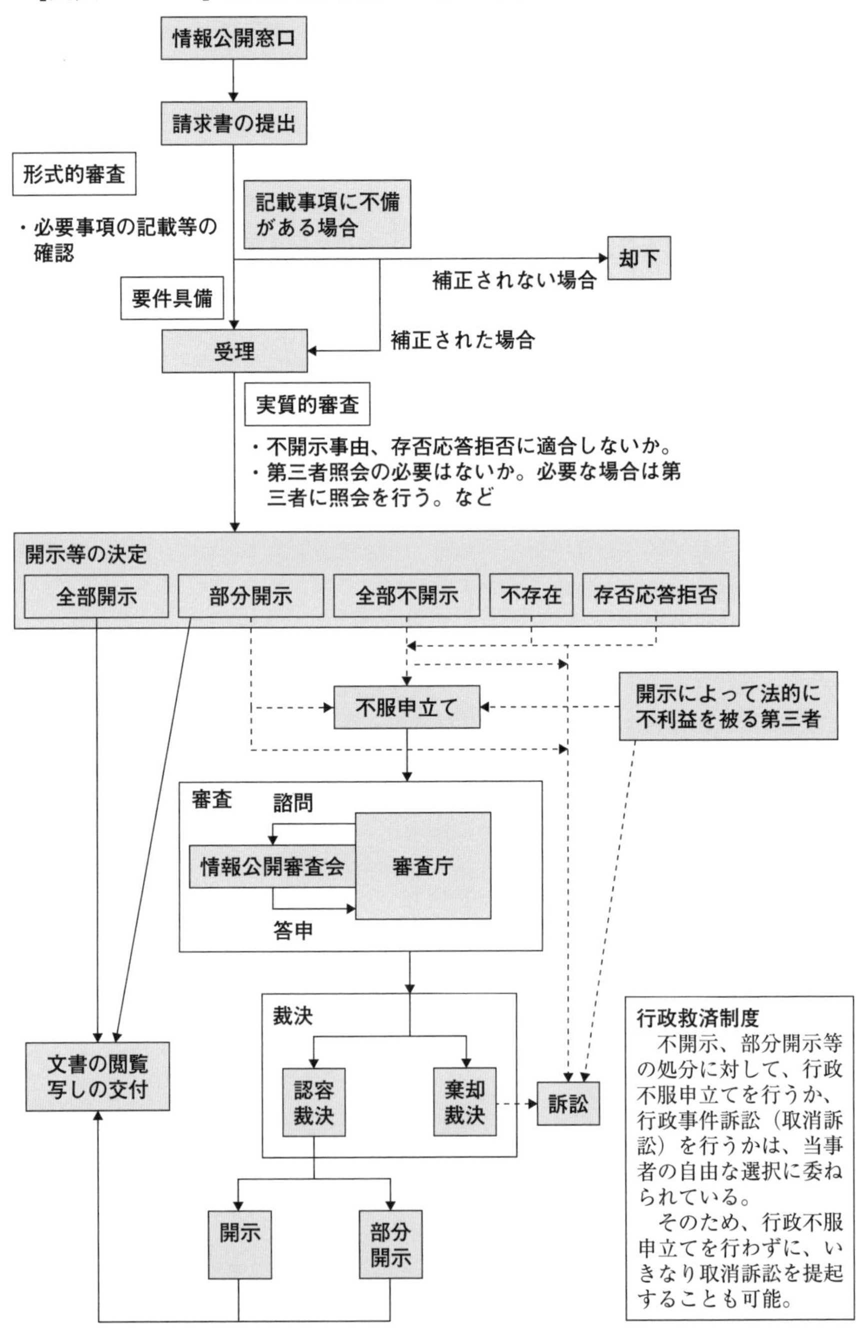

※説明を簡略化するため、救済制度に関しては情報公開請求を行った当事者によるもののみを記載した。このほかにも、第三者の公開請求により自ら情報が開示されることになる者が行う、いわゆる逆FOIA 訴訟などもある。

（筆者作成）

8　濫用的開示請求

近年、多くの自治体において、情報公開に関して濫用的な請求がなされることが問題となっています。濫用的な請求としては、主に次のような態様があります。

①　正当な理由なく、対象文書の開示を受けずに請求を繰り返す。
②　同一文書への請求を繰り返す。
③　特定の個人又は職員等への誹謗、中傷、威圧、攻撃など情報公開と直接関係のない事柄を主たる目的とし、害意をもって請求する。
④　開示請求の名目で職員を恫喝する。説明を強要する。

濫用的な開示請求には様々なケースがありますが、大きく分けると、大量請求と狭義の濫用的請求とに分類することができます。

(１) 大量請求

自治体に対して悪意をもって、通常想定される量を超えた請求を行うものが、**大量請求**の問題です。この点については、多くの裁判例がありますが、主にその問題点として指摘されるのが、請求に際して文書の特定がないのではないかという点です。例えば、情報公開法４条１項では、開示請求は、「行政文書の名称その他の開示請求に係る行政文書を特定するに足りる事項」を記載した書面提出してしなければならないこととされていますが、著しく大量な文書の請求に関しては、この「特定するに足りる事項」の記載がないため、不適法な請求であると却下される事案があります。

この点に関して当初の裁判例は、「請求者が求めている文書が何かが客観的に分かれば、特定としては十分であり、対象となる文書が大量であるかどうかは特定の有無とは別個の問題である」として、大量請求であるのみでは文書の特定がないとの主張を認めませんでした（横浜地判平14・10・23D１-Law.com判例体系掲載判例）。しかし、その後の裁判例においては、「本件条例の定める公開請求制度上は、特定部署の公文書を包括請求する趣旨の記載は、特段の事情のない限り、「公文書を指定するために必要な事項」の記載には当たらないと解すべきである。」としています（東京高判平23・７・20判自354号９頁）。

(２) 狭義の濫用的請求

狭義の**濫用的請求**とは、単に大量文書の公開を請求するのではなく、請求過程において職員を困惑させる、罵倒する等請求の態様が濫用的なものをいいます。

東京高判平23・11・30訟月58巻12号4115頁の第１審判決（東京地判平23・５・26訟月58巻12号4131頁）において、「権利の行使といっても、常に例外なしに無制限に認められるというわけではなく、民法１条３項の「権利の濫用は、これを許さない。」との規定に表象される法の一般原理としての権利の濫用に該当する場合には、外形上権利の行使のように見えても、権利の行使として是認することができない」としています。具体的に濫用となる場合については「対象文書の開示に相当な時間を要することが明らかである場合であっても、そのことのみを理由として、開示請求を拒むことは原則としてできないというべきである」としています。しかし、「〔情報公開請求権〕にも限界はあり、対象文書が余りに大量であるため、開示請求を受けた行政機関が、開示決定に至るまでの処理を行うことにより当該行政機関の通常業務に著しい支障を生じさせる場合であって、開示請求者が、専らそのような支障を生じさせることを目的として開示請求をするときや、より迅速・合理的な開示請求の方法があるにもかかわらず、そのような請求方法によることを拒否し、あえて迂遠な請求を行うことにより、当該行政機関に著しい負担を生じさせるときなど例外的な場合には、当該開示請求を権利濫用として不開示とすることができる」としています。

また、教育委員会特別支援教育課や特別支援学校等が保有する保有個人情報の開示請求を行った名古屋地判平25・3・28判自388号41頁において、「原告は、合理的な理由もなく処分行政庁の補正依頼を拒否し、これに応答しなかったものであって、……開示請求の回数、分量、内容、態様や処分行政庁の人的、物的制約等をも併せ考慮すると、処分行政庁の本件各開示請求に対する対応は、無理からぬところであった」としています。

学習のポイント

1　情報公開制度の歴史

■情報公開制度に関しては、国より自治体が先行しており、最も早く条例を制定したのが山形県金山町です（1982年３月制定）。国は、1999年５月に「行政機関の保有する情報の公開に関する法律」を制定しました。

2　情報公開制度の根拠

■情報公開制度は、自治体が保有する公文書を請求に応じて公開する制度です。情報公開制度の根拠としては、「知る権利」あるいは「アカウンタビリティ（説明責任）」と説明されることが一般的です。

3　情報公開請求権の性質

■情報公開制度として、特定の情報ないし文書の開示を請求するためには、具体的権利性を与える実定法上の根拠が必要だとされています。情報公開請求権の具体的な内容は、根拠となる法律や条例により異なることになるため、情報公開制度を運用するに当たっては各自治体の条例の規定に基づき判断しなければなりません。

4　情報公開制度における請求対象と請求手続

■請求権者については、当該自治体に在住、在勤の人とするもの等限定をする自治体もありましたが、現在ではほとんどの自治体が、国の情報公開制度と同様に、「何人」も公開請求権を有すると規定しています。

■情報公開制度の対象となる文書について、多くの自治体では「職員が職務上作成し、又は取得した文書等であって、職員が組織的に用いるものとして、当該実施機関が保有しているものと」規定しています。これを一般的に「組織共用文書」といいます。

■電子メールについては、組織共用として収受処理がされたメールは組織共用文書として情報公開制度の対象となると一般的に解されています。

5　不開示情報の範囲

■情報公開請求に対して不開示とすることができる情報として、①法令などの定めによって開示できないもの、②特定の個人が識別できるもの、③法人や事業を営む個人の正当な利益を害するもの、④人の生命等の保護、公共の安全等に支障が生じるもの、⑤行政として公正、適切な意思形成に支障を及ぼすもの、⑥都道府県、市町村の事務事業の遂行に支障を及ぼすものなどが、各自治体の情報公開条例において規定されています。

■不開示情報の範囲は各自治体の条例ごとに異なる場合もあるため、当該自治体の条例を踏まえて適切に判断しなければなりません。例えば、最も典型的な不開示情報である個人情報に関しても、いわゆる「個人識別情報型」と「プライバシー保護型」の２つの類型があり、当該自治体の条例の条文を十分に確認しなければなりません。

■情報公開制度では、「原則公開」の理念の下で、不開示事由の範囲を適切に判断しなければなりません。例えば、事務の適正な遂行に支障を及ぼすおそれがあるとして不開示とする場合には、その「おそれ」は名目的なものでは足りず実質的なものでなければなりません。

6　開示請求に対する決定

■実施機関は、開示決定等の期限までに、全部開示、一部開示、不存在等の決定を行い、請求者に書面で通知しなければなりません。

■全部不開示、一部不開示等のように開示請求を拒否する決定を行う場合には、開示をしない旨の決定（不開示決定）をし、その理由も付記しなければなりません。

■開示請求に係る公文書が存在しているか否かを答えるだけで、不開示情報を開示することとなるときなどには、当該公文書の存否を明らかにしないで、開示請求を拒否することができます。

7　救済制度

■情報公開の開示請求に対して、全部不開示や一部不開示等の決定がなされた場合には、行政不服審査法に基づく審査請求の対象となります。開示請求者以外でも、開示により不利益を受ける第三者も審査請求を行うことができる場合があります。

■審査請求を行った後、あるいは審査請求を行わずに、不開示等の決定の取消しを求める訴え及び開示決定の義務付けを求める訴訟を提起することもできます。

8　濫用的開示請求

■多くの自治体において、特定の個人または職員等への誹謗するなど害意をもって公開請求を行う事案、いわゆる濫用的請求が多くなされています。情報公開請求権は、住民に保障された重要な権利ですが、そのような権利であっても濫用することは許されません。

■濫用的請求は、「大量請求」と「狭義の濫用的請求」とに分類することができます。「大量請求」とは著しく大量の文書の開示を求めるような場合で、このような場合には、請求対象文書の特定がなされていない不適法な開示請求であるとした裁判例もあります。一方、「狭義の濫用的請求」とは、職員等を誹謗するなど害意をもって開示請求を行う場合で、このような場合には権利の濫用として不適法な開示請求とした裁判例もあります。

第2節　個人情報保護制度

1　プライバシーの権利の広がり

1890年、アメリカ、ハーバード大学の「ロー・レビュー」にウォーレンとブランダイス（S. D. Warren & L. D. Brandeis）によって発表された論文「The Right to Privacy」の中で「the right to be let alone」（ひとりで居させてもらいたい権利）と記述されていました。このような古典的なプライバシー権は、国家による私生活への侵害からプライバシーを守るという消極的な権利と理解されていました。

現代行政は、教育福祉、保健衛生などの各分野における行政サービスを国民に積極的に提供するために、その基礎資料として個人情報を大量に収集・蓄積・利用せざるをえなくなっており、行政機関が保有する国民や住民に関する情報量も飛躍的に増大する傾向にあります。そのため、行政機関が保有する様々な個人情報とプライバシー保護との関係は、現代のプライバシー問題における最重要課題のひとつであるといえます。

こうした中で、「ひとりで居させてもらいたい権利」という古典的な定義は、現代社会において、個人のプライバシーを保護しようとするためには、不十分なものであると考えられるようになってきました。今日では、国や自治体が保有する自己情報を、国民自らが管理する「自己情報コントロール権」としてとらえられるようになってきています。そして、現在のプライバシー権には、従来からの「ひとりで居させてもらいたい権利」という側面と「自己情報コントロール権」としての側面とがあるものと考えられています。

2　ＯＥＣＤの８原則

ＯＥＣＤの８原則とは、1980年９月にＯＥＣＤ（経済協力開発機構）の理事会で採択された「プライバシー保護と個人データの国際流通についての勧告」で示された８つの原則です。我が国の個人情報保護制度も、基本的にこの８原則に沿った内容で構築されています。

①　目的明確化の原則（Purpose Specification Principle）

収集目的を明確にし、データ利用は収集目的に合致しなければならないとする原則です。

②　利用目的制限の原則（Use Limitation Principle）

本人の同意がある場合や法律の規定による場合を除いて、収集したデータを目的以外に利用してはならないとする原則です。

③　収集制限の原則（Collection Limitation Principle）

個人データは、適法・公正な手段により、かつ本人に通知または同意を得て収集されなければならないとする原則です。

④　データ内容の原則（Data Quality Principle）

収集するデータは、利用目的に沿ったもので、かつ、正確・完全・最新でなければならないとする原則です。

⑤　安全保護の原則（Security Safeguards Principle）

合理的安全保護措置により、紛失・破壊・使用・修正・公開等から保護されなければならないとする原則です。

⑥　公開の原則（Openness Principle）

データ収集の実施方針等を公開し、データの存在、利用目的、管理者等を明示しなければならないとする原則です。

⑦　個人参加の原則（Individual Participation Principle）

データ主体である国民に対して、自己に関するデータの所在及び内容を確認させ、または異議申立を保証しなければならないとする原則です。

⑧　責任の原則（Accountability Principle）

データの管理者は、個人情報保護の諸原則実施の責任を負うとする原則です。

３　個人情報保護制度に関する法体系

従来は、「個人情報の保護に関する法律」（以下「個人情報保護法」又は、単に「法」といいます。）において、基本理念、国及び自治体の責務・個人情報保護施策、民間事業者に関する規律が規定されていました。また、国の行政機関に関する規律は「行政機関の保有する個人情報の保護に関する法律」（以下「行政機関個人情報保護法」といいます。）において、独立行政法人等については「独立行政法人等の保有する個人情報の保護に関する法律」（以下「独立行政法人等個人情報保護法」といいます。）、各自治体に関しては各自治体の個人情報保護条例において規律されていました。

2021年５月19日、「デジタル社会の形成を図るための関係法律の整備に関する法律」が公布され、個人情報保護法、行政機関個人情報保護法、独立行政法人等個人情報保護法の３本の法律を個人情報保護法に統合するとともに、自治体の個人情報保護制度についても統合後の個人情報保護法において全国的な共通ルールを規定し、全体の所管を内閣府の外局である個人情報保護委員会とすることとされました。なお、この法律は段階的に施行され、国の行政機関に関する個人情報保護制度は2022年４月１日から、自治体に関する個人情報保護制度は2023年４月１日から個人情報保護法によって一元的に規律されることになりました。

なお、本節では、一元化された後の個人情報保護法に基づき記述することとします。

4　個人情報保護法における用語の意義

（1）個人情報

個人情報保護法では、「個人情報」とは、生存する個人に関する情報であって、次のいずれかに該当するものとされています（法2条1項・【図表7－2－1】）。

① 当該情報に含まれる氏名、生年月日その他の記述等に記載され、若しくは記録され、又は音声、動作その他の方法を用いて表された一切の事項により特定の個人を識別することができるもの（他の情報と容易に照合することができ、それにより特定の個人を識別することができることとなるものを含む。）

② 個人識別符号が含まれるもの

【図表7-2-1】個人情報全体のイメージ

個人情報

生存する個人に関する情報であって	
① 当該情報に含まれる氏名、生年月日その他の記述等により特定の個人を識別することができるもの（他の情報と容易に照合することができ、それにより特定の個人を識別することができることとなるものを含む。）	② 個人識別符号が含まれるもの

〈1〉生存する個人

個人情報保護法では、個人情報について「生存する個人に関する情報」に限定し、死者の情報を含まないものとしています。かつては各自治体の個人情報保護条例において「生存する個人に関する情報」に限定せずに、死者の情報も個人情報の範囲に含めるものもありましたが、個人情報保護法において「生存する個人に関する情報」に一元的に限定されることとなりました。

ただし、死者の情報が遺族の個人情報となる場合には、当該遺族が請求者自身の個人情報として開示請求等を行うことができると解されています。この点に関しては、新湊市民病院事件（名古屋高裁金沢支判平16・4・19判タ1167号126頁）は、死者の情報が同時にその死亡した者の相続人にとっての個人識別情報に該当する場合として「ある者の財産に関する情報がその者の個人識別情報である場合において、その者の死亡により、上記財産に関する情報は、死亡した者の個人識別情報であるとともに、死亡した者を相続して当該財産を取得した相続人の個人識別情報でもある」としています。また、中学生自殺事件作文開示訴訟控訴審判決（東京高判平11・8・23判時1692号47頁）は、死亡した中学校2年生の女児が作成した作文の開示を親権者が学校に対して求めた事案に関して、「親権者であった者が死亡した未成年の子どもの個人情報の開示を求めているという場合については、社会通念上、この子どもに関する個人情報を請求者自身の個人情報と同視し得るものとする余地もある」としています。

〈2〉モザイクアプローチ

ある情報を他の情報と組み合わせることによって、個人情報として認識することができるかを判断することをモザイクアプローチといいます。個人情報保護法２条１項１号がこれに当たります。従来の行政機関個人情報保護法２条２項２号では、「他の情報と照合することができ、それにより特定の個人を識別することができることとなるものを含む」と規定され、「容易に」が要件とされていませんでした。「容易に」が要件とされることにより、容易に識別される場合に限ることとなり、保護の対象となる情報の範囲が狭くなる可能性があると指摘されています[*1]。

＊１
高野祥一「自治体の実務のへの影響と法改正に伴う例規整備のポイント」宇賀克也編著『自治体職員のための2021年改正個人情報保護法解説』（第一法規、2021年）132頁参照。

〈3〉個人識別符号

個人識別符号として、次の二種類のものが規定されています（法２条２項）。この２種類のものが含まれる生存する個人に関する情報も「個人情報」として、本法の適用を受けることになります。

① 特定の個人の身体の一部の特徴を電子計算機の用に供するために変換した文字、番号、記号その他の符号であって、当該特定の個人を識別することができるもの。例えば、ＤＮＡ、顔認識データ、指紋・声紋データ等がこの例として挙げられます。

② 個人に提供される役務の利用若しくは個人に販売される商品の購入に関し割り当てられ、又は個人に発行されるカードその他の書類に記載され、若しくは電磁的方式により記録された文字、番号、記号その他の符号であって、その利用者若しくは購入者又は発行を受ける者ごとに異なるものとなるように割り当てられ、又は記載され、若しくは記録されることにより、特定の利用者若しくは購入者又は発行を受ける者を識別することができるもの。この例として、旅券番号、基礎年金番号、免許証番号、住民票コード、医療保険・介護保険・雇用保険の被保険者証等が挙げられます。

（2）行政文書

行政機関の職員が職務上作成し、又は取得した文書、図画及び電磁的記録であって、当該行政機関の職員が組織的に用いるものとして、当該行政機関が保有しているものを「行政文書」といいます（法60条１項）。ただし、官報、新聞等不特定多数の者に販売する目的で発行されるものや歴史的、文化的資料等として特別の管理がされているものなどは行政文書に含まれません。

一方、自治体の機関又は地方独立行政法人の職員が職務上作成し、又は取得した文書等であって、当該自治体の機関又は地方独立行政法人の職員が組織的に用いるものとして、当該自治体の機関又は地方独立行政法人が保有しているものは地方公共団体等行政文書とされています。

本法では、行政文書、地方公共団体等行政文書及び法人文書（独立行政法人等の文書）を合わせて行政文書等と定義しています。

（3）保有個人情報

保有個人情報とは、国の行政機関、自治体の機関（議会を除く。）、独立行政法人、地方独立行政法人等の職員が職務上作成し、又は取得した個人情報であって、当該行政機関の職員が組織的に利用するものとして、当該行政機関が保有しているものをいいます。ただし、行政文書等に記録されているものに限ります（法60条１項）。

個人情報には、口頭で伝えられ職員が記憶しているにとどまるものもありますが、法律の規律を安定的に運用するために、紙、ディスク等の媒体に記録されているものに限られています[＊2]。

＊2　宇賀克也『新・個人情報保護法の逐条解説』（有斐閣、2021年）442頁参照。

（4）行政機関及び自治体の機関

個人情報保護法は、国の省庁等の機関を「行政機関」として規定しています（法２条11項１号）。また、自治体に関しては、「地方公共団体の機関」と規定しており（法２条11項２号）、知事・市町村長、教育委員会、選挙管理委員会、監査委員等の執行機関がこれに当たります。ただし、自治体の機関から議会は除かれているため（同号括弧書）、議会及びこれに置かれる組織である議会事務局は、個人情報保護法の適用を受けません。このため、各自治体において、独自に、議会に関する個人情報保護条例を設けることになると考えられます。

なお、個人情報保護法では、行政機関、自治体の機関、独立行政法人及び地方独立行政法人を合せて「行政機関等」と規定しています。

（5）個人情報ファイル

個人情報ファイルとは、保有個人情報を含む情報の集合物であって、次のいずれかに当たるものをいいます。

①　一定の事務の目的を達成するために特定の保有個人情報を、電子計算機を用いて検索することができるように体系的に構成したもの

②　一定の事務の目的を達成するために氏名、生年月日、その他の記述等により特定の保有個人情報を容易に検索することができるように体系的に構成したもの

①は、パソコン上で検索できるファイルのことで電算処理ファイルとよばれます。一方、②は、検索できる紙媒体のファイルのことで、五十音順に並べたカルテのように手作業で容易に検索できるものです。マニュアル処理ファイルとよばれます。

(6) 要配慮個人情報

「要配慮個人情報」とは、本人の人種、信条、社会的身分、病歴、犯罪の経歴、犯罪により害を被った事実その他本人に対する不当な差別、偏見その他の不利益が生じないようにその取扱いに特に配慮を要するものとして政令で定める記述等が含まれる個人情報です（法2条3項）。この規定を受けて、個人情報保護法施行令2条では、具体的に次のものを要配慮個人情報として定めています。

① 身体障害、知的障害、精神障害（発達障害を含む。）その他の個人情報保護委員会規則で定める心身の機能の障害があること。
② 本人に対して医師その他医療に関連する職務に従事する者（次号において「医師等」という。）により行われた疾病の予防及び早期発見のための健康診断その他の検査（同号において「健康診断等」という。）の結果
③ 健康診断等の結果に基づき、又は疾病、負傷その他の心身の変化を理由として、本人に対して医師等により心身の状態の改善のための指導又は診療若しくは調剤が行われたこと。
④ 本人を被疑者又は被告人として、逮捕、捜索、差押え、勾留、公訴の提起その他の刑事事件に関する手続が行われたこと。
⑤ 本人を少年法第3条第1項に規定する少年又はその疑いのある者として、調査、観護の措置、審判、保護処分その他の少年の保護事件に関する手続が行われたこと。

個人情報保護法20条2項において、民間事業者である個人情報取扱事業者は、原則として、本人の同意を得ずに要配慮個人情報を取得することは禁止されています。しかし、行政機関や自治体の機関に関しては、このような規定は設けられていません。行政機関や自治体の機関は、そもそも特定された利用目的の達成に必要な範囲内でしか個人情報を保有することができないため、このような禁止規定は不要とされているのです。

また、この要配慮個人情報以外に、個人情報保護法60条5項において「条例要配慮個人情報」が規定されています。この「条例要配慮個人情報」とは、自治体の機関又は地方独立行政法人が保有する個人情報のうち、地域の特性その他の事情に応じて、本人に対する不当な差別、偏見その他の不利益が生じないようにその取扱いに特に配慮を要するものとして自治体が条例で定める記述等が含まれる個人情報とされています。

各自治体は、法が規定する要配慮個人情報に含まれていない情報であっても、条例要配慮個人情報として定めることによって要配慮個人情報と同様の保護措置を講ずることになります。

5　個人情報の適正管理

(1)　個人情報の収集段階における規律

〈1〉個人情報の保有の制限等

行政機関等は、法令あるいは条例の定める所掌事務又は業務を遂行するため必要な場合に限り、個人情報を保有することが許されます。さらに、保有に際しては、利用目的をできる限り特定しなければならず（法61条1項）、特

定された利用目的の達成に必要な範囲を超えて個人情報を保有することは禁止されています（同条2項）。したがって、利用目的を超えた個人情報の取得も許されません。

また、個人情報の保有後に利用目的を変更することについては、変更前の利用目的と相当の関連性を有すると合理的に認められる範囲に限り行うことができます（同条3項）。

なお、従来の自治体の個人情報保護条例においては、個人情報は本人から収集しなければならない旨の規定が設けられていましたが（本人収集の原則）、個人情報保護法にはこのような規律はなされていません。

〈2〉利用目的の明示

行政機関等は、本人から直接書面（電磁的記録を含む。）に記録された本人の個人情報を取得するときは、あらかじめ、本人に対して、その利用目的を明示しなければなりません＊3。ただし、以下の場合には、その必要はありません（法62条）。

① 人の生命、身体又は財産の保護のために緊急に必要があるとき。
② 利用目的を本人に明示することにより、本人又は第三者の生命、身体、財産その他の権利利益を害するおそれがあるとき。
③ 利用目的を本人に明示することにより、国の機関、独立行政法人等、地方公共団体又は地方独立行政法人が行う事務又は事業の適正な遂行に支障を及ぼすおそれがあるとき。
④ 取得の状況からみて利用目的が明らかであると認められるとき。

＊3
口頭で個人情報を取得した場合には、その情報が行政文書等に記録され保有個人情報として保有されるとは限りません。一方、書面で取得した情報は、保有個人情報として、以後の行政運営のための重要な資料として利用されることが一般的です。そのため、書面による場合のみを規定しています。

〈3〉適正な取得

行政機関の長、自治体の機関、独立行政法人等及び地方独立行政法人（以下「行政機関の長等」といいます。）は、偽りその他不正の手段により個人情報を取得してはならないとされています（法64条）。従来は、民間部門についてのみ規定されていたものですが、2021年の法改正の際に行政機関等についても規定されたものです。

（2）　保有個人情報の利用、提供に関する規律

〈1〉目的外利用、提供の制限

行政機関の長等は、法令に基づく場合を除き、利用目的以外の目的のために保有個人情報を自ら利用し、又は提供してはなりません（法69条1項）。ただし、次のいずれかに該当すると認めるときは、利用目的以外の目的のために利用し、又は提供することが許されます。しかし、この場合であっても、その利用、提供によって、本人又は第三者の権利利益を不当に侵害するおそれがあると認められるときは、目的外の利用又は提供をすることは許されません（同条2項）。

① 本人の同意があるとき、又は本人に提供するとき。
② 行政機関等が法令の定める所掌事務又は業務の遂行に必要な限度で保有個人情報を内部で利用する場合であって、当該保有個人情報を利用することについて相当の理由があるとき。
③ 他の行政機関、独立行政法人等、地方公共団体又は地方独立行政法人に保有個人情報を提供する場合において、保有個人情報の提供を受ける者が、法令の定める事務又は業務の遂行に必要な限度で提供に係る個人情報を利用し、かつ、当該個人情報を利用することについて相当の理由があるとき。
④ ①～③のほか、専ら統計の作成又は学術研究の目的のために保有個人情報を提供するとき、本人以外の者に提供することが明らかに本人の利益になるとき、その他保有個人情報を提供することについて特別の理由があるとき。

〈２〉不適正な利用の禁止

行政機関の長等は、違法又は不当な行為を助長し、又は誘発するおそれがある方法により個人情報を利用することは禁止されています（法63条）。

この「おそれがある方法」の例として、個人情報を提供した場合、提供先において第三者への提供制限に反することが予見できるにもかかわらず、個人情報を提供する場合等が挙げられます。

〈３〉保有個人情報の提供を受ける者に対する措置要求

行政機関の長等は、保有個人情報を提供する場合、必要があると認めるときは、保有個人情報の提供を受ける者に対し、提供に係る個人情報について利用の目的・方法の制限その他必要な制限を付し、又はその漏えいの防止その他の個人情報の適切な管理のために必要な措置を講ずることを求めなければなりません（法70条）。必要な措置とは、保有個人情報の取扱者の限定、利用後の廃棄・返却方法、第三者への再提供の制限、報告の要求等が考えられます[＊4]。

＊4
宇賀克也『新・個人情報保護法の逐条解説』（有斐閣、2021年）486頁

〈４〉外国にある第三者への提供の制限

行政機関の長等は、外国にある第三者に利用目的以外の目的のために保有個人情報を提供する場合には、法令に基づく場合、専ら統計の作成又は学術研究の目的のために保有個人情報を提供する場合等以外の場合には、あらかじめ外国にある第三者への提供を認める旨の本人の同意を得なければなりません（法71条１項）。

この規定は、欧州連合（ＥＵ）のＧＤＰＲ（一般データ保護規則（General Data Protection Regulation））のルールの一つである十分性認定を受けるために、ＧＤＰＲと同等の規律を設けたものです。十分性認定を受けた国に関しては、ＥＵ域内の事業者から個人データの移転を受けることが可能となり、我が国の企業等にとってはＥＵ関係の各種手続の負担やコストが大幅に削減されます。

（３） 保有個人情報の管理に関する規律

〈１〉正確性の確保

行政機関の長等は、利用目的の達成に必要な範囲内で、保有個人情報が過

去又は現在の事実と合致するよう努めなければなりません（法65条）。不正確な個人情報が利用されることによって適正な給付を受けることができない、あるいは不当な負担を求められることなどにより、個人の権利利益が侵害されることのないよう、個人情報の正確性を求めるものです。ただし、利用目的の達成の必要な範囲内での努力義務とされているにとどまるため、保有個人情報のすべてについて事実と合致させなければならないわけではありません。

〈2〉安全管理措置

行政機関の長等は、保有個人情報の漏えい、滅失又は毀損の防止その他の保有個人情報の安全管理のために必要かつ適切な措置を講じなければなりません（法66条1項）。また、行政機関等から個人情報の取扱いの委託を受けた者等も、委託を受けた業務等に関して同様の措置を講ずることが義務付けられます（同条2項）。

〈3〉従事者の義務

個人情報の取扱いに従事する行政機関等の職員・職員であった者、行政機関等から個人情報の取扱いの委託を受けた業務に従事している者・従事していた者等は、その業務に関して知り得た個人情報の内容をみだりに他人に知らせ、又は不当な目的に利用してはなりません（法67条）。ここでは、保有個人情報に限らず、組織として保有していないものも含めて個人情報全般が対象とされています。したがって行政文書等に記録されていない個人情報も保護の対象となります。

これに違反した行政機関等の職員は地方公務員法29条1項1号（法令等違反）又は34条1項（守秘義務違反）により懲戒処分や刑事処罰の対象となる可能性があります。

〈4〉漏えい等の報告等

行政機関の長等は、保有個人情報の漏えい、滅失、毀損その他の保有個人情報の安全の確保に係る事態であって個人の権利利益を害するおそれが大きいものとして**個人情報保護委員会規則で定めるもの**が生じたときは、漏えい等が生じた旨を個人情報保護委員会に報告しなければなりません（法68条1項）。

個人情報保護委員会規則で定めるもの

① 要配慮個人情報が含まれる保有個人情報（略）の漏えい、滅失若しくは毀損（以下この条及び次条において「漏えい等」という。）が発生し、又は発生したおそれがある事態

② 不正に利用されることにより財産的被害が生じるおそれがある保有個人情報の漏えい等が発生し、又は発生したおそれがある事態

③ 不正の目的をもって行われたおそれがある保有個人情報の漏えい等が発生し、又は発生したおそれがある事態

④ 保有個人情報に係る本人の数が100人を超える漏えい等が発生し、又は発生したおそれがある事態

　また、行政機関の長等は、以下の場合以外は、漏えい等が生じたことを本人に通知しなければなりません（同条２項）。

①　本人への通知が困難な場合であって、本人の権利利益を保護するため必要なこれに代わるべき措置をとるとき。

　本人の連絡先が分からない場合等で、このような場合にはウェブサイトに掲載する等の方法が考えられます。

②　当該保有個人情報に開示請求者の生命、健康、生活又は財産を害するおそれがある情報等が含まれるとき。

　このような情報は、本人から開示請求があった場合にも不開示決定がなされるため、通知することもできません。

6　個人情報ファイル簿等

（1）個人情報ファイル簿の作成及び公表

　行政機関の長等は、行政機関等が保有している個人情報ファイルについて、①個人情報ファイルの名称、②利用目的、③記録される項目、④個人情報の収集方法、⑤記録情報に要配慮個人情報が含まれるときはその旨などを記載した個人情報ファイル簿を作成し、公表しなければなりません（法75条１項）。ただし、犯罪捜査等に関する個人情報ファイルのように高度の秘密保持を要するファイルや１年以内に消去することとなる記録情報のみを記録する個人情報ファイルのように個人の権利利益を侵害するおそれが小さい場合には作成、公表の必要はありません（同条２項）。

　個人情報ファイル簿及の作成及び公表は、ＯＥＣＤ８原則の個人参加の原則に基づき、住民に対して、自己に関する個人情報の所在及び内容を確認させ、または異議申立てを保障するための制度です。また、ＯＥＣＤ８原則の目的明確化の原則に基づき収集目的を明確にする意味もあります。さらに収集した個人情報を目的以外に利用してはならないため、ファイル簿に登録される目的によって利用制限の範囲が確定することになります。

（2）個人情報取扱事務登録簿の作成、公表

　従来、多くの自治体では、個人情報ファイル簿ではなく、個人情報取扱事務登録簿の作成、公表を行ってきました。個人情報ファイル簿は個人情報ファイル単位で作成されるのに対して、個人情報取扱事務登録簿は保有個人情報を取り扱う事務、事業単位で作成されています。どのような事務、事業に個人情報が利用されているのかという視点からは一覧性があり便利だといえます。そのため、自治体の機関は、条例で定めるところにより、個人情報ファイル簿とは別に、個人情報取扱事務登録簿等を作成し、公表することは可能です（法75条５項）。

7　自己情報に対するコントロール

(1) 自己情報の開示請求

〈1〉開示請求権

何人も行政機関の長等に対して、当該機関が保有する自己の個人情報の開示請求をすることができます（個人情報保護法76条1項）。なお、未成年者・成年被後見人の法定代理人又は本人の委任による代理人は、本人に代わって個人情報の開示請求を行うことができます（同条2項）。

この開示請求権は、形式的には情報公開制度と似ていますが、その目的は大きく異なります。情報公開制度は、知る権利や行政機関等の説明責任に基づくものですが、自己情報の開示制度は自己情報のコントロール権の観点から設けられています。つまり、自己情報の開示請求は行政機関等が保有する自己情報の開示を求めることによって、行政機関等が正しい情報を個人情報保護制度に従って、適法に取得、管理しているかを確認し、必要に応じて訂正請求、利用停止請求等を行うために設けられているのです。

〈2〉請求手続

開示請求をしようとする者は、行政機関の長等に対して、①開示請求をする者の氏名及び住所又は居所、②開示請求に係る保有個人情報が記録されている行政文書等の名称その他の開示請求に係る保有個人情報を特定するに足りる事項を記載した開示請求書を提出しなければなりません（法77条1項）。

なお、開示請求の際には、開示請求に係る保有個人情報の本人又はその法定代理人であることを証明する書類（運転免許証、健康保険の被保険者証、マイナンバーカード等）を提示しなければなりません（同条2項、法施行令21条）。

〈3〉保有個人情報の開示義務と不開示情報の範囲

①　開示義務

行政機関の長等は、開示請求があったときは、開示請求に係る保有個人情報に、法に規定する不開示情報が含まれている場合を除き、開示請求者に対し、当該保有個人情報を開示しなければなりません（法78条）。開示請求者にとっては自己の情報であるため、原則開示とされているのです。

②　不開示情報

不開示情報に関しては、「行政機関の保有する情報の公開に関する法律」（以下「情報公開法」といいます。）5条の不開示情報と整合性が図られており、ほぼ同様のものを不開示情報として規定しています（法78条1項）。そのため、不開示情報に関する説明については、本章第1節「行政情報の公開」の情報公開制度の不開示情報の説明を参考にしながら読み進めてください。

ア　開示請求者の生命、健康、生活又は財産を害するおそれがある情報

第78条１項
　一　開示請求者の生命、健康、生活又は財産を害するおそれがある情報

情報公開法にはなく、自己情報の開示請求に特有の不開示情報です。この例として、不治の病に関する情報であって、本人がそれを知ることによって精神的に大きな打撃を受け、健康が悪化するおそれがあるような場合が挙げられます。

また、本人と代理人との法的利益が相反する場合もあるため、代理人による個人情報の開示請求が行われる場合、本人の保護をいかに保障するかということが問題になる場合もあります。そのような場合、本号の規定により生命、健康、生活又は財産を害するおそれがある情報として不開示とすることもあります。たとえば、情報公開・個人情報保護審査会平成18年12月15日答申（平成18年度（独個）答申第９号）は、児童に係る小学校児童指導要録に記載された情報全体について、児童の法定代理人からされた開示請求に関して「父親の家庭内暴力の原因が分からない状況下においては、これを開示することによって、およそ児童の生命、健康、生活又は財産を害するおそれがないとまでは言い切れず、これらの情報は不開示とすることが相当である」としています。

イ　開示請求者以外の個人に関する情報

第78条１項
　二　開示請求者以外の個人に関する情報（事業を営む個人の当該事業に関する情報を除く。）であって、当該情報に含まれる氏名、生年月日その他の記述等により開示請求者以外の特定の個人を識別することができるもの（他の情報と照合することにより、開示請求者以外の特定の個人を識別することができることとなるものを含む。）若しくは個人識別符号が含まれるもの又は開示請求者以外の特定の個人を識別することはできないが、開示することにより、なお開示請求者以外の個人の権利利益を害するおそれがあるもの。ただし、次に掲げる情報を除く。
　　イ　法令の規定により又は慣行として開示請求者が知ることができ、又は知ることが予定されている情報
　　ロ　人の生命、健康、生活又は財産を保護するため、開示することが必要であると認められる情報
　　ハ　当該個人が公務員等〔国家公務員、独立行政法人等の職員、地方公務員及び地方独立行政法人の職員〕である場合において、当該情報がその職務の遂行に係る情報であるときは、当該情報のうち、当該公務員等の職及び当該職務遂行の内容に係る部分

開示請求者以外の「個人に関する情報」を不開示とするものです。個人情報保護法２条２項２号の「個人情報」の定義とは異なる点に注意が必要です。「個人情報」には死者の情報は含まれませんが、本号は開示請求者以外の個人のプライバシーの保護を目的とするもので、死者についてもプライバシーは保護されるべきであることから、本号の「個人」には死者も含まれると解されます。また、本号のモザイクアプローチにおいても、個人情報保護法２条２項２号の「個人情報」の定義とは異なり、「容易に」

は要件とされていません。

なお、個人に関する情報であっても例外的に開示される情報（イ～ハ）については、情報公開制度と同様の規定がなされています。

ウ　法人等に関する情報

第78条１項
三　法人その他の団体〔略〕に関する情報又は開示請求者以外の事業を営む個人の当該事業に関する情報であって、次に掲げるもの。ただし、人の生命、健康、生活又は財産を保護するため、開示することが必要であると認められる情報を除く。
イ　開示することにより、当該法人等又は当該個人の権利、競争上の地位その他正当な利益を害するおそれがあるもの
ロ　行政機関等の要請を受けて、開示しないとの条件で任意に提供されたものであって、法人等又は個人における通例として開示しないこととされているものその他の当該条件を付することが当該情報の性質、当時の状況等に照らして合理的であると認められるもの

法人に関する情報あるいは事業を営む個人の当該事業に関する情報について不開示とするものです。情報公開制度と同様の規定がなされています。

エ　国の安全等に関する情報

第78条１項
四　行政機関の長が第82条各項の決定（以下この節において「開示決定等」という。）をする場合において、開示することにより、国の安全が害されるおそれ、他国若しくは国際機関との信頼関係が損なわれるおそれ又は他国若しくは国際機関との交渉上不利益を被るおそれがあると当該行政機関の長が認めることにつき相当の理由がある情報

国の安全等に関する情報について不開示とするものです。なお、本号は、行政機関の長が決定する場合に限るため、自治体の機関が行う決定に関して本号の適用はありません。その理由として、本号は、国の安全等の国民全体の基本的な利益の擁護に携わる内閣の重要な責務に関するものであり、かつ、開示、不開示の判断に、高度の専門性、政策的判断を必要とする特殊性を有することから、内閣の下にある行政機関の長の不開示決定の判断を尊重する趣旨を示すためとされています＊5。

なお、独立行政法人等については、７号イにおいて同様の不開示情報が規定されています。

オ　公共の安全等に関する情報

第78条１項
五　行政機関の長又は地方公共団体の機関（都道府県の機関に限る。）が開示決定等をする場合において、開示することにより、犯罪の予防、鎮圧又は捜査、公訴の維持、刑の執行その他の公共の安全と秩序の維持に支障を及ぼすおそれがあると当該行政機関の長又は地方公共団体の機関が認めることにつき相当の理由がある情報

公共の安全等に関する情報についての規定で、情報公開法とほぼ同様の

＊5
宇賀克也『新・個人情報保護法の逐条解説』（有斐閣、2021年）558頁

規定がなされています。ただし、行政機関の長又は都道府県の機関による開示決定のみが規定されており、市町村及び特別地方公共団体の機関はこの規定に基づく不開示決定をすることができません。都道府県の機関に限るとした理由は、地方公共団体において警察組織を有するのは都道府県のみであるためです。自治体の情報公開条例においては、本号と同様の不開示情報が規定されている場合もありますが（大阪市情報公開条例７条６号等）、その場合は不開示情報について情報公開制度と個人情報保護制度で異なる規定となるため、注意が必要です。

カ　審議、検討、協議に関する情報

> 第78条１項
> 六　国の機関、独立行政法人等、地方公共団体及び地方独立行政法人の内部又は相互間における審議、検討又は協議に関する情報であって、開示することにより、率直な意見の交換若しくは意思決定の中立性が不当に損なわれるおそれ、不当に国民の間に混乱を生じさせるおそれ又は特定の者に不当に利益を与え若しくは不利益を及ぼすおそれがあるもの

情報公開制度と同様に、審議、検討、協議に関する情報について、開示によって公益が損なわれるもの等を不開示とするものです。

キ　事務事業に関する情報

> 第78条１項
> 七　国の機関、独立行政法人等、地方公共団体又は地方独立行政法人が行う事務又は事業に関する情報であって、開示することにより、次に掲げるおそれその他当該事務又は事業の性質上、当該事務又は事業の適正な遂行に支障を及ぼすおそれがあるもの
> イ　独立行政法人等、地方公共団体の機関〔略〕が開示決定等をする場合において、国の安全が害されるおそれ、他国若しくは国際機関との信頼関係が損なわれるおそれ又は他国若しくは国際機関との交渉上不利益を被るおそれ
> ロ　独立行政法人等が開示決定等をする場合において、犯罪の予防、鎮圧又は捜査その他の公共の安全と秩序の維持に支障を及ぼすおそれ
> ハ　監査、検査、取締り、試験又は租税の賦課若しくは徴収に係る事務に関し、正確な事実の把握を困難にするおそれ又は違法若しくは不当な行為を容易にし、若しくはその発見を困難にするおそれ
> ニ　契約、交渉又は争訟に係る事務に関し、国、独立行政法人等、地方公共団体又は地方独立行政法人の財産上の利益又は当事者としての地位を不当に害するおそれ
> ホ　調査研究に係る事務に関し、その公正かつ能率的な遂行を不当に阻害するおそれ
> ヘ　人事管理に係る事務に関し、公正かつ円滑な人事の確保に支障を及ぼすおそれ
> ト　独立行政法人等、地方公共団体が経営する企業又は地方独立行政法人に係る事業に関し、その企業経営上の正当な利益を害するおそれ

情報公開制度と同様に、事務事業に関する不開示情報を規定しています。また、本号では、独立行政法人等に関する国の安全等に関する情報及び公共の安全等に関する情報が不開示情報として規定されています。

③　自治体の情報公開条例及び情報公開法との整合性

個人情報保護法78条２項では、本法が定める不開示情報に該当するもの

でも、自治体の情報公開条例の規定により開示することとされている情報として条例で定めるものは、法で定める不開示情報から除外することとされています。情報公開条例に基づく開示請求に対して開示される情報であるにもかかわらず、本人からの自己情報の開示請求において開示しないことは不合理であるため、この規定が設けられています。

また、情報公開法５条に定める不開示情報に準ずる情報であって自治体の情報公開条例において開示しないこととされているもののうち、情報公開条例との整合性を確保するために不開示とする必要があるものとして条例で定めるものは不開示情報とするとされています。情報公開法の規定による不開示情報に準ずる情報であることから、自己情報の開示請求に関しても不開示情報とすることは合理性があるためです。

④　**開示等の決定**

行政機関の長等は、保有個人情報の全部又は一部を開示するときは、その旨の決定をし、開示請求者に対し、その旨、開示する保有個人情報の利用目的及び開示の実施に関し、次の事項を書面により通知しなければなりません（法82条１項・【図表７－２－２】参照）。

【図表７-２-２】通知する事項

①　全部又は一部を開示する旨
②　開示する保有個人情報の利用目的
③　開示決定に係る保有個人情報について求めることができる開示の実施の方法
④　事務所における開示を実施することができる日、時間及び場所等
⑤　写しの送付の方法による保有個人情報の開示を実施する場合における準備に要する日数及び送付に要する費用
⑥　電子情報処理組織を使用して保有個人情報の開示を実施する場合における準備に要する日数その他当該開示の実施に必要な事項（行政機関等が電子情報処理組織を使用して保有個人情報の開示を実施することができる旨を定めている場合に限る。）

ただし、①利用目的を本人に明示することにより、本人又は第三者の生命、身体、財産その他の権利利益を害するおそれがあるとき及び②利用目的を本人に明示することにより、国の機関、独立行政法人等、自治体又は地方独立行政法人が行う事務又は事業の適正な遂行に支障を及ぼすおそれがあるときは、利用目的を通知する必要はありません（同項ただし書）。

一方、開示請求に係る保有個人情報の全部を開示しないときは、行政機関の長等は、開示をしない旨の決定をし、開示請求者に対し、その旨を書面により通知しなければなりません（同条２項）。

なお、部分開示（法79条）裁量的開示（法80条）及び存否応答拒否（法81条）については、情報公開制度において同趣旨の規定がなされているため、情報公開制度の該当部分を参考にしてください。

⑤　**開示決定等の期限**

ア　法律の規定

開示決定等は、開示請求があった日から30日以内にしなければなりません（法83条１項）。また、行政機関の長等は、事務処理上の困難その他正当な理由があるときは、開示決定の期間を30日以内に限り延長することができます。この場合は、開示請求者に対し、遅滞なく、延長後の期間及び延長の理由を書面により通知しなければなりません（同条２項）。

イ　条例による規定の可能性

従来の各自治体の個人情報保護条例では開示決定の期限を２週間程度とするものが多くありました。そのため、法律で規定されている期限について条例によって異なる定めをすることが可能かということが問題となります。この点に関して、法108条は「この節の規定は、地方公共団体が、保有個人情報の開示、訂正及び利用停止の手続並びに審査請求の手続に関する事項について、この節の規定に反しない限り、条例で必要な規定を定めることを妨げるものではない」と規定しており、少なくとも法で定める期間より短い期間を定めること（たとえば、従来どおり14日以内とするなど）は、住民の利益という点から、許容されていると解されます。

⑥　移送

開示請求があった場合に、保有個人情報が他の行政機関等から提供されたものであるとき等、他の行政機関の長等において開示決定等をすることにつき正当な理由があるときは、行政機関の長等は、他の行政機関の長等と協議の上、他の行政機関の長等に事案を移送することができます。移送した場合には、移送をした行政機関の長等は、開示請求者に対し、事案を移送した旨を書面により通知しなければなりません。また、移送を受けた行政機関の長等が開示決定等を行うことになります（法85条）。

自治体の情報公開条例においても同様の規定がなされていますが、情報公開条例においては、当該自治体の機関間の移送しか行うことができません。しかし、本法における移送は、行政機関の長等の間で行うことになるため、当該自治体の機関間のみならず、他の自治体、国の行政機関、独立行政法人、地方独立行政法人等との間で行うこともできます。

⑦　第三者に対する意見書提出の機会の付与等

開示請求の対象となった保有個人情報に国、独立行政法人等、自治体、地方独立行政法人及び開示請求者以外の第三者に関する情報が含まれているときは、行政機関の長等は、開示決定等をするに当たって、当該情報に係る第三者に対し、その個人情報の内容等を通知して、意見書を提出する機会を与えることができます（法86条１項。裁量的意見照会）。

また、行政機関の長等は、次の各号のいずれかに該当するときは、開示決定に先立ち、当該第三者に対し、個人情報の内容等を書面により通知して、意見書を提出する機会を与えなければなりません（同条２項。義務的意見照会）。

ア　人の生命、健康、生活又は財産を保護するために、第三者に関する情報が含まれている保有個人情報を例外的に開示しようとする場合

イ　個人の権利利益を保護するため特に必要があるとして裁量的に、保有個人情報を開示しようとするとき。

なお、意見書の提出の機会を与えられた第三者が、情報の開示に反対の意思を表示した意見書を提出したにもかかわらず、行政機関の長等が開示決定をするときは、開示決定の日と開示を実施する日との間に少なくとも２週間を置かなければなりません。意見書を提出した第三者が、審査請求や取消訴訟によって、開示決定を争う機会を保障するためにこの期間が置かれています。

⑧　**手数料**

自治体の機関に対し開示請求をする者は、実費の範囲内において条例で定める額の手数料を納めなければなりません（法89条２項）。

この点に関しては、情報公開法との違いを意識する必要があります。情報公開法16条では、「開示請求をする者」又は「行政文書の開示を受ける者」は、それぞれ開示請求に係る手数料又は開示の実施に係る手数料を納めなければならないとされています。一方、本法では、「開示請求をする者」に対する手数料のみが規定されており、行政文書の開示を受ける者の手数料は規定されていません。つまり、本法の手数料は、開示請求の段階で徴収する手数料のみ徴収することが規定され、開示を受ける段階での手数料は規定されていないのです。

この手数料は、開示請求を受け付け、保有個人情報を検索し、開示の是非を審査し、開示決定等の通知を発するまでの申請事務処理の費用のみならず開示の実施に必要な費用（電子計算機処理された情報の出力等）も含む趣旨であるとされています[*6]。また、コピー代や記録媒体の費用等の実費について、開示請求の手数料とは別に徴収することは可能であるとされています[*7]。

⑨　**開示の実施**

保有個人情報の開示は、当該保有個人情報が、文書又は図画に記録されているときは閲覧又は写しの交付により行います。また、電磁的記録に記録されているときは、その種別、情報化の進展状況等を勘案して行政機関等が定める方法により行うこととされています（法87条１項）。このため、各地方公共団体は、電磁的記録についての開示の方法を定めておかなければなりません。

（２）　自己情報の訂正の請求

開示決定に基づき開示を受けた保有個人情報等の内容が事実でないと考えたと

＊６　宇賀克也『新・個人情報保護法の逐条解説』（有斐閣、2021年）609頁

＊７　個人情報保護委員会事務局「個人情報の保護に関する法律についてのQ&A（行政機関等編）令和４年２月（令和４年４月更新）」17頁

きは、訂正の請求をすることができます（法90条１項）。なお、請求に当たっては、開示決定を受けていることが前提となり（開示決定前置主義）、また、開示を受けた日から90日以内に行わなければならないとされています（同条３項）。なお、開示請求と同様に、代理人が訂正の請求を行うこともできます（同条２項）。

〈１〉訂正請求の手続

訂正請求は、①訂正請求をする者の氏名及び住所又は居所、②訂正請求に係る保有個人情報の開示を受けた日その他当該保有個人情報を特定するに足りる事項、③訂正請求の趣旨及び理由を記載した書面を行政機関の長等に提出して行います（法91条１項）。なお、開示請求と同様に、訂正請求に係る保有個人情報の本人であること、又は代理人であることを示す書類を提出しなければなりません（同条２項）。

〈２〉訂正請求に対する決定

訂正請求があった場合、行政機関の長等は、訂正請求に理由があると認めるときは、訂正請求に係る保有個人情報の利用目的の達成に必要な範囲内で、当該保有個人情報の訂正をしなければなりません（法92条）。あくまで利用目的の達成に必要な範囲内について訂正を求めることができるもので、たとえ保有個人情報が事実と異なる場合であっても利用目的の達成に支障がなければ訂正する義務はありません。

訂正する旨の決定をしたときは、当該訂正請求に係る保有個人情報を訂正した上、訂正請求者に対し、書面によりその旨を通知しなければなりません。一方、訂正しない旨の決定をしたときは、訂正請求者に対し、書面によりその旨を通知しなければなりません（法93条）。

訂正請求に際して、訂正すべき事実を証する書類の提出は請求者に義務付けられていませんが、そのような書類等の提出がない場合には、行政機関の長等は訂正請求に理由がないと判断せざるをえない場合もあります。そのため、事実上、事実を証する書類の提出が義務付けられることとなる場合があります。また、行政機関の長等としては、必要な調査の一環として、請求者に対して事実を証する書類等の提出を求めることも可能と考えられます。

〈３〉決定の期限

行政機関の長等は、請求があった日から30日以内に、必要な調査を行い、訂正請求者に対して、訂正請求に係る保有個人情報を訂正する旨又は訂正しない旨の決定をしなければなりません（法94条１項）。ただし、事務処理上の困難その他正当な理由があるときは、30日以内に限り延長することができます。この場合、訂正請求者に対し、遅滞なく、延長後の期間及び延長の理由を書面により通知しなければなりません（法94条２項）。さらに、その例外として、訂正決定等に特に長期間を要すると認めるときは、30日等の期間制限なく相当の期間内に訂正決定等をすることもできます。この場合、請求があった日から30日以内に、①この規定を適用する旨及びその理由、②訂正決定等をする期限を書面により通知しなければなりません（法95条）。

なお、これら期限についても、開示決定の期限と同様に自治体の条例によって、30日よりも短い期間とすることは可能と解されます。

（3）自己情報の利用停止等

開示を受けた自己の保有個人情報が、収集の制限又は利用及び提供の制限に違反した取扱いが行われていると考える者は、以下（【図表7－2－3】）の態様に応じて利用停止等をすることができます（法98条）。

【図表7-2-3】自己情報の利用停止等の態様と請求内容

態　　様	請求内容
①　個人情報の保有の制限等（法61条）に違反して保有されているとき、偽りその他不正の手段により個人情報が取得されたものであるとき（法64条）又は利用の制限（法69条）に違反して利用されているとき	保有個人情報の利用の停止又は消去
②　提供の制限（法69条）又は国にある第三者への提供の制限（法71条）に違反して提供されているとき	保有個人情報の提供の停止

利用停止等の請求に当たっては、開示決定を受けていることが前提となり（開示決定前置主義）、また、開示を受けた日から90日以内に行わなければならないとされています（法98条3項）。なお、開示請求と同様に、代理人が訂正請求を行うこともできます（同条2項）。

〈1〉利用停止等求の請求手続

利用停止等を請求しようとする者は、行政機関の長等に対して、①利用停止請求をする者の氏名及び住所又は居所、②利用停止請求に係る保有個人情報の開示を受けた日その他当該保有個人情報を特定するに足りる事項、③利用停止請求の趣旨及び理由を記載した請求書を提出しなければなりません（法99条1項）。

なお、その際に、訂正請求に係る保有個人情報の本人であること、又は代理人であることを示す書類を提出しなければなりません（同条2項）。

〈2〉利用停止義務

行政機関の長等は、当該利用停止等請求に理由があると認めるときは、保有個人情報の適正な取扱いを確保するために必要な限度で、保有個人情報の利用の停止、消去又は提供の停止をしなければなりません（法100条）。ただし、当該保有個人情報の利用停止等をすることにより、事務の性質上、当該事務の適正な遂行に著しい支障を及ぼすおそれがあると認められるときは利用停止等を行わないことも許されます。

なお、保有個人情報の適正な取扱いを確保するために必要な限度において、利用停止等を行うこととされているため、請求者が個人情報の消去を求めた場合であっても、利用の停止により保有個人情報の適正な取扱いを確保することができるときは、消去請求に応じることなく利用の停止にとどめることも可能です。

8　個人情報保護委員会

これまでは、個人情報保護委員会は自治体に対して監督権限等を有していませんでした。しかし、2021年の個人情報保護法改正後は、自治体に対しても資料の提出の要求及び実地調査（法156条）、指導及び助言（法157条）、勧告（法158条）等の権限を有することとなりました。また、一方、自治体は、個人情報の適正な取扱いを確保するために必要があると認めるときは、委員会に対して、情報の提供又は技術的な助言を求めることができることとされています（法166条１項）。

また、これまでは、各自治体は、個人情報の取扱い等について自治体の個人情報保護審議会等に諮問していましたが、法改正後は、個人情報保護委員会が個人情報保護法の解釈として一元的に担うことになりました。

ただし、自治体の機関は、条例で定めるところにより、個人情報の適正な取扱いを確保するため専門的な知見に基づく意見を聴くことが特に必要であると認めるときは、審議会その他の合議制の機関に諮問することができるとされています（法129条）。自治体としては、個人情報保護委員会が定める指針を踏まえて細則を策定する場合に、審議会等に諮問する、あるいは条例要配慮個人情報を定める際に諮問することなどがありえると思われます。

9　不服申立てによる救済

開示請求に係る開示決定等、訂正決定等、利用停止決定等又は開示請求、訂正請求若しくは利用停止請求に係る不作為に係る審査請求に不服がある場合は、行政不服審査法に基づく不服申立てをすることができます。この場合、行政不服審査法において規定されている審理員による審理手続は、適用除外とされています（法104条～106条）。審査庁が裁決に当たっての諮問も各自治体が設置する審議会等に対して行っています。この点に関して、各自治体の諮問機関としては、国の情報公開・個人情報保護審査会ではなく、従来どおり各自治体が条例で設置する審議会等とされています（法106条２項）。

10　罰則

個人情報保護法では、自治体の職員に対して次のような罰則が規定されています（【図表７－２－４】）。

【図表7－2－4】行政機関の職員等に関する罰則

対象者	行為	罰則
①　行政機関等の職員又は職員であった者 ②　個人情報事務受託者又は従事していた者	正当な理由がないのに、個人の秘密に属する事項が記録された個人情報ファイルを提供したとき	2年以下の懲役又は100万円以下の罰金（法176条）
	その業務に関して知り得た保有個人情報を自己若しくは第三者の不正な利益を図る目的で提供し、又は盗用したとき	1年以下の懲役又は50万円以下の罰金（法180条）
行政機関等の職員	その職権を濫用して、専らその職務の用以外の用に供する目的で個人の秘密に属する事項が記録された文書、図画又は電磁的記録を収集したとき	1年以下の懲役又は50万円以下の罰金（法181条）

11　行政機関等匿名加工情報の提供

行政機関等匿名加工情報制度とは、個人情報の適正かつ効果的な活用が新たな産業の創出や豊かな国民生活の実現に資するものであることから、行政の事務及び事業の適正かつ円滑な運営及び個人の権利利益の保護に支障がない範囲内で、行政機関等の保有する個人情報を加工して作成する匿名加工情報を事業で活用しようとする者に提供する仕組みです。いわゆるビッグデータの収集、分析が可能となる中で、行政機関が保有するパーソナルデータの利活用を推進して行くための制度といえます。

（1）匿名加工情報

匿名加工情報とは、特定の個人を識別することができないように個人情報を加工して得られる個人に関する情報であって、個人情報を復元することができないようにしたものをいいます（法2条6項）。

加工の方法としては、①個人情報に含まれる特定の個人を識別することができる記述等の全部又は一部を削除すること、②個人情報に含まれる個人識別符号の全部を削除すること、③個人情報に含まれる不正に利用されることにより財産的被害が生じるおそれがある記述等を削除すること、により行います（個人情報の保護に関する法律施行規則（以下「法施行規則」といいます。）31条）。

（2）行政機関等匿名加工情報

行政機関等匿名加工情報とは、個人情報ファイルを構成する保有個人情報を加工して得られる匿名加工情報をいいます（法60条3項）。

（3）行政機関等匿名加工情報の作成等

行政機関の長等が、行政機関等匿名加工情報を作成することは、保有個人情報の目的外利用となるため、個人情報保護法69条1項の規定により禁止されています。しかし、法109条1項により、目的外利用の例外として、行政機関等匿名加工情報を作成することが許容されています。なお、この行政機関等匿名加工情報は、①法令に基づく場合及び②保有個人情報を利用目的のために第三者に提供することができる場合において当該保有個人情報を加工して作成した行政機関等匿名加工情報を当該第三者に提供するとき以外には、提供することはできません（同条2項）。

また、行政機関の長等は、行政機関等匿名加工情報を作成したときは、個人情報ファイル簿に①募集をする個人情報ファイルである旨、②提案を受ける組織の名称及び所在地を記載しなければなりません（法110条）。

（4）提案の募集、契約の締結

行政機関等は、定期的に、当該行政機関が保有している個人情報ファイルについて、行政機関等匿名加工情報を利用して行う事業に関する提案を募集するとされています（法111条）。なお、自治体において、この募集は、都道府県及び政令指定都市は義務とされていますが、その他の自治体については任意に行うことができます（法附則7条）。

この募集に対して、①未成年者、②心身の故障により行政機関等匿名加工情報をその用に供して行う事業を適正に行うことができない者、③破産手続開始の決定を受けて復権を得ない者等は提案を行うことができません（欠格事由。法111条）。

行政機関等は、募集に対して提案があったときは、①欠格事由に該当しないこと、②希望する本人の数が1000人以下（法施行規則56条）であり、対象ファイルの本人の数以下であること、③加工基準に適合すること、④事業が新産業の創出等に資すること、⑤事業の用に供しようとする期間が個人情報保護委員会規則で定める期間を超えないこと、⑥安全管理措置等が適切であること等を審査し（法114条1項）、基準に適合すると認めた者と行政機関等匿名加工情報の利用に関する契約の締結を行います（法115条）。

（5）手数料

行政機関等匿名加工情報の利用に関する契約を締結する者は、手数料を納めなければなりません（法119条1項）。自治体に関する手数料の額は、実費を勘案して政令で定める額を標準として条例で定めることとされています（法119条3項）。

学習のポイント

1　プライバシーの権利の広がり

■古典的なプライバシー権は、国家による私生活への侵害からプライバシーを守るという消極的な権利と理解されていました。今日では、行政機関が保有する住民に関する情報量も飛躍的に増大しており、古典的なプライバシー権の考え方では不十分なものであると考えられるようになってきました。

■今日、プライバシー権として、国家による私生活への侵害からプライバシーを守るという消極的な権利としての側面と国民自らが自己の情報を管理する自己情報コントロール権としての側面とがあるものと考えられています。

2　ＯＥＣＤの８原則

■我が国の個人情報保護制度は、1980年９月にＯＥＣＤ（経済協力開発機構）の理事会で採択された「プライバシー保護と個人データの国際流通についての勧告」で示された８原則（①目的明確化の原則、②利用目的制限の原則、③収集制限の原則、④データ内容の原則、⑤安全保護の原則、⑥公開の原則、⑦個人参加の原則、⑧責任の原則）に沿った内容となっています。

3　個人情報保護制度に関する法体系

■従来、我が国の個人情報保護に関する法律等として、①我が国の個人情報保護制度の基本となる「個人情報の保護に関する法律」、②国の行政機関が保有する個人情報の扱いについて定める「行政機関の保有する個人情報の保護に関する法律」、各自治体が保有する個人情報の扱いについて定める各自治体の「個人情報保護条例」等において規律されていました。

■令和４年４月１日には、個人情報保護法、行政機関個人情報保護法、独立行政法人等個人情報保護法の３本の法律が個人情報保護法に統合されました。また、令和５年４月１日からは、各自治体の個人情報保護制度についても個人情報保護法において全国的な共通ルールを規定し、全体の所管を個人情報保護委員会とすることとされました。

4　個人情報保護法における用語の意義

■個人情報保護法では、「個人情報」とは、生存する個人に関する情報であって、次のいずれかに該当するものとされています。

①当該情報に含まれる氏名、生年月日その他の記述等に記載され、若しくは記録され、又は音声、動作その他の方法を用いて表された一切の事項により特定の個人を識別することができるもの（他の情報と容易に照合することができ、それにより特定の個人を識別することができることとなるものを含む。）

②個人識別符号が含まれるもの

■行政機関の職員が職務上作成し、又は取得した文書、図画及び電磁的記録であって、当該行政機関の職員が組織的に用いるものとして、当該行政機関が保有しているものを「行政文書」といいます。また、自治体の機関又は地方独立行政法人の職員が職務上作成し、又は取得した文書等であって、当該自治体の機関又は地方独立行政法人の職員が組織的に用いるものとして、当該自治体の機関又は地方独立行政法人が保有しているものを地方公共団体等行政文書といいます。

■個人情報保護法では、国の省庁等の機関を「行政機関」として、知事・市町村長、教育委員会、選挙管理委員会、監査委員等の執行機関を「地方公共団体の機関」と規定しています。ただし、自治体の機関から議会は除かれています。

■国の行政機関、自治体の機関、独立行政法人、地方独立行政法人等の職員が職務上作成し、又は取得した個人情報であって、当該行政機関の職員が組織的に利用するものとして、当該行政機関が保有しているものを保有個人情報といいます。

■保有個人情報を含む情報の集合物であって、次のいずれかに当たるものを個人情報ファイルといいます。

①一定の事務の目的を達成するために特定の保有個人情報を、電子計算機を用いて検索することができるように体系的に構成したもの

②一定の事務の目的を達成するために氏名、生年月日、その他の記述等により特定の保有個人情報を容易に検索することができるように体系的に構成したもの

■本人の人種、信条、社会的身分、病歴、犯罪の経歴、犯罪により害を被った事実その他本人に対する不当な差別、偏見その他の不利益が生じないようにその取扱いに特に配慮を要するものとして政令で定める記述等が含まれる個人情報を要配慮個人情報といいます。

5　個人情報の適正管理

■自治体の機関は、法令あるいは条例の定める所掌事務又は業務を遂行するため必要な場合に限り、個人情報を保有することが許されます。さらに、保有に際しては、利用目的をできる限り特定しなければならず、特定された利用目的の達成に必要な範囲を超えて個人情報を保有することは禁止されています。

■自治体の機関は、本人から直接書面に記録された本人の個人情報を取得するときは、原則として、あらかじめ、本人に対して、その利用目的を明示しなければなりません。

■自治体の機関は、偽りその他不正の手段により個人情報を取得してはなりません。

■自治体の機関は、法令に基づく場合を除き、原則として、利用目的以外の目的のために保有個人情報を自ら利用し、又は提供してはなりません。

■自治体の機関は、違法又は不当な行為を助長し、又は誘発するおそれがある方法により個人情報を利用することは禁止されています。

■自治体の機関は、利用目的の達成に必要な範囲内で、保有個人情報が過去又は現在の事実と合致するよう努めなければなりません。

■自治体の機関は、保有個人情報の漏えい、滅失又は毀損の防止その他の保有個人情報の安全管理のために必要かつ適切な措置を講じなければなりません。

■自治体の機関は、要配慮個人情報が含まれる保有個人情報等の漏えいが生じたときは、漏えい等が生じた旨を個人情報保護委員会に報告しなければなりません。また、原則として、その旨を本人にも通知しなければなりません。

6　個人情報ファイル簿等

■行政機関の長等は、行政機関等が保有している個人情報ファイルについて、①個人情報ファイルの名称、②利用目的、③記録される項目、④個人情報の収集方法、⑤記録情報に要配慮個人情報が含まれるときはその旨などを記載した個人情報ファイル簿を作成し、公表しなければなりません。

■従来、多くの自治体では、個人情報ファイル簿ではなく、個人情報取扱事務登録簿の作成、公表を行ってきました。個人情報保護制度の一元化の後は、自治体の機関は、条例で定めるところにより、個人情報ファイル簿とは別に個人情報取扱事務登録簿等を作成し、公表することもできます。

7　自己情報に対するコントロール

■何人も、行政機関の長等に対して当該機関が保有する自己を本人とする保有個人情報の開示請求をすることができます。なお、未成年者・成年被後見人の法定代理人又は本人の委任による代理人は、本人に代わって個人情報の開示請求を行うことができます。

■自治体の機関は、開示請求があったときは、開示請求に係る保有個人情報に法に規定する不開示情報が含まれている場合を除き、開示請求者に対し、当該保有個人情報を開示しなければなりません。

■開示を受けた保有個人情報等の内容が事実でないと考える者は、訂正、削除の請求をすることができます。この請求を受けた行政機関の長等は、訂正請求に理由があると認めるときは、訂正請求に係る保有個人情報の利用目的の達成に必要な範囲内で、当該保有個人情報の訂正をしなければなりません。

■開示を受けた自己の保有個人情報が、収集の制限又は利用及び提供の制限に違反した取扱いが行われていると考える者は、保有個人情報の利用の停止、消去又は提供の停止を請求することができます。この請求を受けた行政機関の長等は、当該利用停止等請求に理由があると認めるときは、保有個人情報の適正な取扱いを確保するために必要な限度で、保有個人情報の利用の停止、消去又は提供の停止をしなければなりません。

8　個人情報保護委員会

■国の個人情報保護委員会は、自治体に対して監督権限等を有していませんでした。しかし、個人情報保護制度の一元化の後は、自治体に対しても資料の提出の要求及び実地調査、指導及び助言、勧告等の権限を有することとなりました。

■自治体は、個人情報の適正な取扱いを確保するために必要があると認めるときは、委員会に対して、情報の提供又は技術的な助言を求めることができます。

9　不服申立てによる救済

■自己情報開示請求に係る決定等、訂正請求等に対する決定等に不服がある場合、行政不服審査法に基づく不服申立てをすることができます。この場合、行政不服審査法において規定されている審理員による審理手続は、適用除外とされています。

■審査庁が裁決に当たって、各自治体が諮問すべき機関としては、国の情報公開・個人情報保護審査会ではなく、従来どおり各自治体が条例で設置する個人情報保護審議会等とされています。

10　罰則

■個人情報保護法176条、180条、181条等で自治体の職員に対する罰則が規定されています。

11　行政機関等匿名加工情報の提供

■自治体の機関が保有する個人情報を加工して作成する行政機関等匿名加工情報の提供を事業に活用しようとする者に、匿名加工を行った個人情報を提供する仕組みが行政機関等匿名加工情報制度です。ビッグデータの活用を通じて、新産業・新サービスの創出や我が国を取り巻く諸課題の解決に大きく貢献するなど、これからの我が国発のイノベーション創出に寄与することが期待されています。

■自治体の機関は、行政機関等匿名加工情報を利用して行う事業を行おうとする者からの提案を受け、審査を行います。審査の結果、基準に適合すると認めた者と契約の締結をした上で、行政機関等匿名加工情報の提供を行います。

第8章

公共政策と自治体法務

前章まで、「自治体法務」の理論や制度についてみてきました。今後は、自治体法務を通じて自治体としての政策をどう実現するかという視点が重要となります。これが「政策法務」の提案にほかなりません。もちろん、自治体法務自体が政策法務の要素を含んでいるのですが、これまでは「政策論」との結び付きには深入りしないで「法務」や「制度」の視点から検討してきました。

そこで本章では、「公共政策論」の基礎を学ぶとともに、これをベースにして、自治体が「政策法務」をどう推進すべきかについて考えていきます。ここまで「法務」の側面からアプローチしてきましたが、今度は「政策」の側面からアプローチし、両者の接点を「政策法務」という形で示すというのが、本章のねらいです。

以前は、公共政策論といっても、外国の研究成果を「輸入」したような内容でしたが、1990年代から日本でも急速に研究が進み、「国産」の研究が進んできました。ここでは、その中から政策法務の実務にとって重要と思われるテーマや理論を紹介します。

第１節では、「公共政策の見方・つくり方」と題して、基礎的な概念や枠組みについて紹介します。

第２節では、「公共政策のプロセスと組織」について、公共政策論や行政学で説明されている枠組みや論点について検討します。政策過程に関する理論と政策執行の理論を学び、官僚制の概念と機能・逆機能について紹介した上で、「ＮＰＭ改革」の要点を検討します。

第３節では、「政策法務のマネジメント」について検討します。政策法務のプロセスごとにその担い手について論じるとともに、政策法務を進めるための組織戦略、人材戦略について検討します。

公共政策論では、法律学ではなじみのない概念や発想が出てきますが、自治体法務・政策法務を担う皆さんにはぜひ習得してほしいと願っています。

第1節　公共政策の見方・つくり方

1　公共政策とは何か[*1]

＊1　政策の定義に関する参考文献
以下の記述については、森田朗『新版　現代の行政』（第一法規、2017年）143〜148頁、礒崎初仁・金井利之・伊藤正次『ホーンブック地方自治（新版）』（北樹出版、2020年）第8章（礒崎執筆）、岩崎忠『自治体の公共政策』（学陽書房、2013年）を参照。

（1）政策とは

政策（**公共政策**、Public Policy）とは、「公共的な課題を解決するための活動の方針であって、目的・手段の体系をなすもの」と考えられます。社会には様々な課題が生じますので、国や自治体など公的な機関には、これを解決するために様々な活動を行うことが求められます。こうした活動を効果的に実施するには、そのための方針が必要になります。このような活動の方針（行動の案）が「政策」です[*2]。

＊2　「政策」の意味
広い意味での「政策」には、民間企業の活動方針も含まれますが（販売政策、出店政策など）、ここでは公的課題に対する活動方針に限定しています。これを「公共政策」と呼んで区別することもあります。

（2）政策といえるための条件

政策といえるための条件について、分けて説明しましょう。

第1に、政策は「公共的な課題」を解決するためにつくられるものです。社会には様々な問題が生じますが、これが「公共的な課題」、すなわち社会の構成員の共通利益に関わる問題であって、これを社会全体で解決する必要があると認識された課題であることが必要です。公共的な課題であるかどうかの物差し（基準）として、対象がひとつではなく複数あって、まとまって広がりをみせていることが考えられます（複数性・一体性）。また、安全・安心なまちにすることも自治体の大切な使命ですので、危険性を帯びているとか、すぐに対応しなければならない課題であることも考えられます（危険性・緊急性）。

例えば、隣地との境界争いなど私人間の問題であれば、当事者どおしの話し合いによる解決が考えられますし、また公的機関による解決をのぞむのであれば、司法機関である裁判所による民事訴訟等による解決（判決・和解等）に委ねればいいのであり、行政機関が対応する必要はありません。したがって、ここでいう政策には該当しません。

〔例〕「空き家」倒壊の危険性の問題

誰もいないような場所に1軒の空き家があり、特に倒壊の危険もなければ「私的な課題」として対応されますが、木造住宅が密集している場合や倒壊しそうで周辺に危険性を及ぼす空き家の場合、一体性があることや危険性があることから、周辺住民の安全を守るために「公共的な課題」として、自治体が解決するために政策を立案することになります。

第2に、政策は課題解決のための「活動の方針」です。この活動は、主として国や自治体などの公的機関が行うものですが、公的な団体（社会福祉協議会、農協等）や市民団体の活動も含まれます。最近では、ＮＰＯ（非営利団体）やボランティアなどによる公共的な活動が重要になっています。政策とは、こうした様々な主体の活動を全体として秩序あるものにするための方針（計画、案）を指すのです。

〔例〕「空き家」に対する対策を行う場合

条例に強制的な措置を定めるだけでなく、要綱などの法形式を含めて、所有者、近隣住民を含めた地域による解決手法の「活動」の方針を定めます。

第3に、政策とは、目的と手段の体系をなすものです。国や自治体などの公的機関の方針には、目的が明示されていないものや、目的はあってもそれを実現するための手段が明示されていない、いわゆる「宣言」のようなものもあります。こうしたものは、手段がないので単独では活動の指針として機能しないため、ここでいう政策とはいえません。ここでは、目的と手段の両方が明らかであり、それらが有機的な繋がりをもっているものを、政策とすることとします。

〔例〕「空き家」対策を進めるという議会での長の答弁

目的のみ示されただけなので政策としては未完成なので、具体的な手段が明らかになって初めて政策として成り立ちます。

（3）政策の「体系性」

「政策」といっても、包括的な政策から具体的な政策まで、対象としている活動の範囲やレベルによって様々なものがあります。広義の「政策」は、その包括性・具体性によって、**政策**（Policy）－**施策**（Program）－**事業**（Project）の3つの区分で捉えることができます。狭義の「政策」とは、具体的な活動方針の前提になる基本的な方針・指針（ただし手段についても何らかの言及があります）を指します。条例制定の場合も、政策レベルを条例化するもの（例：まちづくり基本条例）や、施策レベルを条例化するもの（例：景観保全条例）など、内容は様々です。ある「政策」を目的として、「施策」が手段として存在し、「施策」を実現するために「事業」が手段として存在します。つまり、政策－施策－事業のそれぞれの関係は目的と手段のツリー構造になっています。

〔例〕生活困窮者自立支援政策の場合

生活困窮者自立支援「政策」を実現するために、本人の状況に応じた支援が大切になり、就労支援、家計再建支援、居住確保支援などの「施策」があり、さらに、就労支援施策を実現するために、就労準備支援事業、認定就労訓練事業、生活保護受給者等就労自立促進事業など本人の状況に応じた「事業」があります（【図表8－1－1】参照）。

【図表8-1-1】生活困窮者自立支援政策のツリー構造

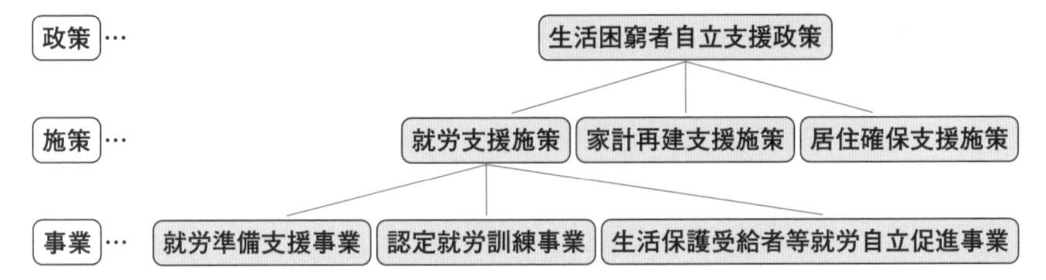

（4）マニフェストと政策形成

マニフェスト（manifesto）とは、抽象的なスローガンが多かった従来の選挙公約とは異なり、検証可能な政策目標と具体的な実現方法を示した選挙公約であり、有権者との「約束」であることが強調されています。こうした**マニフェスト**を掲げた候補者が当選した後、これが総合計画や施政方針に反映されることによって自治体の政策となります。

マニフェストの導入によって、具体的な数値目標・実現手法が示されることにより有権者が候補者を政策によって選択することができます。また、政治家が当選後にその実現に向けて自治体運営を具体的に行うことができます。さらに、政策が実現できなかった場合は、その結果が明確になるので、次の選挙で有権者が支持しないという形で責任をとらざるをえなくなります。こうした「マニフェスト・サイクル」によって、政治家の政策責任が明確になり、政策中心の自治体運営が期待されます＊3。

＊3　マニフェストの意義
マニフェストについては、北川正恭『マニフェスト進化論』（生産性出版、2007年）、礒崎初仁『知事と権力』（東信堂、2017年）第9章を参照。

一方で、マニフェストには、数値目標・実現方法が強調され、当選後の状況変化に対応しにくくなるため、自治体運営が硬直化する懸念もあります。また、長と議会が対立した場合に対話による解決が難しく、長に権限が集中する日本の制度の中で妥協点が見出しにくい場合もあります。さらに、トップダウンの政策が増え、職員が日常業務の中から政策を生み出すことを行わなくなるため、職員の自発性が生かされにくく、組織の活性化ができず、組織力が低下するという課題もあります。

しかしながら、住民が政策を選択し１票を投じる「参加型民主主義」の方法として、今後も重要な意義があると考えられます。

（5）市民参加と政策形成

自治体の政策形成は、多くの市民の意見を反映することが重要であり、代表民主主義を補完する意味でも市民参加は欠かせない過程です。従来、市民参加は、自治体が立案した政策内容について、市民に意見を求める公聴会の開催、パブリックコメント（意見公募手続）などが中心に行われてきました。

最近では、情報技術（IT）を駆使して、自治体が設定したテーマについて、「アイデアを出す」「議論する」「案をつくる」など、従来自治体内部で行われてきた政策立案の各段階において、自治体職員と住民が意見交換し、合意形成を図る取組み（リクリッド）が行われています。こうした市民参加のデジタル化は、政策過程を可視化させることにより、これまで政策に関心がなかった層を取り込めるなど、政策を決めるプロセスに市民が主体的に参加できる仕組みとして今後期待できます。

また、市民から無作為抽出（くじ引き）により委員を選出し、意見交換する機会を設定する市民会議（コンセンサス会議）の取組みは、既得権益に影響を受けない市民の率直な意見を反映できる点で注目されます。

2　公共政策の構成要素 ―政策には何が定められているのか

それでは「政策」は、どのような事項で構成されているのでしょうか、または、構成されるべきでしょうか[＊4]。空き家問題を中心に具体例を挙げて述べます。

＊4　政策の構成要素
政策の構成要素については、森田朗『新版 現代の行政』（第一法規、2017年）148～151頁、礒崎初仁・金井利之・伊藤正次『ホーンブック地方自治（新版）』（北樹出版、2020年 ）95～97頁（ 礒崎）、岩﨑忠『自治体の公共政策』（学陽書房、2013年、14～17頁）参照。

(1) 目的（何のために）

第1に、**目的**です。これは解決しようとする社会的状態が解決された状態や社会が達成すべき望ましい状態を示します。通常、目的はひとつですが手段との関係で、関係性が明らかになれば複数の目的を盛り込むことも可能です。

〔例〕空き家問題の場合、「地域住民の生命・身体又は財産を保護し、生活環境の保全を図る」とともに「空家等を利用促進する」といった2つの目的を定めることが考えられます（通常、条例の第1条に規定される）。

(2) 執行主体（誰が）

第2に、**執行主体**です。これは、活動の主体であり、国と自治体が該当します。都道府県と市町村との役割分担は、広域・連絡調整・補完業務は都道府県、それ以外は市町村になります（自治法2条3項・5項）。

〔例〕空き家問題の場合、建物の所有者・管理者の特定が課題解決の出発点になります。地域事情に詳しく、固定資産税情報も活用可能になったことからも市町村が執行主体として積極的な役割を果たすことが期待されます。空家等の活用促進という目的に対しては、不動産市場が市町村区域を越えることもあり、都道府県や国の役割分担も重要になります。

(3) 対象（誰に、何に）

第3に、**対象**です。これは、活動が行われる客体（相手方）を特定するものです。一定の「人」や「物」を特定したり、「行為」の態様を特定したり、「区域（エリア）」を特定したりすることが多いです。

〔例〕空き家問題の場合、対象は、空き家という「物」になりますが、いわゆる「ゴミ屋敷」問題については、ゴミという「物」の問題だけでなく、堆積者の心のケアが重要になりますので「人」を対象にする必要があります。また、たばこの規制は、嫌煙権を保障するとともに、一定範囲の喫煙の自由を保障するために自治体全域を規制対象にするのではなく、喫煙禁止区域といった「区域（エリア）」を設定して規制することになります。さらに、産業廃棄物や土砂の不法投棄については、投棄といった「行為」を対象にします。

（4）執行手段（どういう手段で）

第4に、**執行手段**です。執行主体が社会的問題を解決するために、社会に対して働きかける手段が必要になります。この手段については、政策資源（policy resource）である権限、財源、人材、情報を中心に次の5つの手段を分類することが可能です。

①　権力的手段

権力的手段は、法的な根拠に基づいて対象者に「〜せよ」（作為義務）とか、「〜するな」（不作為義務）といった一定の義務を課したり、もしくは解除（許可等）を行い、それに反した場合、制裁をもって政策を実現したり、自治体が権利者に代わって強制的に義務を履行することです。制裁措置としては、主に、行政罰、違反事実・違反者（企業名）の公表、許認可の停止・取消、給付の停止、経済的不利益措置などを挙げることができます。また、強制的措置としては、行政代執行、即時強制などを挙げることができます。

〔例〕空き家問題の場合は、地域住民の生命・身体又は財産を保護するため、危険な空き家を行政代執行により撤去したり、落下しそうな窓ガラスを安全な場所に移す緊急安全措置（即時強制）などが挙げられます。

②　経済的な誘因（インセンティブ）の提供

経済的誘因（インセンティブ）の提供は、対象者の行動環境を操作することで、特定の行動をとるように誘導する方法です。補助金の交付や利子補給、税の減免措置など積極的に利益を付与する場合と、工場から出る排出基準に違反するなど制度が期待する行動をとらないと税金を賦課するように不利益を課す場合があります。

〔例〕空き家問題の場合、移住者が空き家に住む場合に改修費を補助する場合などを挙げることができます。

③　情報の提供

情報の提供は、看板の掲示、チラシの配布、行政指導などにより、一定の情報を提供することで対象者の行動を制御する方法です。

最近では、**ナッジ（Nudge）効果**といって、人の心理を利用して望ましい行動に動かす「行動経済学」の手法が注目され、自治体でも多く活用されています＊5。例えば、新型コロナウイルス感染症対策では、「外出自粛」を呼びかけるポスターに赤や黄色など色合いを工夫してウイルスの絵を描き嫌

＊5　ナッジ（Nudge）効果
キャス・サンスティーン（吉良貴之 訳）『入門・行動科学と公共政策』（勁草書房、2021年）、リチャード・セイラー+キャス・サンスティーン（遠藤真美 訳）『実践行動経済学』（日経ＢＰ社、2009年）、具体的取組みとして、足立区シティプロモーション課『住民の心をつかむ自治体チラシ　仰天！ビフォーアフター』（学陽書房、2021年）等がある。

悪感を出すことで効果を高めた例や、「検査を受診しないと検査キットを来年送付しない」などと、誘導しない方向に行動すると不利益になる旨を強調して書くことで効果が上がった例などがあります。

〔例〕空き家問題の場合、空き家バンクを創設し、中古物件情報を集約し情報発信することで、利活用の促進を促すことが期待できます。空き家のナッジ効果としては、所有者に空き家の危険な状態をイラスト等で示し、工作物責任（民法717条）に伴う賠償請求事例の深刻さを数字や文字で強調することが考えられます。

④　**組織による対応**

組織による対応は、何らかの組織から編成された人的・物的な能力を使って目的とする方向に誘導する手段です。課題が複数の政策分野にまたがるケースが多く見受けられるため、最近では庁内組織においても１つの所管部局では対応が難しい場合があり、庁内の部局横断型組織（対策会議・検討会等）を設置して検討しています。また、庁外においては、自治体間で連携して一部事務組合等「組織」を作ったり、自治体間で「協定」を締結して対応しているケースがあります。さらに、民間企業や地域組織である自治会・町内会など民間組織と連携して対応する場合があります。

〔例〕空き家問題の場合、大学教授、弁護士、司法書士、建築士、宅建協会、自治会・町内会などから構成される空家等対策協議会など設置して対応しています。

⑤　**物理的な制御**

物理的制御は、進入禁止ゲート、中央分離帯、柵などを設置するなど、対象者の行動環境を物理的に変化させることで、行動を制御する方法です。

〔例〕空き家問題の場合は、ゴミの不法投棄を防ぐために柵を設置することが考えられます。

（５）執行基準・手続（どういう基準で、どういう手続で）

最後に、**執行基準・手続**です。これは、社会に働きかける際に依拠すべき基準や手続のことです。執行手段が許認可であれば許認可の基準や手続が、補助金であれば補助金交付の基準や手続がこれに該当します。

〔例〕空き家問題の場合は、危険な空家等を「特定空家等」として認定する基準や手続、補助金を交付する時に基準・手続が該当します。

以上のような５つの構成要素と５つの手段は、政策の骨格を設計してみる上で重要な仕組みといえるでしょう。特に５つの手段を組み合わせること（policy mix）で政策の効果は高まります。

３　公共政策と法―政策と法はどう違うのか

公共政策は、意思決定されると「公示形式」（広く公に示すための形・方式）として定められてはじめて執行可能になります[*6]。それまでは机上の単なるアイデ

＊６　**法を政策の公示形式ととらえる考え方**
この点については、森田朗『新版 現代の行政』（第一法規、2017年）147頁を参照。

アにすぎません。では、政策は、どのような公示形式によって定められるのでしょうか。

自治体の行政活動は「公共的な課題を解決するための活動」なのですが、その活動の中で、地方自治法上、「普通地方公共団体は、義務を課し、又は権利を制限するには、法令に特別の定めがある場合を除くほか、条例によらなければならない」（14条2項）という規定があることから、自治体が、住民に「義務を課し、又は権利を制限する」場合は、政策を「法」形式で定めなければならないということになります。このような考え方は、「侵害留保説」といわれ、憲法・行政法の分野では「法律の留保」として論じられます。つまり、法は、規範面から支える点で、政策の手段といえます。例えば、ペット霊園設置等規制は、ペット葬祭ビジネスという企業の営業の自由への制約に該当しますので、条例形式で定めることになります。さらに、最近では、地方自治法14条1項「普通地方公共団体は、法令に違反しない限りにおいて第2条第2項の事務に関し、条例を制定することができる」を根拠に、その自治体にとって重要な政策は、長だけでなく議会が決定し「法」形式で定めるという考え方が有力視されています。例えば、議会基本条例、手話言語条例などが代表例です。このような考え方は「重要事項留保説」といわれ、有力な考え方です。このように、法は、政策の公示形式の中心と位置付けられています。

同様に、政策の公示形式であり、手段であるものとして、「**行政計画**」と「**予算**」があります。「計画」は、一定の期間における行政活動の目標と手段を総合的かつ計画的に定めたものです。また、「予算」は、一会計年度における施策・事業を裏付ける歳入と歳出の見積もりであり、支出可能性を示します。

公共政策は、「法」だけで公示される場合もあれば、「法」を定めた上で、「計画」を定めたり、「予算」対応する場合もあります。また、「法」を制定しないで、「計画」を定めたり、「予算」だけで対応する場合もあります。

このように、組合せは様々ですが、いずれも政策を決定し公にする形式であり、政策を実現する手段だという点で共通しています（【図表8－1－2】参照）。

【図表8－1－2】政策と法・予算・計画の関係

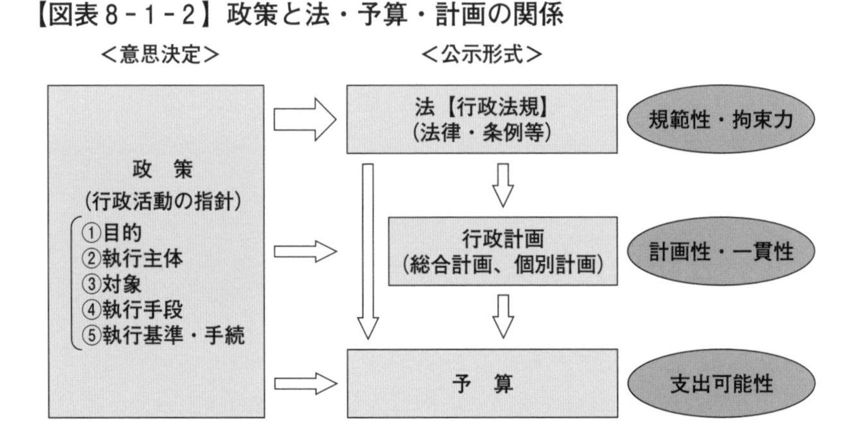

4　政策の内容に関する理論―「よい政策」とは何か

公共政策の形成・分析はどうあるべきかを考える上で、公共政策学における様々な理論が実際の政策形成に寄与することがあります[*7]。政策形成における代表的な理論・モデルを紹介しますので、実際の公共政策・自治体法務にどう反映させるべきかを考えることにしましょう。

公共政策はどのように形成され、決定されるのでしょうか。米国の政治学者のラスウェルは、政策学（Policy Sciences）とは、「公共的および市民的秩序の意思決定プロセスについて（of）およびそのプロセスにおける（in）知識に関わるもの」と位置付けています。ここでいう政策のプロセスにおける知識（ofの知識）とは、政策がいかに決定され形成され実行に移されるかの体系的・経験的な研究をいい、政策プロセスにおける（inの知識）とは、現実の政策決定において動員される利用可能な知識のストックであるとします[*8]。

本書では、この「ofの知識」を政策の「過程」に関する研究、「inの知識」を政策の「内容」に関する研究と置き換えます。この二分法により、政策形成の理論を概観します[*9]。なお、政策の過程（プロセス）に関する理論は、**2**節**2**で取り上げます[*10]。

*7　岩崎忠『自治体の公共政策』（学陽書房、2013年）、66頁

*8　秋吉・伊藤・北山『公共政策学の基礎(第3版)』（有斐閣、2020年）、8～9頁

*9　宮川公男『政策科学の基礎』（東洋経済新報社、1994年）、143～174頁

*10　政策の内容分析に関する参考文献
以下の記述については、平井亮輔編『正義―現代社会の公共哲学を求めて』（嵯峨野書院、2004年）、小林正弥『サンデルの政治哲学―〈正義〉とは何か』（平凡社、2010年）、マイケル・サンデル（鬼澤忍訳）『これからの「正義」の話をしよう』（早川書房、2010年）、（礒崎初仁『自治体政策法務講義 改訂版』（第一法規、2018年）第5章を参照。

（1）政策の「価値」に着目する考え方―「正しい政策」とは

まず、**政策の価値**に着目し、「正しい政策」とは何かという点に関する理論・考え方をみてみましょう。

①　功利主義

功利主義は、社会の成員に最大の幸福をもたらすものが正しい政治や政策であるという考え方で、「最大多数の最大幸福」という言葉で表現されるものです。この考え方は、経済学や政策分析における費用便益分析の基礎になっています。しかし、個人の喜び・快楽を直ちに「善」としてよいか、「最大幸福」というが、個人の喜び・快楽を測定できるのかという問題があるほか、個人の尊厳や人権という考え方を説明できず、次のリベラリズムから厳しく批判されました。

②　リベラリズム

リベラリズム（**自由主義**）は、人間は従来の権威から自由であり自己決定権をもつとの立場から、人権の保障を重視する考え方です。ロック・ルソーなどの社会契約論を基礎にしています。この考え方は、公権力の行使に当たって国民の権利を最大限に保障しなければならないとし、公権力の濫用を抑止するのが法の役割だとするものです。もっとも、20世紀には社会的公正を重視し、社会福祉などの政府の介入も必要とする考え方（ニューリベラリズム）が一般的になりました。その代表的な理論家であるロールズは、人々の

基本的自由は保障すべきであるが、同時にその結果生じる不平等は、最も不遇な立場の人の便益を最大化するものであること、公正で均等な機会が保障された下で生じたものであることという２条件を満たさなければならない、と考えています[*11]。つまり、自由権の保障と不平等の是正を両立させようとするものであり、日本国憲法の理念にも繋がる考え方だといえます。

＊11　ロールズの正義の基準
ロールズの正義性基準とは次のようなものです。第１原理＝各人は基本的自由に対する平等の権利を持つ（平等な基本的自由の原理）。第２原理＝社会的・経済的不平等は、次の２条件を満たすものでなければならない。（1）それらの不平等が最も不遇な立場にある人の便益を最大化するものであること（格差原理）、（2）公正な機会の均等という条件の下で、すべての人に開かれている職務や地位に付随するものであること（公正な機会均等原理）。

③　リバタリアニズム

リバタリアニズム（**自由至上主義**）は、個人の自由・所有権を徹底して保障することを主張し、国家は最小限の役割を果たせばよいとする考え方です。この思想は、経済的自由や市場経済を重視し、国家による再配分を認めません。日本でも90年代から進められたＮＰＭ改革には、この思想が影響を与えていますが、福祉国家理念を採用している日本国憲法の下では採用することが難しい思想だといえるでしょう。

④　コミュニタリアニズム

コミュニタリアニズム（**共同体主義**）は、人間を断片的な個人ではなく、家族、地域、国家などの共同体の中で生きる存在ととらえ、共同体が有する「共通善」を重視する考え方です。この考え方は、リベラリズムが個人の自由と選択を重視し、コミュニティの連帯を軽視している点を批判しています。まだ新しいものですが、自治体という共同体のルールを考える自治体法務にとっても参考になると思われます。

では、自治体法務の実務では、以上の考え方をどう生かすべきでしょうか。自治体法務においては、日本国憲法の理念に基づき、個人の尊厳を基本とし、人の自由を最大限に保障する立場に立ちつつ、社会的弱者の支援など平等の実現にも配慮するという考え方、すなわちリベラリズムの立場を基本にすべきだと考えられます。

一方、多くの人の利益になる場合は、少数者の権利や利益が制限されてもやむをえないと考える傾向がある「功利主義」の考え方には注意すべきです。例えば、道路建設のために多くの者の利益になるのなら、少数の近隣住民の利益が犠牲になっても仕方ないという「功利主義」の考え方は、リベラリズムには受け入れられない考え方です。また、弱い立場の者は本人が求めていなくても公権力が守ってやるべきだという後見主義（パターナリズム）による権利制限も注意すべきでしょう。

これに対して、共同体の「共通善」を重視するコミュニタリアニズムは、「共通善」とは何か、それを誰が認定するのかなど、検討すべき点が少なくありませんが、地域社会のルールを考える自治体法務にとっても魅力的な議論です。例えば、青少年育成条例を制定し、青少年の健全育成のためにわいせつ図書や暴力的なゲームソフトの販売方法等を規制することは、一種の後見主義（パターナリズム）的人権制限としてリベラリズムの立場からは正当化が難しいですが、コミュニタリアニズムとして地域社会の共通善として正当化される可能性があります。

このように、リベラリズム（自由主義）からだけ考えるのではなく、他の思想を含めた考え方の整理をしていく必要があります。

（２）政策の「効用」に着目する考え方（モデル）—「役に立つ政策」とは

次に、政策の効用に着目し、「役に立つ政策」とは何か、どうすれば「役に立つ政策」をつくれるのかに関する理論やモデルをみてみましょう。

① 合理性決定モデル

合理性決定モデルは、政策決定における合理性、すなわち政策目標の効率的達成を追求するものです。ここでいう「効率的な」政策とは、政策が達成する価値（便益：benefit）がそのために犠牲とされる価値（費用：cost）を上回り、両者の比率（費用便益比率【Ｂ／Ｃ】が他のいかなる政策案よりも大きい政策をいいます。「効用最大化モデル」とも呼ばれています。

あらゆる政策を考慮し、費用と便益との比率により順位付けを行い、最善の状態を選択することは、政治的制約からも情報、時間、コストの面からも現実的でないため、より現状にあったモデルが求められることになります。

② 満足化モデル

満足化モデルは、合理性モデルを出発点としつつ、実際の意思決定は、最適な政策案（効率的な政策）をどこまでも追求するのではなく、ある程度満足できる段階に至れば探求をやめて決定に至るものであり、それはやむをえないものと考えます。現実的なモデルといえるでしょう。このモデルは新規事業の決定過程や予算編成に妥当すると考えられます。

③ 増分主義モデル（**インクリメンタリズム**）

増分主義（インクリメンタリズム）モデルは、政策決定は、過去の政策の延長としてとらえ、その修正は付加的、増分的なものにとどまると考えます。あらゆる政策案の中から最良の政策案を選択する合理的決定モデルは現実的でないため、政策決定者は既存の継続する政策の正当性を容認し、その延長線に立って、社会の変化等に対応し増分した変更部分の合理性のみ追求すると考えるので、「漸変主義モデル」とも訳されます。このモデルは、政策決定の実際を記述するモデルとして現実性が高いですが、規範モデルとしてはあまりにも保守的であるといえます。このモデルは、継続事業の予算編成に妥当すると考えられます[＊12]。

では、自治体法務の実務では、以上の理論・モデルをどう生かすべきでしょうか。まず、合理性を追求する「合理的決定モデル」を基本とすべきですが、資源や時間の限界がありますので、厳密な合理性を追求することは実際には困難です。そこで、「満足化モデル」によるべき場面が多いと考えられます。実際に、新規事業を政策決定したり、予算編成する際に、複数の政策代替案の検討が求められ、決定する際にもそうした検討の結果が資料として求められることが多いで

＊12　その他の政策決定モデル
このほか公共選択論モデル（政策決定を、政治的アクターが市場におけると同様に自己の利益の最大化を求めて行動する結果と捉えるモデル）や、ゲーム理論モデル（政策決定を、複数の参加者が対立的状況の下で行動選択する結果と捉えるモデル）があります。

す。複数案（3案程度）の比較表（比較検討案）の有効性や効率性を検討することは、政策決定、予算編成のための「証」になっています（【図表8－1－3】参照）。

また、継続事業の予算編成、既存条例の改正などの決定については、その変更点（例えば5名から6名の人員増の合理性）など修正部分に検討を集中することを提案する「増分主義モデル」が当てはまるでしょう。もちろん、実際の予算査定の中で、過去の決算額の状況から、継続部分を査定することはありますが、継続部分については政策決定の段階よりも、むしろ政策評価の段階で見直し・点検作業が実施されるのが一般的でしょう。政策形成・決定段階において既存政策の正当性は容認されるため、政策評価の段階において既存政策の見直し・点検をしっかりと実施することが求められます。実務家は、自分たちがどういう「決定」をしているか、意外に無自覚です。以上のようなモデルを参考にして、実務では様々な決定が行われていることを客観的に認識したうえで、今後どうあるべきかを考えることが重要になっています。政策決定のモデルを学ぶことには、そのような意味があるのです。

【図表8-1-3】政策の3案比較表の例示

	A案	B案	C案
案の概要			
予算額（財源（＊1））			
費用対効果（便益）			
メリット			
デメリット			
克服手段（改善点）			
（自己）評価（＊2）			

（筆者作成）

（＊1）財源としては、税金、企業若しくは個人の寄付（クラウドファンディング）、広告料収入、命名権、補助金、使用料・手数料等を挙げることができる。

（＊2）事業の継続性、実現可能性、話題性（インパクト）などを勘案し、期待される効果を記載し、◎、○、△、×で自己評価し、その評価の理由を明記する。

5　政策推進のポイント　―成功する政策の秘訣とは

政策を立案したり、執行したりする際の留意点をまとめておきましょう。

（1）政策立案と転換コスト

自治体組織において、ある政策課題に対応する場合、まずは、**効果**（**有効性**）と**費用**（**効率性**）を考えて行われ、既存政策（現行業務）への対応（政策レパートリー）が検討され、その後、新規の政策による対応が模索されます。その際、政策立案コストと政策転換コストが考慮されます。政策課題への対応をコストがかからない順に整理すると、①微修正、②転用、③模倣、④研究開発となります（【図表8－1－4】参照）[*13]。

＊13
西尾勝『行政学（新版）』（有斐閣、2001年）262〜265頁

【図表8-1-4】　政策対応レベル

		政策転換コスト	
		小さい（現行業務）	大きい（新規政策）
政策立案コスト	小さい	微修正	模倣
	大きい	転用	研究開発

（西尾勝『行政学（新版）』（有斐閣、2001年）263頁より作成）

①　**微修正**

微修正とは、現行業務の実施方法のごく一部を手直しすることによって、おかれている環境条件の変化に対応しようとするもので、行政規則レベルの修正、定員や予算の増減措置が当てはまります。

②　**転用**

現行業務の実施方法を構成している要素に少しずつ修正を加え、従来とは異なる目的・対象の業務に利用しようとするもので、学校施設を生涯学習施設に**転用**する場合等が該当します。

公共施設老朽化対策に伴う今後の活用を考える際に、こうした転用を行うことを政策立案のひとつの選択肢にすることは重要ですが、注意すべき点として、転用しようとする公共施設の多くは国からの補助金が投入されている場合が多いかと思います。この場合、「補助金等に係る予算の執行の適正化に関する法律」の制約を受けて、利用目的及び利用形態の変更に伴う補助金の返還を国から求められる可能性がある点に注意する必要があります。

③　**模倣（相互参照）**

現行業務の実施方法では対応できないため、まったくの新規事業を採択する場合などで、他の自治体や海外の国々によって既に実施され、それなりの成果を実証している政策を**模倣**して導入することです。「**相互参照**」ともいいます[*14]。

＊14
伊藤修一郎『自治体政策過程の動態—政策イノベーションと波及』（慶應義塾大学出版会、2002年）

こうした模倣（相互参照）手法による政策立案をする場合、参照する自治体政策をそのままあてはめるのではなく、その自治体・地域の規模・特徴（人口、面積、予算規模、産業構造など）に合わせた検討（身の丈に合わせた検討）が必要になります。また、成功事例だけでなく失敗事例も参考にすることは大切です。さらに、できるだけ独自の視点を盛り込むことを検討する必要があるでしょう。

④　**研究開発**

行政における**政策研究**は、まずは内部での統計調査等の調査研究に始まり、自治体の強みと弱みを活用した後述のＳＷＯＴ分析などにより政策（事

業）の洗い出しを行うなど内部検討が進められます。最近では、エビデンス（証拠・データ）に基づく政策立案（ＥＢＰＭ［Evidence-Based Policy Making］）が強調され、従来のe-Stat（政府統計の総合窓口）から入手できる国勢調査、国民生活基礎調査、労働力調査、住宅・土地統計調査、経済センサス－基礎調査等のデータ、国のRESAS（地域経済分析システム）、自治体情報、さらには民間シンクタンクの情報等を基にした自治体内部の政策立案が求められてきています[＊15]。その後、外部の専門家を交えた検討会、研究会等が実施され、最終的に審議会等への諮問が行われます。

＊15
小倉將信『ＥＢＰＭ（エビデンス（証拠・根拠）に基づく政策立案）とは何か―令和の新たな政策形成』（中央公論事業出版、2020年）、林 宜嗣ほか『地域データ分析入門　すぐに役立つEBPM実践ガイドブック』（日本評論社、2021年）

　政策立案コスト、政策転換コストの双方が大きいので、政策立案者にとって最後の選択肢になります。

（２）ＳＷＯＴ分析

　ＳＷＯＴ分析とは、自治体の外部環境の好影響（プラスの面）と悪影響（マイナスの面）、内部環境の好影響（プラスの面）と悪影響（マイナスの面）から政策立案していく手法です。ＳＷＯＴの「S」とは、内部環境のプラス側面：Ｓtrength（強み）の「Ｓ」、「W」は、内部環境のマイナスの側面：Weakness（弱み）の「W」、「Ｏ」は、外部環境のプラスの面：Ｏpportunity（機会）の「Ｏ」、「T」は、外部環境のマイナスの側面：Ｔhreat（脅威）のＴのことです。このように、こうした外部環境の好影響（プラスの面）・悪影響（マイナスの面）と内部環境の好影響（プラスの面）・悪影響（マイナスの面）を掛け合わせて「クロスＳＷＯＴ」させることで政策立案します（【図表８－１－５】参照）[＊16]。

＊16
淡路富男『自治体マーケティング戦略』（学陽書房、2009年）

　ここでいう、外部環境とは、自治体に対して影響を与える要因のことで、人口減少などの社会的要因、情報化社会などの技術的要因、地球温暖化などの環境的要因、景気が上昇するなどの経済的要因、政権が交代するなどの政治的要因などが挙げられます。一方、内部環境とは、自治体の行動に直接影響を与える要因で、自治体・地元企業・協同組織（ＮＰＯ・自治組織）の動向、地域経済の動向などが挙げられます。

【図表８－１－５】クロスＳＷＯＴ分析

外部環境／内部環境	機会（Ｏpportunity）	脅威（Ｔhreat）
強み（Ｓtrength）	①成長戦略 【強み×機会】 （内部の強みに外部の機会をいかして成長する。）	②回避戦略 【強み×脅威】 （内部の強みで外部の脅威を回避する。）
弱み（Weakness）	③克服戦略 【弱み×機会】 （内部の弱みを外部の機会をいかして克服する）	④改革戦略 【弱み×脅威】 （内部の弱みと外部の脅威により抜本的な改革を行い対応する）

（淡路富男『自治体マーケティング戦略』（学陽書房、2009年）を基に作成）

次に、栃木県佐野市を例にしてクロスＳＷＯＴ分析した例を示します（【図表８－１－６】参照）。

【図表8-1-6】栃木県佐野市のクロスSWOT分析

外部環境 ＼ 内部環境	機会 A　情報化社会 B　観光需要の拡大 C　都市間交流 D　フェスの盛り上がり E　環境への意識向上	脅威 A　高齢者社会の進展 B　ゆるキャラブームの衰退 C　後継ぎ不足 D　空き家の増加 E　他都市での大型商業施設進出
強み ①子育て支援が充実 ②自然（水・木材）が豊か ③観光名所（アウトレット、佐野厄除け大師） ④食文化（佐野ラーメン、芋フライ、黒唐揚げ等） ⑤クリケットのまち	成長戦略【強み×機会】 ・ＳＮＳによる食文化観光名所のアピール（③④×Ａ） ・クリケットをきっかけにしたスポーツの国際交流（⑤×Ｃ） ・豊かな水を利用したお酒フェスの開催（②×Ｄ）	回避戦略【強み×脅威】 ・空き家を活用した飲食店の起業支援（②④×Ｄ） ・アウトレットでの直接販売、Ｂ級グルメ出店（④×Ｅ） ・アウトレットに多くの緑を取り入れた木材を使った公共施設（図書館等）を設置（②③×Ｅ）
弱み ①ゆるキャラ依存 ②市のイメージが限定的 ③市内交通が不便 ④相次ぐ鳥獣被害 ⑤レジャー施設が少ない	克服戦略【弱み×機会】 ・自転車の活用（③×E） ・ユーチューバーによる情報発信（②×Ａ） ・被害対策で獲た鳥獣を用いたジビエフェスタ（④×Ｄ）	改革戦略【弱み×脅威】 ・農業、林業など自然体験、田舎暮らし体験を観光資源化（クラインガルテン）（②×Ａ、Ｃ） ・空き家を活用したレジャー施設（ボルダリング）（⑤×Ｄ）

（筆者作成）

（３）政策案の現実性

政策への対応は、コストの観点だけが勘案されるわけではなく、政治上の実現可能性や資源（権限・人材・財源・情報）の調達可能性、業務上の執行可能性（合意形成の容易性）と説明責任を考慮して推進する必要があります。

①　政治上の実現可能性

政治上の実現可能性とは、政策の原案を立案した後は、議会の多数会派に事前説明し了承を得たうえで、議会審議の通過成立の見込みがたつか否かです。こうした政治過程に加えて、医師会、環境団体、職員組合など専門家団体との合意を取り付けることも、もうひとつ重要な視点です。

②　資源の調達可能性

政策を実施するには、必要な権限、組織、人員、財源を調達する見込みがたつか否かです。例えば、人件費にあてていた国庫負担金をカットされてしまった場合、常勤教員を非常勤教員に変更しなければならなくなったり、また、なり手不足により技術職採用をうまくできない中山間地域の町村などは、都道府県に補完してもらう必要が出てきたりします。資源が調達できるかどうかは政策立案する際の重要なポイントになります。

③　業務上の執行可能性と説明責任

政策の形成・執行に当たっては、住民や関係者との合意形成が重要になっています。様々な形で住民の参加や協働が進められていますが（6章参照）、さらに進んで「合意」をめざすことが必要になっています*17。

合意形成のためには、執行機関の説明の内容や方法（情報の提供、対話、手続のルール化、交渉、取引等）は極めて重要な意味をもってきます*18。こうした合意形成を通じて政策の目的は実現され、公共性が果たされていきます。一方で、自治体には、自己の行動について、住民又は利害関係人などに対して果たすべき制度上の責任があります。相手方が合意するか否かを問わず、制度上は説明責任を果たさなくてはなりません。こうした公共的な責務を通じて自治体活動の正統性が実現され、公共性が実現されていきます。

こうした合意形成と説明責任に関係は直接関係ありませんが、公共性を最終目標として【図表８－１－７】のような関係に立つことを業務に活かしていくことは重要です。例えば、道路行政における用地買収の事例が該当します*19。この３つの現実性について、事前の予測が行われ、その段階で現実性が欠けると判断された政策案は、検討から外されます。これらは現実性が満たされないと成案には至らないのです。

＊17　合意形成に関する参考文献
ローレンス・E.サスカインド、ジェフェリー・L.クルックシャンク（城山英明、松浦正浩訳）『コンセンサス・ビルディング入門』（有斐閣、2008年）、金井利之編著『縮減社会の合意形成』（第一法規、2018年）。

＊18　受益圏と受苦圏の分離とは
特に合意形成が難しいのは、空港、新幹線、基地などの大規模開発です。この場合、利益を受ける圏域（受益圏）が広く存在する一方で、騒音や振動などの不利益を集中的に受ける限られた圏域（受苦圏）が存在し、両者の対立が深刻になるという構造があります。これを社会学では「受益圏と受苦圏の分離」の問題として注目してきました。この場合、住民投票など多数決で事業を決めると受益圏の利益が優先されることになります。そこで、被害防止や代償措置を含めてより丁寧な協議（熟議）により合意形成を図ることが求められます。梶田孝道『テクノクラシーと社会運動』（東京大学出版会、1988年）８～25頁参照。

＊19
岩崎忠『公共用地買収の制度と技術～政策執行過程における説明責任の視角から～』（東京大学都市行政研究会研究叢書18、1999年）。

【図表８－１－７】公共性、合意形成、説明責任の関係

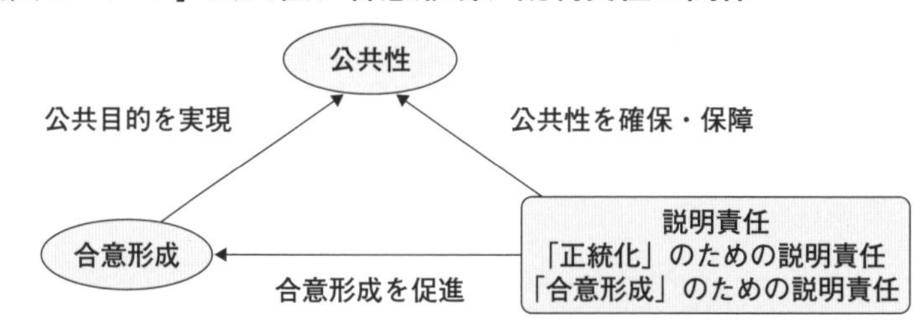

（岩崎忠『公共用地買収の制度と技術～政策執行過程における説明責任の視角から～』（東京大学都市行政研究会研究叢書18、1999年）を一部修正）

（４）政策の成果を考える—アウトプット・アウトカム・インパクト

前述のように、公共政策論では政策がどこまで課題解決に繋がるか、繋がったかという「成果」を考えることが重要ですが、「成果」といっても３つの種類があることに注意する必要があります*20。政策分析では、政策に基づいて予算や人員などの政策資源を投入することを**インプット**といいます。事業活動によって形を変えた直接の結果が、**アウトプット**といいます。次に、政策のアウトプットを政策目的に沿って活用したことで社会環境に与える成果のことを**アウトカム**といいます。さらに、政策の成果が時間的にも空間的に広がりを持つようになって社会環境の広い範囲に与える影響を**インパクト**といいます。（【図表８－１－８】参

＊20
堀江湛・桑原英明『現代の行政学の基礎知識』（一藝社、2021年）78頁（桑原英明執筆部分）。

照)。

実務では、「成果」というとアウトプットに着目し、どれだけの施設をつくったかといった点を強調することが多いのですが、住民にとって重要なのは、政策の結果として社会環境がよくなったか否かというアウトカム・インパクトです。政策を執行してもすぐにアウトカム・インパクトに繋がるとは限りませんし、アウトカム・インパクトは他の要因も作用するため評価が難しい面がありますが、日頃からアウトカム・インパクトを示す指標を収集しておいて、ある施策事業を実施したときにどう改善したかを検証することが重要です。

〔例〕道路行政の体制整備

道路整備費の投入が「インプット」、道路が整備されることが「アウトプット」、これによって交通渋滞・交通事故の減少に繋がることが「アウトカム」です。さらに、道路が整備されたことにより、人口が増加したとか、経済が活性化したというのが「インパクト」です。

交通渋滞・交通事故の減少は、他道路の整備などにも影響を受けるほか、企業誘致や子育て環境整備なども人口動態、経済の活性化に影響を与えるために、アウトプットがアウトカム・インパクトに繋がる保障はありません。住民にとって重要なのは、アウトカム・インパクトの向上です。

【図表8-1-8】政策執行の流れ（アウトプット・アウトカム・インパクト）

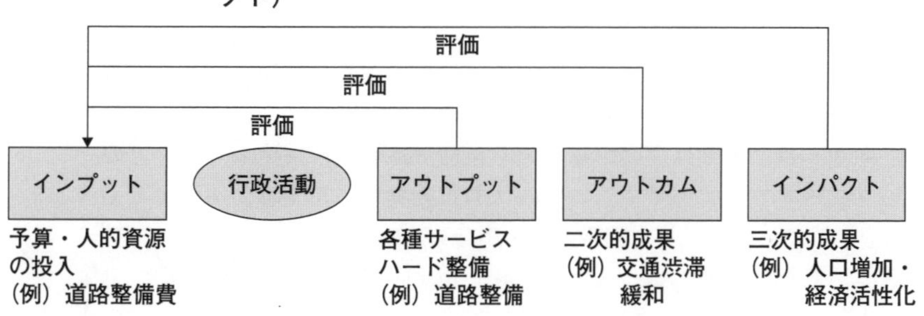

（桑原英明・増田正編著『自治体の行政評価の基礎』（創開出版、2003年）102頁（永田尚三執筆）一部改変）

学習のポイント

1　公共政策とは何か

■政策（公共政策）とは、公共的な課題を解決するための活動の方針であって、目的・手段の体系をなすものです。すなわち、①「公共的な課題」を解決するためにつくられる、②課題解決のための「活動の方針」である、③目的と手段の体系をなす、という条件を満たすものです。

■広義の「政策」は、包括性・具体性によって、政策―施策―事業の３つに区分できます。

■マニフェストとは、検証可能な政策目標と具体的な実現方法を示した選挙公約であり、有権者との「約束」です。これにより、政治家の政策責任が明確になり、政策中心の自治体運営が期待されます。

2　公共政策の構成要素―政策には何が定められているのか

■政策には、５つの構成要素（①目的、②執行主体、③対象、④執行手段、⑤執行基準・手続）と５つの手段（①権力的手段、②経済的誘因の提供、③情報の提供、④組織による対応、⑤物理的制御）を定める必要があり、分析する際はこれらに着目する必要があります。

3　公共政策と法―政策と法はどう違うのか

■法（行政法規）は、政策の中核的な内容を定めて社会に示すという意味で政策の公示形式のひとつであり、政策を規範的な面から支える手段であるといえます。

4　政策の内容に関する理論―「よい政策」とは何か

■功利主義は、社会の成員に最大の喜び・快楽をもたらすものが正しい政治や政策であるという考え方です。「最大多数の最大幸福」という言葉で表現できます。

■リベラリズム（自由主義）は、人間は従来の権威から自由であり自己決定権をもつとの立場から、人権の保障を重視する考え方です。ロールズの正義論は、自由権の保障と不平等の是正を両立させようとしたもので、日本国憲法にも適合するものです。

■コミュニタリアニズム（共同体主義）は、人間を家族、地域、国家などの共同体の中で生きる存在ととらえ、共同体が有する「共通善」を重視する考え方です。

■自治体法務においては、「リベラリズム」の立場が基本になります。多数者の利益のために少数者の権利を制限してもよいといった、安易な「功利主義」には注意が必要です。

■合理的決定モデルは、政策決定は、もっとも合理的な選択肢、すなわち政策目標をもっとも効率的に達成する手段を追求するものであるという考え方です。

■満足化モデルは、政策決定は合理的な選択をめざしつつ、当事者の要求を満たす実現可能な選択肢がみつかれば、決定に至るという考え方です。

■増分主義モデルは、政策決定は過去の政策決定を前提とし、修正する部分だけを検討して、よりよい政策案に修正するものだという考え方です。

■自治体実務においては、合理的決定モデルをめざすべきですが、実際には満足化モデルや、既存条例の改正等については増分主義モデルが適合するといえます。

5　政策推進のポイント―成功する政策の秘訣とは

■政策づくりでは、効果（有効性）と費用（効率性）のバランスを考え、まずは、コスト（費用・時間）を考えて行うが、実際に政策案が現実化するためには、①政治上の実現可能性、②資源（権限、人材、財源、情報）の調達可能性、業務上の執行可能性を考えて推進します。

■行政の政策研究は、まずは内部での統計調査等の調査研究にはじまり、自治体の強み、弱みを活かしたSWOT分析などにより政策（事業）の洗い出しを行うなど内部検討が進められた上で、専門家を交えた検討会、研究会等が実施され、最終的に審議会等に諮問されます。

■政策の形成・執行に当たっては、住民・関係者との合意形成が重要です。制度的に合意が必要なわけではありませんが、特に規制条例の制度や迷惑施設の建設については、十分に話し合いを行い、合意形成に努めることが不可欠です。

■政策の「成果」には、政策の一次的な成果である「アウトプット」と、それによる問題の解決などの２次的な成果である「アウトカム」、地域全体への影響となる３次的な成果である「インパクト」があります。住民にとって重要なのはアウトカム、インパクトですので、これに繋つなげるための執行と評価が求められています。

第2節　公共政策のプロセスと組織 ―政策は誰がどう担っているか

1　公共政策のプロセス ―政策はどうつくられるか[*1]

＊1　政策過程に関する参考文献
本節1と2の記述については、森田朗『新版 現代の行政』（第一法規、2017年）151～155頁、秋吉・伊藤・北山『公共政策学の基礎（新版）』（有斐閣、2015年）第11章、礒崎初仁『自治体政策法務講義　改訂版』（第一法規、2018年）第5章、秋吉貴雄『入門 公共政策学』（中央公論新社、2017年）第2章～第6章、岩崎忠『自治体の公共政策』（学陽書房、2013年）18～35頁を参照。

政策はどのようにしてつくられ、実現されていくのでしょうか。ここでは5段階で把握する考え方に基づいて説明します。ただし、実際の政策過程はこの順番で秩序正しく進むわけでなく、行き戻りつつしながら複雑なプロセスをたどることが多いことに注意する必要があります。

(1) 課題設定

第1に**課題設定**（agenda-setting）の段階があります。政策をつくるためには、まず公共的機関が地域社会に生じた問題を公共的な課題として認識し、検討を開始することが必要です。地域社会に生じる問題は複雑かつ多様ですから、これを公共的課題として取り上げるか否かは判断を要することになります。

私的課題ではなく、公共的課題として取り上げる場合のひとつの目安としては、課題の複数性・一体性もしくは危険性・緊急性という点を挙げることができますが、どう捉えるかは見方によって異なるため、政策課題として設定するか否か、どういう問題として設定するかは、裁量を伴う判断になります。例えば、マンション建築計画をめぐり事業主と地域住民の間で紛争が生じている場合に、私法上の紛争と捉えると条例制定の課題ではなくなるし、公共的な課題と捉えたとしても、紛争調整の問題とみるか、都市環境の保全の問題とみるかによって、その後の検討内容が異なります。

(2) 立案

次に、**立案**（planning）の段階があります。課題を解決するために必要な活動の案を列挙し、その利害得失を検討して1つの案をつくる段階です。この段階も、政策案の基本的な事項を検討する基本設計と、より詳細な事項を検討する詳細設計の段階に分けることができます。

条例制定の場合は、主にこの段階で立法事実（2章2節参照）を検討する必要があります。

例えば、まちづくり条例の場合、基本設計の段階では、都市環境を保全するためにどういう基本的な行政手法を採用するか、すなわち一定規模以上の建築行為に対して同意制や行政指導制を導入するか、良好な建築行為に対して補助金制や表彰制を導入するか等を検討します。さらに、詳細設計の段階では、上記の検討結果、同意制を採用することになれば、同意の対象をどうするか、その基準や手続をどうするか等を検討します。

（3）決定

また、**決定**（decision-making）の段階があります。立案によってまとまった政策案を正式な機関・手続において審議・検討し、自治体として確定させる段階です。予算の場合は、長が提案して、議会が審議し議決を行います。また、総合計画の場合は、審議会で審議し、その答申に基づいて長が決定（決裁）します。2011年の地方自治法改正以前は、議会の議決を経て基本構想を定めることになっていたこともあり、自治基本条例を根拠に議会での審議を行う場合もあります。さらに、条例の場合は、長や議員が条例案を提案して、議会が審議し議決を行います。

（4）執行

さらに、**執行**（implementation）の段階があります。決定された政策の内容に従って実際に執行機関が活動を行う段階です。一般に、執行活動は、決定された政策を忠実に実行するだけの裁量の余地のない活動と考えられがちですが、実際には政策の内容をどう解釈し事例に当てはめるか、また違反行為等にどう対応するかなど、執行機関の考え方や姿勢によって執行のあり方が異なることが少なくありません。政策の成功・失敗は、執行過程にかかっていると言っても言い過ぎではありません。

例えば、予算の場合は、定められた金額・内容に従って各種の施策や事業を行います。補助金の場合は、目的外に使用した場合は、返還が求められる場合もあります。総合計画の場合は、KPI（Key Performance Indicator）を定めている場合もあり、計画期間内に目標を達成するため、計画に定められた事業を実施するなどの取組みを進められます。さらに、まちづくり条例の場合、職員等の体制を整え、住民等にも周知した上で、個々の開発行為等を審査して許可等の処分を行います。違反者への取り締まりを行うなど実効性を確保する取組みも行われます。

（5）評価・終了

最後に、**評価**（evaluation）の段階があります。政策執行の結果を踏まえて、政策の内容や執行の方法を点検し、評価する段階です。政策は執行すれば終わりではなく、これを点検・評価して、その結果を新たな政策づくりや政策の見直しに繋げることが重要です[*2]。評価段階から立案段階に戻って条例改正したり、執行段階に戻って規制の周知の仕方や行政指導を見直すというように、「フィード

＊2　政策評価の重要性
日本でも、1990年代中頃から政策評価の重要性が認識されるようになり、いくつかの自治体が実施し始めたほか、国でも「行政機関が行う政策の評価に関する法律」を制定して省庁ごとに実施しています。

バック」させるのが重要なのです。場合によっては、法改正に繋げることもあります。例えば、まちづくり条例の場合、条例が守られているか、過大な費用を要していないか、条例の施行によって良好な都市環境の形成に繋がっているかといった点を評価し、問題があれば見直しを行います。さらに、目標が達成された場合、あるいは、自治体を取り巻く環境の変化により政策の意義が失われた場合には、**政策の終了**（End）になることになります。例えば、公共施設の老朽化に伴い施設の見直し・検討を行った結果、施設の廃止を選択する場合があります。

こうした政策の終了・廃止を行う場合、政策により便益を受ける者からの反対もあったり、終了の根拠を裏付ける根拠やデータを明確に示すことが難しい場合もあり、政策の継続性が支持されやすく、政策の終了は容易ではありません。しかしながらこうした場合こそ、地域住民にその理由・根拠を十分に説明し、住民の声に丁寧に耳を傾けることが大切となり、その手続（プロセス）こそが重要になります。

以上のように、政策過程は、循環的な構造をもつ政策サイクル（Policy Cycle）として捉えることができます（【図表8－2－1】参照)。なお、自治体法務のプロセスについては、1章4節で述べたところですが、政策論からみると、法律・条例の制定や執行も政策過程のひとつですので、ここで述べた5段階による分析を当てはめることができます。

また、決定段階に注目して、誰が提案権と決定権を有しているかをみると、執行機関と議会が権限を分担していること、つまり政策過程を動かすには両方の意思・了解が必要であることがわかります（【図表8－2－2】参照)。

【図表8－2－1】政策過程の5段階区分

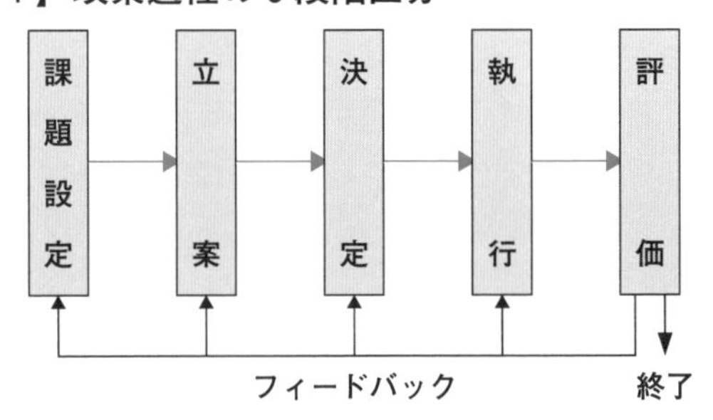

【図表8－2－2】政策形式ごとの権限分担

区　分	行政計画		予　算		条　例		要綱・要領	
	提案	決定	提案	決定	提案	決定	提案	決定
長・執行機関	○	○	◎	×	○	×	◎	◎
議会	△ 議決事件条例あるとき	△ 議決事件条例あるとき	×	◎ 修正も可能	○	◎	×	×

注：◎＝権限を専有、○＝権限を併有、△＝場合により権限あり、×＝権限なし、を示す。なお、長には専決処分権（自治法179条1項）があるが、例外的な措置のため、ここでは含めていない。

2　政策の過程に関する理論―政策は誰がどう決めているか

本章1節4では、政策の「内容」に関する理論を紹介しましたが、ここでは政策の「過程」（プロセス）に関する理論・モデルを紹介しましょう。政策の過程に関する理論は、政策過程の「段階」に注目するモデル（政策段階論）と、政策の「主体」に注目するモデル（政策主体論）に分けることができます。前節で述べた政策の内容に関する理論が、よい政策とは何かを追究する規範的な議論（あるべき論）であったのに対して、政策の過程に関する理論は、政策がどうつくられ、実行されているかを追究する記述的な議論（である論）が中心になります。

自治体法務も政策対応のひとつですから、自治体法務を「政策の流れ」という視点から客観的に分析することは、あるべき姿を考える前提として重要です。なお、政策法務のプロセスについては、本章3節1で取り上げます。

（1）政策過程の段階に注目するモデル

第1に、**政策段階論**は、政策過程をいくつかの段階に区分して説明しようとするモデルです。独立のモデルというより、多くの政策過程論が前提にしているモデルです。その中でも標準的なのは、本節1で紹介したとおり、①課題設定→②立案→③決定→④執行→⑤評価という5段階モデルです*3。

第2に、**アジェンダ設定論**は、政策課題（アジェンダ）の設定に注目する理論です。社会には様々な問題が生じますが、その中からある課題が政府機関が検討すべき「政策課題」として取り上げられるためには、これに関与する人や機関の判断や働きかけが必要になります（本節1参照）。既存の政策から利益を得ている者は、問題があっても隠ぺいし、政策課題に乗らないようにするかもしれません（こうした力を非決定権力といいます）。こうした現実に焦点を当てるのが、この理論です。

第3に、**執行過程論**（インプリメンテーション研究）は、第1の政策段階論を前提としながら、政策執行段階に注目しその重要性を強調する理論です。これについては、次の本節3で紹介します。

第4に、**ゴミ缶モデル**は、政策決定は、いろいろな問題と解決策が乱雑に入れられたゴミ箱（garbage can）のような状態の中で無秩序に行われるという考え方です。政策決定の現実では、①参加者の選好は不確実であり、②その知識や情報も不確実であり、③参加者や参加の程度は流動的であるため、こうした不確実性・流動性が高いほど、政策決定は無秩序な中で行われるとされます。さらにこのモデルを継承しつつ、無秩序の中にあるパターンの存在を指摘するものとして、「**政策の窓**」（policy window）**モデル**があります*4。

第5に、**政策波及**（policy diffusion）**モデル**は、政策決定に当たって、他の主体

＊3　その他の政策段階論
このほか、①計画（plan）→②実行（do）→③評価（see）という3段階モデルや、①計画（plan）→②実行（do）→③点検（check）→④活動（action）という4段階モデルもあります。本書が政策法務のプロセスを立法法務―執行法務―争訟・評価法務に区分しているのも、3段階モデルを基礎にしているといえます。

＊4　「政策の窓」モデル
このモデルは、政策決定のプロセスには、①問題の認識、②政策案の形成、③政治の3つの流れがあり、これらがある時期に合流すると「政策の窓」（policy window）が開かれ、政策が決定にいたるが、「政策の窓」が開かれるのは短い期間であるため、その機会を逃すと再び窓が開くまで待たなければならないとするものです。日本の分権改革をふり返っても、「政策の窓」が開いたときに政策や改革が成功するというモデルには、うなずけるものがあります。ジョン・キングダン（笠京子訳）『アジェンダ・選択肢・公共政策』（勁草書房、2017年）参照。

が採用した政策を参照して政策をつくる結果、内容の類似した政策が次第に広がっていくという考え方です。こうしたやり方は、「横並び・モノマネ」と否定的に評価されがちですが、先行する自治体の未成熟な政策に対して後続の自治体が発展的な検討を行いながら、政策内容が進化することによって、政策革新のメカニズムになっていることを指摘した点が重要です。政策法務の議論でも、政策条例が多くの自治体に波及していくプロセスを意識した議論が求められます[*5]。

第6に、**政策廃止**（policy termination）**論**は、政策や組織の廃止がどのように決定されるかに関する研究です。政策廃止の理由として、存在理由の欠如、政治状況、政策の性質等に注目する研究で、日本でもいくつかの研究が生まれています[*6]。

では、自治体法務については、これらの理論・モデルをどう評価し、生かすべきでしょうか。まず、自治体法務のプロセスは、「政策段階論（5段階モデル）」を基本として考えられます。また、「アジェンダ設定論」や「執行過程論」も、それぞれの段階では有用なモデルになるでしょう。賛否両論のある条例の制定等については、多くの関係者が無秩序に関与するため、「ゴミ缶モデル」が当てはまる場合もあるでしょう。さらに、多くの自治体を含めて広域的にみると、「政策波及モデル」は日本の条例制定の実態に適合するといえます。

これらの理論・モデルは、どれが正しいかというより、政策過程の現実をどう把握するか、どの段階に注目するかに関するものです。自治体法務では、条例制定や執行などのプロセスについてどういう見直しが必要か、考える基礎になると考えられます。

〔例〕公共的施設における受動喫煙防止条例の制定の場合

ここでも基本的には課題設定→立案→決定→執行→評価という段階をたどると考えられます（5段階モデル）。しかし、条例を制定するという課題の設定に注目する見方（アジェンダ設定論）や、条例の実効性を確保するために執行過程を重視する見方（執行過程論）がありえます。長、議員のほか医療業界などの推進派とたばこ業界などの反対派が入り混じった混乱状況の中で、あるきっかけから妥協が成立したという見方（ゴミ缶モデル）が妥当するケースもありえます。先行条例を参考にして他の自治体が次々に条例を制定した場合には、内容面で改良されていることが多いでしょう。そしてさらに、相互参照されることで、従来の条例も見直され、より良い条例になることが期待されます（政策波及モデル）。条例制定後は、受動喫煙対策の必要性や住民の支持がなくならない限り、条例の廃止は問題にならないでしょう（政策廃止論）。

＊5　政策波及モデル
政策波及モデルを用いて日本の情報公開条例や景観条例の波及・進化過程を分析した研究として、伊藤修一郎『自治体政策過程の動態─政策イノベーションと波及』（慶應義塾大学出版会、2002年）、同『自治体発の政策革新─景観条例から景観法へ』（木鐸社、2006年）があります。

＊6　政策廃止論
日本の自治体の政策廃止を対象とした研究として、柳至『不利益分配の政治学ー地方自治体における政策廃止』（有斐閣、2018年）参照。

（2）政策決定の主体に注目するモデル

第1に、**権力エリートモデル**は、政策は、少数の政治的権力者の価値観やイデオロギーによって決められるとする考え方です[*7]。民主主義体制の下でも、中間階層は価値観が異なってまとまった存在にならず、下級階層は恵まれない環境

＊7　権力エリートモデル
このモデルについては、新藤宗幸『概説 日本の公共政策』（東京大学出版会、2004年）26～27頁参照。

の下で政治には無関心であるため、結局、一部のエリート層が政策決定をリードしていると考えるものです。

第2に、**多元主義モデル**（プルーラリズム・モデル）は、政策は、一部のエリートだけでなく、多様な社会集団が参加し、様々な影響を与えながら形成されるという考え方です[＊8]。多元的社会では、多様な目標を持つ多数の利益集団が存在し、支持を広げようと活動するため、政策はこれらの総体的な影響力によって決められると考えるもので、権力エリートモデルの対極にある考え方です。もっとも、このような利益集団が政治家と所管省庁と結びついて特定利益の維持・強化を図ろうとすると、政・官・業の「鉄の三角同盟」（iron triangle）につながる可能性もあります。

第3に、**政策コミュニティ論**は、政策分野ごとに形成されるプロフェッション（専門職）の集団や繋がりである政策コミュニティ（policy community）が、政策の形成・執行に重要な役割を果たすことに注目する議論です[＊9]。例えば、医療行政では、医師会・学会などの組織が大きな影響力を持っていますし、2011年の福島原発事故で明らかになった官庁－企業－大学にまたがる「原子力ムラ」も、政策コミュニティの典型といえます。

第4に、**第一線職員論**（ストリートレベルの官僚制論）は、教員、警察官など政策執行の現場で広い裁量権をもつ職員が、政策の実現に大きな役割を果たしていることに注目する議論です。これは主として政策執行過程の問題であるため、次の本節**3**で取り上げます。

では、自治体法務については、これらのモデルをどう位置付け、生かすべきでしょうか。自治体の政策決定の場合、長の権限が強く官僚組織の意向や議会の影響力も軽視できないため、基本的には「権力エリートモデル」が適合すると思われます。ただ、地域の重要な争点になると、住民グループや利益団体の意向や活動も影響するため、「多元主義モデル」が妥当するケースもあります。高齢者福祉や医療などでは、医師・看護師やケアマネジャーなどの専門職の意向が反映するため、「政策コミュニティ論」が有効な視点を提供してくれますし、「第一線職員論」は執行過程の重要性を認識させる点で貴重です。これらの理論やモデルは、どれが正しいというよりも、政策過程の複雑さや多様性を構造的に把握し、これを踏まえてどういう制度や対応が必要かを検討する際の基礎になるものと考えられます。

〔例〕公共的施設における受動喫煙防止条例の制定と執行の場合

長・幹部職員と議員が主導権を発揮して制定・執行されることが通常ですが（権力エリートモデル）、医療業界、たばこ業界、飲食業界や地域住民など多様な主体が関与して決められる場合（多元主義モデル）や、医師会、保健師などの専門集団の意向が決め手になる場合（政策コミュニティ論）もあります。執行過程では、対象施設に対して「いつ」調査を行うか、また、どのような指導をどのような手続で行うかは、担当する職員の裁量が大きい面もあるでしょう（第一線職員論）。

＊8　多元主義モデル
このモデルについては、新藤宗幸『概説 日本の公共政策』（東京大学出版会、2004年）28～31頁参照。

＊9　政策コミュニティ論
このモデルについては、新藤宗幸『概説 日本の公共政策』（東京大学出版会、2004年）141～144頁、真渕勝『行政学』（有斐閣、2009年）135頁参照。

3　政策執行の理論を学ぶ ―執行のギャップはなぜ生まれるか

(1) 執行のギャップ

公共政策の研究においては、政策がどのようにつくられるかという決定過程に焦点が当てられ、執行過程は決定された政策を機械的に実施する裁量性の少ない過程と考えられて、十分な検討が行われていませんでした。しかし、1970年代頃からアメリカ、イギリス等では、多くの人々に歓迎された政策が、執行段階でゆがめられ十分な成果を挙げられなかった事例が取り上げられ、なぜそうした「**執行のギャップ**」(implementation gap) が生じるのかが論じられるようになりました。日本でも、80年代からいくつかの執行過程研究が行われ、現在ではほとんどの行政学の教科書で執行過程の問題が取り上げられています*10。

*10　政策執行過程に関する参考文献
森田朗『新版 現代の行政』(第一法規、2017年) 第13章、西尾勝『行政学 (新版)』(有斐閣、2001年) 213〜225頁、村松岐夫『行政学教科書 (第2版)』(有斐閣、2001年) 225〜248頁、真渕勝『行政学』(有斐閣、2009年) 443〜447、502〜511頁。

(2) 執行過程研究の成果

これらの**執行過程研究**では、「執行のギャップ」が生じる原因・背景として、次のような点が指摘されました。

第1に、執行過程は、法令の機械的な執行ではなく、限られた資源 (財源、人材など) の下で、政策的な判断と状況に応じた対応が求められる裁量性に富んだ過程であることを挙げることができます。例えば、農地法の転用規制には違反行為が少なくないです。しかし、限られた人員の職員ですべての違反行為を監視・発見し是正させることは難しく、どうやって規制の有効性を維持するかは、農業委員会等の執行機関の工夫と努力に委ねざるをえない状況にあります。

第2に、執行過程は、執行機関内部の検討や調整だけでなく、相手方や利益集団等の影響を受けながら展開される多元的な過程です。例えば、介護保険法では、要介護認定を円滑・公正に行うことが重要ですが、そのためには介護認定審査会委員を選出する医師会等の関係団体の協力をえることが不可欠になります。その結果、これらの団体の意向を執行過程にも反映することになります。

第3に、執行現場での判断と対応が求められる「第一線職員」については、相手方との関係で裁量の範囲が広く、これをどう統制又は支援するかが重要な課題になります (後述3 (5) 参照)。例えば、生活保護においては、ケースワーカーの役割が大きいですが、様々な細則やマニュアルをつくっても、個々の受給者と面談し、その生活状況に応じて指導助言を行うのはケースワーカーであるため、その判断や対応の仕方が受給者の生活や保護制度のあり方に大きな影響を与えます。

第4に、規制法の執行過程では、命令等の法的処分が行われることは少なく、行政指導などのインフォーマルな手段が多用され、穏当な対応が多くなります。例えば、産業廃棄物の不法投棄に対しては、撤去命令等の行政処分や捜査機関への告発などの対応が可能ですが、以前は「廃棄物とは決めつけられない」「悪質ではない」等の理由をつけて行政指導にとどめることが多くありました。近年は、警察の協力を得たり、産廃Ｇメンを配置して、厳しい対応を行う自治体が増えています。

自治体法務においても、こうした研究の成果を学び、よりよい政策執行に向けて工夫を行うことが重要です。具体的にどうするかについて、規制行政と給付行政に分けて検討しましょう。

（３）規制政策の執行過程―違反是正の戦略論

規制政策の執行に関しては、第１に、違反行為にどう対応するかが重要です。違反行為に対しては、迅速かつ毅然とした対応を行うとともに、行為者の状況に応じた戦略的な対応を行うことが求められます。一般に日本の自治体は、違反行為を発見してもこれを放置したり、行政指導を繰り返すなど、穏当な対応にとどまる傾向があります。しかし、「初動対応」を誤ると、後に法的対応をとることが難しくなりますし、他の違反行為を助長するおそれがあります*11。

*11　初動対応に問題のある事例
特に産業廃棄物の不法投棄や農地・森林の違反転用などに関してこうした事例が多くみられます。かつて問題になった香川県豊島の産業廃棄物不法投棄事件も、「有価物」であるという不法投棄者の強弁に押されて初動対応が遅れた事例といえます。

行政学では、違反者の類型に応じて執行戦略を選択することが重要とされています（【図表８－２－３】参照）。例えば、規制の存在を知らなかった「善意の違反者」に対しては、規制の存在や内容を知らせる「**周知戦略**」や、物理的な装置等によって違反を防止する「**制止戦略**」が有効です。また、規制を順守するか否かを損得勘定によって判断する利己的な「悪意の違反者」には、「制止戦略」のほか、違反行為を厳正に処罰する「**制裁戦略**」が有効です。これに対して、事案の実情に応じて柔軟な処理を行う「**適応戦略**」をとると、違反をしても不利益はないと考えて違反を繰り返すことになりかねません。さらに、当該規制の違法性等を確信してあえて違反を行う「異議申立者」には、「適応戦略」が有効であり、行政機関への反発からどんな対応にも抵抗する「反抗者」には、「制止戦略」しか有効な戦略はありません。実際には、損得勘定による「悪意の違反者」が多いと考えられますので、こうした者に微温的な「適応戦略」をとることは不適切な選択だといえるのです。

行政組織が穏当的な対応になりがちな理由としては、①人員が不足し十分な対応ができない、②違反対応が付随的な業務と考えられている、③暴力や逆うらみのおそれがある、④職員の定期異動によって経験が蓄積されない、といった点が考えられます。そこで、①一定数の担当職員や専任の職員を確保する、②違反対応を重要職務として位置付ける、③行政対象暴力への組織的な対応を強化する、④警察との連携協力を行う、⑤経験の蓄積・共有化を図る、などの対策が考えられます。

第２に、特定の事業者や業界に対して継続的に指導監督を行う場合には、対象者との「癒着」が生じないよう注意する必要があります。例えば、社会福祉施設や医療施設などの指導監督では、対象者との良好な関係を維持したいという事情や、専門知識や経験の点で対象者の方がすぐれていることから、実効性のある指導監督が難しいという傾向があります。さらに、行政機関が対象者の内情を知るうちに同じような考え方や利害関係に陥り、逆にコントロールされる「**規制の虜**（とりこ）」と呼ばれる問題も指摘されています[*12]。

このような規制対象との「緊密化」には、情報や意思の伝達が円滑になるとか、対象者の自主的な対応を促し、効率的に指導監督できる、といったメリットもあります。しかし、規制法のあり方としても、また住民の期待に応えるためにも、法律の目的に沿って適正な執行を行う必要があります。そのため、①担当職員の知識・経験を高める、②協力連携を図る部署と指導監督を行う部署を分ける、③非常勤職員等として第三者的な専門家に加わってもらう、④住民・利用者からの苦情や情報を活かす、などの対応が考えられます。

＊12 「規制の虜」の事例
2011年の福島原発事故の際にも、規制する行政機関が対象者である電力会社と通じ合い、専門知識では電力会社の方が詳しいこともあって、安全面の監督が甘くなったと指摘されました（国会事故調『報告書』2012年７月）。

【図表８－２－３】違反者の類型と執行戦略の類型

		行政機関・行政職員の執行戦略			
		柔軟な対応	強硬な対応		柔軟な対応
		①周知戦略	②制止戦略	③制裁戦略	④適応戦略
違反者の類型	①善意の違反者	効果あり	効果あり	直接の効果なし	効果なし
	②悪意の違反者	効果なし	効果あり	効果あり	逆効果の余地あり
	③異議申立者	効果なし	逆効果の余地あり	逆効果の余地あり	効果あり
	④反抗者	効果なし	効果あり	逆効果の余地あり	行政側の屈服

（西尾勝『行政学（新版）』（有斐閣、2001年）223頁）

（４）給付政策の執行過程

給付政策の執行に関しては、第１に、政策目的を実現するとともに、対象者の権利・利益を保障するために、効果的な執行に努める必要があります。行政では、本人からの申請があった場合に対応する「申請主義」などの原則があります。実際には対象者の知識不足や行政の複雑さなどのために、申請しないまま困窮してしまう例が少なくありません。また、不正利用の防止や財源の確保を心配するあまり、目的の実現を妨げることがないよう注意する必要があります[*13]。そのため、①制度の周知を工夫・徹底する、②手続面の負担が少なくなるよう簡素化・迅速化を図る、③生活相談の窓口との連携など総合的な対応を図る、④ＮＰＯやボランティアとの連携を図る、⑤職員の研修や人事評価を通じて前向きな対応を促す、などの対応が考えられます。

＊13 「水際作戦」の問題点
生活保護法に基づく生活保護の申請を窓口で抑制する、いわゆる「水際作戦」は、意識的な行政指導によって給付額を抑制しようとしたものです。こうした対応は、法の目的を執行段階でゆがめ、該当者の権利を侵害するおそれがあります。

第２に、不正な給付を防止するとともに、限りある政策資源を有効に活用するため、効率的な執行に努める必要があります。一般に行政実務では、事前の審査は厳しいのに対し、給付後の利用状況には関心を持たない傾向があります。例えば各種の補助金支給では、申請時には様々な基準を設け、多数の書類の添付を求めて慎重に対応するのに、支出した後は、主として書類上で「適正」に執行されたことを確認するだけで、それが効率的に活用されたか、どういう効果を生んだか等について検証することはまれです。もちろん支給後に補助金の返還を求めるのは実務的に大変ですが、申請時にはわからない問題点や予想しない変化もあるため、今後は事後の検証を重視する必要があります。例えば、①対象事業の実施中に中間調査を行う、②対象事業の費用対効果について報告を求め公開する、③行政評価の中で個別事例の検証・評価を行う、などの対応が考えられます。

(5) 第一線職員論（ストリートレベルの官僚制）

執行過程の中でも、教師、警察官、保健師、福祉ケースワーカーなど執行現場を担う職員は、**第一線職員**（ストリートレベルの官僚制）と呼ばれ、その役割が注目されています。通常の行政職員が法令・マニュアルや上司の指示に従って業務を遂行するのに対して、（2）で述べたとおり、第一線職員の仕事は特定の対象者に対する対人的な業務であり、対象者や現場の状況に応じた対応が求められるため、業務の進め方を職員の裁量に委ねざるをえないという特性があります*14。そこで、トップや管理職が第一線職員をどう誘導・統制し、執行活動の適正を確保するかが課題になります。例えば、①管理職を含めた合同研修やケース会議を通じて情報共有や意思疎通を図る、②管理職に専門職や経験者を配置する、③担当職員が過大な負担やストレスを抱えないよう組織体制を整備する、④人事評価等を通じて担当職員のモチベーションを高める、などの対応が考えられます。

4　行政組織の理論を学ぶ－官僚制と稟議制

(1) 自治体の意思決定と官僚制*15

自治体の**意思決定**を行うのは一義的には住民ですが、実際に決定するのは、住民から委任を受けた長や自治体議会の議員です。しかしながら、長や議会議員だけでは行政を動かすことができないので、自治体の組織をつくって住民に向けた行政サービスを行っています。これを「分担管理の原則」といいます。

こうした構造は、本人である住民と代理人である長・議員という関係として「本人（プリンシパル）－代理人（エージェンシー）」理論で説明することができます（【図表8－2－4】参照）*16。もっとも、実際には代理人の役割は、長・地方議員から委任された官僚（地方公務員）が果たしていますので、官僚制に関して学ぶ意義はあります。

＊14　第一線職員に関する参考文献
M.リプスキー（田尾、北大路訳）『行政サービスのディレンマ』（木鐸社、1986年）、畠山弘文『官僚制支配の日常構造』（三一書房、1989年）、真渕勝『行政学』（有斐閣、2009年）502～511頁。

＊15　行政組織（官僚制）に関する参考文献
森田朗『新版 現代の行政』（第一法規、2017年）第6章、第7章、西尾勝『行政学（新版）』（有斐閣、2001年）161～174、227～242頁、村松岐夫『行政学教科書（第2版）』（有斐閣、2001年）141～153頁、真渕勝『行政学』（有斐閣、2009年）456～514頁、曽我謙悟『行政学』（有斐閣、2013年）、岩崎忠『自治体経営の新展開』（一藝社、2017年）。

＊16　エージェンシー問題とは
政治学・行政学では、エージェンシー問題（agency problem）が取り上げられており、「執行のギャップ」もこの問題のひとつとみることができます。エージェンシー問題とは、国民・住民の「代理人」（agency）であるはずの政治家や公務員が、様々な要因によって「本人」（委託者）である国民・住民のために働かない可能性があるという問題です。これらの代理人は、自分に都合のよい解釈をしたり、本人の利益を軽視したりする可能性があるため、本人は代理人が期待どおり働くようインセンティブを設定したり、監視したりする必要があります。真渕勝『行政学』（有斐閣、2009年）268～270頁、礒崎初仁『自治体政策法務講義 改訂版』（第一法規、2018年）109頁参照。

【図表8-2-4】本人（プリンシパル）ー代理人（エージェンシー）理論

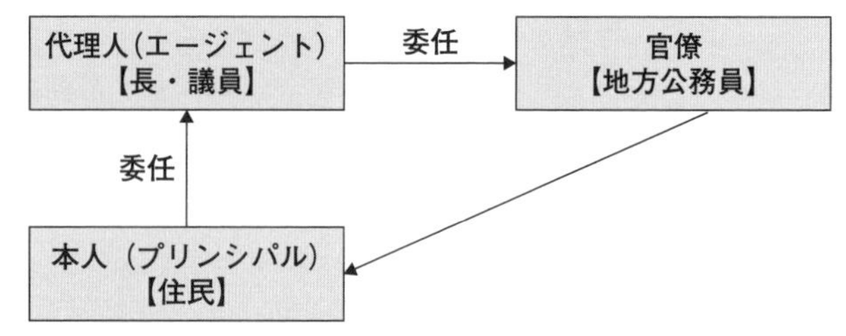

（岩﨑忠『自治体経営の新展開』（一藝社、2017年）13頁）

（2）官僚制

官僚制（bureaucracy）とは、「行政機能を集団的に果たすための階統制組織（ヒエラルキー組織）又はこれによる統治形態」のことです。行政のみならず民間企業も基本的にはヒエラルキー組織によって活動しており、官僚制を基礎にしているといえます。官僚制は、社会の様々な場面で機能している幅広い概念です。

自治体法務も、この官僚制組織によって実行されるため、官僚制組織の特質を理解した上で進める必要があります。特に、後述するように官僚制には、「逆機能」（目的に対するマイナス作用）がありますので、これを克服するための法的仕組みを考えることは自治体法務の役割だと考えられます。

（3）官僚制をめぐる2つの見方

官僚制に対しては、肯定的な見方と否定的な見方があります。

肯定的な見方としては、M. ウェーバーの官僚制論が有名です。ウェーバーは、官僚制を近代社会においてもっとも合理的な組織形態と捉えています。すなわち、官僚制は、①規則による明確な権限に基づく職務（権限の原則）、②階層的に整序された職務体系（階統制の原則）、③職務と私生活の分離（公私の区別の原則）、④専門的資格に基づく専業的な遂行（専門性の原則）、⑤文書による職務執行（文書主義の原則）という原則によって、官僚の活動を統制するとともに、組織目的を最大限に達成できる仕組みと考えました*17。自治体組織でも、このような原則によって組織を運営していますし、地方公務員法などもこうした原則を基礎としています。

*17　ウェーバー官僚制論に関する参考文献
M.ウェーバー（世良晃志郎訳）『支配の社会学Ⅰ・Ⅱ』（創文社、1960年、1962年）参照。また西尾勝『行政学（新版）』（有斐閣、2001年）165～170頁、真渕勝『行政学』（有斐閣、2009年）456～459頁も参照。

これに対して、官僚制に批判的な見方も数多く提示されています。それらの議論は、官僚制の機能を高めるための上記の特徴が、逆に次のような逆機能という問題を生んでいると指摘しています。

【官僚制の逆機能の例】

①　**法令万能主義**

官僚制の下では、規則に基づく職務遂行が求められますが、規則に従うことが自己目的化し、官僚は規則を杓子定規に当てはめて硬直的な対応を行うようになります。それに対して国民の不満や批判が強まると、さらに規則をつくって防御しようとするため、悪循環に陥ります。

② **セクショナリズム**（縦割り体質）

官僚制の下では職務の分業が行われますが、これによって官僚は組織全体の目的よりも下位組織（部課）の目的を重視するようになり（下位目的の内面化）、独自のイデオロギー・哲学が形成されて、組織全体の目的達成が困難になります。

③ **管理の悪循環**

官僚制の下では、管理層は厳格な服務規律によって官僚を統制しようとしますが、規律の強化は下位の官僚の反発を招き、規則に抵触しない範囲内で職務を怠ろうとします。その結果、さらに規律が強化され、組織内の緊張が高まって組織の能率が低下します。

④ **組織目的の形骸化と内向き体質**

官僚制組織は成果が低くても存続できるため、競争原理が働かず、組織の目的が形骸化しがちです。その結果、社会の評価よりも組織内の事情を優先させる内向きの発想が強くなって、政策実現などの努力が軽視されます。ウェーバーが示した見方は多分に理念型であるのに対して、これらの指摘は官僚組織の実態を反映した見方であり、両者は官僚制の異なる側面を見ていると考えられます。しかし、官僚制の機能（プラス面）を発揮させようとすれば逆機能（マイナス面）も強まるという関係にあるため、問題の解決は容易ではありません。官僚制問題への対応は、いかに機能を発揮させながら逆機能を克服するかという点に焦点があると考えられます。

ＮＰＭ改革も、官僚制問題に対するひとつの対応策といえるでしょう。

〔例〕自治体職員に対して「法律に基づく行政」の原理を強調すると、「法令どおり実施すればよい」という発想が生まれ、法令自体の欠陥やより大きな政策目的を軽視しがちになります（法令万能主義）。そこで「政策目的の実現が大事だ」と強調すると、今度は逆に、法令や組織秩序を軽視し、裁量権の濫用や組織運営の混乱が生じます（官僚制原則からの逸脱）。

（４）行政組織の２つのタイプ

官僚制組織も均質ではありません。単純化すると、「**軍隊型組織**」と「**ネットワーク型組織**」という２つのモデルを挙げることができます。まず軍隊型組織とは、軍隊のように、指揮命令と情報伝達が垂直的な形で一元化され、上司の命令には絶対服従が求められる組織です。こうした組織では、内部のヒエラルキー構造が徹底され、情報のやりとりは上司と部下の垂直的な関係だけにとどめられるとともに、上位の職に権限が集中し、厳しい規律の下で個人の自由や裁量はできるだけ制限することが望ましいと考えられます。

これに対してネットワーク型組織とは、シンクタンクやプロジェクトチームのように、指揮命令や情報伝達が垂直・水平の多様なルートで行われ、構成員の自主性が尊重される組織です。こうした組織では、ヒエラルキー構造は形式的なものとなり、上位の職の権限は分権化される一方で、構成員の創造性や裁量が尊重され、相互の協働によって何らかの価値を生み出すことが重視されます。

もちろん、この2つのモデルはあくまで理念型であり、実際の行政組織はこの両極端の間にある中間型と考えられます。自治体の行政組織も、制度的には長又はその委任を受けた管理職に決定権が集中していますが、実際的には職員が部署を越えてさまざまな情報をやりとりし、協働しながら職務を遂行しています。しかし、組織によって軍隊型に近いかネットワーク型に近いかという違いはありますし、各人の意識においてもいずれをあるべき組織像としてイメージしているかによって、日常の対応が異なってくると考えられます。

〔例〕ある管理職は、部下は上司の指示や意向に従うべきであり、報告や提案は下から上に順に上げるべきだと考えます（軍隊型組織イメージ）。別の管理職は、組織決定が行われるまでは上司も部下も自由に意見を言うべきであり、必要な報告や提案は職の上下に関係なく臨機応変に行うべきだと考えます（ネットワーク型組織イメージ）。自治体組織の場合、どちらが正しいという決め手はなく、両者が併存・混在している状態と考えられます。

（5）稟議制（決裁制度）

こうした組織のあり方とも密接に関連するのが、意思決定における「**稟議制**（りんぎ）」です[＊18]。稟議制（**決裁制度**）とは、一般職員が作成した案を権限のある者が「決裁」することによって正式の決定になるというボトムアップ型の意思決定の仕組みです。稟議制では、意思決定の原案を下位の職員が作成し（起案）、それを順に上位の職員に上げて点検させ（回議）、最後に決定権を有する職員がその可否を決定する（決裁）という上昇型の手続をとります。稟議制は、ヒエラルキー型の組織構造に適合しているため、官僚制組織（民間組織を含む）においては一般にこの方式がとられています。自治体の行政組織でも基本的に稟議制が採用されており、実務では「決裁制度」とも呼ばれています。

＊18　稟議制に関する参考文献
西尾勝『行政学（新版）』（有斐閣、2001年）301～319頁、村松岐夫『行政学教科書（第2版）』（有斐閣、2001年）221～224頁、真渕勝『行政学』（有斐閣、2009年）111～115頁。

稟議制のメリットとしては、①意思決定の形式的な責任の所在が明確である、②一般職員の提案が生かされ、参加意識を持ちやすい、③関係職員の間で情報を共有化しやすい、④文書による記録になじみやすいという点が挙げられます。一方、デメリットとして、①意思決定に時間がかかる、②多くの者が関与するため、実質的な責任の所在が不明確になる、③二者択一の提案になるため、柔軟な意思決定が難しい、という点が挙げられます。

そこで、会議方式による決定など柔軟な意思決定方式が併用されているのが現実です。実質的な責任者への権限移譲を進める組織も増えています。また、デジタル化の進展によって、電子決裁の導入など稟議制のあり方も変わっています（本節4（6）（7）参照）。

行政組織は階統制組織ですから、その意思決定として上位の職にある者が決定権を持つという点は、今後も維持すべきだと考えられます。しかし、自治体の政策形成力の向上が求められる時代に、稟議制のデメリットを軽視することはできません。そこで、稟議制の基本を維持しつつ、決定の実質に合わせて柔軟に運用することが求められています。例えば、①長の指示による決定（トップダウン方式）や会議方式を意思決定方式として認める、②二者択一の「伺い」ではなく、複数の選択肢を示したうえで決定する方式を導入する、③形式的な稟議書だけでなく意思決定の実質を示す記録を残す、などの改革が考えられます（【図表8－2－5】参照）。

法令の執行などの自治体法務についても、稟議制の形式性に縛られていた面がありますので、こうした改革によって政策的な発想を可能とし、「攻めの法務」に転換することが考えられます。また、意思決定のルールは組織内部の法的問題でもあるため、今後、稟議制をどうするかは、自治体法務の課題でもあります。

【図表8－2－5】行政組織の意思決定方式

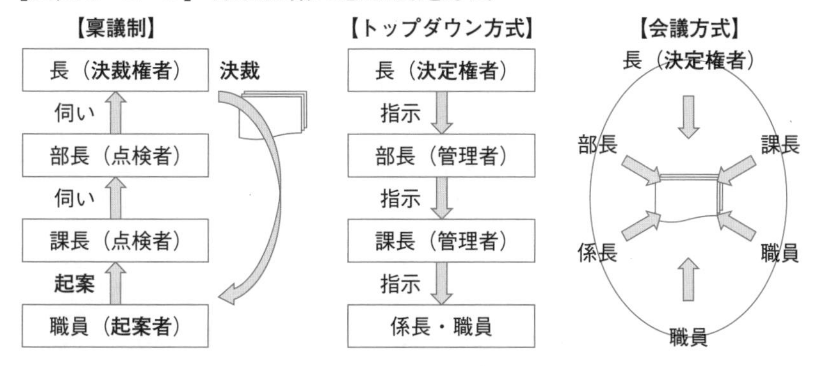

（6）迅速に対応する行政組織＊19

＊19　迅速に対応する行政組織に関する参考文献
岩﨑忠『自治体経営の新展開』（一藝社、2017年）14～15頁。

行政組織は、階統制組織ですので、長をトップに局長、部長、次長、課長、課長代理、係長、課員というようにピラミッド構造で階層化しています。このため、担当者たる課員が決裁者に起案を回し、意思決定をしてもらい公共サービスを提供している稟議制がとられていますので、決裁者まで階層が多ければ多いほど決裁、すなわち意思決定に時間がかかります。

こうした場合、ピラミッド組織の意思決定を迅速化させるためには、①**組織のフラット化**、②**管理職の専決権限の拡大**、③**窓口（定型）業務のデジタル化**が考えられます。

まず、①組織のフラット化は、管理職の削減に繋がることから、管理職数が減ることでコスト削減にも繋がります。また、新しいニーズや突発的な出来事にも迅速に対応できます。こうしたフラット化は、管理職の管理する範囲（span of control）の拡大に繋がりますが、一斉メール等の情報化によりこれはクリアできるかと思います。一方、デメリットとして、管理職の管理する範囲が拡大し、管理職がより多くの職員をチェックすることに繋がるので、管理職の責任は重くなるといえます。また、情報技術によるフラット化は、管理職と担当職員の間のコミュニケーション不足に陥り、コミュニケーションによる人材育成（ＯＪＴ）が困難になる懸念が生じます。

次に、②管理職の専決権限の拡大です。自治体の意思決定手続として、決裁制度がありますが、すべての事案を長が行っていては、長が行うべき業務のための時間を制約することになります。そこで、最終的な決定をする職をあらかじめ決めておくのが専決権です。専決権の拡大は、長まで決裁を回さずに、局長、課長、係長の権限を拡大することですが、これは、意思決定の迅速化につながる反面、住民が選出した長による決定ではなく、官僚による決定を意味するので、正統性（legitimacy）という意味で、慎重になる必要があります。

さらに、③窓口（定型）業務のデジタル化が求められます。住民が役所に行かなくても身近な施設で手続を行うことができるコンビニ収納、郵便局における住民票交付等に加え、さらに、自宅のパソコンで必要書類を入手できる仕組みなどが普及することが求められます。

（7）安定した自治体経営に向けた組織形態[＊20]

＊20　安定した行政組織に関する参考文献
岩崎忠『自治体経営の新展開』（一藝社、2017年）15～17頁。

自治体行政は、住民に対する公共サービスを継続的かつ安定的に提供する必要があります。緊急時、災害時でも安定して公共サービスを提供できるという点は大切ですし、低所得者や社会的弱者であっても住民間の公正性を維持し、公共サービスを提供する必要があるといえます。

具体的には、職場環境の充実のため、雇用形態として、非正規公務員から正規公務員にすることが挙げられます。また、**在宅勤務**、**サテライトオフィス**、**モバイルワーク**といった**テレワーク勤務**も注目されており、従来の「オフィス」中心の仕事のやり方から「人」中心の仕事のやり方に転換することが求められます。

さらに、オフィス内においてもコミュニケーションの向上や情報・アイデアの共有を促し、政策立案能力を高めるために、事務机のレイアウトを従来の１人に決まった１席を割り与える「固定席」方式から、庁舎内・部屋内等特定の範囲であればどこでも業務をしていい「フリーアドレス」方式や、係ないし課に集合机を配置し、その範囲内であればどこでも着席して業務をしてもいい「グループアドレス」方式などに変更する職場もあります。併せて会議室などにディスプレイ・LAN設置を行い、モニターを見ながらその場で編集できるようにすることにより会議の効率化、活性化が図れるとともに、書類・資料の電子化を進めることで属人的な資料を組織として共有できるようになるため、ペーパーレス化のみならず、セキュリティアップにも繋げることが期待できます。

こうした変化への対応に関して自治体政策法務としても積極的に取り組んでいく必要があります。

5　ＮＰＭ改革の意義と限界

（１）ＮＰＭ改革とは何か

1990年代後半から行政改革の大きな潮流となったのが、ＮＰＭを目指す改革です[*21]。**ＮＰＭ**（New Public Management、**新公共管理**）とは、公共機関の運営に市場原理と民間企業の経営手法を導入しようとする考え方です。1980年代に米国のレーガン政権や英国のサッチャー政権が行政改革の手法として採用し、90年代後半から日本にも導入され（三重県、静岡県、福岡市等）、国、自治体を問わず広く受け入れられるようになりました。現在、行政改革の多くは、ＮＰＭの理念の下で実施されているといってもよいでしょう。

さらに現在では、公共機関の活動に民間の手法を導入するだけでなく、公共と民間が連携して公共サービスを提供することによって、民間資金の活用やサービスの向上をめざすＰＰＰ（Public Private Partnership、**公民連携**）の考え方も広がっています[*22]。

ＮＰＭ改革では、どのような改革が行われているのでしょうか（【図表８－２－６】参照）。

第１に、「官から民へ」のかけ声の下に、公共サービスの機能を民間に移行させ、行政機関をスリム化する「**民間化**」の改革が行われています。従来、行政機関が自らサービスを担っていたため、競争原理が働かず、質の高いサービスを効率的に提供することが困難でしたが、ＮＰＭでは、「櫓をこぐより舵取りを」といわれるように、公共サービスの決定と実施を分けて、行政機関は「決定」について責任をもつが、「実施」は競争原理の下で独立の民間機関等が担当するという考え方が採られました。こうした方針の下で、**規制緩和、民営化、民間委託、ＰＦＩ、指定管理者制度、独立行政法人、市場化テスト**の導入などが進められてきました。このうちＰＦＩや指定管理者制度は、ＰＰＰ（公民連携）の考え方を含んでいるといえます。

特に自治体のサービスのあり方に大きな影響をもたらしたのが、地方自治法改正（2003年）によって導入された指定管理者制度です。この制度は、サービスの向上と経費の節減のために、公の施設の管理者として民間企業、NPO法人等を指定し、管理運営を包括的に代行させる制度です。2018年４月現在、全国の約７万６千の施設で導入されており、うち４割の施設で民間企業等が指定管理者になっています[*23]。

さらに人口減少時代に入り、公共施設をどう維持・運営するかが課題になっています[*24]。水需要の減少、水道施設の老朽化等を踏まえて、2018年には水道法が改正され、水道施設の運営権を民間事業者に設定できる仕組み（ＰＦＩの一類型であるコンセッション方式）が導入されました。これに対して、メディア等では、水道事業という公共性の高い事業を民間に委ねてよいか、水道料金が高騰し

＊21　ＮＰＭに関する参考文献
オズボーン＆ゲーブラー『行政革命』（日本能率協会マネジメントセンター、1995年）、白川一郎ほか編著『NPMによる自治体改革』（経済産業調査会、2001年）、大住荘四郎『NPMによる行政革命—経営改革モデルの構築と実践』（日本評論社、2003年）、岡田章宏・自治体問題研究所編『NPMの検証—日本とヨーロッパ』（自治体研究社、2005年）、真渕勝『行政学』（有斐閣、2009年）182～198頁。

＊22　ＰＰＰに関する参考文献
福川伸次ほか編著『ＰＰＰが日本を再生する』（時事通信社、2014年）、井熊均・石田直美『地域の価値を高める新たな官民協働事業のすすめ方』（学陽書房、2018年）ほか。

＊23　指定管理者制度について
総務省『公の施設の指定管理者制度の導入状況等に関する調査結果』の概要（2018年４月現在）によると、全国76,268施設（都道府県6,847施設、指定都市8,057施設、市区町村61,364施設）で導入され、そのうち30,802施設（40.0%）で民間企業等（株式会社、NPO法人、学校法人、医療法人等）が指定管理者に指定されています。この制度に関する参考文献として成田頼明監修『指定管理者制度のすべて（改訂版）』（第一法規、2009年）、三野靖『指定管理者制度』（公人社、2005年）ほか。

＊24　人口減少時代の公共施設
人口減少を踏まえた公共施設の管理については、小島卓弥『ここまでできる実践 公共ファシリティマネジメント』（学陽書房、2014年）、南学『先進事例から学ぶ成功する公共施設マネジメント』（学陽書房、2016年）、小島幸夫ほか『公共施設マネジメントのススメ』（建築資料研究社、2017年）参照。

ないかといった懸念の声もありました。

第２に、利用者本位の発想から公共サービスの「成果」を問題とし、行政側に説明責任（accountability）を求めるという「**成果主義**」の改革が行われています。従来、行政機関は政策やサービス提供を決めるための法律や手続（プロセス）を守っていれば、その成果（特に前述のアウトカム）がどうなろうと問題ではないという発想が強かったのですが、「顧客優先」とか「Value for Money」（費用に見合った価値を求める）といった考え方の下で、サービス提供によってどういう成果が生まれたかを検証し、これについて説明責任を果たすという考え方が採られました。こうした方針の下で、**行政評価・政策評価**、公会計改革、市場化テストの導入などが進められてきました。

第３に、公共サービスを、ＮＰＯ、地域企業、コミュニティ組織などの多様な主体が担うことを目指す「**市民化**」といえる改革も進められています。介護、子育て、防犯、防災などのサービスは、行政機関だけでは担いきれないため、住民に身近な主体が連携して担っていく必要があります。こうした考え方は「住民参加から市民協働へ」とか「ガバメントからガバナンスへ」と表現されました（6章3節参照）。例えば、各分野における市民協働の強調、ＮＰＯやコミュニティ・ビジネスへの支援、指定管理者制度の導入、介護や子育てにおける地域型サービスの導入などがこれに当たります。ＮＰＭというと、民営化や行革に焦点が当たりがちですが、「公共性」の考え方自体が変わりつつあるという点が重要なのです。

【図表８－２－６】ＮＰＭ改革の主な制度

制　度	概　要
民営化	行政機関が実施してきた事業やサービスを民間組織による事業やサービスに転換すること
民間委託	行政機関が事業やサービスの実施を民間組織に委託すること
ＰＦＩ（Private Finance Initiative）	民間資金を利用して、民間に施設整備とサービスの提供を委ねること（民間資金の活用による公共施設等の整備等の促進に関する法律（ＰＦＩ法）（1999年）によって導入） ＊コンセッション方式＝公共施設等の運営権を民間に設定する方式（2018年水道法改正で導入）
指定管理者制度	営利企業・公益法人・ＮＰＯ法人等の団体を管理者として指定し、公の施設の管理・運営を包括的に代行させる制度（地方自治法改正（2003年）により導入）
独立行政法人制度	行政機関から一定の業務を分離し、これを担当する機関に独立の法人格を与えて、業務を遂行させる制度 （独立行政法人通則法（1999年）によって国に導入、地方独立行政法人法（2003年）によって自治体に導入）
市場化テスト	国又は自治体の公共サービスについて、官民競争入札・民間競争入札（いわゆる市場化テスト）を活用して、最もすぐれた者にサービス提供を実施させる制度。このうち官民競争入札は、官と民が対等な立場で競争入札に参加する仕組み。 （「競争の導入による公共サービスの改革に関する法律」（2006年）により導入）

(2) NPM改革と自治体法務

ＮＰＭ改革に対しては、行政機関の責任を民間や住民に転嫁するものだとか、市場原理の導入によって低所得者に対するサービスが手薄になり、公平性に問題があるという批判があります。サービスの外部化による経費節減も、突き詰めると人件費の抑制によるものであり、こうした改革が「官製ワーキングプア」を生み出しているという指摘もあります。前述のＰＰＰ（公民連携）の手法にもこうした懸念が伴います。

また、ＮＰＭによるサービスの外部化が法的な問題を生み出すこともあります。例えば、横浜市が市立保育所を廃止して民営化（社会福祉法人の運営への切替え）をした事案について、下級審ながら、裁判所は性急すぎる民営化の手続を違法とし、児童と保護者の損害賠償請求を認めました[＊25]。

＊25　市立保育園廃止取消訴訟
横浜市立保育園廃止処分取消請求事件・横浜地判平18・5・22判タ1262号137頁。なお、本件について最一小判平21・11・26判時2063号３頁は、保育所を廃止する条例制定を行政処分に当たるとしつつ、すでに児童が卒園していることから訴えの利益がないとして上告を棄却しました。

確かに、ＮＰＭを導入すれば問題が解決するといった楽天的な見方はできませんし、単純に行政のスリム化や財政危機への対応策として導入することは、副作用が大きいと考えられます。しかし、ＮＰＭ改革は、行政組織が陥りがちな利用者目線の欠如、規則の重視・成果の軽視、コスト意識の欠如など、前述の「官僚制の逆機能」に対応する改革であり、全体としては必要な改革だと考えられます。ＰＰＰ（公民連携）も、人口減少時代の地域サービスの基礎となる考え方でしょう。そこで、行政機関の政策責任を明確にしたり、サービスの公平性や法的利益に配慮するとともに、サービス・施設の具体的な状況に応じて改革の目的を生かせるような制度設計と運用が重要になります。

こうした配慮や工夫は、自治体法務の課題のひとつだと考えられます。例えば、指定管理者制度については、その目的や機能を考えながら法律等の解釈を行うとともに、その導入が法的にどういう問題を生み、どのような限界があるか等について慎重に検討することが求められます。

学習のポイント

1　公共政策のプロセス─政策はどうつくられるか

■政策過程は、①課題設定→②立案→③決定→④執行→⑤評価の5段階に区分でき、これらは循環する政策サイクルになっています。

■政策の課題設定は、課題をどう捉えるかによってその後の検討内容が異なるため、重要な意味をもっています。

■政策の執行段階は、執行機関の考え方や姿勢によって執行の仕方が異なるため、政策の成功・失敗の鍵を握っています。

■政策の評価段階は、政策執行の状況を点検・評価して、新たな政策づくりや政策の見直しに繋げるものであり、よりよい政策づくりに不可欠なプロセスです。

2　政策の過程に関する理論－政策は誰がどう決めているか

■政策段階論は、政策過程をいくつかの段階に区分して説明しようとするモデルです。標準的なのは、①課題設定→②立案→③決定→④執行→⑤評価という5段階モデルです。

■アジェンダ設定論は、政策課題（アジェンダ）の設定に注目する理論です。社会にある様々な問題の中から、ある課題が「政策課題」として取り上げられる際の判断や働きかけに焦点を当てるものです。

■執行過程論は、政策執行段階に注目しその重要性を強調する理論です。

■ゴミ缶モデルは、政策決定は、いろいろな問題と解決策が乱雑に入れられたゴミ箱の中のように無秩序に行われるという考え方です。このモデルを継承し、①問題の認識、②政策案の形成、③政治の3つの流れが合流すると「政策の窓」が開かれ、政策が決定されるという「政策の窓」モデルも、注目されています。

■政策波及モデルは、政策決定に当たって、他の主体が決定した政策を参照して政策をつくる結果、内容の類似した政策が次第に広がっていくというモデルです。

■権力エリートモデルは、政策決定は、少数の政治的権力者の価値観やイデオロギーによって決められるとする考え方です。

■多元主義モデルは、政策は、一部のエリートだけでなく、多様な社会集団が参加し、様々な影響を与えながら形成されるという考え方です。そうした利益集団が政治家と所管省庁と結びついて特定利益の維持・強化を図ろうとする政・官・業の「鉄の三角同盟」につながる可能性もあります。

■政策コミュニティ論は、政策分野ごとに形成されるプロフェッション（専門職）の集団や繋がりである政策コミュニティが、政策の形成・執行に大きな役割を果たしていることに注目する議論です。

■第一線職員論は、教員、警察官など政策執行の現場で広い裁量権をもつ職員が、政策の実現に大きな役割を果たしていることに注目する議論です。

3　政策執行の理論を学ぶ─執行のギャップはなぜ生まれるか

■「執行のギャップ」とは、決定された政策が執行段階でゆがめられ十分な成果を挙げられないことをいいます。

■「執行のギャップ」が生じる原因・背景として、①執行に必要な資源が限られていること、②執行過程は相手方や利益団体の影響を受けること、③「第一線職員」については現場での裁量の幅が広いこと、④規制法では行政指導などが多用され微温的な対応が多いことが指摘されています。

■執行過程研究では、①執行過程は、限られた資源の下で、政策的な判断と的確な対応が求められる裁量に富んだ過程であること、②執行過程は、相手方や利益集団等の影響を受けながら展開される多元的な過程であることなどか明らかにされています。

■第一線職員とは、教師、警察官、保健師、福祉ケースワーカーなど執行現場を担う職員のことです。第一線職員の仕事では、対象者の特徴や現場の状況に応じた対応が求められるため、職員が幅広い裁量を有することが特徴です。

■規制政策の執行では、違反行為に対して迅速かつ毅然とした対応を行うとともに、行為者の状況に応じた戦略的な対応を行うことが重要です。違反者にも、①善意の違反者、②悪意の違反者、③異議申立者、④反抗者という違いがあるため、タイプに応じた戦略が重要です。

■一般に日本の自治体は、違反行為を発見しても行政指導を繰り返すなど微温的な対応にとどまる傾向があります。そこで、①一定数の職員や専任職員の確保、②行政対象暴力への組織的対応と警察との連携、③経験の蓄積・共有化などの対策が重要です。

■規制政策の執行では、対象者との「癒着」や、行政機関が対象者と同じような考え方に陥り、逆にコントロールされる「規制の虜」という問題もあります。これらの対策として、①職員の知識経験の向上、②複数の担当部署の設定、③第三者的な専門家の参画などの対応が求められています。

■給付政策の執行では、政策目的を実現し、対象者の権利・利益を保障するために、効果的な執行に努める必要があります。実際には対象者が申請しないまま放置される事例があるため、①サービスの周知、②手続の簡素化・迅速化、③生活相談の窓口との連携、④ＮＰＯ等との連携などの対応が必要です。

■給付政策の執行では、不正な給付を防止し、効率的な執行に努める必要があります。特に今後は事後検証を重視する必要があります。例えば、①事業実施中の中間調査、②事業の費用対効果に関する報告徴収、③行政評価の実施などが考えられます。

4　行政組織の理論を学ぶ―官僚制と稟議制

■官僚制とは、行政機能を集団的に果たすための階統制組織（ヒエラルキー組織）又はこれによる統治形態のことです。

■官僚制に対する肯定的な見方として、官僚制を近代社会の合理的な組織形態と捉えるウェーバーの官僚制論が有名です。ウェーバーは、官僚制の特徴を、①規則に基づく職務、②階統制、③公私の区別、④専門性、⑤文書主義などの原則に求めました。

■これに対して否定的な見方は、官僚制の上記の機能が逆に、①法令万能主義、②セクショナリズム（縦割り体質）、③管理化の悪循環、④目的の形骸化と内向き体質などの「逆機能」を生んでいると指摘しています。

■官僚制組織を単純化すると、「軍隊型組織」と「ネットワーク型組織」の２つのモデルを挙げることができます。実際の行政組織は、この両極端の中間型と考えられます。

■稟議制（決裁制度）とは、一般職員が作成した案を権限者が「決裁」することによって正式の決定になるというボトムアップ型の意思決定の仕組みです。

■稟議制のメリットは、①形式的な責任の所在が明確、②一般職員が参加意識を持てる、③情報を共有化しやすい、④文書による記録になじむという点が挙げられます。一方、デメリットは、①意思決定に時間がかかる、②実質的な責任の所在が不明確、③柔軟な意思決定が難しいという点が挙げられます。

■稟議制の基本は今後も維持すべきですが、①会議や上司の指示による決定を認める、②複数の選択肢を示す方式を導入する、③意思決定の実質を示す記録を残す、などの改革が必要になっています。
■迅速な意思決定を行うために組織のフラット化、専決権限の拡大などが取り組まれていますが、住民が選出した長による決定ではなく、官僚による決定を意味するので、正統性（legitimacy）という意味で、慎重になる必要があります
■安定した組織運営のために、在宅勤務、サテライトオフィス、モバイルワークといったテレワーク勤務も注目されており、従来の「オフィス」中心の仕事のやり方から「人」中心の仕事のやり方に転換することが求められます

5　ＮＰＭ改革の意義と限界

■ＮＰＭ（新公共管理）とは、公共機関の運営に市場原理と民間企業の経営手法を導入しようとする考え方です。その内容は、①公共サービスの機能を民間に移行する「民間化」、②公共サービスの「成果」を重視する「成果主義」、③ＮＰＯ、地域企業などの多様な主体の役割を拡大する「市民化」、に大別できます。
■ＰＰＰ（Public Private Partnership、公民連携）とは、公共と民間が連携して公共サービスを提供することによって民間資金の活用やサービスの向上をめざす考え方や手法です。
■ＮＰＭ改革の問題点として、①行政機関の責任を民間に転嫁するものだ、②低所得者に対するサービスが手薄になる、③「官製ワーキングプア」を生み出している、といった批判があります。市立保育所の民営化について利用者から法的責任を問われた事例もあります。
■民営化は行政機関が実施してきた事業やサービスを民間組織による事業やサービスに転換することであり、民間委託は行政機関が事業やサービスの実施を民間組織に委託することです。
■指定管理者制度は、地方自治法改正（2003年）によって、公の施設の管理者として民間企業、NPO法人等を指定し、管理運営を包括的に代行させる制度です。
■ＰＦＩは民間資金を利用して民間に施設整備と公共サービスの提供を委ねる手法であり、指定管理者制度は企業、公益法人、ＮＰＯ等の団体を管理者に指定して公の施設の管理・運営を包括的に代行させる制度です。水道法改正（2018年）では、この一類型であるコンセッション方式が導入されました。
■独立行政法人制度は行政機関から一定の業務を分離し、これを担当する機関に独立の法人格を与えて業務を遂行させる制度であり、市場化テストは官民競争入札・民間競争入札を活用して、最もすぐれた者に公共サービス提供を実施させる制度です。

第3節　政策法務のマネジメント

1　政策法務のプロセス―政策法務を担うのは誰か[*1]

＊1　政策法務のマネジメントに関する参考文献
本節1～4の記述については、嶋田暁文「自治体政策法務の推進体制―現状分析と今後の課題」北村喜宣ほか編『自治体政策法務』（有斐閣、2011年）、礒崎初仁『自治体政策法務講義 改訂版』（第一法規、2018年）第15章を参照。

政策法務のプロセスは、①立法→②法執行→③争訟・評価の3段階に分けられます（【図表8－3－1】参照）が、さらに細かくみると、以下のとおり7段階（①課題設定→立案（②基本設計、③詳細設計）→④決定→⑤執行→⑥争訟・⑦評価）に分けられます。各段階ごとに主な担い手を挙げてみましょう（【図表8－3－2】参照）。ここでは、ある自治体が長提案で独自条例を制定する場合を想定します（ほかに、法執行条例（法律実施条例）を制定する場合や議員提案や住民の直接請求によって条例を制定する場合があります。また、国の法律の執行や争訟を担当する場合があります）。

【図表8－3－1】　政策法務のプロセス

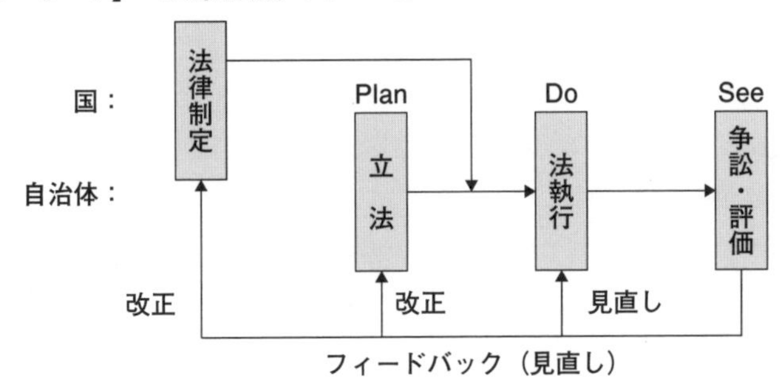

（礒崎初仁・伊藤正次・金井利之『ホーンブック地方自治［新版］』（北樹出版、2020年）110頁）

（1）立法段階

立法段階のうち「課題設定」については、原課（主管課。当該事務を担当する課）が日常業務の中で住民からの苦情・要望等を通じて、問題に直面して条例制定等の検討を始めることが多くなっています（ボトムアップ型の立法過程）。また、長の選挙公約や住民や各種団体からの請願・陳情、要望によって政策課題になる場合もあります。さらに、議会での質問や審議を通じて検討を開始する場合もあります（トップダウン型の立法過程）。トップ層（長、副知事・副市町村長等）は、自治体の政策全般にわたり責任をもつ立場として、課題設定から争訟・評価までの政策法務のプロセス全体を指揮し、監督する役割を担っています。特に政策条例の制定など「攻めの法務」を実現するには、職員レベルの地道な作業だけでなく、要所・要所で政策的な決断を行ったり、議会との調整を含めて政治的なリーダーシップを発揮する必要があります。住民ないし住民団体は、これまでも課題設定や立案過程などに一定の役割を果たしてきましたが、今後は立案過程への住民参

第8章　公共政策と自治体法務

【図表8－3－2】段階別にみた政策法務の担い手（概観）

担い手＼段階区分		課題設定	立案		決定	執行		争訟・評価	
			基本設計	詳細設計		執行管理	執行活動	争訟	条例評価
住民等		△			△			△	
議会		△	△		◎	△			△
執行機関	首長等	○	◎		○	△		△	
執行機関	企画担当課	△	△						
執行機関	法制担当課		△	○				○	
執行機関	原課　管理職	○	◎	○	△	◎	○	○	○
執行機関	原課　一般職員	○	○	◎			◎	○	○
府県その他			△			△	△		
国		△	△						

（注）◎は主な担い手を、○は通常の担い手を、△は従たる関与者を示す。⇨は主な担い手の移動を示す。

（礒崎初仁『自治体政策法務講義（改訂版）』（第一法規、2018年）294頁を一部修正）

加をさらに徹底し、住民の役割を拡大することが求められます。また、住民の直接請求による条例制定も拡大していく必要があります。そのためには、住民自身が条例制定など政策法務の考え方を習得し、専門家の協力を得て立法能力を補強していく必要があります。

次に「基本設計」については、主として事業を担当している原課が必要な検討作業を行います。課題の明確化、原因の追求など立法事実の確認、そして関係法令・制度の状況を確認するなど法環境を十分に把握します。もちろん、長等のトップ層の指示・意向を確認しながら進めるのが通常です。また、政策条例を制定する場合には総合計画等との連携・調整も必要となるため、企画担当課の役割も重要になると考えられます。さらに、検討委員会等への公募委員の参加や意見募集（パブリックコメント）を通じて、通常、住民の意見も反映されます。最後に、事前調整（根回し）等の形で議会の意向も重要な影響を与えることが多いです。さらに、この段階で国や都道府県（都道府県の場合は市町村）の意見が影響を与えることもあります。また、内部では法制担当課や企画担当課との調整が重要になることもあります。

これに対して「詳細設計」では、原課のほかに法制担当課が法制執務（文言等を含む法令文の立案及び審査に関する事務）の面で重要な担い手になります。また、条例に罰則（行政刑罰）を規定する場合、起訴手続は検察庁が進めますので、実務上、検察庁との事前協議が必要になります。原課は、日常的に事務事業を実施する中で現場の問題を一番早く正確に認識できますし、個別法の知識も豊かですので政策法務のプロセスの中で重要な役割を果たします。また、法制担当課の役割は、①条例制定等に対する法制面の審査・助言（法制執務）、②訴訟、不服審査等の対応又はその助言（争訟事務）、③原課の事務処理に対する法的な助言・情報提供（日常的法務支援）、④条例制定等に対する政策面の助言・情報提供（政策法務的支援）に分けることができます。

さらに「決定」については、条例案の提案者として長と原課が説明等の役割を担い、これを議会で審議した上で議決することになります。現状では、条例案のほとんどが長提案ですが、条例案を審議し、議決することは議会の権限であり、議会ないし議員は条例の決定過程において重要な役割を果たしています。今後は、議員提案による条例制定を増やすこと、すなわち課題設定や立案の過程から議員が主体的な役割を果たすことが期待されています。審議に当たっては、公聴会の開催や住民参加の手続を通じて多様な意見を吸収・反映し、公開の場での対話（熟議）によって、よりよい「ローカル・ルール」を目指すべきだと考えられます＊2。商工会議所等の商工団体、農業団体、建設業団体、労働団体、医師会・歯科医師会などの「利益集団」（特定の利益を図るために政治的な影響力を及ぼそうとする集団。圧力団体ともいう）が影響を与えることもあります。国政の場合のように、その影響力は大きくないのですが、決して軽視することができない存在です。

＊2
磯崎初仁『分権時代の政策法務』（北海道町村会、1999年）49～50頁

（2）執行段階

執行段階については、執行を担当する原課が中心になりますが、施行規則等の作成については法制担当課が審査等を行います。また、執行体制の確保等についてはトップ層の判断が重要になることがあります。また、日常解決すべき問題事案等については、トップ層の指示が必要になったり、住民や議会で取り上げられて、影響を与える場合もあります。

（3）争訟・評価段階

争訟・評価段階のうち「**争訟**」については、トップ層の指示の下で原課と法制担当課（加えて顧問弁護士等）が担い手になります。訴訟の提起等については議会の議決も必要となるため、議会も関与します。これに対して「**条例評価**」については、実施している自治体は限られていますが、実施するとすれば原課と法制担当課が主たる担い手となり、これにトップ層や議会が指揮監督等の形で関与することになると考えられます。

2　政策法務の組織戦略 —政策法務をどう浸透させるか

（1）原課（主管課）の政策法務対応

地方分権の進展とともに、機関委任事務が廃止され条例制定権が拡大し、国から自治体への「通達」が廃止され「技術的な助言」となって地域の特性に応じて法律を運用・解釈できるようになりました。にもかかわらず、「政策法務」の考え方はなかなか浸透していないのが現状です。

一般職員の間では、まだ、政策法務は法制担当課の役割と考える傾向があります。特に個別法を担当する原課では、自分たちの仕事は決められた法令を正確に執行することであって、法令を地域適合的に運用・解釈したりせず、また、地域の課題を条例によって解決しようと考えない傾向が残っています。もっとも、職員定数や予算が毎年削減される中で、政策法務に取り組もうといっても、「余裕はない」とか「時間がない」いうのが原課の本音であり、国の指示、通知に従って、機械的に処理すれば問題ないと考えてしまうのでしょう。

しかし、前述のとおり、政策法務の第一の担い手は原課です。既存の法制度の合理的な運用を考えるのは原課の役割であり、地域の実態に基づいて条例制定の必要性を感じ、立法事実を明らかにするのも原課です。原課が、政策法務に積極的に取り組むことが、政策法務実現のカギを握るといっても過言ではありません。では、政策法務の発想や姿勢を原課において浸透させるには、どうすればよいでしょうか。

第1に、原課の法令運用を評価する仕組みを導入することです。いま多くの自治体で行政評価が行われていますが、法令や条例の執行状況についても、その法執行の状況を定期的に検証し、法令・条例の改正や執行体制の見直しに繋げることが重要です。これにより、原課に主体的な法令運用の問題意識が生まれ、政策法務のスタートになると考えられます。

第2に、各職場から課題をみつけ、議論する風土をつくることです。現場で問題が生じていても、職員がそれを顕在化させず、職員同士の議論に発展しなければ、せっかくの「政策の芽」も摘み取られます。原課の管理職が新しい課題に対しても積極的に取り組む姿勢を示し、職員が常に問題を発見し、自由に議論することを奨励することが重要です。

（2）法制担当課の政策法務対応

法制担当課には、次のような役割が期待されています。

① 条例制定等に対する法制面の審査・助言（**法制執務**）

② 訴訟、不服審査等の対応又はその助言（**争訟事務**）

③ 原課の事務処理に対する法的な助言・情報提供（**日常的法務支援**）

④　条例制定等に対する政策面の助言・情報提供（**政策法務的支援**）

これまでの法制担当課は、③の日常的法務支援は、④の政策法務的支援にはあまり力を入れてきませんでした。両者は密接に関係していますので、同時に強化する必要があります。

そこで、法制担当課を政策法務の担い手に変えるには、第1に、日常的な法的助言・情報提供に力を入れ、そのための体制をつくる必要があります。日常的な法務支援をするには政策的な視点が必要になります。また、日常的な法務支援を重ねる中で、政策法務的な支援も可能になります。さらに、法制担当課が政策法務の研修を実施するなど、庁内に政策法務を浸透させ担当職員に政策法務の発想と手法を習得させる必要があります。例えば、行政法等の法的知識を有している職員であれば、政策法務の考え方を学ぶ（座学）とともに、実践を積む（ＯＪＴ）ことによって、十分に政策法務を体得できるでしょう。

第2に、外部の専門家の助言や関与を進めることが考えられます。常勤の職員だけでは限界があるため、千葉県や横須賀市のように政策法務の専門家を専門委員等として委嘱したり、若手研究者を任期付き職員等として雇用したりすることが考えられます。実際にこうした取組みを行う自治体も生まれています。また、千葉県のように法制担当課を「政策法務課」と改称したり、その中に「政策法務担当」を設置したりする例も増えています。「名は体を表す」ので、こうした改革は意義深いです。さらに、従来の法制執務の役割と政策法務の役割については、法解釈と法制度設計とでは法律に対するスタンスが異なるため、別々の職員が担当することが望ましいでしょう。

（3）庁内組織の設置

政策法務を推進する体制として、政策法務について庁内の検討・調整を行うため、「政策法務委員会」等の庁内組織を設置することも有効な方法です（【図表8－3－3】参照）。こうした内部組織には、次のような役割が期待されます。

①　政策法務の課題を原課のみの視点でなく、幅広い視点から発見・設定すること

②　条例案等の立案に当たり原課や関係課の横断的な調整を図ること

③　政策法務に関してトップ層の方針と実務レベルとの調整を図ること

従来から、条例、規則等を制定する際の横断的な調整を行うため「例規審査委員会」等の庁内組織を設置している自治体は少なくありませんが、これをより早い段階である課題設定や政策立案の早い段階からの検討を含めて担当する組織に切り替えることが考えられます。庁内組織の運営ができるだけ形式的にならないよう配慮しながら、こうした組織を生かすことが重要です。

【図表8-3-3】政策法務に関わる組織の相関関係

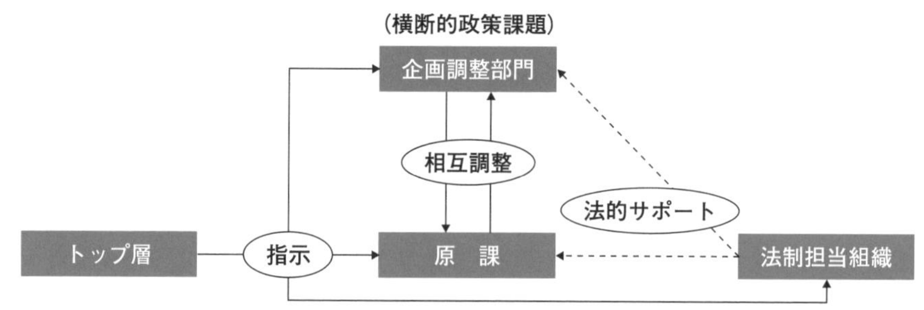

（北村喜宣・礒崎初仁・山口道昭編著『政策法務研修テキスト（第2版）』（第一法規、2005年）61頁）

3　政策法務の人材戦略 ―政策法務に強い職員を育てる

（1）「法律に強く、法律を使おうとする職員」を目指す

政策法務を担う人材をいかにして育てるべきでしょうか。そもそも法務の観点から自治体職員をみると次の3つの類型に分類することができます[＊3]。

＊3　礒崎初仁『分権時代の政策法務』（北海道町村会、1999年）49〜50頁

①　法律に弱く、法律に使われる職員：多数
　＝法律学の知識や理論が苦手であるために、法律論になると十分理解できず、法律の規定や形式的な法律論に左右されてしまう職員

②　法律に強く、法律に使われようとする職員：少数
　＝法律学の知識や理論は知っているが、これを政策的に活用する姿勢がないために、結果として形式的な法律論にとどまっている職員

③　法律に強く、法律を使おうとする職員：ごく少数
　＝法律学の知識や理論を知っていて、しかもこれを政策的に活用する姿勢をもっている職員

現状では、①のタイプの職員が一番多く、続いて、②のタイプは少数ですが、法制担当課や許認可担当課などにはある程度います。③のタイプはほとんどいません。

ここで押さえておきたいポイントは、次の2点です。第1に、法律学の知識や理論を学んでいないと、結果として法律に使われるしかないこと（法律を避けようとしても無関係ではいられないため、法律論に翻弄されること）、第2に、法律学の知識や理論があっても、それを活用する姿勢がなければ、やはり法律に使われる結果になるということです。したがって、政策法務の展開に必要なのは、一定の法的能力を有し、法を政策的に活用する発想を有する人材であり、政策法務能力とは、この法的能力と政策的発想の両方ということになります。

（2）政策法務に必要な知識と能力、強い人材養成と確保

政策法務に必要な知識・能力は、具体的にどのようなものでしょうか。

一般的には、知識、それを使える論理力、それらを具体的事例に当てはめる応

用力だと考えられます。まず「知識」の面では、法的知識と政策的知識そして実務的知識に分けることができます。次に「論理力」の面では、他人が展開した論理を理解できる理解力と、自ら論理を組み立てられる論理構成力です。さらに「応用力」の面では、具体的な事例を分析できる事案分析力と、それを踏まえつつ新たな制度・政策を構築できる政策立案力に分けられるでしょう。では、こうした知識や能力をどう養成し、確保すべきでしょうか（【図表8－3－4】参照）。

【図表8-3-4】政策法務の能力と人材養成の手法（一般論）

人材養成手法 ＼ 養成すべき能力		職場研修（OJT）	集合研修			チーム研究	派遣研修（大学院）	専門家（法律家）任用
			法務研修	政策研修	政策法務研修			
知識	法的知識		◎		○	○	◎	◎
	政策知識			◎	○	○	◎	
	実務知識	◎				○		
論理力	理解力		○				◎	◎
	論理構成力				○	○	○	◎
応用力	事案分析力	○	○		○	○		◎
	政策立案力	○		○	○	○	○	

※○は効果が期待される能力、◎は特に効果が期待される能力を示す。なお、養成手法の内容によって養成される能力が異なるため、あくまで標準的な関連を示すものである。

第1に、既採用職員の職員研修を充実する必要があります。職員研修にも、次のように様々な形態があります。

【職員研修の種類】

① 職場研修（ＯＪＴ）

通常の業務を通じて能力向上を図る研修です。職場に法的又は政策的な発想があり、上司・同僚の適切なサポートがあれば、大きな効果が得られます。これに計画的な人事異動を組み合わせれば、人材育成に繋がります。

② 集合研修

研修所等に集合して講師による講義又は演習を行うことによって能力向上を図る研修です。小規模な自治体では、都道府県単位の職員研修所等で研修を実施しています。

③ チーム研究（研修）

あるテーマについて職場横断的なグループを設置して行う研究・研修です。職場研修と集合研修の折衷的な形態として、より実践に近い研修であり、かつメンバー間の切磋琢磨が可能というメリットがあります。

④ 派遣研修

職員を一定期間、大学その他の機関に派遣して実施する研修です。近年、大学院における社会人向けの課程が増えており、学びの機会も増大しています。

実際には、以上の研修を組み合わせて使い分けることが重要です。例えば、法制担当課の職員としては、複数の法務担当課でＯＪＴを経た経験者を登用したり、派遣研修の修了者を配置したりすることが考えられます。許認可等の原課の職員には、政策法務研修を受講させてＯＪＴに繋げることが考えられます。

第２に、新たに専門的人材を登用することが考えられます。既採用の職員だけでは専門性をもった人材を確保することは難しいため、外部に人材を求めるわけです。例えば、弁護士資格をもった者や法科大学院修了者、あるいは若手研究者を任期付き職員や非常勤職員（専門委員等を含む）として任用することが考えられます＊4。こうした人材にとっても、自治体現場で経験を積むことは自らのキャリア開発につながるため、人材側のニーズもあると思われます。

＊４　法曹資格者の行政実務への参画
任期付き職員制度の緩和や弁護士業務の多様化に伴って、弁護士資格を有する者が行政実務に就く例が増えています。日弁連の調査（2019年6月現在）によると、全国120の自治体で184名の法曹資格者が登用されています。日弁連ホームページ「自治体内弁護士を目指す」関連資料・統計等を参照。

４　小規模自治体の政策法務対応

（１）小規模自治体は特殊か―その強みと弱み

人口３万人に満たないような小規模自治体では、以上の一般論では実態に合わない面があります。そこで、小規模自治体の特徴を踏まえ、次のような「読み替え」が必要になります。

①　政策法務のプロセス

前述のとおり、政策法務のプロセスは７段階に分けられます。小規模自治体でも行うべき作業は同じです。但し、政策法務に関与する者が限定され、長・職員・議員の間の「距離」も短いため、７つの段階の作業が少ない時間に効率よく進む場合が多いかと思います。意思決定に時間がかからないのは、小規模自治体の特徴です。

②　政策法務の各担い手の役割

小規模自治体でも、政策法務の担い手とその役割は基本的に同様と考えられます。しかし、小規模自治体では、いずれかの課に優れた人材がいれば政策法務の実践が進むなど、人材の有無が決め手になることもあります。また、執行機関と議員、役所と住民の距離が短いため、合意形成は比較的容易で「柔軟な対応」という点も特徴です。

③　政策法務の組織戦略

小規模自治体でも、原課や法制担当課の役割は基本的に同様と考えられますが、各課の職員数に余裕がなく、１人の職員が多数の業務を担当しているため、専門性に弱いので、「原課はこうあるべし」といっても説得力に欠けます。反対に、職員配置の状況をみて、適任者を指名することで有効な事務分担になることがあります。ここでも「柔軟な対応」が強みになります。

④　政策法務の人材戦略

小規模自治体でも、地域を総合的に捉えられるし、議員や住民との繋がりが強いので、政策人材が育ちやすい一面があります。「地域との結びつき」が小規模自治体の強みになります。

一方、小規模自治体では職員数に余裕がなく、１人で複数の業務を担当しており、業務が細分化・専門化されていないため、専門職など特定分野に強い職員を採用・育成することは難しいです。職員が少ないため情報量に限界があることは事実です。財政的にも、独自の研修や専門人材の登用は難しいでしょう。このような弱みをどう補完するかが課題になります。

（2）小規模自治体に求められる対応

以上のように、小規模自治体は多くの強みの反面、人材・情報・財政という３つの面で限界・弱みがあるため、次のような対応が重要になると考えられます。

① 近隣自治体との連携

第１に、近隣自治体との連携を強化することです。例えば、条例制定や法務対応に関する合同検討会の開催、法務に関する合同研修の実施、有識者や専門人材への共同委嘱などが考えられます。さらに、連携して、例えば、地下水保全やポイ捨て規制のように「統一条例」を制定し、広域的な政策に繋げることも重要です。

② 町村会等の連合組織による支援

第２に、町村会・町村議会議長会などの連合組織（全国組織を含む）による事務局支援を強化することです。従来から、新しい法律の施行時に町村会事務局がモデル条例案を示すといった対応は行ってきました。北海道町村会のように、ホームページに「法務支援室」を設けて法務情報を提供するとともに、町村担当者からの法務相談に応じている例もあります＊5。こうした連合組織による活動が政策法務の実践として拡大することが期待されます。

③ 住民・ＮＰＯ・大学との連携

第３に、役所内の人材や情報が不足を補うために、役所の外からの支援を行うことが考えられます。例えば、法務や特定分野に詳しい住民（研究者、元自治体職員など）に検討作業に参加してもらったり、まちづくりのＮＰＯ・住民グループと合同勉強会を開いたり、大学の研究室や学生と連携し調査・提言を求めるといった方法が考えられます。こうした様々な団体との連携は一般の自治体でも必要ですが、小規模自治体では特に重視すべきだと考えられます。

＊5　町村連合組織による法務支援策

全国町村会・法務支援室設置、北海道町村会　法務支援室設置、山梨県町村会・町村法務事務支援事業、長崎県市町村行政振興協議会・法規支援事業などがあります（2021年３月現在）。

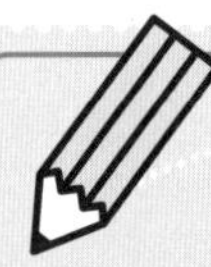

学習のポイント

1　政策法務のプロセス—政策法務を担うのは誰か

■政策法務を展開するには、組織全体で総合的・計画的に体制づくり（プロセス、組織、人材づくり）に取り組む政策法務のマネジメントが重要です。

■政策法務のプロセスについては、①立法→②執行→③争訟・評価の３段階に分けられますが、さらに細かくみると、①課題設定→②基本設計→③詳細設計→④決定→⑤執行→⑥争訟＋⑦評価の７段階に分けられます。

■政策法務の担い手は、段階ごとに異なりますが、原課、法制担当課、トップ層の役割が大きく、次いで議会、住民の意向が影響を与えています。

2　政策法務の組織戦略—政策法務をどう浸透させるか

■政策法務の過程で重要なのは原課（主管課）です。「余裕がない」という原課を本気にさせるには、①原課の法令運用を評価する、②原課の管理職層の意識を変える、③各職場に課題をみつけ議論する風土をつくる、などの取組みが必要です。

■法制担当課には、①法制執務、②争訟事務、③日常的法務支援、④政策法務的支援の４つの役割が期待されます。特に今後は③と④の強化が求められています。

■政策法務を進めるために、「政策法務課」や「政策法務担当」をおいたり、「政策法務委員会」等の庁内組織を設置することも有効です。

3　政策法務の人材戦略—政策法務に強い職員を育てる

■政策法務を進めるには、「法律に強く、法律を使おうとする職員」を育てる必要があります。すなわち、法的能力と政策的発想の両方が重要であり、そのためには、ＯＪＴ、集合研修、派遣研修等の研修を充実させるほか、専門的人材を登用することが考えられます。

■最近、弁護士資格を有する者を任期付き職員等として採用する自治体が増えています。

4　小規模自治体の政策法務対応

■小規模自治体では、以上の一般論では実態に合わない面があります。例えば、小規模自治体では関与する者が限定され、意志決定に時間がかからず、各組織の距離も短く、柔軟な対応が可能です。また地域との結びつきによって政策人材が育ちやすいといえます。

■一方、小規模自治体には、①職員数に余裕がなく、業務が細分化・専門化されていないため、専門人材を採用・育成することは難しく、②情報量にも限界があり、③財政的にも限界があります。このような３つの弱みを克服するために、①近隣自治体との連携、②町村会等の連合組織による支援、③住民・ＮＰＯ・大学との連携などの対応が重要です。

参考文献

政策法務初心者向け

今井照『図解　よくわかる地方自治のしくみ　第5次改訂版』（学陽書房、2017年）
出石稔（編著）『条例によるまちづくり・土地利用政策』（第一法規、2006年）
出石稔（監修）『自治体職員のための政策法務入門　全5巻』（第一法規、2009年）
礒崎初仁『自治体政策法務講義（改訂版）』（第一法規、2018年）
板垣勝彦『ようこそ地方自治法〔第3版〕』（第一法規、2020年）
宇賀克也『行政手続三法の解説　第2次改訂版』（学陽書房、2016年）
金子武史『図解　よくわかる行政法のしくみ　第2次改訂版』（学陽書房、2015年）
兼子仁『自治体行政法入門（改訂版）―法務研修・学習テキスト』（北樹出版、2008年）
北村喜宣『リーガルマインドが身につく自治体行政法入門』（ぎょうせい、2018年）
北村喜宣・礒崎初仁・山口道昭（編著）『政策法務研修テキスト　第2版』（第一法規、2005年）
塩浜克也『スッキリわかる！地方自治のきほん』（学陽書房、2016年）
田中孝男『条例づくりのための政策法務』（第一法規、2010年）
田中孝男・木佐茂男（編）『新訂　自治体法務入門』（公人の友社、2016年）
地方公務員昇任試験問題研究会（編著）『完全整理・図表でわかる地方自治法　第5次改訂版』（学陽書房、2018年）
藤田宙靖『行政法入門　第7版』（有斐閣、2016年）
松村享『地方公務員のための法律入門〔第2版〕』（ナカニシヤ出版、2016年）
森幸二『はじめての自治体法務テキスト』（第一法規、2017年）
山本博史『行政手法ガイドブック―政策法務のツールを学ぼう』（第一法規、2008年）
吉田勉『事例から学ぶ　実践！自治体法務・入門講座』（学陽書房、2018年）
吉田勉『はじめて学ぶ地方自治法　第2次改訂版 』（学陽書房、2019年）

＜単行本・雑誌＞

秋本敏文・田中宗孝『地方自治制度（現代地方自治全集）』（ぎょうせい、1978年）
秋吉貴雄『入門　公共政策学』（中央公論新社、2017年）
秋吉貴雄・伊藤修一郎・北山俊哉『公共政策学の基礎〔第3版〕』（有斐閣、2020年）
芦部信喜『憲法学Ⅱ　人権総論』（有斐閣、1994年 ）
芦部信喜（高橋和之補訂）『憲法　第7版』（岩波書店、2019年）
足立区プロモーション課『住民の心をつかむ自治体チラシ　仰天！ビフォーアフター』（学陽書房、2021年）
足立幸男『公共政策学とは何か』（ミネルヴァ書房、2009年）
阿部昌樹『争訟化する地方自治』（勁草書房、2003年）
阿部泰隆『政策法学の基本指針』（弘文堂、1996年）
阿部泰隆『行政の法システム　新版（上）（下）』（有斐閣、1997年）
阿部泰隆『政策法学と自治条例―やわらか頭で条例を作ろう』（信山社、1999年）
阿部泰隆『政策法学講座』（第一法規、2003年）

阿部泰隆『やわらか頭の法戦略―続・政策法学講座』（第一法規、2006年）
阿部泰隆『地方自治法制の工夫』（信山社、2018年）
阿部泰隆『日本列島「法」改造論――続々・政策法学講座』（第一法規、2018年）
天川晃『天川晃最終講義　戦後自治制度の形成』（左右社、2017年）
天野巡一・岡田行雄・加藤良重（編著）『政策法務と自治体』（日本評論社、1989年）
天野巡一ほか（編著）『判例解説　自治体政策と訴訟法務』（学陽書房、2007年）
天本哲史『行政による制裁的公表の法理論』（日本評論社、2019年）
有川博『官公庁契約精義（2020）』（全国官報販売協同組合、2020年）
淡路富男『自治体マーケティング戦略』（学陽書房、2009年）
井熊均・石田直美『地域の価値を高める新たな官民協働事業のすすめ方』（学陽書房、2018年）
石毛正純『法制執務詳解（新版Ⅲ）』（ぎょうせい、2020年）
石橋章市朗・佐野亘・土山希美枝・南島和久『公共政策学』（ミネルヴァ書房、2018年）
礒崎初仁『分権時代の政策法務―改革の時代の自治を問う』（北海道町村会、1999年）
礒崎初仁（編著）『政策法務の新展開―ローカル・ルールが見えてきた―』（ぎょうせい、2004年）
礒崎初仁（編著）『変革の中の地方政府―自治・分権の制度設計』（中央大学出版部、2010年）
礒崎初仁『自治体議員の政策づくり入門』（イマジン出版、2017年）
礒崎初仁『知事と権力』（東信堂、2017年）
礒崎初仁『自治体政策法務講義 改訂版』（第一法規、2018年）
礒崎初仁『立法分権のすすめ―地域の実情に即した課題解決へ』（ぎょうせい、2021年）
礒崎初仁『地方分権と条例―開発規制からコロナ対策まで』（第一法規、2023年）
礒崎初仁・金井利之・伊藤正次『ホーンブック地方自治〔新版〕』（北樹出版、2020年）
磯部力・小幡純子・斎藤誠『地方自治判例百選　第４版』別冊ジュリスト（有斐閣、2013年）
板垣勝彦『保障行政の法理論』（弘文堂、2013年）
板垣勝彦『地方自治法の現代的課題』（第一法規、2019年）
伊藤修一郎『自治体政策過程の動態―政策イノベーションと波及』慶應義塾大学出版会、2002年）
伊藤修一郎『自治体発の政策革新―景観条例から景観法へ』（木鐸社、2006年）
伊藤修一郎『政策実施の組織とガバナンス―広告景観規制をめぐる政策リサーチ』（東京大学出版会、2020年）
伊藤正次・出雲明子・手塚洋輔『はじめての行政学』（有斐閣、2016年）
稲葉馨ほか（編）『ケースブック行政法　第６版』（弘文堂、2018年）
猪野積『地方自治法講義〔第５版〕』（第一法規、2020年）
今川晃・山口道昭・新川達郎（編）『地域力を高めるこれからの協働―ファシリテータ育成テキスト』（第一法規、2005年）
岩﨑忠『公共用地買収の制度と技術～政策執行過程における説明責任の視角から～』（東京大学都市行政研究会研究叢書18、1999年）
岩﨑忠『「地域主権」改革―第３次一括法までの全容と自治体の対応』（学陽書房、2012年）
岩﨑忠『自治体の公共政策』（学陽書房、2013年）
岩﨑忠『自治体経営の新展開』（一藝社、2017年）
岩崎正洋（編）『ガバナンスの課題』（東海大学出版会、2005年）
宇賀克也『政策評価の法制度―政策評価法・条例の解説』（有斐閣、2002年）
宇賀克也『新・情報公開法の逐条解説　第８版』（有斐閣、2018年）

宇賀克也『行政法概説Ⅲ（行政組織法／公務員法／公物法）第５版』（有斐閣、2019年）
宇賀克也『行政法概説Ⅰ（行政法総論）第７版』（有斐閣、2020年）
宇賀克也『行政法概説Ⅱ（行政救済法）第７版』（有斐閣、2021年）
宇賀克也『新・個人情報保護法の逐条解説』（有斐閣、2021年）
宇賀克也『地方自治法概説　第９版』（有斐閣、2021年）
宇賀克也『2021年改正対応　自治体のための解説個人情報保護制度　改訂版―個人情報保護法から各分野の特別法まで』（第一法規、2022年）
宇賀克也・交告尚史・山本隆司（編）『行政判例百選Ⅱ　第７版』別冊ジュリスト（有斐閣、2017年）
碓井光明『公共契約法精義』（信山社、2005年）
碓井光明『行政契約精義』（信山社、2011年）
内海麻利『まちづくり条例の実態と理論』（第一法規、2010年）
打越綾子『自治体における企画と調整―事業部局と政策分野別基本計画』（日本評論社、2004年）
宇都宮深志・新川達郎（編）『行政と執行の理論（現代の政治学シリーズ③）』（東海大学出版会、1991年）
江藤俊昭『地方議会改革―自治を進化させる新たな動き』（学陽書房、2011年）
大石眞・大沢秀介（編）『判例憲法　第３版』（有斐閣、2016年）
大島稔彦『法制執務の基礎知識　第３次改訂版』（第一法規、2011年）
大島稔彦『法制執務ハンドブック』（第一法規、1998年）
大住莊四郎『ニュー・パブリック・マネジメント』（日本評論社、1999年）
大住莊四郎『NPMによる行政革命―経営改革モデルの構築と実践』（日本評論社、2003年）
大橋洋一『行政法学の構造的変革』（有斐閣、1996年）
大橋洋一『行政法①　現代行政過程論　第４版』（有斐閣、2019年）
大森彌『官のシステム（行政学叢書）』（東京大学出版会、2006年）
大森彌・大杉覚『これからの地方自治の教科書』（第一法規、2019年）
岡田章宏・自治体問題研究所編『NPMの検証―日本とヨーロッパ』（自治体研究社、2005年）
岡田博史『自治体コンプライアンスの基礎』（有斐閣、2017年）
岡本正『公務員弁護士のすべて』（第一法規、2018年）
小倉將信『EBPM（エビデンス（証拠・根拠）に基づく政策立案）とは何か―令和の新たな政策形成』（中央公論事業出版、2020年）
オズボーン＆ゲーブラー『行政革命』（日本能率協会マネジメントセンター、1995年）
加藤幸雄・平松弘光『議員条例集覧　新規政策条例編』（公人社、2011年）
金井利之『自治制度（行政学叢書）』（東京大学出版会、2007年）
金井利之『実践自治体行政学』（第一法規、2010年）
金井利之『行政学講義』（筑摩書房、2018年）
金井利之（編著）『縮減時代の合意形成』（第一法規、2018年）
兼子仁『条例をめぐる法律問題（条例研究叢書１）』（学陽書房、1978年）
兼子仁『自治体法学（自治体法学全集１）』（学陽書房、1988年）
兼子仁・北村喜宣・出石稔（共編）『政策法務事典』（ぎょうせい、2008年）
兼子仁『政策法務の新しい実務Ｑ＆Ａ』（第一法規、2017年）
上條末夫『ガバナンス（総合政策シリーズ）』（北樹出版、2005年）
カール・シュミット（尾吹善人訳）『憲法理論』（創文社、1972年）

木佐茂男『自治体法務とは何か』（北海道町村会、1996年）
木佐茂男（編著）『自治立法の理論と手法』（ぎょうせい、1998年）
木佐茂男・逢坂誠二（編著）『わたしたちのまちの憲法―ニセコ町の挑戦』（日本経済評論社、2003年）
北川正恭『生活者起点の「行政革命」』（ぎょうせい、2004年）
北川正恭『マニフェスト進化論』（生産性出版、2007年）
北村和生ほか『行政法の基本　第7版』（法律文化社、2019年）
北村喜宣『行政執行過程と自治体』（日本評論社、1997年）
北村喜宣（編著）『ポスト分権改革の条例法務―自治体現場は変わったか』（ぎょうせい、2003年）
北村喜宣（編著）『分権条例を創ろう！』（ぎょうせい、2004年）
北村喜宣『分権改革と条例』（弘文堂、2004年）
北村喜宣『行政法の実効性確保』（有斐閣、2008年）
北村喜宣（編著）『第2次分権改革の検証―義務付け・枠付けの見直しを中心に』（敬文堂、2016年）
北村喜宣『分権政策法務の実践』（有斐閣、2018年）
北村喜宣『空き家問題解決のための政策法務：法施行後の現状と対策』（第一法規、2018年）
北村喜宣『自治体環境行政法　第9版』（第一法規、2021年）
北村喜宣『空き家問題解決を進める政策法務―実務課題を乗り越えるための法的論点とこれから―』（第一法規、2022年）
北村喜宣・山口道昭・出石稔・礒崎初仁編『自治体政策法務―地域特性に適合した法環境の創造』（有斐閣、2011年）
北村喜宣・山口道昭・礒崎初仁・出石稔・田中孝男（編著）『自治体政策法務の理論と課題別実践―鈴木庸夫先生古稀記念』（第一法規、2017年）
北村喜宣ほか・（公財）日本都市センター（編著）『法令解釈権と条例制定権の可能性と限界―分権社会における条例の現代的課題と実践』（第一法規、2022年）
北村亘・青木栄一・平野淳一『地方自治論』（有斐閣、2017年）
キャス・サンスティーン（吉良貴之訳）『入門・行動科学と公共政策』（勁草書房、2021年）
倉沢進『コミュニティ論　改訂版』（放送大学教育振興会、2002年）
幸田雅治・安念潤司・生沼裕『政策法務の基礎知識　改訂版』（第一法規、2008年）
小島卓弥『ここまでできる実践　公共ファシリティマネジメント』（学陽書房、2014年）
小島幸夫ほか『公共施設マネジメントのススメ』（建築資料研究社、2017年）
小早川光郎（編著）『地方分権と自治体法務―その知恵と力』（ぎょうせい、2000年）
小早川光郎・小幡純子『あたらしい地方自治・地方分権』（有斐閣、2000年）
小林正弥『サンデルの政治哲学―〈正義〉とは何か』（平凡社、2010年）
斎藤誠『現代地方自治の法的基層』（有斐閣、2012年）
阪本昌成『憲法2基本権クラシック〔第4版〕』（有信堂高文社、2011年）
櫻井敬子・橋本博之『行政法〔第6版〕』（弘文堂、2019年）
佐藤幸治『日本国憲法論（第2版）』（成文堂、2020年）
佐藤達夫編『法制執務提要（第2次改訂新版）』（学陽書房、1974年）
塩野宏『行政法Ⅰ（行政法総論）　第6版』（有斐閣、2015年）
塩野宏『行政法Ⅱ（行政救済法）　第6版』（有斐閣、2019年）
塩野宏『行政法Ⅲ（行政組織法）　第5版』（有斐閣、2021年）

自治体学会（編）『ローカル・ルールをつくろう』（良書普及会、2000年）
市町村アカデミー（監修）『自治体と地域住民との協働（市町村アカデミー研修叢書）』（ぎょうせい、2005年）
芝池義一（編）『判例行政法入門　第6版』（有斐閣、2017年）
条例政策研究会（編）『自治体法務サポート　行政課題別　条例実務の要点』（第一法規、1998年〔加除式〕）
ジョン・キングダン（笠京子訳）『アジェンダ・選択肢・公共政策』（勁草書房、2017年）
白川一郎ほか（編著）『NPMによる自治体改革』（経済産業調査会、2001年）
新藤宗幸『概説　日本の公共政策』（東京大学出版会、2004年）
鈴木潔『強制する法務・争う法務―行政上の義務履行確保と訴訟法務』（第一法規、2009年）
鈴木庸夫（編）『自治体法務改革の理論』（勁草書房、2007年）
鈴木秀洋『自治体職員のための行政救済実務ハンドブック〔改訂版〕』（第一法規、2021年）
鈴木秀洋『社会的弱者にしない自治体法務』（第一法規、2021年）
政策法務研究会（編）『自治体法務サポート　政策法務の理論と実践』（第一法規、2003年〔加除式〕）
総務省行政管理局編「詳解　情報公開法」（財務省印刷局、2001年）
曽我謙悟『行政学』（有斐閣、2013年）
提中富和『自治体法務の最前線―現場からはじめる分権時代―』（イマジン出版、2004年）
田尾雅夫・川野祐二（編著）『ボランティア・NPOの組織論―非営利の経営を考える』（学陽書房、2005年）
高木光ほか『行政救済法　第2版』（弘文堂、2015年）
田口一博『一番やさしい自治体政策法務の本』（学陽書房、2005年）
田中孝男『条例づくりへの挑戦―ベンチマーキング手法を活用して』（信山社、2002年）
田中孝男・木佐茂男『テキストブック自治体法務』（ぎょうせい、2004年）
田中孝男『自治体職員研修の法構造』（公人の友社、2012年）
田中孝男『自治体法務の多元的統制―ガバナンスの構造転換を目指して』（第一法規、2015年）
田中孝男『平成29年改正　住民監査請求制度がよくわかる本』（公人の友、2017年）
田中孝男『条例づくりのきほん　ケースで学ぶ立法事実』（第一法規、2018年）
田中基介『地方公務員制度（現代地方自治全集）』（ぎょうせい、1978年）
田村達久『法務に強くなる！レベルアップ地方自治法解説』（第一法規、2019年）
千葉実『自治体災害対策の基礎』（有斐閣、2019年）
地方自治総合研究所監修・今村都南雄・辻山幸宣編著『逐条研究　地方自治法Ⅲ』（敬文堂、2004年）
辻山幸宣ほか（編著）『住民・行政の協働（分権時代の自治体職員7）』（ぎょうせい、1998年）
中邨章・牛山久仁彦編著『政治・行政への信頼と危機管理』（芦書房、2012年）
中村健人『問題解決力があがる　自治体職員のための法的思考の身につけ方』（第一法規、2022年）
中村陽一ほか（編）『日本のNPO・2001』（日本評論社、2001年）
成田頼明（監修）『指定管理者制度のすべて（改訂版）』（第一法規、2009年）
西尾勝『行政学　新版』（有斐閣、2001年）
西尾勝『地方分権改革』（東京大学出版会、2007年）
西尾勝『自治・分権再考』（ぎょうせい、2013年）
日本行政学会（編）『ガバナンス論と行政学（年報行政研究）』（ぎょうせい、2004年）
㈶日本都市センターほか『自治体訴訟法務の現状と課題』（㈶日本都市センター、2007年）
橋本勇『新版　逐条地方公務員法　第5次改訂版』（学陽書房、2020年）
橋本博之『解説　改正行政事件訴訟法』（弘文堂、2004年）
橋本博之『行政判例ノート（第4版）』（弘文堂、2020年）

長谷部恭男『憲法の理性（増補新装版）』（東京大学出版会、2016年）
長谷部恭男『Interactive 憲法』（有斐閣、2006年）
長谷部恭男『憲法講話』（有斐閣、2020年）
畠山弘文『官僚制支配の日常構造』（三一書房、1989年）
早坂剛『条例立案者のための法制執務』（ぎょうせい、1999年）
林修三『法令作成の常識（第２版）』（日本評論社、1975年）
林修三『法令用語の常識』（日本評論社、1979年）
林宜嗣ほか『地域データ分析入門　すぐに役立つEBPM実践ガイドブック』（日本評論社、2021年）
原島良成（編著）『自治立法権の再発見―北村喜宣先生還暦記念論文集』（第一法規、2020年）
原田尚彦『行政法要論　全訂第７版補訂２版』（学陽書房、2012年）
平井宜雄『法政策学　第２版』（有斐閣、1995年）
平井亮輔編『正義―現代社会の公共哲学を求めて』（嵯峨野書院、2004年）
平田彩子『自治体現場の法適用：あいまいな法はいかに実施されるか』（東京大学出版会、2017年）
深澤龍一郎・大田直史・小谷真理（編）『公共政策を学ぶための行政法入門』（法律文化社、2018年）
福川伸次ほか（編著）『PPPが日本を再生する』（時事通信社、2014年）
藤田宙靖『（新版）行政法総論（上）』（青林書院、2020年）
藤田宙靖『（新版）行政法総論（下）』（青林書院、2020年）
法制執務研究会『新訂ワークブック法制執務　第２版』（ぎょうせい、2018年）
法制執務用語研究会『条文の読み方』（有斐閣、2012年）
法令用語研究会編『有斐閣法律用語辞典〔第５版〕』（有斐閣、2020年）
堀江湛・桑原英明『現代行政学の基礎知識』（一藝社、2021年）
堀部政男『現代のプライバシー』（岩波書店、1980年）
堀部政男『プライバシーと高度情報化社会』（岩波書店、1988年）
マイケル・サンデル（鬼澤忍訳）『これからの「正義」の話をしよう』（早川書房、2010年）
マイケル・リプスキー（田尾雅夫・北大路信郷訳）『行政サービスのデイレンマ』（木鐸社、1986年）
牧瀬稔『あなたのまちの政策条例』（第一法規、2017年）
マックス・ウェーバー（世良晃志郎訳）『支配の社会学Ⅰ』（創文社、1960年）
マックス・ウェーバー（世良晃志郎訳）『支配の社会学Ⅱ』（創文社、1962年）
松下圭一『市民自治の憲法理論』（岩波書店、1975年）
松下圭一『政策型思考と政治』（東京大学出版会、1991年）
松下圭一『自治体は変わるか』（岩波書店、1999年）
松下啓一『自治基本条例のつくり方』（ぎょうせい、2007年）
松原治郎『コミュニティの社会学』（東京大学出版会、1978年）
松村享『自治体職員のための住民監査請求・住民訴訟の基礎知識』（第一法規、2018年）
松村享『自治体職員のための情報公開事務ハンドブック〔改訂版〕』（第一法規、2021年）
松村享『判例の読み方・活かし方―トラブル回避のポイントがわかれば法的リスクを抑えた条例・政策が立案できる！』（2021年、第一法規）
松本英昭『新版　逐条地方自治法　第９次改訂版』（学陽書房、2017年）

松本英昭『要説　地方自治法　第10次改訂版』（ぎょうせい、2018年）

真渕勝『行政学』（有斐閣、2009年）

真山達志「政策実施の理論」宇都宮深志・新川達郎（編）『行政と執行の理論（現代の政治学シリーズ③）』（東海大学出版会、1991年）

真山達志『政策形成の本質─現代自治体の政策形成能力』（成文堂、2001年）

南学『先進事例から学ぶ成功する公共施設マネジメント』（学陽書房、2016年）

三野靖『指定管理者制度』（公人社、2005年）

宮川公男『政策科学の基礎』（東洋経済新報社、1994年）

宮川公男『政策科学入門（第2版）』（東洋経済新報社、2002年）

武藤博己『自治体の入札改革』（イマジン出版、2006年）

村上順『政策法務の時代と自治体法学』（勁草書房、2010年）

村松岐夫『行政学教科書　第2版』（有斐閣、2001年）

村松岐夫（編著）『公務改革の突破口─政策評価と人事行政』（東洋経済新報社、2008年）

森田朗『許認可行政と官僚制』（岩波書店、1988年）

森田朗『新版　現代の行政〔第2版〕』（第一法規、2022年）

森田朗『シリーズ図説・地方分権と自治体改革①　分権改革と自治体』（東京法令出版、2000年）

柳至『不利益分配の政治学─地方自治体における政策廃止』（有斐閣、2018年）

山口道昭『自治体実務からみた地方分権と政策法務』（ぎょうせい、2000年）

山口道昭『政策法務入門─分権時代の自治体法務』（信山社、2002年）

山口道昭（編著）『協働と市民活動の実務（シリーズ・新しい自治がつくる地域社会　第2巻）』（ぎょうせい、2006年）

山口道昭『政策法務の最前線』（第一法規、2015年）

山口道昭（編著）『明快！地方自治のすがた』（学陽書房、2015年）

山口道昭『福祉行政の基礎』（有斐閣、2016年）

山本啓ほか（編著）『NPOと法・行政』（ミネルヴァ書房、2002年）

山本武『地方公務員のための法制執務の知識（全訂版）』（ぎょうせい、1999年）

山谷清志『政策評価の理論とその展開─政府のアカウンタビリティ』（晃洋書房、1997年）

吉田民雄・杉山知子・横山恵子『新しい公共空間のデザイン─NPO・企業・大学・地方政府のパートナーシップの構築』（東海大学出版会、2006年）

吉田利宏『新法令用語の常識』（日本評論社、2014年）

吉田利宏『新法令解釈・作成の常識』（日本評論社、2017年）

リチャード・セイラー、キャス・サスティーン（遠藤真美訳）『実践行動経済学』（日経BP社、2009年）

ローレンス・E・サスカインド、ジェフェリー・L・クルックシャンク（城山英明、松浦正浩訳）『コンセンサス・ビルディング入門』（有斐閣、2008年）

＜その他＞

「自治体争訟の動向と課題」都市問題110巻12号（2019年）

「続・東京都庁の法務管理」都市問題110巻12号（2019年）

事項索引

く

け

こ

さ

し

て

と

な

に

ね

は

ひ

ふ

へ

ほ

ま

み

め

も

ゆ

よ

ら

り

る

れ

ろ

わ

判例年次索引

サービス・インフォメーション

通話無料

①商品に関するご照会・お申込みのご依頼
TEL 0120(203)694／FAX 0120(302)640

②ご住所・ご名義等各種変更のご連絡
TEL 0120(203)696／FAX 0120(202)974

③請求・お支払いに関するご照会・ご要望
TEL 0120(203)695／FAX 0120(202)973

●フリーダイヤル（TEL）の受付時間は、土・日・祝日を除く9:00～17:30です。

●FAXは24時間受け付けておりますので、あわせてご利用ください。

自治体法務検定公式テキスト
政策法務編　2023年度検定対応

2023年4月30日　初版発行

編　集　自治体法務検定委員会（委員長　塩野宏）
政策法務編 編集委員
北村喜宣 山口道昭 礒崎初仁 出石稔 田中孝男

発行者　田　中　英　弥

発行所　第一法規株式会社
〒107－8560　東京都港区南青山2－11－17
ホームページ https://www.daiichihoki.co.jp/

検定政T2023　ISBN 978－4－474－09265－5　C0032　(0)